中信改革发展研究基金会·中国道路丛书·学术

大国新路

中国道路的历史和未来

江宇◎著

中信出版集团·北京

图书在版编目（CIP）数据

大国新路：中国道路的历史和未来 / 江宇著 . --
北京：中信出版社，2019.1（2019.9重印）
（中国道路丛书）
ISBN 978-7-5086-9278-4

Ⅰ . ①大⋯ Ⅱ . ①江⋯ Ⅲ . ①中国特色社会主义－社会主义建设模式－研究 Ⅳ . ① D616

中国版本图书馆 CIP 数据核字（2018）第 168363 号

大国新路——中国道路的历史和未来

著　　者：江　宇
出版发行：中信出版集团股份有限公司
（北京市朝阳区惠新东街甲 4 号富盛大厦 2 座　邮编　100029）
承 印 者：北京楠萍印刷有限公司

开　　本：787mm×1092mm　1/16　　印　　张：30.25　　字　　数：420 千字
版　　次：2019 年 1 月第 1 版　　印　　次：2019 年 9 月第 5 次印刷
广告经营许可证：京朝工商广字第 8087 号
书　　号：ISBN 978-7-5086-9278-4
定　　价：88.00 元

“中国道路”丛书学术委员会

“中国道路”丛书总序言

中华人民共和国成立60多年以来，中国一直在探索自己的发展道路。特别是在改革开放30多年的实践中，努力寻求既发挥市场活力，又充分发挥社会主义优势的发展道路。

改革开放推动了中国的崛起。怎样将中国的发展经验进行系统梳理，构建中国特色的社会主义发展理论体系，让世界理解中国的发展模式？怎样正确总结改革与转型中的经验和教训？怎样正确判断和应对当代世界的诸多问题和未来的挑战，实现中华民族的伟大复兴？这都是对中国理论界的重大挑战。

为此，我们关注并支持有关中国发展道路的学术中一些有价值的前瞻性研究，并邀集各领域的专家学者，深入研究中国发展与改革中的重大问题。我们将组织编辑和出版反映与中国道路研究有关的成果，用中国理论阐释中国实践的系列丛书。

“中国道路”丛书的定位是：致力于推动中国特色社会主义道路、制度、模式的研究和理论创新，以此凝聚社会共识，弘扬社会主义核心价值观，促进立足中国实践、通达历史与现实、具有全球视野的中国学派的形成；鼓励和支持跨学科的研究和交流，加大对中国学者原创性理论的推动和传播。

“中国道路”丛书的宗旨是：坚持实事求是，践行中国道路，发展中国学派。

始终如一地坚持实事求是的认识论和方法论。总结中国经验、探讨中国模式，应注重从中国现实而不是从教条出发。正确认识中国的国情，正确认识中国的发展方向，都离不开实事求是的认识论和方法论。一切从实际出发，以实践作为检验真理的标准，通过实践推动认识的发展，这是中国共产党的世纪奋斗历程中反复证明了的正确认识路线。违背它就会受挫失败，遵循它就能攻坚克难。

毛泽东、邓小平是中国道路的探索者和中国学派的开创者，他们的理论创新始终立足于中国的实际，同时因应世界的变化。理论是行动的指南，他们从来不生搬硬套经典理论，而是在中国建设和改革的实践中丰富和发展社会主义理论。我们要继承和发扬这种精神，摒弃无所作为的思想，拒绝照抄照搬的教条主义，只有实践才是真知的源头。“中国道路”丛书将更加注重理论的实践性品格，体现理论与实际紧密结合的鲜明特点。

坚定不移地践行中国道路，也就是在中国共产党领导下的中国特色社会主义道路。我们在经济高速增长的同时，也遇到了来自各方面的理论挑战，例如将改革开放前后两个历史时期彼此割裂和截然对立的评价；例如极力推行西方所谓“普世价值”和新自由主义经济理论等错误思潮。道路问题是大是大非问题，我们的改革目标和道路是高度一致的，因而，要始终坚持正确的改革方向。历史和现实都告诉我们，只有社会主义才能救中国，只有社会主义才能发展中国。在百年兴衰、大国博弈的历史背景下，中国从积贫积弱的状态中奋然崛起，成为世界上举足轻重的大国，成就斐然，道路独特。既不走封闭僵化的老路，也不走改旗易帜的邪路，一定要走中国特色的社会主义正路，这是我们唯一正确的选择。

推动社会科学各领域中国学派的建立，应该成为致力于中国道路探讨的有识之士的宏大追求。正确认识历史，正确认识现实，积极促进中国学者原创性理论的研究，那些对西方理论和价值观原教旨式的顶礼膜拜的学风，应当受到鄙夷。古今中外的所有优秀文明成果，我们都应该兼收并蓄，但绝不可泥古不化、泥洋不化，而要在中国道路的实践中融会贯通。以实践创新推动理论创新，以理论创新引导实践创新，从内容到形式，从理论架构到话语体系，一以贯之地奉行这种学术新风。我们相信，通过艰苦探索、努力创新得来的丰硕成果，将会在世界话语体系的竞争中造就立足本土的中国学派。

“中国道路”丛书具有跨学科及综合性强的特点，内容覆盖面较宽，开放性、系统性、包容性较强。其分为学术、智库、纪实专访、实务、译丛等类型，每种类型又涵盖不同类别，例如在学术类中就涵盖文学、历史学、哲学、经济学、政治学、社会学、法学、战略学、传播学等领域。

这是一项需要进行长期努力的理论基础建设工作，这又是一项极其艰巨的系统工程。基础理论建设严重滞后，学术界理论创新观念不足等现状是制约因素之一。然而，当下中国的舆论场，存在思想乱象、理论乱象、舆论乱象，流行着种种不利于社会主义现代化事业和安定团结的错误思潮，迫切需要正面发声。

经过60多年的社会主义道路奠基和30多年的改革开放，我们积累了丰富的实践经验，迫切需要形成中国本土的理论创新和中国话语体系创新，这是树立道路自信、理论自信、制度自信、文化自信，在国际上争取话语权所必须面对的挑战。我们将与了解中国国情，认同中国改革开放发展道路，有担当精神的中国学派，共同推动这项富有战略意义的出版工程。

中信集团在中国改革开放和现代化建设中曾经发挥了独特的作用，它不仅勇于承担大型国有企业经济责任和社会责任，同时也勇于承担政治责任。它不仅是改革开放的先行者，同时也是中国道路的践行者。中信将以历史担当的使命感，来持续推动中国道路出版工程。

2014年8月，中信集团成立了中信改革发展研究基金会，构建平台，凝聚力量，致力于推动中国改革发展问题的研究，并携手中信出版社共同进行“中国道路”丛书的顶层设计。

“中国道路”丛书的学术委员会和编辑委员会，由多学科多领域的专家组成。我们将进行长期的、系统性的工作，努力使“中国道路”丛书成为中国理论创新的孵化器，中国学派的探讨与交流平台，研究问题、建言献策的智库，传播思想、凝聚人心的讲坛。

孔丹

2015年10月25日

目录

Contents

序言

Preface

我向各位读者推荐《大国新路——中国道路的历史和未来》一书。作者江宇同志是80后的青年学者、共产党员。他以开阔的历史视野和崭新的理论逻辑，展示了1949年以来中国人民建设社会主义、追求民族复兴的历史画卷，总结了改革开放前后两个时期的历史经验，从学理上对中国的道路自信、理论自信、制度自信、文化自信做出了比较有说服力的解释，回应了历史虚无主义、新自由主义等思潮，对我们正在进行的具有许多新的历史特点的伟大斗争的方向和前景提出了自己的思考。总的来说，这是一部立足中国的历史和现实、体现中国风格和中国气派的著作。具体地说，这本书回答了人们关心的三个问题。

第一，如何总结改革开放前后两个时期的历史经验

改革开放以来，中国创造了经济奇迹，但也出现了不少新的矛盾，社会上对改革开放的评价也复杂起来。金融危机之后，国内外都存在关于发展道路的争论。在这种时刻，增强战略定力、向历史学习，是十分必要的。我们说中国不能迷信“普世价值”、照搬西方道路，就是因为中国有着不同的历史和国情。正如习近平同志强调的，中国特色社会主义的依据，首先就是我们的历史。

总结新中国的历史经验，关键是如何看改革开放前后两个时期及其相互关系。在这个问题上，作者没有陷入历史虚无主义，没有做“事后诸葛亮”对前人求全责备，没有照搬西方理论来比附中国，而是用辩证唯物主义和历史唯物主义的方法，避免了“左”和右两种极端错误倾向，从具体历史条件出发，认识历史过程和历史规律。例如，通过对新中国成立初期发展目标和约束条件的分析，指出当时实行社会主义改造、公有制、农业合作化，不仅是出于理论信仰和学习苏联模式，而且是出于实现国家安全、经济起飞和民生保障的现实需要。通过中国和其他发展中国家的对比，表明中国作为农业大国和现代化的后来者，只有走社会主义道路，才能突破资本主义全球体系的压迫和小农经济的约束，新中国对发展道路的选择将是理论逻辑和历史逻辑的统一。

对于改革开放的历史经验，作者也做了全面阐释，提出改革开放既是市场经济和全球化的成功，同时也得益于改革开放前奠定的多方面基础，得益于中国坚持了社会主义方向，发挥了党的领导、公有制为主体、群众路线、独立自主、协商民主等多方面的制度优势，不能把改革开放的经验绝对化、教条化，不能用新自由主义指导目前的改革。对于为什么要坚持国有经济主导地位、坚持农村土地集体所有制、坚持社会事业的公益性和公平性，作者都做出了阐释。这些观点，都是有针对性和现实意义的。

由此我想到《邓小平文选》第三卷中小平同志的许多深邃思考。小平同志的思想包括不可分割的两方面：一方面要坚持改革开放，用市场经济的办法发展经济。这对我们这样一个具有长期封建历史的农业大国来说，是一项无比艰巨复杂的事业。事非经过不知难，社会主义市场经济开辟了共产主义运动的新境界，我们对改革开放的历史高度和历史地位要充分估计。另一方面，小平同志反复强调，中国必须坚持社会主义道路，不能出现两极分化。贫穷不是社会主义，两极分化也不是社会主义，这是改革开放的题中应有之义，是小平同志留给我们的一项历史任务，也是今天我们进行新的伟大斗争的宝贵精神财富。

作者坚持了实事求是的方法论，坚持“论从史出”，而不是“以论代史”，避免用先入为主的结论来替代历史事实，从而使得该书有不少新意。比如，在国有企业的问题上，目前流行的舆论似乎对国有企业做了“有罪推定”，认为国有企业天然腐败、垄断、低效、与民争利，而作者通过对历史过程的考察，用翔实的证据说明国有企业是中国启动现代化的关键力量，有着比较高的经济和社会效益。这就是从“此岸”来看问题，而不是从“彼岸”看问题。恢复历史的本来面貌，历史虚无主义就站不住脚了。

在考察改革开放前后历史的基础上，作者系统阐述了党中央提出的关于改革开放前后两个时期不能相互否定的观点。以习近平同志为核心的党中央，正在领导中国进入一个新的大时代，这个时代既不是邓小平时代的简单延续，也不是毛泽东时代的简单回归，而是要以继承、融汇、超越的态度，坚持对的东西，修正错的东西，学习别人的东西，创造自己的东西，最终形成成熟稳定的中国特色社会主义道路。这一观点，是作者对历史必然性趋势的思考，体现了高度的历史自信和历史自觉，表达了 80 后青年人对 21 世纪中国的希望，相信能够得到广大读者的共鸣。

第二，我们坚持“四个自信”的理论依据在哪里

新中国的开国一代，付出了极大的代价才使一个积贫积弱的国家实现了民族独立，国家统一。他们给后人留下的政治交代就是，继续走好中国道路，实现民族复兴和人民自由幸福，最终实现共产主义理想。然而，这条道路并不平坦。在改革开放近四十年之后，中国经济总量已在全球坐二望一，但与之相应的思想理论和文化的构建还需要很大的努力和漫长的过程。在这种情况下，习近平总书记适时提出了四个自信，要人们增强对中国道路、理论、制度和文化的自信。信仰、信念、价值观问题，是最高层次的问题。共产党如果离开了灵魂、信仰，就不能凝聚和团结人民前进。我们说的自信，是建立在对国情和历史规律正确把握基础上的，积极自觉的精神状态。能否把中国成功的实践上升为理论，并进一步指导新的实践，创造出超越西方的中国学问，是当代中国知识分子必须承担的使命。

作者曾经研习西方经济学专业，但没有为西方经济学的价值立场和观念所束缚，而是去粗取精、洋为中用。例如，用近年来西方经济学前沿的信息经济学和契约理论来解释计划经济和国有企业，用合作博弈的理论来解释农业合作化，用市场经济和保护性运动的框架构建了关于市场经济“正、反、合”的周期性理论，等等。这表明，兼收并蓄，吸收人家优秀的东西，然后再从中国的实际出发，融会贯通，不能照搬照抄、顶礼膜拜。

作者对中国道路的特征进行了总结提炼，不仅具有新意，也具有理论和历史依据。书中所提出的“中国道路”的五条主要特征，不是对西方理论的简单修补和追随，而是从哲学基础、人和资本的关系、社会公平观、国家理论和全球体系等比较本质的层面，提出了中国道路与西方道路的显著不同，具有说服力。这一概括有一个特点，没有割裂改革开放前后两个时期，而是找到两个时期的共同经验，说明了中国道路是怎么来的，这条道路的优势在哪里。

在总结中国模式的基础上，作者还让当代中国和马克思展开对话，把人们熟悉的马列主义经典著作，同今天这个世界上鲜活的现实连接起来。马克思主义是在斗争中产生的，也只有在斗争中才有生命力。作者用金融危机的事实来证明，马克思主义并不遥远，人类仍然生活在马克思所揭示的规律之中，中国的成功正是马克思的成功，正是由于坚持共产主义的远大目标，坚持实现人的自由全面发展的方向，正是由于正确把握了资本、国家、公平等本质问题，中国人才能主动运用历史的规律，不断从必然王国走向自由王国，超越历史的周期律，跨过卡夫丁峡谷。这让人感到，马克思主义不是高高在上的教条和摆设，而是认识世界改造世界的利器。

第三，如何以史为鉴，在新时代把具有许多新的历史特点的伟大斗争引向深入

历史是最好的教科书。此书不仅在讲历史，同时也处处贯穿着现实关怀。党的十八大、十九大以来，以习近平同志为核心的党中央领导人民开始了具有许多新的历史特点的伟大斗争，中国道路虽然已经显现出胜利的前景，但还远远没有到达彼岸，国内外形势都对中国提出了新的挑战。面对新的伟大斗争，重要的是提高理论思维能力，增强历史自信和历史自觉，采取正确的战略和策略，而这些都离不开对历史规律的正确认识。

作者在研究历史的基础上，对于如何认识全球危机的前景，如何挖掘我国经济增长的潜力，如何确立新的发展目标等问题进行阐释。我国正在凝聚新的经济增长动力，关键是坚持经济工作的中国特色社会主义方向，通过供给侧结构性改革，实现社会主义生产目的，并且为此提出了一些具体建议。以习近平同志为核心的党中央采取的重申理想信念、加强党的集中统一、做强做优做大国有企业、坚守土地集体所有制、抓好意识形态工作、倡议一带一路、建设人类命运共同体等举措，正是立足于我们自己成功的历史经验和对历史规律的认识而做出的，具有充分的理论、历史和现实依据。沿着这个方向，必将在 21 世纪实现中华民族的伟大复兴和社会主义的伟大复兴，这两个复兴是相辅相成的。

“中国道路”丛书是由中信改革发展研究基金会主编、中信出版社出版的。中信集团在中国改革开放和社会主义现代化建设中曾经发挥过独特作用，它不仅勇于承担大型国有企业的经济和社会责任，而且勇于承担政治责任，参与思想、理论、舆论的建设。这套丛书的宗旨是，坚持实事求是、践行中国道路、发展中国学派。通过对中国发展的经验进行系统梳理，构建中国特色的社会主义发展理论体系，让世界理解中国的发展模式，也增加中国的干部和群众的制度自信，促进立足中国实践、通达历史与现实、具有全球视野的中国学派的形成。

研究中国道路，是一项宏大的工程，不可能毕其功于一役。这本书也还有一些可以进一步探讨改进之处，希望作者继续坚持实事求是，深入基层，深入实际，做出更多更好的学问。也希望广大读者和我们一起努力，参与对中国道路的研究。

中国道路，就是全心全意为人民谋幸福、为民族谋复兴、为世界谋大同之路，就是中国共产党人不忘建党初心、不愧使命担当、不负光荣梦想的新长征路。希望以此和此书的作者、读者们共勉。是为序。

孔　丹

前言

不忘历史 不忘初心

近年来，我在从事医疗改革、产业发展、宏观经济等领域的研究时发现，当代中国所面临的许多问题和观点纷争，最终都离不开对这样几个根本问题的回答：我们坚持走中国特色社会主义道路，其理论和实践的依据是什么？人们凭什么相信这条道路的前途是光明的？是否存在一个与西方发展模式不同的“中国模式”？如何评价改革开放前后两个时期的历史经验及其相互关系？如何从历史中吸取智慧，在中国特色社会主义新时代进行具有许多新的历史特点的伟大斗争？对这些问题的回答，离不开对当代中国发展历史的研究。

新中国已经成立60多年了，这段历史可以大致分为两个30年：第一个30年是以毛泽东同志为主要代表的中国共产党人开创的，这个时期的主题是“建国、创业”。二战后，世界格局大动荡、大分化、大改组，社会主义和第三世界国家群体性崛起。中国抓住了历史机遇，赢得了在发展中国家中特有的政治独立、经济独立和民族独立，启动了现代化、工业化进程，国民经济快速发展，开辟了中华民族从分裂走向团结、从依附走向独立、从奴役走向解放、从迷失走向自信、从沉沦走向复兴的历史进程。

第二个30年，以邓小平同志为主要代表的中国共产党人开启了改革开放和社会主义现代化建设新时期，这个时期的主题是“改革、开放”。这个时代，是新一轮资本主义全球化兴起的时代。中国用几十年的时间走过了资本主义国家几百年的发展历程，进行了社会主义市场经济的转型实践，社会主义中国逐渐融入世界经济体系，吸收和引进国际资本和先进的经验技术，又坚持了自己的道路，改革开放获得了成功。

这两个时期，中国的社会经济都取得了辉煌的成就，也都存在着在当时的历史条件下尚未解决的问题。目前，对如何正确总结中国发展的成功经验，如何看中国的优势和不足等关键问题，还缺乏共识。改革开放以来，西方经济学理论引入中国，并且影响很大，但实践证明，西方现代经济学理论并不能引导中国取得成功。而且在西方话语的影响下，社会上出现了妄自菲薄的虚无主义情绪，这不仅影响人们对中国未来的信心，也可能导致在具体工作中做出错误的抉择。中国要继续向前走，就必须对历史做出令人信服的解读，实事求是地总结中国成功的经验，用科学的理论阐释中国道路的实质，真正树立中国人的自信心，应对新时代面临的挑战。

党的十八大以来，以习近平同志为主要代表的中国共产党人带领全国人民，进入了新时代。这个时代是西方现代化道路遭遇重大危机、人类面临新的挑战的时代，国际社会积极反思资本主义制度，认可社会主义、认同中国道路的人越来越多。中国的新时代，既不是对改革开放前的简单回归，也不是对改革开放的简单延续，而是既发挥社会主义制度的优势，又在实践中不断创新。

新一届中央领导集体高度重视历史，重视总结党的历史经验，习近平同志多次强调要学习研究党史国史这门“必修课”。这正是着眼于中国发展的新方位做出的战略性部署。正像1945年《关于若干历史问题的决议》和1981年《关于建国以来党的若干历史问题的决议》两个决议都开辟了中国发展的新时代一样，当前对新中国成立以来和改革开放以来的历史经验进行系统总结，具有重要的意义。

如果要为中国的下一个30年——即现在到21世纪中叶——选择主题词的话，我愿意将其概括为“超越和复兴”。其具体含义就是：超越新中国的前两个30年，超越西方道路，中华民族的伟大复兴，社会主义的伟大复兴。

对前两个30年的超越

一段时间以来，社会上存在着把改革开放前后两个时期彼此割裂、相互对立起来的错误观点，要么全盘否定毛泽东时代的发展道路，要么全盘否定改革开放后的发展道路，要么对两个历史时期的发展道路均予以否定。2013年1月5日，习近平同志第一次提出，改革开放前和改革开放后两个历史时期不能相互否定，[①] 这是针对各种历史虚无主义的拨乱反正，为科学总结历史经验、排除“左”和右的两种干扰创造了条件。

改革开放以来，中国逐步建立和完善市场经济体制，社会、经济各个领域都取得了巨大成就，人们因而产生一种错觉，认为中国的成功就是市场化、私有化、自由化的成功，而实行计划经济时期则是走了弯路、一无是处，无视每个历史发展阶段的背景和历史任务。我国一直在进行社会主义制度的建设和改革，在计划经济时期，我国就实行了两次经济体制改革，取得了明显成效，这一时期的农业基本建设、重工业、医疗、基础教育等事业都取得了辉煌的成就，并且在各行各业构建了大型国有企业，它

---

① 习近平．关于坚持和发展中国特色社会主义的几个问题［A］//中共中央文献研究室．十八大以来重要文献选编（上）［C］．北京：中央文献出版社，2014：109.

们是国家发展的脊梁。经过深化改革，21世纪以来国有企业更是成为中国经济走向世界的核心力量。中国实施有效的产业政策，航天、通信、高铁等产业已走向世界，土地集体所有制、经济决策的民主集中制等制度，也都成为促进中国经济增长的积极因素。但是，由于这些成就不符合“自由化、私有化”的西方经济学理论，所以一些人无视甚至极力否定这些显而易见的成就，把改革开放以来的成功，全盘归结为市场经济的胜利，比如，对于包产到户之后的农业大丰收，他们不做历史唯物主义的分析，认为“把地一分就吃饱了”，极力主张废除集体所有制、搞土地私有化等主张。这些现象都体现出中国要把握改革开放的大方向，要正确把握改革不是改旗易帜，不能丢弃社会主义制度的优势。

2008年金融危机爆发之后，国内外都有关于发展道路的争论。西方开始反思，自由市场主义失去了往日的金字招牌，国内越来越多的人开始跳出“西方中心论”的窠臼，用历史的、辩证的视角看待改革开放前后两个历史时期的关系，恢复和增强了民族自信心和制度自信心。2011年，我在北京大学授课时，一位学生在阅读有关历史文献之后说：“我觉得，中国发展到今天的水平，绝对不仅仅是改革开放的功劳。在新中国建设时期，我们的前辈充满革命激情，勒紧裤腰带，多生产，少享受，无怨无悔。那不是一两个人，而是全国几亿的人口啊！这是多大的力量！想想都觉得心潮澎湃。我觉得自己生活在一个很幸福的时代。”

历史往往经过时间沉淀后才能看得更加清晰。这是历史的无情，更是历史的有情。

以习近平同志为核心的党中央开辟的中国特色社会主义新时代，既不是向毛泽东时代简单的“回归”，也不是邓小平时代简单的“延续”，而是要在总结经验教训的基础上，融汇前两个30年、超越前两个30年，把前两个时代的优势都保留下来，并且继续新的创造，形成一套成熟稳定的制度体系，真正实现国家治理体系和治理能力的现代化，实现国家的长治久安。

本书的前五章，主要围绕改革开放前后两个 30 年的关系展开，通过对历史的考察，论述了新中国是如何选择并形成了这样的发展道路，并对各个历史时期经济发展道路做出客观的评价。

对西方道路的超越

西方资本主义国家的现代化道路，以资本私有制、自由经济和多党制选举民主为主要特征。这条道路存在两方面问题：第一，它实现了少数国家（约 10 亿人）的兴旺发达，却没有实现人类的共同发展，少数西方国家的发达是以大多数国家被剥夺、丧失发展能力为代价的，世界大多数国家已经不可能走这条路。第二，西方资本主义国家实现了物质财富的极大繁荣，但并没有找到实现公平、协调、绿色、共享的发展道路，民族矛盾、两极分化、道德失范、健康危机等问题仍然困扰着世界。2008 年国际金融危机之后，国际社会开始积极反思资本主义制度和发展道路。

在这种背景下，“中国道路”“中国模式”引起了国际社会的广泛关注和热议。在国际社会开始意识到中国道路对西方道路形成挑战的情况下，中国国内却不乏对中国道路的虚无主义认识。要真正认识到中国特色社会主义发展道路的优越性，牢固树立“四个自信”，首先是要客观分析中国道路和西方道路的区别。目前，海内外有不少对中国道路的总结是有道理的，但是有一些并没有跳出西方中心论的窠臼，认为中国道路仅仅是对西方道路的模仿和修补。比如，有人认为中国改革之所以成功，是因为进行了渐进式改革，而强大的政府在改革过程中维护了社会稳定。其言下之意是，中国改革的目标还是西方的资本主义模式，只不过改革的过程比较平稳，所以成功了；而其他一些国家（如苏联），改革太急，所以失败了。这种观点是不正确的，因为这种观点实质上仍然认为中国道路无非是对西方道路的“局部修正”，仍然是用西方理论来解读中国道路。

之所以对中国道路存在种种误读，一方面是因为中国道路是新事物，新事物为人们所认识、接受需要一个过程，另一方面是现在的主流经济学理论，是在西方发展道路的基础上生长起来的，并没有充分体现广大非西方国家的发展实践经验，从而不具备在一切国家实践的意义。对此，本书作者努力在以下两方面做出突破：

首先，研究中国道路，要从中国具体的历史条件出发，坚持辩证唯物主义和历史唯物主义的思想方法。历史研究方法是社会科学基本的方法，但今天的西方经济学已经很大程度上放弃了历史研究方法，用抽象的数理模型取代了鲜活的历史，忽视了各国经济运行特定的政治、经济、文化基础和历史背景。

我们努力克服这种偏颇，把中国的发展道路放到具体的历史环境中考察，从当时的历史条件出发，解释中国为什么一步步选择了今天这样的道路。中国道路并不是凭空产生的，也不是一两个领导人主观设计出来的，中国走上社会主义道路，并且走到今天，有其内在的逻辑。自 1840 年鸦片战争西方列强用坚船利炮打开中国国门开始，到 1949 年新中国成立，这一百多年的历史中，虽然中国人努力学习西方，寻求独立富强的道路，但是并没有开启现代化的进程。当时中国为什么没有走上现代化的进程？只有说清楚这个问题，才能让人们认识到，中国走上社会主义经济建设的道路，并不是出于什么“意识形态中的苏联模式”、“所有制崇拜”或者照搬外国模式，而是有其自身的经济理性，是历史逻辑和理论逻辑的统一。也只有说明白这个问题，才能理解中国道路的来源和根基。

其次，研究经济发展的中国模式，不能仅仅局限在经济领域，而是要把经济和政治、社会、文化、国际战略结合起来。世界上没有脱离经济的政治，也没有脱离政治的经济。当前，对中国经济增长经验的总结，大多数还仅仅局限在就经济谈经济，这和目前经济学发展方向的偏差有关。西方主流的新古典经济学，在数理模型等具体工具上进步很大，但是把经济行为过度抽象，忽视了经济行为背后的历史、文化、政治、社会因素，自然难以注意到中国特殊的历史条件对经济增长的影响。

本书第六章，就是在考察新中国经济史的基础上，提出中国模式的五个核心特征。这五个特征，是同时贯穿于改革开放前后两个30年的共同特征。通过总结这些特征，认清中国的制度优势，中国要继续向前发展，就必须继续坚持和发扬这些优势。第七章进一步阐释“中国模式”与马克思主义的联系，指出今天中国的成功得益于坚持而不是放弃马克思主义。

中华民族的伟大复兴

从现在到21世纪中叶的30年，是超越的30年，也是复兴的30年。

这个复兴，首先是中华民族的伟大复兴。研究历史是为了启迪现实。新中国的第一个30年，解决了“站起来”的问题，第二个30年，解决了“富起来”的问题。今天，我们比历史上任何时期都更接近中华民族伟大复兴的目标。然而，行百里者半九十。历史上，也曾经有不少国家，成功地成为世界经济大国，但是并没有逃脱“其兴也勃焉、其亡也忽焉”的历史命运；也曾经有一些一度成为“明日之星”的国家，就是因为发展道路出现偏差，而功亏一篑。“靡不有初，鲜克有终”，任何一个民族的兴盛和繁荣都需要永不懈怠的精神状态和一往无前的奋斗姿态。新中国能够成功走到今天，得益于在一切关键时刻，都做出了正确的选择，在重大问题上没有犯颠覆性错误。

近年来，中国经济逐步进入新常态。经济新常态的实质就是，中国经济增长的历史条件已经发生了变化，改革开放以来形成的习惯做法、习惯思维，已经不能够再支撑中国经济的高速增长，需要寻找新的增长动力。由于西方经济学理论在中国的广泛传播和发展，导致中国社会各界在一些重大问题上，难以形成统一的意见。仍有相当多的人士认为，过去 30 年中国的成功，就是因为学了西方，放弃了社会主义的“信条”，遵循了“华盛顿共识”。这种错误的认识，是可能导致“颠覆性错误”的思想根源。从另一个角度来看，这也说明了今天中国缺乏文化自信，是思想和文化主体性失落的表现。如果不能及时纠正，中国的发展道路还有可能出现曲折。如果中国不能坚定地走自己的道路，而是像一些其他国家那样，被新自由主义的思维所迷惑，再犯“颠覆性错误”的可能性也是存在的。

可见，虽然中国道路已经初步成型，但是还没有形成高度的共识。中华民族的复兴，需要经济实力和综合国力的提高，也需要中华文明的繁荣兴盛，要站在思想理论的制高点上，实现文化主体性的复兴。我们这样一个有着 13 亿多人口的大国，如果缺乏理论思想的指导，是不可能发展好的，也是难以应对前面的风险挑战的。而要应对这种挑战，就要从自己的历史中寻找智慧和力量。

本书第八、九章，从大历史的角度出发，认为当前世界的经济危机，实质上是工业革命以来西方资本主义世界经济长周期的表现。我国经济的新常态，是新形势下这种危机在中国的反映。要走出危机，根本的办法是发挥我国社会主义制度的优势，更好地解决经济发展不平衡、不充分的问题，实现社会主义的生产目的，只有更加坚定地走中国道路，才能振兴中国经济。

社会主义的伟大复兴

这个复兴，还将是中国和世界社会主义的伟大复兴。

社会主义是人类社会古老而崇高的理想。自 19 世纪中叶，马克思把社会主义从空想变成科学以来，社会主义无论在世界还是中国，都经历了几起几落的峥嵘历史。中国自 1956 年社会主义改造完成，就走上了社会主义道路，但巩固社会主义则是一个十分漫长的历史过程。改革开放以来，有一种观点认为中国走社会主义道路，主要是出于意识形态或政治因素，而不是出于经济因素，搞经济还是要靠资本主义。苏联解体、东欧剧变之后，以福山为代表的西方思想家认为，历史已经永远宣告了社会主义的失败，一百多年的国际共产主义运动，似乎只是马克思同人们开的一个玩笑，历史已经终结于自由市场和民主宪政。

然而，“历史终结”的乐观声音还没有消散，世界和中国就又到了一个新的十字路口。我们需要在新的历史起点上，再一次思考：中国道路成功的基本因素到底是什么？中华民族伟大复兴与社会主义的理想，这两者之间是什么关系？是互不相干、互相矛盾还是具有一致性？之所以提出这些问题，是因为在不少场合，存在着思想理论工作和实际工作的脱节。不少人认为，社会主义在今天的中国，只是嘴上说说的口号，实际的工作特别是经济工作，还是“该干嘛干嘛”，这就导致了在许多问题上的思想混乱。但历史告诉我们，在重大的道路、制度、理论和意识形态问题上，我们不能有丝毫含糊，否则就不可能凝聚起统一的目标和意志，就不能坚持正确的道路和方向。

2008 年全球金融危机的爆发，为回答这个问题提供了条件。从国际上看，全球金融危机，从根本上说就是资本主义全球化所导致的危机。金融危机之后，全球很多国家开始重新重视马克思主义，重新思考社会主义的现实意义，对资本过度发挥作用进行抑制和改良。然而，目前还看不到有实际的进展。从中国和其他发展中国家自身的发展来看，中国能够发展起来，就是因为通过建立社会主义制度，改变了在资本主义全球化条件下发展中国家所处的依附大国的边缘化地位。正是靠着社会主义制度，中国等国家才完成了社会革命、达成了人民的团结，从而实现了独立自主的经济体系、跳出了贫困陷阱，并保持了社会稳定和国家安全，初步具备了同资本主义大国对话和博弈的能力。当前，全球面临的经济失衡、生态危机、两极分化等问题，只有靠增加各国政策和全球政策中的社会主义因素才能够实现。从这个意义上说，中国道路就是中国特色社会主义道路。

在新的历史条件下，继续对“什么是社会主义、怎样建设社会主义”进行思考，我们得出的结论就是：社会主义的目标和中华民族伟大复兴的目标是统一的，只有更加坚持社会主义，才能实现中华民族的伟大复兴。而中华民族的伟大复兴，将是21世纪社会主义复兴道路上最有力的引领力量。

| 第一章 |

新中国成立之初的选择

☆导读☆

新中国成立初期，对中国走何种发展道路出现了第一次分歧：是停留在新民主主义阶段，还是进一步实现社会主义？经过探索，中国共产党改变了之前设想的先实行10—15年的新民主主义，再向社会主义过渡的方案，而是到1956年就基本完成了社会主义改造，确定了以公有制为主，实行计划经济、重工业优先发展、农村集体化为主要特征的经济制度。

正确认识中国共产党在这一时期的选择，是理解中国道路的起点。但如何认识这一变化，在今天仍存在诸多争议。一些观点认为，新中国成立初期走上社会主义道路，是出于“意识形态狂热”、“公有制崇拜”或者照搬苏联模式，导致经济建设走了弯路，“耽误了二十年”。通过对历史过程的考察证明，新中国成立初期选择的经济发展道路，是具有充分经济理性和必然性的选择。只有选择这样的道路，才能打破旧中国的小农经济结构、殖民地经济结构和弱小的政府能力对经济发展的限制，开启现代化的进程。

鸦片战争以来，救亡图存成为中华民族的头等大事，无数仁人志士前赴后继，为建立一个独立、自由、繁荣、昌盛的现代化中国而奋斗，“把帝国主义者给予我们的创痕与血迹荡涤得干干净净”，“全国的人，都有饭可食，有衣可穿，有屋可住，有人可爱”，“告别历史的变乱、踏上新生的道路”。[①] 这就是 80 多年前的“中国梦”。然而，尽管一代代先贤前赴后继，但中国并没有登上现代化的列车，反而同世界的差距越来越大，中国还是一个典型的农业国、经济和政治弱国。

1949 年，新中国成立后，中国对现代化道路进入新的求索。代行宪法职能的《中国人民政治协商会议共同纲领》（以下简称《共同纲领》）规定了“发展新民主主义的人民经济，稳步地变农业国为工业国”[②] 的任务。所谓“新民主主义经济”，是新中国成立之前和成立初期，中国共产党对未来发展路径的设想，其主要特点是：由国营经济主导，各种所有制共同发展。《共同纲领》第二十六条规定：“中华人民共和国经济建设的根本方针，是以公私兼顾、劳资两利、城乡互助、内外交流的政策，达到发展生产、繁荣经济之目的，国家应在经营范围、原料供给、销售市场、劳动条件、技术设备、财政政策、金融政策等方面，调剂国营经济、合作社经济、农民和手工业者的个体经济、私人资本主义经济和国家资本主义经济，使各种社会经济成分在国营经济领导之下，分工合作，各得其所，以促进整个社会经济的发展。”[③] 第三十条还明文规定：“凡有利于国计民生的私营经济事业，人民政府应鼓励其经营的积极性，并扶助其发展。”[④] 简单地说，就是以多种所有制和市场经济为基础的“混合经济”。

也就是说，新中国成立前后，中国共产党的计划是先实行 10—15 年

① 王勇．八十年前的“中国梦”——论 1933 年《东方杂志》“新年的梦想”征文［J］．文艺争鸣，2015（06）：95－101．

② 中共中央文献研究室．建国以来重要文献选编（第一册）［M］．北京：中央文献出版社，1992：1－13．

③ 同②。

④ 同②。

新民主主义，再向社会主义过渡。但事实上，以 1956 年基本完成社会主义改造为标志，新民主主义道路提前结束了，一条新的发展道路逐渐展开了。其主要特征是：优先发展重工业，而不是劳动密集型的轻工业；确立公有制的绝对主体地位，而没有形成多种所有制共同发展的格局；实行计划经济，而没有实行市场经济；进行农业合作化，而没有停留在土改之后的家庭所有制上；在国际上实行独立自主和一定程度的产业保护。

可见，新中国成立初期的经济发展道路，不同于今天西方经济学的主张，不同于大多数发展中国家实行的市场化、私有制、对外开放道路，不同于改革开放之后的做法，甚至也不同于中国共产党自己曾经设想并宣布的新民主主义道路。

新中国为什么选择这样一条道路，其中的道理和逻辑是什么？今天该如何看待新中国成立初期留下的遗产？这些问题，困扰着今天的许多人，也直接影响着人们对今天全面深化改革过程中重大问题的看法。评价历史事件，必须从历史条件出发。正如马克思在《路易·波拿巴的雾月十八日》中所说，“人们自己创造自己的历史，但是他们并不能随心所欲地创造，并不是在他们自己选定的条件下创造，而是在直接碰到的、既定的、从过去承继下来的条件下创造”。[①] 让我们回到历史的情境之中，从新中国成立初期面临的发展目标和约束条件出发，考察从新民主主义到社会主义的转变是如何发生的。

1. 旧中国为什么没有能力启动现代化

中国人民对现代化的追求自清朝末期就开始了，但直到 1949 年，中

① ［德］马克思．路易·波拿巴的雾月十八［A］．马克思恩格斯文集（第二卷）［C］．北京：人民出版社，2009：470.

国还是一个落后的农业国。中国曾经长期是首屈一指的世界强国，19 世纪清朝的国内生产总值（GDP）占世界的 1/3，明清江南地区已经具备了发达的农业、繁荣的商品经济、丰富的劳动力和广阔的市场，可中国为什么没有发生工业革命？鸦片战争之后，中国逐渐引入了西方的企业、技术、设备甚至一些制度，看上去现代化的一切要素都具备了，为什么没有启动现代化进程？这是因为，旧中国起码面临着三个重要的约束，成为中国迈入现代化强国的不可逾越的障碍。

小农经济的约束

现代化最突出的特征是工业化，从农业社会进入工业社会至少需要三个条件：一是要有足够的初始投资和工业技术，因为工业是资本密集型产业；二是农业部门要有足够的剩余产品，供养那些脱离农业劳动、专门进行科学研究和工业生产的人；三是有一个较大的高收入群体，他们在基本温饱需求得到满足之外，还有能力消费工业产品。总之，工业化能否启动，首先取决于农业能否为工业部门提供足够的剩余产品，而传统中国社会并没有满足这个条件，其根源是人均占有土地水平很低。

中国是世界上人地关系最为紧张的大国之一。战国时，人均耕地面积仅有 4.5 亩，清朝中叶下降到 2.0 亩。改革开放初期，邓小平强调“要使中国实现四个现代化，至少有两个重要特点是必须看到的：一个是底子薄……第二条是人口多，耕地少”①。人多地少的国情，成为制约旧中国实现现代化的一大障碍。

首先，人多地少导致农业部门产品有限，难以为工业化提供足够剩

① 邓小平．坚持四项基本原则［A］．邓小平文选（第二卷）［M］．北京：人民出版社，1994：163－164．

余。工业化启动初期，工业部门的资本、原料和劳动力只能来自农村的剩余，主要的消费市场也是农村。只有在农村具备剩余产品，并且将剩余产品集中起来，才能启动工业化。我国在封建社会时期，人均占有成品粮一直不超过300公斤，特别是清朝中期人口从1亿多急剧增加到3亿多，人均占有粮食仅175公斤，即使粮食分配比较平均，也只能满足温饱水平。粮食大部分由农民自己消费，很少进入商品市场，形成了自给自足的小农经济格局。[①] 这种人多地少、人多粮少的状况，决定了不可能给工业化提供足够的剩余产品。第一，没有足够的剩余产品来供养大量脱离农业生产的贵族阶层，从事科学研究和工业生产（而西方工业革命早期从事科学研究的人员，都是贵族出身，像牛顿、伽利略）；第二，不可能长期维持一个高收入阶层，有大量剩余收入去消费工业产品，中国传统社会积聚财富主要表现为土地集中，而不是消费水平档次的升级；第三，现代工业发展的动力是用机器代替人力，但是中国人多地少，没有动力开发代替劳动力的现代技术。因此中国长期停滞在“没有发展的增长”的超稳定结构。相比来说，欧洲社会一方面人地关系比中国宽松得多；另一方面西欧在发现美洲新大陆之后，通过在非洲和美洲的贸易，相当于从海外获得了大量土地，从而进一步缓解了人地矛盾，为工业革命提供了大量的原料、劳动力和市场，农业可以为工业提供大量剩余产品和广阔市场，从那时起，西欧的发展同中国就大相径庭了。因此，中国现代化必须突破小农经济对有效集中资源的制约。

其次，在人多地少的制约下，形成了维护低水平公平和稳定的政策和文化。同西欧封建社会的庄园主和农民之间密切的人身依附关系不同，中

① 庞卓恒．怎样寻求世界历史上先进变落后和落后变先进的根本原因——纪念新中国建立60周年［J］．世界历史，2009（04）．

国封建社会农民和地主之间的人身依附关系并不强，自耕农小土地所有制是一种主要的土地所有制，在传统中国，“一夫挟五口，治田百亩”[①] 的个体小农是主要的生产单位，维护小农稳定、防止土地兼并，是封建王朝延续统治的前提。一旦工商部门或国家从农村汲取过多资源，就可能导致农村饥荒和破产。一般来说，王朝初期土地分配较为平均，承平日久之后，豪强地主坐大，土地兼并日益严重，官僚体系也随之膨胀，并且和豪强形成利益共同体，这时如果出现有作为的皇帝打击财富集中，就能实现“中兴”。为了维护稳定，封建王朝往往会主动弱化国家能力，轻徭薄赋、减少税收。秦始皇、汉武帝、隋炀帝等“好大喜功”，集中资源搞基础建设的行为，在封建社会并不被推崇。这种政策导向，虽然有利于社会安定，但是也限制了商品经济的进一步发展，难以形成资本集中。进入近代之后，面对工业化的需要，如何做到既集中资本又不危害农村的稳定？这个两难的问题，清政府和国民党都没有有效解决。

再次，小农经济的生产方式，反过来又影响了农村的社会结构和文化，形成了害怕变革、规避风险、小富即安的文化。各地自给自足，“鸡犬之声相闻，老死不相往来”，不足以产生大量市场交换，也限制了农户参加社会交往和政治活动的空间。马克思认为，小农业与家庭手工业相结合的、像马铃薯一样分散的、互相独立的农村村社，靠着闭关自守的、一家一户的和自给自足的生活，构成了中国专制制度赖以存在的始终不变的经济基础。[②] 1944 年 8 月 31 日，毛泽东在给延安《解放日报》报社社长秦邦宪的信中指出：“新民主主义社会的基础是工厂（社会工厂，公营的与私营的）与合作社（变工队在内），不是分散的个体经济。分散的个体经济——家庭

① 班固．汉书·食货志［M］．北京：中华书局，2012：1032.
② ［德］马克思，恩格斯．马克思恩格斯选集（第二卷）［M］．北京：人民出版社，1973.

农业与家庭手工业是封建社会的基础，不是民主社会（旧民主、新民主、社会主义，一概在内）的基础，这是马克思主义区别于民粹主义的地方。[①]”

中国小农经济的这些特点，在封闭的封建社会条件下，有利于长期稳定。但是，一旦受到外部冲击，就难以应对。近代以来，中国现代化进程屡屡受挫，一个重要原因就是，一切改良、改革都仅仅着眼于上层和城市，而没有从根本上改变农村的经济和社会结构。鸦片战争之后，无论外国资本还是中国政府，客观上都有从农村汲取资源、支持城市工商业发展的强烈要求。这时，传统农村的“超稳定机制”就被破坏了：工商和金融资本下乡，对农村形成冲击，个体小农无法和大资本对抗；土地兼并和高利贷盛行，再加上工商资本的盘剥，大量小农破产，农村形成了两极分化。农民活不下去，也不可能形成有效的国内市场。而大量的剩余产品为地主、高利贷者等食利者阶层所攫取，也就不可能集中起来进行基础设施建设，启动工业化。

新中国成立后，毛泽东多次提起一件事：他 11 岁时，二叔毛菊生濒临破产，要把仅有的 7 亩地卖给毛泽东家，毛泽东和母亲不同意，觉得应该设法周济二叔渡过难关，但父亲认为花钱买田天经地义。毛泽东说：“旧社会那种私有制，使兄弟间也不顾情义，我父亲和二叔是堂兄弟，到买二叔那七亩田时，就只顾自己发财，什么劝说也听不进去。”[②] 这实际上就是外部资本对农村冲击的一个事例。

农村的凋敝，反过来使得城市工商业缺乏足够大的市场，要么半途夭折，要么只能依附于外国，形成殖民地经济结构，不能发展出独立自主的产业体系。可见，突破小农经济对现代化的约束，关键是要解决这样一个

---

① 人民网资料. 1944 年 8 月 31 日. 毛泽东论述新民主主义社会基础问题［EB/OL］. http://www.people.com.cn/GB/historic/0831/2835.html.

② 逄先知，金冲及，等. 毛泽东传（1949—1976）［M］. 北京：中央文献出版社，2003.

问题：如何既有效集中农业剩余，又避免农村受到冲击而破产？这个问题，从晚清一直延续到现在，仍然不能说完全解决了。

国际体系的约束

除了国内小农经济的约束，中国现代化所受的主要外部约束就是国际体系的约束。西方工业革命时，英国等第一拨实现现代化的国家，面对的还是一个以自然经济为主的世界，有着广阔的处女地尚未被商品经济所覆盖。而包括新中国在内的大多数国家在启动现代化时，面对的是已经形成的资本主义全球体系。资本主义生产方式把全球分为两极：一极是所谓的"中心国家"，即以欧美几个强国为主的发达国家，在世界体系中占据主导地位，依靠军事、科技、文化方面的优势，掌握着贸易主导权，控制和支配着另一极"边缘国家"，这些国家在政治和经济上受中心国家控制，在经济上基本被锁定在产业链低端，为发达国家提供低成本的自然资源、农产品、初级产品和劳动力。

按照自由市场经济学理论，全球分工和自由贸易可以使所有国家受益，落后国家会不断缩小同发达国家的差距，实现世界大同。但事实证明，工业革命以来，这种"自由贸易"实质上是工业强国巩固自己垄断地位的工具，除了个别经济体之外，"中心国家"和"边缘国家"的差距并没有缩小，而是在扩大。自由贸易的基础是强者的垄断优势，所以，自由贸易论的本质是一套强者的话语体系，它不过是强者手中一个扶强抑弱的工具，依仗垄断性工业优势，推动国际自由贸易，借此构建一种牟取垄断利益的国际结构。通过查究历史，我们可以更清楚地认识自由贸易论的本质。事实上，在把欧洲主要国家带入自由贸易体系之前，率先完成工业化的英国在双边框架内与个别国家签订过贸易自由协定，以自由贸易为诱饵，让他国的生产要素更为廉价地流入英国，同时英国获得更为广阔的市场销售日益积压的产品，以达到长期垄断工业生产的目的。例如，英国和葡萄牙曾多次签订互惠条约，这些条约实际上为英国产品在葡萄牙销售打开了市场，阻碍了葡萄牙工业的发展。其结果是葡萄牙陷入对英国经济的依附，扼杀了葡萄牙蹒跚起步的纺织工业，葡萄牙简直成为“英国的殖民地”。同样，英国的棉布和其他制成品洪水般涌入法国，导致法国制造业危机，引起了法国大革命。① 正如西方历史学大师布罗代尔所概括的：“世界规模的分工不是平等伙伴之间协商一致的、随时可以修改的关系，而是逐渐形成的一系列从属关系。不平等交换制造了世界的不平衡，反过来说，世界的不平衡也制造了不平等的交换，这是古已有之的实际”。②

除了通过贸易掠夺发展中国家的资源之外，发达国家还影响了殖民地的政治和社会结构。殖民地内部往往呈现明显的两极分化：少量沿海和大城市交通方便，融入全球经济，形成了一个同外部列强有密切联系的精英阶层（即“买办”）；但大量内陆地区仍停留在传统社会，甚至有意保持着封建、奴隶制或部落制，因为这更有利于精英阶层对底层民众的控制。这种两极分化，使得殖民地国家的国内市场十分有限，而且丧失了正常的治理能力，传统社会结构也遭到破坏，强化了陷入“贫困陷阱”的命运。

旧中国是全球体系中典型的“边缘国家”。1840—1949年，中国虽然没有完全丧失政治主权，但是在经济上具有典型的殖民地国家的特征。1936年，外资掌握了中国76%的工业资本，其中包括72%的工矿和运输业、95%的钢铁和石油工业、75%的采煤和电力工业、60%的纺织业、88%的铁路、84%的航运、80%的出口贸易和90%的进口贸易。③ 与此相

① 梅俊杰．从马克思的论断看自由贸易的历史真相［J］．马克思主义研究，2009（06）．

② ［法］费尔南·布罗代尔．世界的时间［M］//十五至十八世纪的物质文明、经济和资本主义：第三卷．顾良，施康强，译．北京：商务印书馆，2017.

③ 迟萍萍．浅析抗美援朝战争对外国在华企业的影响［J］．黑龙江史志，2010（09）．

联系的，则是国内两极分化和一盘散沙的格局。少数沿海城市，同国际经济体系已经有密切联系，如“上海之所以得以发展和繁荣，主要靠的是税收，长江流域的所有货物贸易和航运都在课税之列……西方人在十二平方英里的公共租界和法租界里，像老板那样控制着逐渐步入工业化和商业化的中国”①。但是在广大内地和农村，仍然处在封建社会结构，大多数小农既无力抵御市场风险的冲击，也没有能力进行必要的投资和消费，这反过来制约了中国的民族资本和工商资本扩大生产、提高技术，从而不可能发展出独立自主的经济体系。

在这种国际体系下，无论是清朝洋务派，还是后来的国民政府，均希望通过外部力量的帮助实现工业化，被迫或主动地让大量外部投资进入中国。其结果是，虽然中国建立了一些现代工业，但是资金、技术、市场主要控制在外国资本家手中，中国民族工业并未发展起来，反而受到官僚资本和买办资本的双重压制；西方廉价工业品大规模输入，也使得中国手工业大量破产。据英国学者威廉·韩丁对当时华北的调研：

> 廉价的工业品大规模的输入，使得越来越多的经济部门遭到了损害。在纺织工业方面这种情况尤其显得突出。数以百万计的织布工人，由于无法同兰开夏、东京以及后来上海的动力织机竞争，失去了主要的谋生手段，被抛入为那稀少的、已经贫瘠的土地而互相争夺的人群中，这个人群一直在扩大。无地的穷人迅速增多，使地主能够提出更苛刻的租佃条件，征收更多的地租，抬高利率；使粮商们能够在收获季节压低收购价格，而在冬、春两季则把粮价抬高，使商人能够扩大农产品与工业品的差价。不仅雇农和佃农，就是有地的中农也感

① ［英］理查德休斯．香港彼时彼地［M］．伦敦：安德烈多伊奇出版社，1968.

> 到压力越来越大。为了勉强糊口，他们必须延长劳动时间，起早贪黑，拼命干活。即使这样，还是难以维持生计，只好日益频繁求助于债主。可是一旦背上了债务，便再也难以挣脱出来。在张庄，没有欠下相当于几年收入的债务的人家，简直是例外。由于高利贷的盘剥，苛捐重税的压榨和奸商的欺骗，许多有地的农民都破产了……在许多地区，农村人民的处境，就像一个人永远站在齐颈深的水里，一个小浪就足以把他淹死。[①]

1929 年欧美经济大萧条之后，中国成为西方转移危机的场所。[②] 大量外国白银和廉价商品的输入，让中国仅有的民族工业大面积破产，而且出现了房地产泡沫。到 1935 年，上海已经有 1000 家企业倒闭，失业人数达到 50 万。这表明，在殖民地的经济条件下，不可能发展出有效的国内需求，也无法建立起符合中国发展需要的基础工业体系。[③]

新中国成立时，虽然政治上获得了独立，但依附性的殖民地经济结构尚未改变。中国面临着艰难的选择，是继续走依附大国的道路，还是坚持建立独立自主的经济体系。在考察了国内、国际形势之后，为了尽快改变旧中国重工业严重落后的状况，新中国实行了优先发展重工业和军事工业的战略，主要依靠国内资源进行积累，经济发展不能以经济效率为唯一目标，还要尽快满足国家安全的需要。

国家能力的约束

近代以来，不管是什么国家，政权在现代化过程中都起着不可或

---

① ［英］威廉·韩丁．翻身：一个中国村庄的革命纪实［M］．北京：北京出版社，1980.

② 严泉．民国经济史研究的新视角——读《大萧条时期的中国：市场、国家与世界经济》［J］．史学理论研究，2013（01）．

③ 代春霞．20 世纪 30 年代世界经济萧条影响下的中资银行业研究［D］．天津：南开大学，2012.

缺的作用。资产阶级革命初期，资产阶级依靠国家暴力打破封建束缚，把土地和劳动力变成可以自由买卖的商品，为工业化创造了条件。德国、日本等实行国家资本主义，通过国家力量集中资源，优先发展重工业和军事工业。二战之后，资本主义国家在提供公共产品、社会保障、调节收入分配等方面的作用也增强了，这在一定程度上弥补了两极分化等社会矛盾和风险。

要启动现代化必须要有一个强有力的国家政权。陷入贫困陷阱的国家，往往缺乏国家治理能力，其表现在两个方面：一是国家软弱涣散，没有能力维护社会稳定、提供公共产品、实施长远的经济社会发展计划；二是国家政权被特殊利益集团所控制，变成个别集团谋利的工具，导致大多数人丧失发展的机会。这两种国家，都不可能顺利实现现代化。而这两个问题，在旧中国都存在。

一方面，封建社会时期中国的政府是弱政府。其社会政治结构的特点是“皇权不下县”，基层以地主士绅主导的自治为主。为了维护这种结构的稳定，防止苛捐杂税导致民变，中央政府只好有意牺牲财政能力，使得封建社会财政的规模未超过 GDP 的 4%。清朝中叶之后，地方势力做大，中央权威迅速销蚀。据估计，19 世纪后期，政府收入总额约占 GDP 的 7.5%，而中央政府所得的份额仅为 3%。[①]

“弱政府”崇尚“简政”，依靠“乡贤”，提倡地方自治，这种弱化国家能力、依靠地方自治的传统，有效维护了封建制度的稳定。直到近代，蒋介石仍然在他的《中国之命运》里推崇这一传统，他认为：

中国固有的社会组织……其自治的精神，可以修齐举的实效，

① 马敏．现代化的“中国道路”［J］．新化文摘，2017（3）．

而不待法令的干涉。其互助的道德，可以谋公众的福利，而不待政府的督促。……五千年来……社会的风气仍能精诚笃实，勤苦俭朴，崇礼尚义，明廉知耻，我们中华民族所以能久于世界，此实为其基本原因。①

蒋介石看到了乡村地方自治对于稳定农村的作用，但他没看到这种稳定是一种消极的办法。这种稳定使农村长期保持自给自足的生活方式，无力集中资源实现技术进步，造成了封建社会的停滞。一旦进入工业化、城镇化时代，政府将无力保护农民，在工商资本和金融资本的冲击下，农村土地兼并加剧，豪强地主和新兴的工商资本相结合，对农民的盘剥更加严重。而国民党政府并没有把土地问题和农村政权建设提上日程，这是其失败的重要原因。

另一方面，国民党政权带有鲜明的政治依附性。蒋介石主要的权力基础是垄断资本集团及其背后的国际资本，这就决定了国民党政权不可能代表农民、工人和民族资产阶级的利益，而只能代表大资产阶级、买办资产阶级的利益，从而不可能认真实行土地改革、减租减息等有利于社会公平、改善底层人民生活的措施，也就不可能打破土地食利者、高利贷食利者对资源的攫取。国民党统治时期，虽然苛捐杂税多如牛毛，农民的负担重，但是其税赋真正进入国家财政的却十分有限。四川一份调查推测，保甲长把1/3的摊派金装入了自己的腰包。1945年初《大公报》记载，农民的负担五倍于政府下达的税负，中间差额就被地主豪强拿去了。②

土地和金融食利者阶层的存在（国民党自身也是这个利益集团的一

① 李玲，江宇．有为政府、有效市场、有机社会——中国道路与国家治理现代化［J］．经济导刊，2014（04）．

② ［美］易劳逸．毁灭的种子：战争与革命中的国民党中国［M］．南京：江苏人民出版社，2009：51.

部分），使得农业生产有限的剩余无法集中到实业部门。1936 年，国民党政府的预算仅占 GDP 的 8.8%，是一个十分典型的弱政府。政府治理能力低下，国民党为了打仗不得不借助美援、印钞票，结果损害了从中产阶级到农民的各个阶层的利益，这注定了国民党失败的下场。从这个意义上说，国民党败在利益集团林立、基层社会溃败和国家治理能力缺失。而与此同时，中国共产党在根据地和解放区进行土地改革，把过去由利益集团攫取的资源分配给农民，既赢得了人民的拥护，又具备了强大的资源动员能力。因此，国共两党关于中国命运的决战，实际上也是两种经济发展路线、两种阶级力量的决战。

可见，小农经济的约束，封建主义的强大，使得中国内部的资本主义力量十分弱小。与此同时，外部世界资本主义的发展，也遏制着中国民族资本主义的独立发展。外有帝国主义，内有封建势力，成为遏制中国实现现代化的两种力量。对苦难时代的中国人来说，资本主义是一把双刃剑，“既怕他不来，又怕他乱来”。中国一方面苦于外部资本主义的发展，即帝国主义的侵略；另一方面又苦于内部资本主义的不发展，即封建压迫。“反帝反封建”就是对“两个苦于”的回应，今天我们坚持四项基本原则、坚持改革开放，同样是对“两个苦于”的回应。①

中国在半封建半殖民地的压迫下进行反帝、反封建的斗争，需要一个强有力的政权。清政府和国民党政府并不能代表被压迫人民的利益，资产阶级政权不能使中国人民获得独立自主发展空间，更不可能有效集中资源启动现代化进程。这就决定了，中国要实现现代化，只能走不同于资本主义的新道路。旧中国的政治经济模式不可能承担起启动现代化建设的任

① 秦益成．如何对待资本主义：中国近现代史的基本问题——兼论中国特色社会主义道路的历史必然性［J］．红旗文稿，2009（19）．

务。中国要启动现代化进程，实现真实的经济增长，首先要回答三个问题：第一，如何在小农经济基础上有效积累资本，既完成工业化的原始积累，又维护农村的稳定和发展？第二，如何实现独立自主的发展，摆脱作为“边缘国家”的依附地位，既利用必要的国际援助，又防止丧失经济独立性？第三，如何提高国家治理能力，构建一个强有力的、能够打破利益集团、启动现代化进程的现代国家？

新中国走上社会主义经济建设的道路，正是对这几个问题的回答。

2. 新中国现代化的目标和约束

新中国成立后，中国共产党立即面临着对经济发展道路的选择，这不仅要考虑经济效率，还要满足维护国家安全和独立、奠定重工业基础、改善民生三个方面的要求，而要同时满足这些要求，就需要制定一套不同以往的经济发展战略，找到一条前人没走过的符合当时中国国情的经济发展道路。

新中国经济发展的三大目标

第一个目标，维护国家安全和独立。新中国成立初期，面临着严峻的国际形势。二战后，美国与苏联等大国划分了势力范围，形成了核垄断。中国地处两大阵营对峙前沿，“台湾问题”尚未解决，东部沿海面临着美国的威胁，20 世纪 60 年代之后北方又面临着中苏关系的断裂。为了维护国家安全，必须先建成国防工业体系，获得基本安全保障，才能开展一切经济活动，也才能在比较平等的基础上进行对外开放。这就决定了，五六十年代的经济发展带有“战时经济”的性质，重工业优先发展、计划经济、三线建设、农业集体化等重大经济举措，都同应对战争威胁有直接关系。直到 20 世纪 70 年代中国拥有了“两弹一星”，初步建立了完整的工业体系，实现石油等战略物资自给，具备了同超级大国博弈的能力之后，才获得了一定的安全保障，从而有条件调整经济发展战略。

第二个目标，奠定现代化所必需的工业基础。工业化是现代化最主要的特征之一。但启动工业化进程和做大经济总量，是两个不同的概念。清朝乾隆时期，中国 GDP 占世界的 1/3，但仍是一个典型的农业社会。晚清政府和国民党政府都曾努力启动现代化，但是并没有具备现代化所必要的起码产业基础。新中国成立时，经济是极端落后的。现代经济成分只占 GDP 的 1/10 左右，1950 年中国人均 GDP 不到 50 美元；按照 1952 年的人民币价格，当时中国人均固定资产不足 40 元，[①] 难以形成有效投资。到 1952 年，虽然工业有了一定发展，但是工农业总产值中现代工业产值只占 26.6%，重工业在工业生产总值中占 35.5%；轻工业主要是纺织、食品加工等作坊式工业。每年人均发电量 7.9 度，还不够一盏日光灯照明；人均原油产量 0.36 公斤，只够开几公里汽车；人均钢产量 0.29 公斤，不够打一把菜刀。在这种情况下，要启动现代化，必须要对落后的经济结构进行根本的改造，而要具备产业基础特别是重工业基础，需要大量的基础投资，首先要解决如何在一个农业社会的基础上积累资本的问题。

第三个目标，改善民生和促进人类发展。人类自身的发展，既是现代化的目标，也是经济增长的动力。旧中国人力资本水平极低。1949 年，全国人口中 80% 以上是文盲，学龄儿童入学率仅 20%，人均预期寿命 35 岁左右，婴儿死亡率超过 20%，这些指标相当于西欧 1820 年的水平，国民精神萎靡不振，社会一盘散沙，被称为“东亚病夫”。这种状况，不可能产生一支合格的产业工人队伍，也影响着整个国家的活力和精神面貌。

① 方烨，张晓芳．胡鞍钢：60 年经济发展让中国走向世界强国［N］．经济参考报，2009－09－03.

解放战争后期，国统区恶性通货膨胀使得民生维艰，国民党丧失人心。新中国成立之后，中国共产党带领全国人民在一穷二白的基础上，既要应对国内外的安全威胁，又要启动现代化工业建设，还要不断改善人民生活，经济发展的难度可想而知。

国家安全、工业化和改善人民生活这三个目标都具有“一票否决”的性质，哪一个都必须实现。正如毛泽东1951年10月5日在中央政治局扩大会议上所说的那样：“战争必须胜利，物价不许波动，生产仍须发展。”[①] 要兼顾这三方面的目标，新中国经济建设就不能仅仅追求增长速度，而是必须找到能够兼顾三方面目标的发展道路。

因为没有意识到这三个目标之间相辅相成、不可分割的关系，中国近代探索现代化道路的各种尝试都失败了。洋务运动兴办实业，试图以经济振兴实现民族独立，国民党政府过度依赖外资促进经济增长，导致重要的资源和基础工业部门丧失独立性，使得中国成为国际体系中典型的依附性国家、边缘国家。中国经济虽然获得了一定的增长，却是以丧失经济和政治主权为代价的。此外，1840年以来，中国现代化进程多次中断，除了外敌入侵之外，还有一个关键的原因，就是没有解决好民生问题，由于工商业资本过度盘剥小农，造成小手工业者破产，农村经济停滞不前。

新中国成立时，世界上已经存在的现代化道路，也都不适合中国。

首先，中国不能走英、德、日等资本主义国家的现代化道路。英国等早期资本主义国家，靠殖民和海外贸易获得原始积累和市场。在国内通过圈地运动，强行把农民和土地分离，获得廉价的劳动力；在国外通过对外殖民，获得廉价的奴隶、原料以及产品市场。据美国黑人学者杜波依斯的估计，从16世纪开始的300年历史中，欧洲和美洲国家从非洲贩卖的奴

---

① 融冰．中华人民共和国成立初期的增产节约和反浪费运动［J］．党史博览，2015（5）．

隶达到6000万，使非洲人口占世界的比例从1/5下降到1/13，正是依靠这些奴隶的劳动完成了工业化的原始积累。① 很显然，这种道路，中国没有条件走也不能走。德国和日本等后起的资本主义国家，靠战争赔款和殖民获得原始积累和市场，中国也无法效仿。

其次，中国也不能走以“亚洲四小龙”为代表的小经济体的发展道路，靠依附大国获得安全和市场。有观点认为，中国如果像“亚洲四小龙”那样，加入全球贸易体系，承接西方产业转移，从事劳动密集型的加工工业和贸易，发挥劳动力密集的比较优势，那么也会和它们一样，早日实现现代化。这种看法是错误的。“亚洲四小龙”的腾飞有一个共同的前提，即它们加入了以美国为首的西方政治经济体系，获得了西方国家的市场、技术和资金支持，这是一种依附型发展道路。这条路对小型经济体是可以的，对中国这样的大国并不适用：一方面，中国不可能放弃来之不易的独立和解放；另一方面，西方国家支持几个小经济体作为“不沉的航空母舰”是能够负担得起的，但是任何国家都没有能力像支持“亚洲四小龙”那样支持中国，也不敢像扶持“亚洲四小龙”一样扶持中国。

总之，中国既不能复制英、德、日等资本主义国家的发展模式，也不能模仿“亚洲四小龙”等小经济体的发展道路。也就是说，当时已经实现工业化、现代化的国家的发展模式，都不适用于中国。不管是自己国家的老路，还是别人的老路都走不通，一穷二白、百废待兴的新中国只能寻找一条新的发展道路。

中国的比较优势在哪里

在看到这些困难的同时，还要看到的是，新中国之所以能够超越旧中

① 黄绍湘．美国通史简编［M］．北京：人民出版社，1979：23.

国，是因为新中国成立时已具备了一些独特的优势。具体地说，是三个以前并不具备的优势。

第一，中国大陆实现了完全统一，形成了具有庞大人口的统一市场。人是生产力最活跃的因素。新中国的成立，结束了100多年来的封建割据和军阀混战局面，使全国形成了统一的巨大市场，具有规模优势。只要采取适当的发展战略，就能够只依靠本国的资源和人口，建成比较完整的产业体系，形成巨大的国内需求，而并不依赖国际市场，也不怕被封锁，从而有可能逃脱边缘国家走依附道路的宿命，这是中国作为大国的独特优势。

第二，中国进行了历史上最彻底的社会革命，构建了一个公平和团结的社会。旧中国难以启动工业化，一个重要的原因是食利阶层对农村剩余资源的攫取，这些食利阶层既包括国外的（帝国主义）也包括国内的（官僚资本主义和封建主义），导致国内的财富外流或者积聚成为奢侈性消费，但是并没有转化成实业，也没有惠及大多数人群。中国共产党领导了中国历史上最彻底的，也是世界历史上少有的社会革命，打破了当时的各种利益集团，营造了一个公平的社会，将过去由少数群体所占有的财富释放出来，用于工业化的投资和改善民生。同时，一个公平的社会，也有利于全民族教育文化素质的普遍提高，有利于社会团结和共识形成。这些都是社会革命对经济增长的正面意义。

第三，中国共产党具有严密高效的组织能力。从农业社会进入工业社会的过程，就是社会生产组织化程度提高的过程。中国共产党是一个具有严密组织体系和崇高威望的政党，依靠党的组织动员能力，可以弥补中国作为传统发展中国家的政府能力低下以及市场发育不足的问题，保障了国家的安全和稳定，把有限的资源集中到对长远发展最有效的领域。

这些条件使新中国具有了启动现代化建设的潜在的可能性。要真正利用这些条件，找到适合中国的现代化道路，还要经过反复的实践和探索。

新中国成立初期所遇到的第一次经济危机“四月危机”，对新生的政权是一个很好的教益。这次危机证明了，旧中国遗留下来的经济制度不可能承担起社会主义新中国建设和发展现代化的任务，从而促使中国共产党从解决这次危机入手，寻找启动中国现代化的正确道路。

3. “四月危机”：旧制度和新目标的冲突

新中国成立前夕和成立之初，中国共产党的主要领导人曾多次表示，在新民主主义革命胜利之后，不可能马上进行社会主义革命，而要先经过新民主主义的过渡阶段。可是，新中国成立刚3年，毛泽东即提出要由新民主主义向社会主义过渡，并只用了3年时间就完成了这个过渡。究竟是什么原因，或者说究竟出现了什么新情况，使中国共产党缩短了原来设想的新民主主义经济道路，而提前进行了社会主义改造？有人认为，改革开放以来中国实行的就是当年的新民主主义道路，如果当时不那么早进行社会主义改造，中国经济可以“少耽误20年”。

认为中国进行社会主义改造是“抢跑”的观点，缺乏历史依据。实际上，无论是依靠旧中国的经济制度，还是设想中的新民主主义政策，都不可能启动现代化。这个结论是在新中国成立初期一系列实践中得出的，其中，最早的一次就是1950年发生的“四月危机”。

“四月危机”

1950年4月，新中国遇到了第一次经济危机。表面上，这次危机是治理新中国成立前夕国民党统治下造成的通货膨胀带来的后果。

1949年初，随着解放战争进入尾声，国民党统治下的城市地区出现了严重的通货膨胀和投机行为。新中国成立以后，经济工作的主要任务是平抑物价、打击投机。1950 年 3 月，中央采取制止通货膨胀的有力措施之后，物价趋于稳定，但私营工商业的生产经营出现严重困难，普遍出现商品滞销的情况。1950 年 4 月，全国出现了市场萧条、工厂倒闭、工人失业增多等新的经济困难，影响到社会人心的安定，民族资产阶级更是惶惶不可终日，以上海为例，4 月的棉纱、米、面粉交易量分别只有 1 月的 53%、17%、56%。[①] 当时有人写了一副对联："挂红旗五心不定，扭秧歌进退两难"，反映了私营工商业者的心境。这便是"四月危机"。

这次危机对中国共产党的执政能力提出了挑战，也是对新政权与工人、民族资产阶级的关系的重大考验。中共中央高度重视应对这次危机，委托中共中央书记处候补书记、中财办主任陈云牵头抓经济工作，并制定具体应对措施。在 1950 年 5 月召开的七大城市工商局长会议上，陈云分析了工商业困难的原因：

第一，金融和物价的稳定，暴露了同时又抑制了过去社会上的虚假购买力。他说，自抗战以后，通货一直膨胀，物价上升，人民重货轻币，都囤积物资，囤积量为数甚大，形成很大的虚假购买力，工商业在此基础上成长起来。物价稳定后，人民心理改成重币轻货，都想保存货币，不愿保存物资，而且过去陈货纷纷外抛，致使工商业销路停滞。

第二，由于帝国主义的统治以及封建主义和官僚资本主义在中国的消灭，过去在半殖民地半封建经济中发展起来的若干工商业难以为继，许多货物失去了市场，另有许多过去满足特权阶级享受的货物也不适合人民需求的规格。"上海市长陈毅每月能够自由支配的款仅合五十斤小米，较之国民党上海市长吴国桢相差至巨。"

---

① 上海社会科学院经济研究所．上海资本主义商业的社会主义改造［M］．上海：上海人民出版社，1980.

此外，许多私营企业机构臃肿，企业经营方法不合理；同一行业内部盲目竞争，地方与地方之间供求不协调；长期战争造成人民购买力降低；[1] 公债发行和税收制度不完善等。

陈云阐述的这几条，归结起来就是：在半封建半殖民地条件下形成的畸形经济结构，已经无法适应社会主义新中国的需要。经济结构的依附性和投机性、广大人民的购买力不足、民族工业的弱小等问题正是近代以来殖民地经济所共有的特征。

在需求方面，旧中国具有殖民地经济的一些典型特征。

第一，外国殖民者的特权消除了，甚至对中国进行封锁，以简单原材料出口为特征的依附性需求减弱了。

第二，社会革命消除了原有的特权阶层，过去面向食利者阶层的奢侈消费受到抑制，据当时估算，这导致全年消费下降折合 230 亿斤小米。陈云认为，“这种降低是事实，而且不可能一下子恢复，有些也不应该恢复”。[2]

第三，新中国成立前的民族工商业结构失调，投机性很强，大量需求是投机性需求。1936 年工业和运输业资产净值为 13.3 亿元，而商业和金融业为 58.7 亿元，是工业和运输业部门的 4 倍以上，这种畸形结构使实体经济严重依赖国内外金融资本。随着打击金融市场投机行为的力度加大，过去在通货膨胀条件下形成的金融投机和物资投机性需求也减弱和消失了。[3] 总之，旧中国依靠依附国外、投机炒作和食利者阶层的消费所维持的那部分需求，在新中国成立后被削弱甚至消失了，这自然暂时影响到经济增长。但这种影响属于“刮骨疗毒”，只有真正发展社会主义经济，才能开启真实增长。

在供给方面，旧中国同样具有殖民地经济的一些典型特征：产业结构

---

① 中共中央文献研究室．陈云传［M］．北京：中央文献出版社，2005：695 – 696.

② 陈云．扭转商品滞销［M］//陈云．陈云文选（第二卷）．北京：人民出版社，1995.

③ 吴承明．中国资本主义与国内市场［M］．北京：中国社会科学出版社，1985：66.

被动纳入国际分工，缺乏完整的工业体系，特别是基础设施和基础工业薄弱。1936 年，全国生产资料工业产值只占工业总产值的 28%，其中机器制造业仅占 2.2%，[①] 石油、机械等基础工业几乎为空白。基础工业的薄弱，使得轻工业恢复生产后，很快遇到机器设备和原材料瓶颈，开工不足。这既是 1950 年“四月危机”的原因，也是随后几年轻工业多次开工不足的原因。

在供给方面，旧中国缺乏独立自主的工业体系特别是基础工业，这就是新中国成立初期爆发经济危机的原因。这次危机清晰地表明，旧中国留下的经济基础和经济体制，如果不经过改造，就不能实现工业化的任务。那么，如何来应对和渡过危机呢？我们仍可从需求和供给两方面来分析。

需求侧：　土地改革

1950 年 4 月，毛泽东分析了“财政经济好转的三个条件”，他说：

> 整个财政经济情况的根本好转需要有三个条件，即土地改革的完成，现有工商业的合理调整和国家军政费用的大量节减……今后几个月内政府财经领导机关的工作重点，应当放在调整公营企业与私营企业以及公私企业各个部门的相互关系方面，极力克服无政府状态。[②]

这三个条件中，除了第三条主要是财政问题之外，前两条恰恰准确地回答了如何解决经济困境的问题。“土地改革的完成”是要解决需求侧的问题，即通过扩大农民的购买力，启动农村这个沉睡的大市场。“工商业的合理调整”是要解决供给的问题，就是要通过国有经济和私营企业的

---

① 李悦．中国工业部门结构［M］．北京：中国人民大学出版社，1983：25.

② 毛泽东．毛泽东文集（第 6 卷）［M］．北京：人民出版社，1999：52.

合作，消除无序竞争的状态，加强基础部门和基础产业，从而解决其他产业发展所需要的资金、原料来源。1950 年应对“四月危机”的办法，正是按照这些思路进行的。

在需求侧，最重要的是“促进城乡物资交流”，实质是用农村的真实需求代替虚假的投机需求和外部需求。当时估计，由于土地改革减轻了农民地租负担，促成了农业增产，全国农民增加的需求潜力合计 620 亿斤小米，比原来（400 亿斤）提高 155%。[①] 为此，中共中央采取措施鼓励城乡之间贸易，构建城乡统一的大市场。

这一经验在 20 世纪 60 年代的经济调整、80 年代农村改革中都起过重要作用。其实质是，通过改善社会公平、启动农村这个巨大市场的购买力，为城市工业化的发展提供巨大市场。此后，农业合作化和人民公社化，都有一个重要目的，就是促进城乡之间更好地进行物资交流。这个历史经验对于今天解决产能过剩和城乡差距，仍然有着不可低估的启示意义。

供给侧改革： 调整工商业

在供给侧，最重要的是发挥国家和国营企业的作用，对私营企业进行“加工订货”。既然国外需求削弱、国内需求不足，那么就动用政府和国有部门的力量，对私营企业进行加工订货。实际上，加工订货早在 1949 年就已开始。1950 年元旦，陈云在给毛泽东的电报中说：“我们于十二月八日先拨华东五百亿元，大部用作收购沪厂商品，小部用作贷款……已解救了沪工商界的危机”，[②] 得到了毛泽东的肯定。从此，“加工订货”范围

① 陈云．陈云文选（第二卷）［M］．北京：人民出版社，1995：88－91.
② 陈云．陈云文选（第二卷）［M］．北京：人民出版社，1995：51－52.

迅速扩大，占全国私营工业产值的比例从1949年的11.5%提高到1950年的27.3%，棉纺业为国家加工的部分已占其生产能力的70%以上。[①] 加工订货就是后来“公私合营”和工商业社会主义改造的起源。

从加工订货走向公私合营的历程表明，社会主义改造并不是像一些人所说的那样——私营经济本来发展得好好的，然后被国有化了，而是恰恰相反。半殖民地经济自身的脆弱性，决定了私营经济的脆弱性，只有依靠国家在原材料、市场等方面给予的帮助，才能渡过危机、正常发展。这本身就蕴含了走向社会主义改造的必然性。

应对“四月危机”的经验表明，旧中国遗留的经济基础和经济制度，无法实现现代化的目标。具体来说，就是：在需求方面，只有从农村获取剩余，同时启动农村这个大市场，才有可能实现中国的工业化；在供给方面，只有优先发展基础产业，才能够使得其他产业获得更大发展。这些经验，都体现在了接下来的几年对新中国发展道路的探索中。当然，解决“四月危机”只是一个开始，在之后几年，和应对“四月危机”一样，中国共产党领导人民，在破解阻碍新中国启动工业化、现代化的一系列瓶颈过程中，逐步找到了一条新道路，从而确定了新中国经济发展的基本制度和发展战略。

其实，今天中国“新常态”面对的问题，和1950年“四月危机”有不少相似的地方，值得从这次成功的应对当中吸取经验（见专栏1）。

专栏1　稳增长可借鉴应对“四月危机”的历史经验

历史是最好的教科书。1950年上半年，我国经济出现严重萧条。在

① 上海社会科学院经济研究所．上海资本主义工商业的社会主义改造［M］．上海：上海人民出版社，1980：116.

党中央领导下，陈云同志主持了对国民经济的调整，使经济很快得到恢复。这次经济调整同当前的情况有不少相似性，可以作为借鉴。

——面临的问题具有相似性。1950 年 4 月起，全国市场出现严重萧条，工商业资金入不敷出，这同当前形势有一定类似。

——出现问题的原因有相似性。一是形势的稳定暴露了过去由资本投机所带来的虚假购买力，过去虽然真实购买力低落，但是表面上却很旺盛。二是过去的工商业依附性强，内部没有形成独立的产业体系，一旦外部需求减少，就出现困难。三是企业经营方式落后，主要依靠延长劳动时间、加强劳动强度、降低工人工资等手段获取利润。四是同一行业内部盲目竞争，地方之间供求不协调。当前，尽管我国发展阶段同当时已有巨大不同，但上述现象在部分领域和企业仍然存在。由地方招商引资带来的无效投资，部分行业没有形成独立的体系，一些企业片面依靠压低劳动力成本扩大再生产，行业内部盲目竞争等问题都是造成经济困难的原因。

——解决的办法有启示意义。一是政府组织加工订货、收购成品，帮助企业维持生产。二是利用农村进行土地改革、农民购买力旺盛的条件，启动农村大市场，打通城乡流通，变城乡“两个圈”为“一个圈”。三是在税收、公债、信贷等方面减轻企业负担。四是通过专业会议、产销会议、发布生产情况公告等办法，限制过剩产能投资，指导私营工商业的生产和经营，逐步消除生产的无政府状态，加强协调协作。经过调整，1951 年私营工商业盈余比 1950 年增加了 90.8%，呈现“淡季不淡、旺季更旺”的新趋势。

这些办法值得今天借鉴：一是可以在一些战略性、资源性行业，利用大宗商品价格下降的机会增加政府储备，缓解企业需求不足。二是进一步提高农民和农民工收入，加快收入分配，严格执行最低工资制度，缩短劳动时间，充分发挥农村合作组织在降低流通成本中的作用，在农村基础设施建设、农房改造等领域充分消化过剩的钢铁、电解铝等产能，再造一个农村大市场。三是治理工业领域的无序竞争状态，加强行业协作和整合，发挥政府、国有企业和行业协会在重大核心技术攻关和行业自律方面的主导作用，提高关键产业的整合程度。

4. 新制度的新逻辑

以应对“四月危机”为起点，经过几年探索，社会主义新中国的基本经济制度和发展战略逐步形成。在所有制上，经过社会主义改造，建立了以公有制为主体的所有制结构，而没有实行“各种所有制共同发展”的体制，更没有实行私有制；在发展战略上，优先发展重工业，而没有优先发展劳动密集型轻工业；在经济体制上，以计划经济为主，而没有实行自由市场经济；在农村，土地改革实现“耕者有其田”之后，又迅速进行了农业合作化，并没有像大部分发展中国家那样维持土地个人所有制；在分配上，强调公共消费为主，基本生活资料采取配给制，而没有实行自由交易。当然，在具体的步骤和路径上，这些制度并不是同时确立的，而是经历了一个复杂的过程。

这套战略的形成，并不是出于意识形态需要或者对计划经济、公有制的迷信，而是启动中国工业化、实现经济增长的客观需要，它有着自己内在的、科学的逻辑。

优先发展重工业

优先发展重工业，是新中国发展道路最明显的特征。如果仅仅从经济效率出发，按照“比较优势”，中国资本稀缺、劳动力充裕，应该优先发展轻工业。因此有人认为，中国优先发展重工业是一个错误的选择，造成

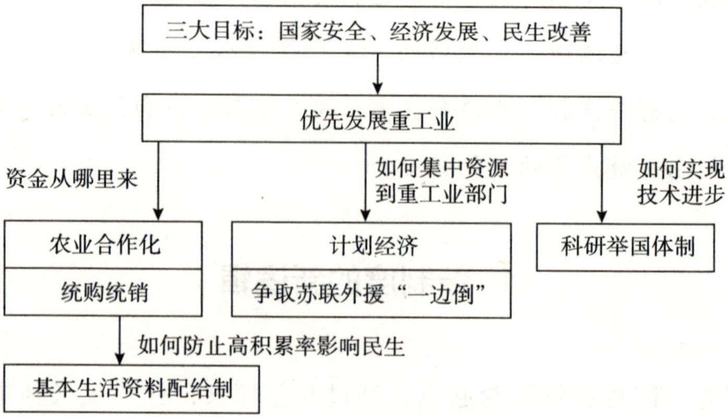

图 1-1　新中国经济发展制度的逻辑

了资源配置的扭曲。还有人认为这是迷信了斯大林关于"重工业优先是社会主义工业化的特征"的论断，因而采用了苏联发展模式。这些看法并不符合历史事实。从新中国成立初期的历史条件来看，确立重工业优先发展的战略，是构建现代化工业体系的基础，也是形成门类齐全的工业产业的基础，是维护国家安全的需要，也是发展轻工业和改造传统农业的前提。

首先，从政治上看，发展重工业是维护国家安全的前提。1950 年 6 月，以美国为首的"联合国军"入侵朝鲜，并威胁中国安全，中国被迫抗美援朝。抗美援朝战争是中国的立国之战，一仗打出几十年和平红利，极大提高了中国的国际威望，但是也付出了巨大的民族牺牲，牺牲的一个重要原因是中国当时还没有基本的工业体系。战争让新中国迫切感受到重工业的必要性，无论是应对常规战争还是核威胁，都需要重工业基础。国防工业涉及大量尖端技术，不可能一步登天，只能在建立完整工业体系的基础上，日积月累、厚积薄发。对新中国来说，优先发展重工业不是效率高低的问题，而是"没有这个就没有一切"的问题，其重要性是不能用

“比较优势”衡量经济效率的逻辑来解释的。

其次，从经济逻辑来看，优先发展重工业也是必然的选择。这是因为，重工业、轻工业和农业并不是相互独立、互不相干的，优先发展哪个产业也并不是随意选择的。在选择发展战略的时候，要考虑各种产业之间的技术关系。在农业、轻工业和重工业当中，重工业是基础，重工业为轻工业部门提供原材料和制造装备，为农业提供化肥和机械设备。1949 年，在中国国民收入中，工业只占 12.6%，重工业产值比重又只占工业总产值的 26.4%，而当时发达国家工业增加值占 GDP 的比重一般在 50% 上下。中国钢产量只有 15.8 万吨，而 1950 年美国的钢产量为 8785 万吨，苏联为 2733 万吨。1952 年中国人均发电量仅为 12.6 千瓦时，只有同期苏联的1/44，美国的 1/234。这种工业基础，不可能为农业和轻工业提供机械、化肥等现代生产要素，也无力开展交通、水利、电力、能源等基础建设。①

由于重工业基础薄弱，农业无法摆脱自然经济的瓶颈。新中国成立初期，农业基本上还是依靠人力、畜力和使用农家肥，如果没有现代化的化肥、农药、良种和农业机械，农业产量就不可能突破土地和传统技术的约束，也就不可能摆脱“以粮为纲”的状态，腾出土地来发展经济作物，更不可能把大量农村劳动力解放出来。实际上，到 20 世纪 70 年代，中国已经形成相对独立的装备工业体系，工业装备自给率达到 80% 之后，农业机械化才开始加速普及，为最终解决吃饭问题创造了条件。

同样，由于重工业基础薄弱，中国本来就脆弱的轻工业，也不可能获得进一步发展。轻工业需要从农业和重工业部门获得原料，“一五”期

① 梅新育．对建国初 30 年的重新估值［J］．环球财经，2009（10）：54－58.

间，由于化学工业基础薄弱，以农产品为原料的工业产值只占工业总产值的50%左右。由于农产品产量有限，再加上土改之后粮食在农村分配更加公平，农民对粮食的需求增加，提供给轻工业的原料就更有限。从1950年起，轻工业多次出现开工不足，“四月危机”期间就出现过棉纱供不应求，棉纺织业部门争相囤积原料，甚至茶商、薄荷商也争相囤积棉纱。1952年经济恢复之后，轻工业产能仍然利用不足，棉纱、食用油、卷烟、糖的生产能力分别只能达到78%、57%、21%和54%，其背后的原因就是农业部门无法提供足够的生产原料。

这表明，在农、轻、重三者之间的关系中，只有优先发展重工业，才能给农业和轻工业提供更多的支持，才能给轻工业供给更多的原料。所以，新中国成立初期，确立优先发展重工业的战略，是理性的选择、必然的选择。

这个道理，中国共产党的领导人当时已在各种场合做了阐述。1953年12月，毛泽东强调：

> 如果我们不建立重工业，我们现有的轻工业就会一天一天破旧，而得不到新的装备的补充和改造，要扩大轻工业和建立新的轻工业也会困难。因为没有重工业，过去在我国农业中就几乎完全不使用机器，也很少使用化学肥料；如果现在我们还不发展机器工业和化学工业，我国的农民就会长期得不到新式农具和农业机器，长期得不到更多更好的化学肥料，我国农业的合作化和农产量的增加就会遇到困难。所有这一切都说明国家社会主义工业化的中心必须是发展重工业。①

① 董志凯．中国老一代革命家工业化战略研究［A］．新中国60年研究文集（1）［C］．北京：中央文献出版社，2009：14.

1955年2月，陈云在党的全国代表会议上代表中共中央对“一五”计划草案进行说明，非常明确地指出：

> 没有重工业就不可能扩大轻工业，因而也就不可能有系统地改善人民生活。我们现在的情况是这样：一方面许多轻工业品不能满足人民需要；另一方面许多轻工业设备还有空闲，原定增加的纱锭还得减少，原因就是缺少原料。除缺少来自农产品的原料，比如棉、丝、毛、烟叶、甘蔗等等以外，还缺少来自重工业的原料，比如化学品、黑色金属、有色金属等等。因此，为了发展轻工业，为了有系统地改善人民生活，也必须发展重工业。①

改革开放以来，学术界出现一种观点，认为新中国成立初期选择重工业优先发展的路径是错误的。持这种观点的学者主要用下列三类国家或地区的发展道路来比照中国，从而简单粗暴地断定中国优先发展重工业的战略是错误的，忽视了中国发展战略的特殊性和优越性。

第一类是苏联。他们认为苏联搞重工业导致了经济结构失调，所以中国优先发展重工业是错误的。这种观点要放到当时的历史环境下来看。如果苏联没有重工业基础，就不可能迅速增强国力，也就不可能在二战中抵御住德国的侵略，那么今天的世界格局恐怕就要改变。苏联的问题在于，在完成重工业的任务之后，仍然长期坚持集中的计划经济，也不能及时调整经济发展结构，不注重改善人民生活，而我国改革开放之后就避免了这个问题。因此，不能以此来否定中国优先发展重工业的战略。

第二类是其他实行“赶超战略”的资本主义国家。这种观点认为，“凡

---

① 董志凯．中国老一代革命家工业化战略研究［A］．新中国60年研究文集（1）［C］．北京：中央文献出版社，2009：14.

是推行赶超战略（努力建设独立工业体系的发展中国家）的国家，经济增长与发展都没有取得成功。例如阿根廷、乌拉圭、智利和玻利维亚等资本主义国家，它们的人均收入在19世纪末与德国相差无几，经历了一个世纪以后，目前经济上仍然困难重重，财富分配两极分化。20世纪60年代曾被认为是仅次于日本的菲律宾，现在经济也处于混乱、停滞的状态”①。

实际情况是，这几个国家虽然在历史上曾经推行过“赶超战略”，但是导致经济停滞更重要的原因是，它们都在20世纪70年代之后实行了新自由主义的改革，主动放弃经济主权，使得经济命脉为外部大国所操纵，政治上没有处理好共享发展成果的问题，导致两极分化。其中，最为典型的是阿根廷。作为在发展中国家中较早初步实现工业化的“新兴工业化国家”，阿根廷在20世纪70年代全盘接受了新自由主义，迷信私有化、自由化，导致经济基本上被外资所控制，制造业、商业、服务业大部分被西方资本所控制，在金融、通信、军工、能源等战略产业部门，外资也有巨大的影响，本来已经具有一定水平的钢铁、汽车、飞机制造、军工和农产品加工业却日渐萎缩，最终于2001年底爆发了震惊世界的阿根廷经济危机，巨额财政赤字造成财政崩溃，全国30%的人口陷入贫困，失业率超过20%。

阿根廷等国家的失败，并不是“赶超战略”的失败，恰恰相反，是因为它们放弃了独立自主的发展战略，放弃了经济主权，主动充当外部大国的附庸。换句话说，这些国家的失败，恰恰是资本主义“边缘国家”的常态。在亚非拉许多没有实行“赶超战略”的国家，同样也出现了这些问题。不赶超，只会崩溃得更早。

---

① 张占斌. 中国优先发展重工业战略的政治经济学解析 [J]. 中共党史研究，2007 (4)：13－24.

第三类是“亚洲四小龙”。这种观点认为，“亚洲四小龙”在经济发展的每个阶段，都能够发挥当时要素禀赋的比较优势，主导产业从劳动密集型逐渐转为资本密集型和技术密集型，而与之对比，中国优先发展重工业则是违反了“比较优势”，从而导致效率低下。我们前面已经论述，“亚洲四小龙”的成功，是因为具备了独特的地缘政治环境，并且以放弃一定的自主权为代价换取了外部大国的援助，这条路中国不能走。进入21世纪以来的事实证明，“亚洲四小龙”这种依附性的经济，很容易受西方经济波动和产业饱和的影响，并不具备可持续性。

因此，无论从历史、现实和国际比较来看，中国选择优先发展重工业，都是必要和理性的选择。

计划经济

新中国成立初期，政府实行计划经济体制，在大多数领域限制自由市场发挥作用。1992年，中国确定了社会主义市场经济的改革目标之后，很多人认为，改革表明当年实行计划经济制度是错误的选择，甚至一讲到市场经济，就全面否定计划经济，否定这一时期的工业化成就。中国的发展阶段不同，战略规划不同，发展手段则不同，全面否定计划经济时期是对历史的不尊重，在现实政策中则更是有害的。

当时实行计划经济，是对旧中国市场失灵的反思，也是重工业优先发展的必然结果，具有历史合理性。具体地说，当时之所以实行计划经济有以下几个现实的原因。

第一，实行计划经济可以集中资源发展重工业等基础产业和基础设施。经济发展初期，需要必要的重工业基础，也需要大量具有基础性、公共性的基础设施。重工业投资周期长，初始投资大，规模效应明显。军事、能源、交通、原材料、机械等产业领域，具有很强的公共产品属性。

当时弱小的民族资本既没有动力也没有能力完成这样的任务。“一五”期间，由苏联援建的156项工程（实际施工的为150项），绝大多数是具有公共产品和先导产业性质的重工业项目，只有3个是轻工业项目（两个制药项目、一个化工项目）。

第二，实行计划经济可以组织大规模集体协作，减小企业之间的交易成本。重工业的一个特点是，产业链长，需要大范围乃至全国范围内的协作。当时中国的资本和技术十分薄弱，能够用于重工业生产的资源极为有限。在这种情况下，计划经济能够起到独特的作用，发挥中国共产党组织严密、社会动员能力强的特点，通过组织大规模的集体协作、集体劳动，并通过政府行政力量统配资源来弥补资本和技术的不足。计划经济使得全国的企业目标和利益一致，在关系全局和长远利益的项目中，可以在全国范围集中调配资源，避免条块分割，减小交易成本。在“两弹一星”、潜水艇、“运十”大飞机的研制过程中，都是在全国范围内调动资源。正是依靠计划经济体制，新中国才能组织多次大规模的“石油会战”“铁路会战”“地质会战”，从而迅速弥补了在基础领域的短板。社会主义的制度优势一直影响到现在，2014年，据世界银行编制的“营商环境”排名，社会主义国家和前社会主义国家的基础设施条件普遍好于同等经济发展水平的国家，这就是计划经济打下的基础。

第三，实行计划经济可以进行重大生产力布局和调整。在完全的市场经济条件下，由于自然条件的差距，必然造成资源向有优势的地区集中，并且地区差距会越来越大。我国各地自然条件差异极大，主要的工业部门集中在东部和沿海，这不仅不利于区域协调发展，也影响国家安全和中西部市场的发展。从20世纪50年代末开始，特别是20世纪60年代开展“三线”建设后，大量的企业、科研院所及其工作人员团队、家庭，从东部和大城市来到中西部，这些企业带动了一大批大中小城市和城镇的发展，可以说是中国的“西进运动”。如果没有计划经济体制，这一目标是不可能实现的。

第四，通过计划经济和公有制，克服了经济起飞阶段大多数国家出现过的大规模失业问题。自由市场机制固然有利于提高某些私营部门的效率，但是在资本匮乏的情况下，有限的资本不可能雇用足够的劳动力实现全民就业。在发展中国家，劳动力过剩的局面将长期存在，失业将是普遍现象。而中国在计划经济和公有制条件下，实现了全民就业（包括农民在人民公社的就业），这样就把在私有制条件下资本所不能容纳的“过剩劳动力”组织了起来，而就业本身是社会稳定、提升人力资源水平的手段。通过这种全民就业的制度，让全体人民都参与到现代化进程当中，避免了大多数国家出现的两极分化和大规模失业的现象。

第五，这一时期依托计划经济体制建立了低水平、广覆盖的社会保障制度。计划经济时期的企业和农村组织，不仅是经济部门，同时也是社会保障和公共服务部门，承担了教育、医疗、养老、住房等大多数公共服务，如果实行市场经济，企业是没有动力这样做的。这种做法在经济发展水平很低的情况下，提供了全覆盖的公共服务和社会保障服务，降低了经济运行的成本和风险，使得“高积累、低消费”的发展成为可能。在经济起飞阶段，中国工人就享受了稳定的就业权，避免受到经济危机的冲击和资本的压迫，这有利于他们产生长期的劳动积极性和认同感，也有利于人力资源水平的提高。因为，缺乏劳动保护、整日为基本生计和保障所担忧的工人，是无法产生“工匠精神”的。

还需要说明的是，中国的计划经济，并没有完全消灭市场的作用，而是仍然在一定范围内发挥市场作用。中央只确定主要产品的计划，而且这种计划并不是完全严格的，在企业之间、公社之间、个人之间，除了重要物资的调拨之外，市场交易仍发挥作用。这一点是同苏联不同的。

有人认为，现代经济学就是“市场经济学”，而计划经济没有经济学依据，这种说法失之偏颇。20 世纪 80 年代之后兴起的新自由主义经济学，完全否定计划经济的意义，但是 20 世纪 50 年代时并不是这样。西方“大萧条”之后，西方经济学界也在讨论计划经济的价值。即使是被媒体称为“市场万能论”代表人物的美国经济学家罗纳德·科斯（R. Coase），他的代表性理论（科斯定理）也没有否认计划经济，而是包含计划经济的合理性。

科斯定理认为，计划和市场都是手段，哪种手段好，取决于交易成本的高低。如果一切经济行为都通过市场交易的办法解决，就会产生很高的成本和不确定性，所以才会产生企业，企业内部实行的其实是指令性计划经济。只是企业的规模需要有边界，不能太小也不能太大，太小了就会导致太分散，交易成本高；太大了则会导致内部管理半径太大，规模不经济。根据这一理论，完全可以解释中国当时实行计划经济的必要性。当时，中国在资源的约束下，确实需要在全国范围内集中并调动资源，而中国共产党的组织能力保障了能够在最大范围内实现令行禁止，以最低的交易成本把资源配置到最需要的地方，用当时的话说就是“全国一盘棋”，而计划经济适应了这个要求。

从历史来看，计划经济曾经在两次世界大战期间和“大萧条”之后的经济危机中发挥过关键作用。第二次世界大战中，几乎一半的美国工业被收归政府所有，实行定量配给、实物控制。这减缓了市场周期性变化带来的产能过剩、两极分化、资产泡沫等现象，提高了政府对经济的管理能力，基尼系数[①]迅速下降。也正因为如此，二战后，资本主义世界不但没

---

① 基尼系数是衡量人群收入差距公平性的指标。基尼系数为 0 时表示收入完全平等，为 1 时表示全部收入都被一个人占有，极端不平等。基尼系数越大，收入越不平等。

有因为战争刺激下的需求突然消失而陷入大的危机，反而迎来了持续二三十年的高速增长期。二战后，美国迅速重回市场经济的轨道，但战时计划经济留下了深远影响，[①] 它降低了经济发展的不平等程度，经济发展又有了一个比较有活力的、公平的起点，防止了利益集团对财富的攫取。经过计划经济，国家对经济控制力的增强，具备了集中力量办大事的能力和条件，从而有可能进行基础性、战略性创新。

新中国在20世纪50年代选择了计划经济体制，主要是由当时特定的社会历史条件决定的。中国选择实行计划经济是符合当时的历史条件的，实践证明这种选择是实事求是的。

农产品统购统销

计划经济体制解决了“谁来投资”的问题，但是还要回答“投资从哪里来”的问题，从哪里获得发展重工业所需要的资本？首先，中国不可能走海外掠夺的道路；其次，国际援助虽然可以利用，但是一般都附带很多经济和政治条件，中国肯定不会接受附加了很多条件的国际援助。而且，新中国作为社会主义阵营的新成员，面临着来自西方的经济封锁和政治孤立，国际环境非常恶劣。因此，当时中国唯一能走的道路就是尽可能从国内收集剩余产品。中国人口众多，虽然每个人产生的剩余产品很少，但是积累起来就是很大的数量。要实现国内积累，就要解决两个问题：一是如何低成本而有效地从农村获取资源；二是在获取资源的同时，还要维护农村的稳定并保障基本民生，否则就会重蹈清政府和国民党政府的覆辙。历史上的各种制度，都没有同时解决好这两个问题。而新中国是通过农产品统购统销和农业集体化来解决这两个问题的。

---

① 邵洋．美国经济危机治理对我国的启示［D］．东北师范大学，2014.

一方面，中国传统农业剩余十分有限。新中国成立后，这种状况不是改善了，而是更严重了，因为土地革命之后，农民分到了土地，粮食属于自己。农村人均消费粮食从1949年的370斤增加到1952年的440斤，据华北局调查："过去山区农民一年只吃上十顿的白面，现在则每个月可以吃四五顿、七八顿，面粉需求量空前增大了，这是国家收购小麦困难的主要原因之一。"①

另一方面，随着工业化建设的展开，工业部门对粮食的需求也在增加。1953年中国城镇人口已达7826万，比1949年增加2061万，私商炒作粮价和囤积粮食，也造成粮食形势吃紧。私商活动频繁的地区，粮食市价一般高出牌价20%到30%，青黄不接时私商还预购"青苗谷"和"禾花谷"，囤积居奇，影响整个物价稳定。1953年，粮食供求矛盾进一步加剧。毛泽东于国庆节期间要求中财委拿出具体办法，陈云领导中财委制定了8种可能的办法，最后决定采用统购统销的办法。

统购统销政策的基本内容是，生产粮食的农民应按国家规定的收购粮种、收购价格和计划收购的分配数字将余粮售给国家。统购价格大体维持在当时城市出售价格的基础上，以不赔不赚为原则。统购价格固定，以克服农民存粮看涨的心理。计划供应范围，主要是县以上城市，也包括集镇、经济作物产区、缺粮户、灾民等，覆盖接近2亿人。所有私营粮商一律不许私自经营粮食。

统购统销的办法，自然不符合市场经济规律，所以在今天备受诟病。但是，如果回到当时的历史条件下，就会发现这是当时能够选择的最好的办法。统购统销为工业化积累了大量资金。根据估算，1954年国家农副

① 薄一波．若干重大决策与事件的回顾（上卷）［M］．北京：中共中央党校出版社，1991：257.

产品收购总额为159亿元，假定牌价与市价平均相差30%，那么按照市价收购需要多支付57亿多元，远远超过当年工业基本建设总额38亿元。如果没有统购统销，那么中国的工业化可能很难有进展。统购统销的办法，是服从于重工业优先发展、兼顾工业发展和农村民生的办法，是一种“多害相权取其轻”的选择。

有些学者批评统购统销，认为它过度剥夺农民、破坏自由市场等。其实这些问题，在决策的时候都考虑到了，但任何决策都是两害相权取其轻的结果。据当事人回忆当时的决策过程：

> （统购统销）有无毛病？有。妨碍生产积极性，逼死人，打扁担，个别地方暴动，都可能发生。但不采取这个办法后果更坏，那就要重新走上旧中国进口粮食的老路，建设不成，结果帝国主义打来，扁担也要打来。结论是征购利多害少。[①]

还有人认为，通过统购统销，农民卖粮的价格低于市场价，遭受了损失，形成了“工农业产品剪刀差”，形成了工业部门对农民的剥夺。这种看法也不客观。从历史上看，同新中国成立前相比，在农业生产技术没有明显改变的情况下，留给农民的粮食不是减少了，而是增多了。据记载，在旧中国的生产关系下，农民生产粮食的50%左右都要交给地主。而统购统销的粮食产量一直稳定在30%以下，而且还有一部分返销回农村。从1961年确定“三级所有、队为基础”的制度之后，农村粮食消费量持续增长，告别了几千年来的饥荒，人口数量、人均寿命都大幅提高。到1980年，中国的人均预期寿命从新中国成立前的35岁增长到68岁，全

---

① 薄一波．若干重大决策与事件的回顾（上卷）［M］．北京：中共中央党校出版社，1991：263.

国人口数量从4.5亿增加到8亿多。如果没有粮食和基本营养的保障，是不可能取得这样的成就的。

统购统销的粮食用于支持工业化建设，这一成果最终还是反馈回农村。从20世纪50年代到70年代，农产品收购价格指数始终在上升，而工业品销售价格始终在下降，这就是对农村进行的隐性补贴。农业机械、水利设施和日用工业品进入农村，也是在这个时代。至于有些偏激的言论认为“统购统销、人民公社对农民的剥削，远甚于从前地主对农民的剥削”，这是在颠倒黑白。

农业合作化

要实现农业对工业的支持，除了统购统销之外，更根本的办法是提高农产品产量，以增加剩余产品。在传统农业条件下，单靠增加个体的劳动投入提高产量的空间已接近极限。只有通过改善农业水利条件，普及机械、良种、化肥等办法，才有可能把传统农业改造成现代农业，从而提高粮食产量。但是，当时中国的工业基础还不足以为农村大量提供机械、化肥等现代化生产要素。在这种情况下，只能充分挖掘传统农业生产的潜力，即通过兴修水利、增施肥料、改良土壤、防治病虫灾害等办法来提高单位面积产量。而这些事务靠一家一户的力量是难以完成的，只能把农民组织起来进行集体协作，这正是中国农业合作化最初的目的。

中国实行农业合作化并非照搬苏联的集体农庄经验，而是出于解决现实问题的需要。新中国成立后，最早的合作社出现在山西省平顺县，那里自然条件差，山地多、耕地少，农民为了解决共同购买农具、共同开荒垦殖的问题，自发组织了农业合作社。后来，中央把它们的经验推广到全国，开展了农业合作化运动。对于发展农业合作化的理由，以及农业合作化和工业化的关系，中共八大报告总结道：

> 我们是在没有农业机器的条件下实现农业合作化的……农业增产的主要方法，仍然是依靠农业合作社和农民群众采用兴修水利、增施肥料、改良土壤、改良品种、推广新式农具、提高复种指数、改进耕作方法、防治病虫灾害等项措施，来提高单位面积产量。①

从效果来看，农业合作化有效促进了中国的农业现代化，使传统农业开始向现代农业转型；有效提高了农业产量，为工业化提供了大量剩余；同时还依托集体经济举办了农村社会事业，使农村的基本医疗、基础教育等基本公共服务得到普及。

公平的基本生活保障

工业化早期必然要实行“高积累、低消费”。在工业化前期，世界各国都毫无例外地付出了巨大的社会代价。英国原始积累和工业革命时期，工人阶级以及殖民地人民承受了巨大的社会苦难与牺牲；美国工业化早期直到19世纪仍存在残酷的黑奴制度，开发西部时期对印第安人实行血腥灭绝运动；一些发展中大国更是出现了贫民窟和恶性的两极分化。② 中国在社会主义现代化初期就建立了低水平、广覆盖的基本保障制度，虽然水平不高，但是保证了大多数人能够吃饱、穿暖、有房住、有基本的医疗和教育，同西方国家相比，这是一条更加人道、代价更小的道路。

这条道路的核心就是，工业化的成本由全体社会阶层比较公平地分担，以便在高积累、低消费的格局下，能够保障各个阶层特别是工人和农民的基本生活。用当时的话说，就是“正确处理国家、集体和个人的关

① 中央档案馆．中共中央文件选集（1949年10月—1966年5月）第二十四册［M］．北京：人民出版社，2013：85.

② 何新．社会主义的选择与历史评价——纪念鸦片战争150周年［J］．科学社会主义，1990（7）：52－56.

系”。这种制度的基本特点是：

基本生活资料实行定量配给。1953年起，我国实行农产品统购统销，城市口粮定量供应，后来定量供应的办法也逐步扩大到副食品、服装、日用工业品等生活必需品，凭票证购买。

在消费结构上，大量发展公共消费，限制私人奢侈消费。在城市，建立了包括医疗、教育、住房、养老、工伤、抚恤等在内的劳动保障制度，在农村，也依托人民公社建立了基础教育和合作医疗、五保户等保障制度，廉价或免费向公民提供医疗、教育和住房服务。这些做法的目的是，降低社会保障的成本，解除城乡居民的后顾之忧和不确定性，可以最大限度地积累重工业建设所需的资金，也促进了基本医疗和教育的普及。

同时，这一时期还营造了平等优先的社会文化。经过土地改革和社会主义改造，社会阶层的差距缩小了，过去作为富裕阶层身份标志的奢侈性消费成为批判的对象。在社会上大力倡导人人平等、劳动光荣、工农伟大的文化，使劳动者在经济发展水平不高的情况下提高了劳动积极性。

在人们的印象中，计划经济时期人民生活水平改善不快，实行“平均主义”“消费品几十年一贯制，花色款式没有变化”，甚至有人把计划经济时期的“票证经济”妖魔化，这种主观印象是不正确的，缺乏对历史的客观评价。改革开放之前，我国处在工业化起步阶段，消费水平低是整体资源约束和发展阶段决定的，只有等重工业化基础具备之后，才有条件发展轻工业，解决人民的吃饭穿衣问题，这是一个先后发展的过程。没有重工业时期的节衣缩食，就不可能迅速建立重工业基础，也就没有改革开放之后轻工业的快速发展。正如1953年9月，毛泽东在《抗美援朝的伟大胜利和今后的任务》中所说：

所谓仁政有两种：一种是为人民的当前利益，另一种是为人民的长远利益，例如抗美援朝，建设重工业。前一种是小仁政，后一种是大仁政。两者必须兼顾，不兼顾是错误的。那么重点放在什么地方呢？重点应当放在大仁政上。现在，我们施仁政的重点应当放在建设重工业上。要建设，就要资金。所以，人民的生活虽然要改善，但一时又不能改善很多。①

统购统销、“票证经济”并不是计划经济的本质特征，而是服务工业化战略的一个阶段性措施，这是从设立这个制度开始就明确了的。1954年9月23日，陈云在第一届全国人大一次会议上做了题为《关于计划收购和计划供应》的讲话，对计划收购与计划供应的实行期限作了明确解释。陈云认为：“计划供应只能是一种暂时的措施，只要工业和农业的生产增加了，消费品的生产增加到可以充分供应市场需要的程度，定量分配的办法就应该取消。”但对于计划供应，陈云又明确指出，“取消粮食、油料、布匹计划供应的日子，并不会很快到来”。② 也就是说，票证制度的实施，与其说是为了限制高消费，还不如说是在总供给紧缺的情况下，通过票证来保障人人都能获得最基本的生活资料。对此，吉尔伯特·罗兹曼在《中国的现代化》一书中这样评价：“与其说这是平均分配财富，不如说这是平均分配贫穷，如果中国能够在不损害这种公平的前提下实现现代化，那将是人类历史上无与伦比的成就。”③

后来，随着我国重工业基础的完善，人民的基本生活资料逐渐丰富，到20世纪80年代中期开始就逐步取消了票证，这是经济发展的自然结果。如果不实行票证制度，中国极有可能出现欧美国家工业化早期出现的

① 中央档案馆．共和国五十年珍贵档案（上册）．北京：中央档案出版社，1999：280－281.
② 陈云．陈云文选（第二卷）［M］．北京：人民出版社，1995：261.
③ 罗兹曼．中国的现代化［M］．上海：上海人民出版社，1989：32.

贫富分化状况。从这一意义上说，对我国这样基础落后的农业国而言，“平均主义”是工业化起步阶段更科学、更人道的分配政策和必然选择。

纵观世界其他发展中国家的发展历程，我们发现，中国是唯一一个通过平稳的方式实现早期资本积累的发展中大国，这就得益于统购统销、农业合作化和“票证经济”三个基本制度。依靠这些措施，中国既实现了重工业资金的积累，又避免了苏联那样农业产量急剧波动的状况，更避免了西方国家工业化早期残酷的阶级斗争和社会动荡。

这里就有一个方法论问题，那就是如何系统地而不是孤立地看待计划经济时期的制度。诚然，如果把统购统销、农业合作化和“票证经济”这三个制度分开来看，无疑每一个制度都有不足的地方：统购统销压抑了农民的积极性，农业合作化容易导致平均主义和大锅饭，“票证经济”不利于迅速提高人民生活水平。但是，如果综合来看，既要实现重工业优先发展和国家安全，又要保证人民的基本生活，除了这样的政策组合，还有其他更好的办法吗？在当时的历史条件约束下，中国已经做了当时条件下最可行的选择。

技术进步的“举国体制”

发展重工业，除了需要资金、劳动力之外，还需要科学技术。新中国成立后，依托计划经济建立了以实际需求为导向、全国大协作为主要特点的科研体制，实现了技术进步，在一些尖端领域达到了当时世界先进水平。归结起来，这一时期的科研体制有几个方面的特点：

首先，社会真实需要引导创新。同计划经济体制相适应，中国科研单位的主要目标既不是利润，也不是发表论文，而是满足工业化的真实需要。这一阶段有代表性的科技创新，如“两弹一星”、牛胰岛素、杂交水稻、大型飞机、计算机以及断肢再植等，当时都处在世界领先地位。这些创新，大部分都是着眼于国家战略发展的需要以及满足最普通的人吃饱、穿暖、健康、发展的需要。现实需求牵引使得创新资源能够更多地集中到基础性、战略性、长远性的领域，从而容易在基础和关键环节取得突破，也容易获得更加长远的经济利益，最终达到“求其大兼其小”的效果。

以真实需要牵引的创新导向，典型代表就是20世纪70年代研制成功、2015年获得诺贝尔奖的青蒿素提取技术。疟疾是传播最广的传染病之一，至今在非洲危害依然很大，但由于疟疾主要是“穷人的病”，发达国家的医药企业对其投入不多。而中国从国际主义的理念出发支持第三世界国家抗击疟疾，从而产生了对抗疟疾药物的需求，指引了科技进步的方向。这就是从真实需要出发的科研路线。

其次，建立全国协作的“大科学”体制。当时主管我国科技工作的聂荣臻早就认识到：“现代科学技术同十八、十九世纪有很大的不同。那时的科学研究往往是个人独立完成的，一个人一生可以有多种发明创造。今天的情况有了很大的变化。虽然有些基础理论和技术研究，比如某些数学理论的探索，还可以沿袭过去的方式，但是对于运用现代实验手段进行的重大基础理论、重大工程和重大设备等方面的研究和制作，个人和单位，甚至行业和地区的力量都不够了，需要国家的力量才行。”① 中国实行大科研体制，也是为了在国家的领导和统筹下，迅速壮大我国的科学技术力量，力求某些重要和急需的部门在十二年内接近或赶上世界先进水平。② 正是由于建立了全国大协作的科研体制，中国才能够在工业刚刚起步、经济发展水平很低的情况下，独立自主地开拓创新，并且在一些领域达到了当时国际的前沿。

---

① 光明日报出版社编委会．聂荣臻同志和科技工作［M］．北京：光明日报出版社，1984：10－11.

② 一九五六—一九六七年科学技术发展远景规划纲要（修正草案）［A］．中共中央文献研究室．建国以来重要文献选编（第九册）［M］．北京：中央文献出版社，1993：436.

例如，杂交水稻研究就离不开全国大协作的科研体制。[①] 20 世纪 60 年代，湖南全省开展了由专业人员和农民相结合寻找水稻不育系的群众运动，不久活动席卷全国，各省成立了杂交水稻科研协作组，形成了一个全国范围的大协作网，在长江流域、华南、东南亚、非洲、欧洲等地的 1000 多个品种里进行筛选。如果只有袁隆平等少数科学家的努力，没有全国各地的协作，就不可能取得杂交水稻研制的成功。我国自主研发的大型喷气式客机“运十”，共有 21 个省、市、自治区 300 多家工厂、科研院所、大专院校参加。在计划经济体制和集体协作文化的作用下，尽管不能说如臂使指，但确实相对于靠单个企业自发协作来说，成本更低且效率更高。1975 年，中国成功预报辽宁海城地震，也得益于专群结合、群防群控的观测和预报体系。

科研领域的集体协作，还有另外一个方面的成果，那就是以“鞍钢宪法”为代表的普通工人和科研人员相结合的制度。它使得科学研究从少数科学家扩展到一线工人，充分发挥了科学技术的外溢效应，提高了一线工人的研究能力和素质，造就了一代高素质的产业工人。科研上的集体协作，是社会主义制度的优势，也是科学研究本身的规律。今天提倡大众创业、万众创新，不应该丢掉这个优势。

最后，“大科学”体制不仅表现在科学研究上，也表现在技术传播上。当前世界上通用的专利制度，固然有利于激励创新，但是会阻碍新知识和新技术的传播，因此即使在西方国家，也存在着专利制度存废的长期争论，需要在激励创新和传播创新成果方面取得一个平衡。新中国成立后，和苏联等社会主义国家一样，将专利制度看作私有制的产物予以批判，实行了把知识作为公共产品的制度。无论是科研机构还是科研人员，产生研究成

① 李晏军. 袁隆平成功之路回眸 [D]. 广西大学，2004.

果之后，可以获得一定的报酬和奖励，但是并不拥有对科研成果的排他性使用权，而是由国家在全国范围内推广使用科研成果。这使得科学技术普及速度大大加快，其中最典型的就是在农村依托集体经济建设的农技推广站。从新中国成立开始，中国多次实行了新型农具和良种的推广运动，一旦有先进农具和良种出现，很快就推广到全国适宜耕种的地方，农民并不需要花钱去购买专利和高价种子，这使得农业科技也能迅速得到传播。

谨慎的财政和货币政策

新中国成立后，中国共产党把通货膨胀问题和债务问题看作严重的政治问题和不可逾越的红线，坚持以“四个平衡”为指导思想，即财政、信贷、外汇与物资各自平衡和统一平衡，坚持稳健的金融和财政货币政策，使金融和财政货币的总量同实体经济规模相适应，限制货币发行和外债的规模，既不为刺激经济而发行货币，也不向国外借债。1975 年 1 月，由周恩来总理宣读、邓小平主持起草的第四届全国人民代表大会的《政府工作报告》宣布：

> “工业总产值一九七四年预计比一九六四年增长一点九倍，主要产品的产量都有大幅度增长，钢增长一点二倍，原煤增长百分之九十一，石油增长六点五倍，发电量增长两倍，化肥增长三点三倍，拖拉机增长五点二倍，棉纱增长百分之八十五，化学纤维增长三点三倍……我国现财政收支平衡，既无外债，又无内债，物价稳定，人民生活逐步改善”。①

我国坚持“既无外债又无内债”，把货币和金融限制在为实体经济服

① 周恩来．政府工作报告（1975 年 1 月 13 日）［EB/OL］．［2006 - 02 - 23］．http：//www.gov.cn/test/2006 - 02/23/content_ 208796.htm.

务的范围内，除了20世纪50年代少量借苏联的外债以及发行少量国债之外，始终没有背上严重的债务。这些做法，短期可能增加一些负担，但是从长期来看，维护了国家信用，特别是避免了许多发展中国家出现的恶性通货膨胀、恶性外债危机。拉美国家20世纪90年代发生外债危机，不仅导致现代化进程中断，而且使得石油、土地等战略资源被外国投资者所控制，丧失了经济主权。同其他发展中国家相比，我国坚持货币和物资的平衡，基本保持了物价稳定，未发生严重的通货膨胀，确保了人民生活水平的持续改善。

5. 历史的误会， 还是历史的必然

以上的历史回顾说明了一个道理，那就是，我国的社会主义基本经济制度不是某一两个领导人主观选择、设计的产物，而是面对当时中国那样一个落后的农业国要发奋图强、实现工业化的迫切历史任务所做出的科学的、理性的选择，是社会主义的理论逻辑和中国社会发展历史逻辑的统一。

历史往往需要经过岁月的沉淀才能看得更清楚，只有理解历史的纵深，才能不被一时的思潮所迷惑。如果我们回到20世纪上半叶的历史情境，就会发现，中国走上社会主义经济建设的道路，具有深厚的历史底蕴，也有着广泛的群众基础。

20世纪中叶，面对两次世界大战和经济危机留下的伤害，面对资本主义扩张给发展中国家带来的灾难，全球兴起了反思自由资本主义的思潮。20世纪初，美国掀起了一场“进步运动”，在“大萧条”之后又实行了凯恩斯主义的经济政策，这些做法的共同特点是，加强政府对经济运行的干预、增进社会公平、完善社会保障，解决资本主义自由市场带来的需求不足、贫富差距、生态破坏等问题。二战之后，许多新独立的发展中

国家也接受了结构主义的经济学，主张欠发达国家的政府应当组织资源发展工业，实现经济赶超。这一轮加强政府干预的思潮，是对20世纪初以来全球化、市场化弊病的纠正。

20世纪初以来，不论是中国共产党，还是中国社会各界的有识之士，都认识到了自由资本主义的缺陷。孙中山先生年轻时在欧美游历，当时正值垄断资本主义在全球扩张，他看到了欧美国家内部的阶级矛盾尖锐，“富者富可敌国，贫者无立锥之地”，欧洲国家为进行社会革命、弥合阶级差距，付出了巨大的代价。孙中山认为，中国当时还没有实现现代化，还没有大资本家，没有形成贫富分化，因此进行社会革命比发达国家要容易。所以，要“社会革命先于经济革命”，在进行经济建设之前就要解决好社会公平的问题，为此，他提出了节制资本、扶助农工、平均地权、大资本国有等措施。实际上，晚年的孙中山已经成为社会主义者，他自己在多次演讲中阐述，民生主义就是社会主义。他说：

> 中国虽然将民族、民权两革命成功了，社会革命只好留以有待。英美诸国因文明已进步，工商已发达，故社会革命难；中国文明未进步，工商未发达，故社会革命易……中国原是个穷国，中人之家已不可多得，如外国之资本家更是没有，所以行社会革命是不觉痛楚的。①

当然，孙中山逝世之后，国民党并没有实现他的设想，他的设想是由中国共产党实现的。正是从这个意义上来说，中国共产党人是孙中山革命事业最忠实的继承者。

另外，还有现代儒家代表人物梁漱溟。他年轻时是毛泽东的挚友，今

---

① 孙中山．民生主义与社会革命（1912年3月31日）．广东省中山市孙中山纪念馆藏资料．

天人们往往关注1953年他和毛泽东关于工业化道路的分歧，但没有看到，梁漱溟作为研究儒家和佛教的著名学者，对社会主义有着高度认同，而且在民国时期组织过农村合作化运动。梁漱溟晚年曾谈到对社会主义的看法，认为资本主义社会在解决人和自然界的关系上获得了巨大成功，但是也导致了竞争和冲突，并没有解决“人和人彼此相安”的问题，而“中国自从西洋强大的势力过来，中国已经没有走资本主义的路的余地了，不能不走社会主义的道路，不能让个人的福利压倒社会福利。所以共产党在中国的出现，并且成功，那是很合理的、不特别、不奇怪的”①。

这并不是个案。1933年，上海《东方杂志》在全国征求两个问题的答案：（一）先生梦想中的未来中国是怎样？（二）先生个人生活中有什么梦想？收到的回答能够体现当时中国知识精英的看法。作家郁达夫回答“没有阶级，没有争夺，没有物质上的压迫”。清华大学教授张申府认为理想中的中国“是能实现孔子仁的理想、罗素科学的理想与列宁共产主义的理想的”。天津女子师范学院教授韦丛芜“梦想着未来的中国是一个合作社股份有限公司，凡成年人都是社员，都是股东，军事、政治、教育均附属于其下，形成一个经济单位，向着世界合作社股份有限公司的目标走去”。中央研究院总干事杨杏佛的梦想“是一个物质与精神并重的大同社会”。复旦大学商学院院长李权时认为“理想中的未来中国是须合乎礼记‘大道之行也，天下为公……是谓大同’的一段事实的”。失业人员周毓英梦想“主办一个月刊，定名“社会主义”，与全国青年作思想上的往来，毫无顾虑的讨论一切学术问题”。这些发言表明，即使是共产党之外的知识分子，也有许多从当时的社会环境出发，憧憬着一个没有剥削、没有压迫、物质自由、精神自由的新国家，这些理想根植在古老中国对大同

---

① 艾恺，梁漱溟．这个世界会好吗［M］．北京：东方出版中心，2006：23.

社会的理想中，具有中国文化的深厚积淀。

1920 年到 1921 年，英国哲学家罗素来中国游历，之后于 1922 年出版了《中国问题》一书。书中提到中国要发展必须做到以下三点：第一，建立有序的政府；第二，在中国人支配下的工业化；第三，普及教育。这三点看似简单，实际上每一步的实现对中国来说都具有开创性的意义。国民党政府并没有实现“有序的政府”，原因之一是统治阶级自己有特殊利益，脱离人民群众，故而难以得到拥护。而中国共产党通过领导社会革命，深入发动群众逐渐解决问题，建立了有序的政府。“中国的工业化”，一方面要求中国主导，另一方面中国又缺乏必要的资本和技术支持。如果靠外部输血进行工业化，那么中国就无法主导这个过程，东欧就是最好的反面例子，所以中国人民只能“勒紧裤腰带”，走“高积累、低消费”之路。这个过程中就需要一个强有力的、代表人民长远和根本利益的政府，需要执政党和人民同甘共苦，中国共产党做到了。工业化的过程需要大量的熟练技工和先进知识，教育和医疗就显得尤为重要，正是依靠社会革命之后建立的公平的社会基础和强有力的组织能力，基础教育、医疗得以普及，通过“边干边学”（learning by doing）的模式实现了位居发展中国家前列的教育和医疗成就，为工业化以及后来的改革开放、建立世界工厂奠定了基础。可以说，新中国的前 30 年把罗素所说的三个要点统统解决了，以至于 20 世纪 60 年代罗素在修改《中国问题》一书时对他自己当时的看法仍然赞不绝口。

中国的发展历史表明，中国能够启动现代化进程，离不开中国历史上最伟大、最彻底的生产关系变革。中国走向社会主义，是由“问题导向”的，是由中国社会发展的历史逻辑所决定的。

中国正是由于进行了社会变革，才建立了强大而稳固的政权，结束了旧中国山头林立、军阀混战的局面，为构建全国统一的市场创造了条件，拯救了面临被瓜分和亡国危机的中国；也才能够在人民的高度支持下，不依赖任何外部霸权主义，完成了建立独立经济、保护本国市场的历史任务。

中国正是由于进行了社会变革，打破了小农经济的约束，才可以集中资源发展重工业，建设了在发展中国家领先的基础设施和工业基础，同时避免了土地兼并、高利贷和垄断资本对小农的剥夺，在为工业化提供资金的同时确保了农村稳定和民生改善，也超越了历史上周期性土地兼并的历史周期律。正是由于中国体制能够集中分散的资金、资源和经济力量，中国才能对抗国际上经济强大、技术先进的垄断资本，实现独立自主的工业化。

中国正是由于进行了社会变革，才对历史上的等级思想进行了荡涤，为现代化提供了强大的凝聚力。大力宣传人民当家做主、人人都是国家的主人和社会公平的理念，是针对阶级社会中普遍存在的精英主义和等级制文化而进行的一场群众运动。“人民创造历史、劳动者最光荣”的理念，改造了传统中国的政治、社会和文化，使劳动者产生“为自己劳动”的主人翁心态，让千百年来被侮辱被损害的平民百姓有工作、有尊严、有安全感、有希望，这是现代化进程的强大动力。

中国正是由于进行了社会变革，才形成了国家和人民之间的新型关系。正因为有一个公平的社会，所以党和国家有强大的社会动员能力。新中国依靠强有力的组织和民主集中制，开展了大规模的集体协作，有效地集结了传统社会形态下处于无序分散状态的社会力量，从而比较迅速和大规模地推动经济、政治、文化的现代化运动。这一切都说明，新中国选择的基本经济制度和发展道路，具有历史的依据，符合现实的需要。

不过，建立一个新制度，仅仅是万里长征的第一步，新事物的成长总是充满曲折，前进的道路上还会有新的风险和挑战；新制度自身也面临着不断巩固和完善的需要。从 1956 年起，随着社会主义改造的完成，中国道路面临着更复杂、更艰巨的挑战。

| 第二章 |

寻找中国道路

☆导读☆

社会主义思想是为纠正资本主义的弊端而产生的。但是，把社会主义从理论变成现实，是一个漫长的历史过程。建立社会主义制度的国家，也可能出现违背社会主义的因素，甚至走向理想的反面。

从1956年起，中国为了避免苏联式社会主义的弊端，开始了独立自主探索发展道路的历程。中国出现了许多“社会主义新生事物”：两次下放权力、“大跃进”、人民公社、农村小工业、赤脚医生、三线建设、教育革命、“限制资产阶级法权”、支援第三世界国家……到改革开放前，中国与苏联以及其他西方国家的发展模式已经完全不同。

从1956年到1978年，这20多年的探索历程，是中国现代历史上浓墨重彩的篇章。

这是一个“新生事物”辈出的时代。

这是一个为寻找更美好社会而栉风沐雨的时代。

这是一个有艰难曲折和失误，但更有殷实收获和辉煌成就的时代。

这是一个为改革开放奠定坚实基础的时代。

1956—1978 年的 20 多年，是新中国经济史最复杂、最难写的一段。这个时期上承社会主义改造，下接改革开放，出现了很多独特的现象，需要深入探讨总结。

从经济建设看，这个时期有一条主线，那就是超越传统模式、寻找新道路。面对其他国家在发展中暴露的问题，面对党和国家在发展中存在的问题，中国共产党没有停止探索的脚步，而是在破除迷信的旗帜下，以自我革命的精神，力求找到一条适合自己发展的道路。这是一个新创造、新事物频出的时代。这些探索取得了不可否认的成绩，也经历过不可否认的曲折和失误。但是，无论是正确还是失误，都是实践的一部分。只有用辩证唯物主义和历史唯物主义的态度，认识并理解这些探索，才能更好地理解改革开放和今天的中国道路。

中国学习苏联的社会主义理论和经验不是照抄照搬，而是有中国的特色和独创性。这至少表现在两个方面：一是针对高度集中的计划经济体制，强调发挥中央和地方两个积极性，两次大规模下放经济管理权力，使中国的计划经济比苏联更有活力；二是针对苏联式的官僚主义和体制僵化，探索在经济工作中发扬民主，扩大普通劳动者的管理权利，努力缩小城乡差别、地区差别、脑力劳动与体力劳动的差别，普及基本医疗和教育，使中国保持了一个比较公平和有流动性的社会结构。这些都为改革开放奠定了基础，使中国的计划经济和苏联有很大的不同。

同时，这一时期的探索又远不止于突破苏联模式，而是触及所有发展中国家现代化道路的普遍问题。中国在处理城乡关系、地区关系、经济发展和人类发展关系、中国和全球体系关系等方面，形成了具有独特性的一套做法。

在城乡关系方面，新中国实行了农业集体化，把农村组织起来，以便既满足工业化积累的需要，又促进农业工业和社会事业的全面发展。在地区关系方面，开展了“三线建设”，这是中国历史上第一次“西进运动”，也为我国实现积极防御的国防战略，从根本上摆脱大规模外敌入侵的危险，打下决定性基础，为改革开放换来了安全的国际环境。在人类发展方面，中国建立了低水平、广覆盖的公共服务和社会保障制度，普及了基本医疗和基础教育，实现了人力资本水平大幅度跃升。在国际战略方面，面对美苏主导的世界两极格局，中国坚持独立自主，力所能及地支援第三世界国家，维护全球公平正义，在实现自身发展的同时，也影响了世界格局。这些做法，在发展中国家中有开创性意义。

今天的中国已经同那时有了很大不同，但是我们不能用历史虚无主义的态度看待这20年。只要从当时的历史条件出发，进行客观的评价，就可以发现，这20年的探索虽然有曲折和失误，但是同旧中国相比、同大多数发展中国家相比，中国还是成功走出了一条独特的发展道路，成就和进步是这一时期的主流。

到改革开放前，中国已经具备比较完整的产业体系，农业现代化具备了初步基础，基础医疗和基本教育得到普及，人力资源水平大幅度提高，获得了良好与安全的国际环境。这些都从根本上改变了中国在全球格局中作为边缘国家的地位，使中华民族以新的气象自立于世界民族之林，为改革开放创造了历史条件。这一时期的创新和探索、成功和失误，也为今后中国的发展提供了深刻的启示。

1. 中国特色计划经济

新中国主观上没有照搬苏联模式，但由于两国国情和实行社会主义制度有相似之处，苏联模式的一些弊端，在中国也出现了。20世纪50年代中期，中国共产党就提出了反思苏联模式。

20 世纪初，苏联从落后的农业国快速实现工业化，跃居世界强国之列，抵御住了全球经济危机的冲击，成为反法西斯战争的中流砥柱，而且开创性地建立了劳动保护、社会保障制度，普及了住房、医疗、教育等基本公共服务，也为维护世界公平正义做出了不少贡献。这些在人类历史上都是具有进步意义的，直到今天仍然领先于大多数国家。

但是，苏联模式确实存在不可忽视的弊端，其中最主要的是高度集中的经济体制和不断强化的官僚主义。首先，在中央和地方关系上，苏联实行的是纯粹的计划经济，绝大部分计划由中央政府制定，这有利于有效集中和调动资源，但也造成了体制僵化，抑制了地方的积极性。而且在当时的技术条件下，由于管理半径过长，容易造成信息失真和效率低下。其次，在纵向权力配置上，采取等级分明的层级制管理，容易带来官僚主义和干部特权。苏联的官僚主义和干部特权，使得苏共领导长期脱离群众、丧失理想信念，成为背离人民利益的特殊集团，最终导致苏联解体。苏联解体前，经济发展和人民生活处于世界的中上等水平，苏联解体并不完全是因为“经济没搞好”，而是因为政治上变质了。

苏联的教训表明，社会主义国家实现了公有制和无产阶级专政，消除了私有制下的劳资对立，为消灭剥削压迫开辟了道路，但这并不意味着制度巩固是一劳永逸的。苏联至少有两个重大问题没有解决：第一，如何在公有制条件下充分发挥地方和基层的积极性；第二，如何确保社会主义国家政权始终代表广大劳动人民的根本利益。中国共产党在探索突破苏联模式时，也就是要解决这两个问题。这也是中国进行改革要解决的问题。

毛泽东首先提出突破苏联模式

1953—1956 年，中国“一五”计划取得显著成就，奠定了中国工业化的初步基础。但由于“一五”期间实行的是高度集中的计划经济，在取得成就的同时也出现了一些弊端，包括权力过于集中、地方积极性不足、滋生官僚主义等。1956 年年初，毛泽东集中听取国务院各部委关于经济工作的汇报时，提出发挥中央和地方两个积极性的问题。他说："苏联有一个时期很集中，也有好处，但缺点是使地方积极性减少了。我们现在要注意这个问题。地方政权那么多，不要使他们感到无事可做"。① 此后，在《论十大关系》等讲话中，他又多次提出这个问题，认为"欧洲的好处之一，是各国林立，各搞一套，使欧洲经济发展较快。我国自秦以来形成大帝国，那时以后，少数时间是分裂、割据，多数时间保持统一局面。缺点之一是官僚主义，统治很严，控制太死，地方没有独立性，不能独立发展。"②

同时，毛泽东还注意到了进入和平建设时代之后滋生的特权思想和行为，他感到这同革命战争年代形成的官兵一致传统已经越来越远。1956 年，东欧的社会主义国家波兰和匈牙利相继发生动乱，毛泽东认为这些国家出现的官僚主义和一些干部侵害群众利益，是事件的根源。与此同时，中国国内也出现干部侵犯群众利益的情况。1956 年 9 月到 1957 年 3 月，全国发生数十起罢工、请愿事件，其中大部分是由于企业行政上的官僚主义。③ 这些情况使毛泽东感到，在建立社会主义制度之后，党和群众之间仍然会存在矛盾，从而提出"正确处理人民内部矛盾"的问题。

促使中国突破苏联模式的另一个诱因是中苏关系的变化。20 世纪 50 年代末，苏联希望中国服从其全球战略，不要发展核武器，希望在中国驻军，在台湾、西藏等涉及中国主权利益的问题上，苏联为了避免同美国冲

① 中共中央文献研究室．毛泽东年谱（1949—1976）（第 2 卷）［M］．北京：中央文献出版社，2013：540.

② 毛泽东读社会主义政治经济学批注和谈话（下）［M］．中华人民共和国国史学会，1998，756.

③ 赵威．1956—1957 年工人异动问题研究［D］．中共中央党校，2012.

突，不支持中国炮击金门和对印自卫反击战等维护国家主权、利益的行动。如何处理中苏关系，中国面临着新的选择：是为了继续获得苏联援助而放弃独立自主，还是坚持维护国家主权放弃苏联的援助？中国共产党选择了后一条路。1960 年 9 月邓小平在中苏两党高级会谈时说："中国共产党永远不会接受父子党的关系。你们撤退专家使我们受到了损失，给我们造成了困难……中国人民准备吞下这个损失，决心用自己双手的劳动来弥补这个损失，建设自己的国家。"①

中苏关系恶化，给中国经济发展带来两方面影响：一方面，促使中国更加独立自主地探索自己的道路；另一方面，国际关系的紧张使中国发展军事工业的压力骤然增大。苏联撤走援助之后，156 项未完工项目大多陷于瘫痪状态，"一五"计划期间本已开始缓解的"农轻重"三者之间的紧张关系重新紧张起来。为了偿还苏联贷款，中国每年需支出 86 亿元人民币。②

中苏关系的变化，使中国改变高度集中的计划经济模式，更加重视发挥地方的积极性，通过调动地方的积极性，加快经济增长，弥补苏联撤走投资之后的损失。在农村则是希望加快农业集体化，更快地提高粮食产量，为工业化提供更多剩余，缩小城市和农村之间的差距，同时发展农村的工商业和社会事业。从 1958 年开始，中国陆续展开了三个具有内在逻辑联系的事件——权力下放、"大跃进"和人民公社化。

第一次权力下放和"大跃进"

1958 年，中国实行了建立计划经济以来的第一次向地方的权力下放。

---

① 曲星. 50 年代末至 60 年代中苏关系恶化的战略、理论与利益背景［J］. 外交学院学报 2000 (01)：15 – 24.

② 王泰平. 中华人民共和国外交史：第二卷［M］. 北京：世界知识出版社，1998：257 – 258.

这次权力下放的主旨是将以中央政府投资为主的工业化，转变为发挥中央和地方两个积极性，并通过“大跃进”鼓励地方破除对苏联的迷信，促进地方工业发展。

中国当时提出“大跃进”，主要不是因为领导人“头脑发热”，而是有非常重要的原因：一个是出于对国内经济结构的考虑，那就是要改变高度集中的计划经济结构，调动地方积极性；另一个是政治上的考虑，那就是要让中国共产党的社会基础——基层干部、工人和农民，成为中国工业化和现代化的主体，都参与到中国工业化与现代化进程中来。

1957 年 9 月，中共八届三中全会决定把一部分工业、商业、财政管理的权力下放给地方和厂矿企业单位，这次下放的企业占中央管理企业的 80% 以上，下放后大大增强了地方财力。经过下放，中央财政收入占全国的比例从“一五”计划时期（1953—1956 年）的 70% ~80% 下降到 1958 年的 44%、1959 年的 24%，地方获得了用于发展工业的大量资源。

为了鼓励地方工业发展，这一阶段的工业发展技术路线也以“破除迷信”为主题，从以苏联式的标准化、大规模重工业为主，转向更加重视小规模、低门槛的工业企业和技术，鼓励群众性的技术创新。中央各工业部门赶制了多项小型厂矿的标准设计，绝大部分适宜于县、专区或乡镇举办，“冶金工业部设计的七种小高炉，最大的不过一百立方米，年产生铁四万吨，适宜一个县举办”。“食品工业部设计的小型榨油厂，每个厂投资一千元就能办起来，普通的民房都可以做厂房。”① 1958 年 5 月邓小平表示，发展工业要“大中小结合起来”，“大的中央搞，中的地方搞，小的由乡和合作社搞”。“到处搞，化学肥料发展速度就可以快很多。”②

---

① 李海涛．近代中国钢铁工业发展研究（1840—1927）［D］．苏州大学，2010.

② 邓小平．邓小平文集（1949—1974）：中卷［M］．北京：人民出版社，2014：376.

经济管理权力的下放，使广大地方政府第一次具备了独立发展工业的条件和可能，再加上降低了发展工业的门槛，地方政府发展工业的积极性空前提高，这时中央又发动了“大跃进”运动，进一步提高了地方的发展热情。

“大跃进”运动经历了发动、地方竞争加剧、纠正过高指标三个阶段。第一阶段是发动阶段（1958 年 5 月之前）。[①] 1957 年 12 月，党中央提出了我国在 15 年内，在钢铁和其他重要工业产品的产量方面赶上或者超过英国的号召。1958 年年初，毛泽东在杭州、南宁、成都的三次会议上强调要破除迷信，解放思想，独立思考，反对教条主义，探索中国自己的建设路线，批评过去 8 年经济工作的教条主义，认为这是在外国经验压力下不能独立思考所致。

第二阶段是地方和部门竞相提出高指标的阶段（1958 年 5—10 月）。在中央鼓励下，各地方、各部门形成了竞争的局面。如上海提出工业总产值在“二五”期间翻一番以上，华东地区提出四省一市 1958 年粮食总产量达到 1200 多亿斤，比上年增加 500 多亿斤。其他地区也相继召开会议，制定各自的“大跃进”目标。1958 年，钢产量在数量上完成了指标，但是质量和效益不高。

第三阶段是中共中央纠正高指标错误的阶段（1958 年 10 月之后）。今天很多人认为“大跃进”就是高指标、浮夸风、大炼钢铁，这是事实，但并不是历史的全部。从 1958 年秋天起，毛泽东等就开始着手纠正“大跃进”中出现的问题。1958 年 10 月，毛泽东对河北徐水人民公社一亩白薯产量不过两千斤，却虚报八千斤，把几个村的肥猪集中起

① 关于“大跃进”发动过程的史实，可参考：中共中央党史研究室．中国共产党历史：第二卷［M］．北京：中共党史出版社，2011.

来，个人财产和私人债务统统“共了产”，分配上实行完全的供给制等做法，明确表示批评[①]。1958年11月，郑州会议提出人民公社不能搞配给制，要利用价值法则，扩大商品生产，还对高指标提出质疑，批评“钢、机床、煤、电四项高指标吓人”[②]。1958年11月，毛泽东在武昌会议上讲话指出：“过早地否定商品、价值、货币、价格的积极作用，这种想法是对于发展社会主义建设不利的，因而是不正确的。”[③] 1959年2月，第二次郑州会议指出，农村“一平二调三收款”等平均主义做法引起农民很大恐慌，必须立即纠正，“这个大问题不在三月上半月解决，将遇到大损失，我担心苏联合作化时期大破坏现象可能在我国到来”。[④] 1959年3月，中共中央政治局扩大会议继续压缩1959年的工业指标。

不过，在纠正这些“左”的错误的同时，毛泽东又认为，当时的主要矛盾仍然是调动地方和群众的积极性，出现这些冒进的情况恐怕也是不可避免的，经济发展总是一个从平衡到不平衡再到新的平衡的螺旋式前进过程，“不平衡是经常的，绝对的；平衡是暂时的，相对的”[⑤]，因此他在这一时期的讲话总是包含两方面的内容：一方面批评高指标、浮夸风等问题；另一方面坚持调动地方和群众积极性、破除迷信的大方向，而不允许借着纠正这些问题给基层的积极性泼冷水。再加上当时确实还存在高度集中的计划经济方式，对于要不要向地方和基层下放权力、调动基层积极性，还存在不同看法，这些都增加了纠正错误的难度。

---

① 逄先知，金冲及，等．毛泽东传（1949—1976）［M］．北京：中央文献出版社，2003：1149.
② 毛泽东．毛泽东文集［M］．北京：人民出版社，1993（7）：436－439.
③ 逄先知，金冲及，等．毛泽东传（1949—1976）［M］．北京：中央文献出版社，2003：906.
④ 同③。
⑤ 高其荣，李姜．毛泽东《工作方法六十条（草案）》略论［J］．党史研究与教学，2008（01）：50－55.

总体上看，1958 年以“大跃进”为主要特征的体制下放是不成功的，而且导致了“大跃进”初期的高指标和浮夸风，工农关系、轻重关系失去平衡，经济发展的质量和效益都不高。

但是，评价历史也应该从当时的历史事件出发。应该肯定的是，在“大跃进”当中，发挥地方积极性，把广大基层和农村纳入工业化、现代化进程，这一出发点是好的，而且实际上也取得了一定进展。旧中国搞工业化，有限的工业部门主要集中在少数沿海城市，不仅扩大了地区差距，而且由于广大中西部和农村没有纳入工业化进程，也限制了工业化的资金和市场来源。不管从道义上还是从经济发展的现实需要上，新中国都不可能让工业仅仅集中在少数大城市和东部，必须经过一个发展地方工业的过程。从经济上说，这有利于缩小地区差距，尽快形成中央和地方合理分工的工业体系，扩大工业化的资金和市场；从政治上说，有利于巩固全国人民的团结，避免形成过大的差距。

实际上，在“大跃进”期间，地方工业确实有很大发展，保证了在苏联撤走投资之后很多省市重点项目的投资没有中断，而且开工了一大批新项目，改变了投资项目主要集中在中央的状况。“大跃进”后，地方财政收支和工业产值占全国的比例都有明显上升。

为了发展地方工业，片面强调土法上马、不顾条件大炼钢铁，当然不可取。但是也要看到，这一时期也为以后的工业化打下了基础。据统计，从新中国成立到 1964 年，重工业各主要部门新建的大中型项目中，有 2/3 以上是在三年“大跃进”期间开工的，一大批项目至今仍是所在行业的龙头。1966 年同 1956 年相比，全国工业固定资产按原价计算，增长了 3 倍。①

应该吸取的教训是，“大跃进”时期投资的高增长是以牺牲农村

---

① 傅风阁，谷志强．十年经济建设的历史反思［J］．党史博采，1996（10）：12－14.

利益、牺牲国内消费、破坏生态环境为代价的。1958 年国有单位固定资产投资总额由 1957 年的 151 亿元猛增到 279 亿元，煤炭、电力、运输等部门的建设项目也迅速增加，重工业还冲击和挤占了农业、轻工业生产，有 10% 左右的农作物没有收回，不少地方没能完成农业秋种任务。这一教训同我国近年来一些地方为追求经济增长，造成企业无序竞争、破坏资源和生态环境、产能过剩的机制是类似的。这说明，不管是计划经济还是市场经济，如果只考虑经济规律，只强调竞争和激励，不考虑科学规律、技术规律和自然规律，就会对经济的平衡和可持续发展造成破坏。

第二次权力下放

20 世纪 70 年代初，我国进行了第二次大规模经济管理权力下放。这次经济管理权力下放同三线建设、农村社队企业发展相配合，使我国工业化的重点向中西部和农村转移，促进了地方工业的发展，为改革开放之后形成竞争性市场结构奠定了基础。

20 世纪 60 年代初，中共中央总结三年困难时期的教训，提出“调整、巩固、充实、提高”的方针，调整的一个重要方面就是把 1958 年下放给地方的权力几乎全部收回到中央。这种调整对改善“大跃进”带来的地方“一放就乱”的状况是有益的，中国的经济状况和秩序也得到了有效的改善。

1964 年以后，毛泽东再次密集批评高度集中的计划经济体制，认为“目前这种按行政方法管理经济的办法不好，要改”，“一切统一于中央，卡得死死的，不是好办法。”① 他要求中央认真总结经济工作的经验，对

① 顾龙生．毛泽东经济年谱［M］．北京：中共中央党校出版社，1993：637.

经济工作实行“彻底的革命”。

毛泽东的这些设想，在20世纪60年代末到70年代得到了实现。1969年，在“文革”初期的局面略为平静之后，全国计划座谈会决定重新加大向地方放权的力度。1970年3月，国务院各部的直属企业、事业单位绝大部分下放给地方管理；包括大庆油田、长春第一汽车制造厂、开滦煤矿等大型骨干企业在内的2600多家中央直属企业、事业和建设单位，下放给各自所在的省、市、自治区，中央直属企业产值在工业总产值中的比重从42.2%降至6%。为配合经济管理体制的这种变革，国务院部门进行了空前的精简，由90个精简合并为27个，人员编制减至原来的18%。[①]

这次分权，除了进一步明确中央和地方的关系之外，还取得了两个对后来几十年中国经济结构影响深远的成就：三线建设和农村工业化的发展。三线建设是计划经济时期对中西部规模最大的一次工业化投资；社队企业使得农村工业得到迅速发展，成为改革开放后乡镇企业的前身。

农村就地工业化

农村工业化的发展，是第二次权力下放的一个重要成果。人们通常认为，工业化和城镇化是联系在一起的。但实际上，在西方资本主义发展的早期，也经历了一个“农村工业化”的阶段。就地发展农村工业，也是工业化的一种途径。20世纪初，中国社会曾就现代化道路产生过激烈争论，争论焦点之一就是中国的工业化究竟是从城市大工业开始还是从发展

① 崔凤军．三维分权视角下当代中国行政体制改革的逻辑与出路：中国式分权主义研究［D］．浙江大学，2013.

乡村工业开始。一些学者提出了发展乡村工业的设想，有代表性的是费孝通教授。他认为，近代以来，农村的传统手工业被外来的工业破坏，使农民的收入降低到难以维持最低生活水平的程度，由此产生了中国农村的贫困问题。乡村经济的衰落打乱了城镇和农村之间的经济平衡，造成了乡村资金的枯竭，加速了城镇资本对乡村土地的兼并①，解决的办法就是发展乡村工业。他说：

> 我们是求工业的充分现代化而让80%的农民收入减少、生活程度降低呢？还是求农民多一点收入，而让工业在技术上受一点限制？我的选择是后面这半句。如果乡村不能繁荣，农民收入不能增加，都市工业尽管现代化得和西洋媲美，工厂里出产的货品试问向哪里去销售？失去了乡村这个巨大的消费市场，外部又受到西方工业的激烈竞争和挤压，那么工厂没有市场就得关门。②

这一思想的实质是，农村就地工业化的目的除了提高经济效率之外，更重要的目的是容纳农村就业、提高农民收入和支援农业、缩小城乡差距，改造农村的社会和文化，为城市工业化提供市场，把农村纳入现代化进程。在旧中国，由于城市工业基础薄弱，这些设想并没有条件实现。

新中国成立初期，首先发展的工业部门都集中在城市。20世纪50年代末，在第一次经济管理权力下放中，农村工业化成为公社化运动的目标之一。③ 1958年8月，中央政治局扩大会议通过了《关于在农村建立人民公社

---

① 刘长亮．乡间小路与工业通衢——费孝通乡村工业思想评述［J］．河北大学学报（哲学社会科学版），2005（01）：143－144.

② 彭南生，金东．论费孝通的乡村工业化思想［J］．史学月刊，2010（11）：80－85.

③ 吴一平．集体主义、乡镇企业与农村工业化［J］．财经科学，2005（02）：168－175.

问题的决议》，这一时期，中共中央还决定每年由中央财政拨款10亿元，全力推动农村工业化。1959年，中国农村已经建成约70万个社办企业，号称创造产值70亿元。[①] 但这时的社队企业并不巩固，1961年经济调整之后，社队企业的规模大幅下降。1961年，社队企业数量减少到4.5万个，产值减少到19.8亿元，1963年下降到4.2亿元，达到历史最低点。[②]

1960年，毛泽东在读《苏联政治经济学教科书》时，针对"大跃进"期间大量农村人口涌入城市的情况提出："如果让减少下来的农业人口，都拥到城市里来，使城市人口过分膨胀，那就不好。从现在起，我们就要注意这个问题。要防止这一点，就要使农村的生活水平和城市的生活水平大致一样，或者还好一些。有了公社，这个问题就可能得到解决。每个公社将来都要有经济中心，要按照统一计划，大办工业，使农民就地成为工人。公社要有高等学校，培养自己所需要的高级知识分子。做到了这一些，农村的人口就不会再向城市盲目流动。"[③]

1965年之后，农村工业化又被重新提上日程。1965年9月，中共中央、国务院就发展农村副业生产做出指示，要以生产队为主，大力发展集体副业。1966年5月7日，毛泽东做出著名的"五七指示"，指出"农民以农为主（包括林、牧、副、渔)，也要兼学军事、政治、文化，在有条件的时候也要由集体办些小工厂，也要批判资产阶级"。[④] 这为社队企业的发展创造了政治条件，对20世纪60年代初在经济恢复阶段中央提出的"社队一般不办企业"的规定是一个突破。

---

① 潘维．农民与市场——中国基层政权与乡镇企业［M］．北京：商务印书馆，2003：65.

② 马泉山．新中国工业经济史［M］．北京：经济管理出版社，1998：354－355.

③ 毛泽东．读《社会主义政治经济学》批注和谈话（上册）［M］．北京：中央文献出版社，1992：197.

④ 中共中央文献研究室．建国以来毛泽东文稿（第12册）［M］．北京：中央文献出版社，1998（12）：54.

20 世纪 70 年代初期，农村也具备了发展乡村工业的条件：农村人口持续增长，人地矛盾尖锐，多余人口需要出路，城市国有大中型企业主要生产重工业产品，不能满足农村小型农机等产品的需要。1970 年，中央召开北方地区农业会议，强调大力发展社队企业，大办农机厂、农具厂以及与农业有关的其他工厂，统称“五小”工厂，为农业剩余劳力寻找出路，增加农民收入，满足长期压抑的市场需要，[①] 实现农业机械化。

经过两次权力下放，农村发展工业已经具备了一定基础。1964 年、1969 年两次三线建设高潮，又使得大量工矿企业迁移到边远农村地区，或者下放给地县一级管理，增加了农村地区资金和设备使用。1966 年之后，“五七干校”的兴办和“知识青年上山下乡”运动的开展，使一批领导干部、知识青年等科学、文化、技术人才流向农村，带来了兴办企业的知识和市场信息。江苏、浙江、广东等历史上有传统手工业的省份首先兴办起农具、粮油加工、建材、编织、服装等社队工业。以江苏省为例，社队工业总产值从 1970 年的 6.96 亿元增加到 1975 年的 22.4 亿元，年均增长 20% 以上；社队工业占全省工业总产值的比重，由 1970 年的 3.3% 上升到 1975 年的 9.3%。“四五”期间，社队企业受到了中央的认可，得到了更快的发展。

1965 年至 1976 年，按不变价格计算，全国社队工业产值由 5.3 亿元增长到 123.9 亿元，在全国工业产值中的比重由 0.4% 上升到 3.8%。到 1976 年年底，全国社队企业已发展到 111.5 万个，每个县有 400 多个社队企业，社队工业总产值 243.5 亿元，其中社办工业产值比 1971 年增长 216.8%。社队企业的发展客观上为 20 世纪 80 年代乡镇企业的大发展准备了条件。[②]

社队企业增强了农村集体经济的实力，改进了农业生产条件，加快了

---

① 邓宏图，李亚．过渡期中国制度变迁的经济史解释：1956—1996——“体制困局”与改革的内生性和过渡性［J］．南开经济研究，2005（02）：3－11.

② 何继华．广西社队企业研究：1953—1983［D］．广西师范大学，2010.

农业水利化、机械化、电气化、化学化的步伐，增强了农业抵抗风险的能力。社员生活水平的日益提高，给缩小城乡差别、工农差别、脑力劳动和体力劳动差别创造了条件。1975 年的一篇报道写道：社队工业有如烂漫的山花到处开放……它不仅为壮大集体经济、加速实现农业机械化创造条件，而且对于逐步缩小三大差别、加强工农联盟、巩固无产阶级专政也有极为深远的意义。①

除了社队企业，县一级的“五小”企业也获得大发展。到 1975 年年底，地方“五小”企业的钢、原煤、水泥、化肥年产量分别占全国的 6.8%、37.1%、58.3%、69%。

社队企业和“五小”企业的发展，使得农业机械和化肥迅速普及。1975 年，全国农业机械总动力达 1 亿马力以上，比 1964 年增长了近 10 倍。其中，手扶拖拉机、机动脱粒机分别增长了 45 倍和 23 倍，电动碾米机、轧花机、榨油机比 1964 年分别增长 10.4 倍、1.8 倍、11.8 倍。② 化肥和农业机械的普及，为 20 世纪 80 年代包产到户之后农业产量提高创造了条件。

权力下放对改革开放的影响

20 世纪 70 年代初实行的第二次权力下放，总体上看是成功的，不仅把广大基层、农村和中西部地区纳入了现代化进程，而且使中国构建了既有中央集中统一，又有地方积极性的中国特色计划经济体制，为改革开放初期形成竞争性市场体制奠定了基础。

首先，权力下放在中国历史上第一次把农村纳入了工业化、现代化的进程。发展中大国在现代化、工业化过程中如何处理城市和农村的关系，

---

① 佚名．伟大的光明，灿烂的希望——河南巩县回郭镇公社围绕农业办工业、办好工业促农业的调查［J］．新农业，1975（Z1）．

② 刘国光等．中国十个五年计划研究报告［M］．北京：人民出版社，2006：351.

不仅是一个关系社会公平的道义问题，也关系到工业化的可持续发展。大多数发展中国家优先发展城市工商业，仅仅把农村作为劳动力、原材料的来源地，使农村和农民游离于现代化进程之外。其结果是城乡差距扩大甚至尖锐对立、社会割裂，如果实行土地私有制，那么还会导致大量农民失去土地，形成贫民窟，成为现代化难以逾越的障碍。农村和城市在经济上的不平等又导致了政治上的不平等，现代化的进程主要由城市人口掌握，形成愈加不利于农村发展的政策取向。亚洲的印度、菲律宾，拉美的巴西等国家是这种城乡对立型发展道路的典型。

新中国成立之后，中国共产党党内也存在着工业化道路的思路分歧，其中一个方面就是要不要支持农村办工业。如果工业以标准化的城市大工业为主，那么广大农村就会长期游离于工业化、现代化进程之外，不断地被边缘化。在50年代的“人民公社运动”和70年代的第二次经济管理权力下放过程中，农村的工业化得到两次迅速发展的机遇，这不仅避免了农村被边缘化，而且提高了农民收入，促进了工业支持农业，还改造了农村的社会和文化，使得现代化的理念影响到农村。尽管初期的乡村工业是低水平的、粗糙的，到90年代之后，乡村工业已经逐步被市场经济淘汰，转移农民工成为农村参加工业化的主要渠道，但是社队企业和“五小”工业对农村发展的历史作用应当充分肯定。

即使在今天的条件下，也应该重视农村就地工业化这种路径。与农民工进城务工相比，农村就地工业化，可以便于农民兼业，在从事工业生产的同时不耽误务农，可以把一部分农村青壮年精英人才留在农村，避免大量人才外流造成的农村社会治理失败，有利于农村的组织化和公共服务的提供、社会建设以及民主政治的发展。2013年7月，中共中央总书记习近平在农村考察时表示：即使将来城镇化达到70%以上，还有四五亿人在农村。农村绝不能成为荒芜的农村、留守的农村、记忆中的故园。城镇化要发展，农业现代化和新农村建设也要发展，同步发展才能相得益彰。①

这一论述表明，要让城市和农村共同参与现代化进程，而不能仅仅把农村看作是城市的附庸、城里人的粮仓、廉价劳动力和原料的来源。这是对那种以城镇化的名义推行农村土地私有化、在农村侵占耕地、剥夺农民利益的做法的纠正。在推进城镇化的背景下，重新思考和认识 20 世纪 50 年代和 70 年代农村工业化发展的历史，是有借鉴意义的。

其次，经过两次经济分权，到改革开放之前，中国一大批企业由地方管理、大中小微企业共同发展，许多地方也拥有了比较完整的、自成体系的经济体系。中国在计划经济程度最高的时候，中央政府也只控制不到 600 种产品的生产和分配，而苏联则高达 5500 种；中国只有 3% 的中国国营企业直接归中央政府调控。从产业的地域分布看，苏联各地区之间是严格的分工关系（例如我国第一艘航母的前身瓦良格号就是苏联乌克兰造船厂建设的，但是苏联解体之后，由于当地缺乏配套的产业基础，只好停建）；而中国强调各地“自成体系”，许多地方形成了完整的工业体系，有利于在改革开放之后迅速形成各地之间竞争的格局。

2. 限制资产阶级法权

中国突破苏联模式的另一个方面是，在发展中努力缩小精英阶层和平民阶层的差距，保持中国共产党和群众的联系。其在经济领域的表现主要是，在基层单位推动经济民主，让普通劳动者参与企业管理，缩小城乡、地区和阶层差距，当时把这些政策叫作“限制资产阶级法权”。

---

① 习近平：农村绝不能成为荒芜的农村［EB/OL］. http：//news.xinhuanet.com/politics/2013－07/22/c_116642856.htm，2013－07－22.

“劳动者管理上层建筑”

毛泽东认为，实现公有制和共产党执政，并不能自动保障劳动者的权益，而是必须使劳动者真正参与上层建筑的管理。他将马克思使用过的“资产阶级法权”的概念做了引申，用于表述在社会主义阶段，虽然消除了因占有财产的不平等导致的人和人之间的不平等，但是仍旧存在着因分工、职业、城乡、社会地位的不同而导致的不平等。1958 年在评论斯大林《苏联社会主义经济问题》一书时，毛泽东认为：“经过社会主义改造，基本上解决了所有制问题以后，人们在劳动生产中的平等关系，是不会自然出现的。资产阶级法权的存在，一定要从各方面妨碍这种平等关系的形成和发展。在人与人之间的相互关系中存在着的资产阶级法权，必须破除。例如，等级森严，居高临下，脱离群众，不以平等待人，不是靠工作能力吃饭而是靠资格、靠权力，干群之间、上下级之间的猫鼠关系和父子关系，这些东西都必须破除，彻底破除。破了又会生，生了又要破。”①

如何“限制资产阶级法权”呢？毛泽东给出的办法是，让人民自己管理企业、管理机关、管理上层建筑。他认为：“一切国家机关、一切部队、一切企业、一切文化教育事业掌握在哪一派手里，对于保证人民的权利问题，关系极大……人民自己必须管理上层建筑，不管理上层建筑是不行的。我们不能够把人民的权利问题，了解为国家只由一部分人管理，人民在这些人的管理下享受劳动、教育、社会保险等等权利。”②

---

① 毛泽东．读社会主义政治经济学批注和谈话（简本）［M］．北京：中华人民共和国国史学会，2000：40－41.

② 毛泽东．读社会主义政治经济学批注和谈话［M］．北京：中华人民共和国国史学会：1998：275－276.

也就是说，毛泽东认为，仅仅给老百姓权利和社会福利还不够，还要用直接参与的方式，让人们参与各种国家机构和企业的管理。毛泽东“限制资产阶级法权”的主要手段是：不断进行各种政治运动，提倡干部、知识分子与工农相结合，在企业和人民公社等基层单位吸收普通劳动者参与管理。

毛泽东的这些探索，是要找到一条公有制和经济民主相结合的道路。在当时的历史条件下，这种探索有超越发展阶段的成分，但是也不能说完全是空想。1960 年，他推动“干部参加劳动，工人参加管理”的“鞍钢宪法”。他主持制定的《农村人民公社工作条例》中明确提出，“人民公社的组织原则是民主集中制”“人民公社各级的重大事情……都应该由各级的社员代表大会或者社员大会决定”。①

由于中国当时处在严峻的国际环境中，再加上长期的封建残余和小农意识尚未根本清除，毛泽东的设想并未很好地实现，生前他对这方面的进展也并不满意。1974 年 12 月 26 日夜，毛泽东、周恩来两位老战友围绕这个问题彻夜长谈。毛泽东认为：

> 我同丹麦首相谈过社会主义制度。我国现在实行的是商品制度，工资制度也不平等，有八级工资制，等等。这只能在无产阶级专政下加以限制。……列宁说，“小生产是经常地、每日每时地、自发地和大批地产生着资本主义和资产阶级的”。工人阶级一部分，党员一部分，也有这种情况。无产阶级中，机关工作人员中，都有发生资产阶级生活作风的。②

---

① 参见《农村人民公社工作条例修正草案》，1962 年 9 月 27 日，中国共产党第八届中央委员会第十次全体会议通过。

② 中共中央文献研究室．建国以来毛泽东文稿（第 13 册）［M］．北京：中央文献出版社，1998：413－415.

之所以强调这些问题，是因为毛泽东已经看到，苏联共产党实际上已经转变为修正主义的党，中国要坚决避免走这条道路。今天看来，毛泽东对“限制资产阶级法权”的探索，不能说完全取得了成功，其中有许多失误，他并没有来得及找到并建立一个成熟、完善的制度。对此，《关于建国以来党的若干历史问题的决议》做出了科学结论。但是，从历史的视角来看，在中国共产党的努力下，中国确实在一定程度上避免了其他国家在现代化早期形成的剧烈贫富分化和阶级矛盾，建设了一个相对公平、扁平、民主的社会。

鞍钢宪法

“限制资产阶级法权”的探索，在经济领域的一个有代表性的实践是制定“鞍钢宪法”。计划经济初期，我国学习的是苏联的企业管理制度，在企业内部实行“一长制”，即自上而下的等级管理和命令制度。1956年，毛泽东针对苏联的“一长制”提出：“一个工厂几千人，很不容易搞好，没有党的领导，很容易形成一长独裁。找两个厂子分别试一下看，一个是一长制，一个是党委集体领导制，看后者是不是就一定搞得那么坏。”①

1960年，毛泽东在鞍钢《关于工业战线上大搞技术革新和技术革命的报告》上批示，肯定和称赞鞍钢“开始相信群众运动……创造了一个鞍钢宪法，鞍钢宪法在远东，在中国出现了”。② 毛泽东这个批示，肯定了鞍钢的五方面做法，即：坚持政治挂帅，加强党的领导，大搞群众运动，实行“两参一改三结合”，大搞技术革新和技术革命。其中，“两参”

---

① 逄先知，金冲及，等．毛泽东传（1949—1976）［M］．北京：中央文献出版社，2003.

② 中共中央文献研究室．建国以来毛泽东文稿（第9册）［M］．北京：中央文献出版社，1996：89－90.

是指“干部参加劳动、工人参加管理”，反对领导者和管理者脱离生产和经营一线，要求管理者融合到下属员工和一线工作中，进行“现场管理”；而工人不仅是生产者也应当是企业生产和运营的管理者，应当民主地参与企业的管理工作。“一改”是指改革不合理的规章制度。“三结合”是指工人、干部和技术员三结合的群体协作。其实质是打破过于精细化的流水线分工和科层制的本位主义、官僚主义，开展群体技术协作。有学者认为，这是对西方20世纪30年代形成的大规模生产线、研发和生产相分割的“福特制”的突破，有利于提高企业应对不同需求的能力。①

“鞍钢宪法”的实质是在企业管理中体现经济民主，扩大普通工人和技术人员的参与权。在1960年推广“鞍钢宪法”之后，从1964年起，全国又开展了“工业学大庆”运动，其中也包括同“鞍钢宪法”类似的内容。在学习鞍钢和大庆的过程中，出现了不少实行经济民主的典型。如郑州铝厂、焦作耐火材料厂等实行了“三三制”，规定干部1/3参加劳动，1/3调查研究，1/3坚持做好日常工作，这种做法在60年代之后在一些国家机关也得到推广。

“鞍钢宪法”的思想，在“农业六十条”和“工业七十条”中得到了体现。1962年9月27日，中共八届十中全会通过了《农村人民公社工作条例》，明确提出，“人民公社的组织原则是民主集中制”，“人民公社各级的重大事情，都由各级的社员代表大会或者社员大会决定”。② 但是，对于这一问题，在起草“工业七十条”的过程中还有比较明显的意见分歧。③

这一时期，国有企业内部在一定程度上实现了经济民主。据一些当事

---

① 乐国林，陈春花．两部企业宪法蕴含的中国本土管理元素探析——基于鞍钢宪法和华为基本法的研究［J］．管理学报，2011，8（11）：1575.

② 中央档案馆，中央文献研究室．中共中央文件选集：第四十一册［C］．北京：人民出版社，2013：91－120.

③ 王永华．“工业七十条”争论始末［J］．党史博采（纪实），2010（02）：15－18.

人回忆，通过职工代表大会、班前会、班后会、民主生活会、政治学习会等平台，普通工人对企业的重大事务和关系切身利益的事务，有了一定的发言权，也有了了解企业形势、发表意见、行使监督权的渠道。[①] 一些企业要求领导必须坚持在生产第一线，而不是成为地位优越的官僚式管理者，企业管理者和工人之间的差距不大，关系较为平等、融洽。

"鞍钢宪法"本身是一种制度建设的探索，在今天仍然有现实意义。有人认为，毛泽东比较重视群众运动，而不重视制度建设，这种看法不全面。毛泽东在1956年就谈到，解决制度问题比解决思想问题更重要，更带有根本性质。"人是生活在制度之中，同样是那些人，实行这种制度，人们就不积极，实行另外一种制度，人们就积极起来了"。[②] 毛泽东对"如何用制度激励人"的看法比单纯重视物质激励的西方经济学的观点视野更开阔，他认为，生产过程中人与人之间的平等关系也是生产关系的一部分，有了这种平等关系，劳动者就能意识到是在为自己的利益而劳动，从而形成强大的激励力量。毛泽东提出的"政治挂帅""工人阶级领导一切"等口号有明确的经济社会内涵，即打破经济生活中的等级制度，建立一个平等的社会。今天，在金融危机之后，如何凝聚新的增长动力，扩大经济民主仍然是不可回避的话题。

3. 农业集体化再评价

中国自古以来就是一个灾荒频发的大国。邓拓在《中国救荒史》中指出："将近四千年间，几乎无年不灾，也几乎无年不荒，西欧学者为之

① 郭松民."鞍钢宪法"与"经济民主"无关吗？[J].国企，2011（11）：30-31.
② 逄先知，金冲及，等.毛泽东传（1949—1976）[M].北京：中央文献出版社，2003：472.

惊诧，称中国为‘饥荒的国度’”，“1949 年以前，中国平均每年有 300 万至 700 万人死于饥饿。民国时代累计饿死过两亿以上人口。”① 1949 年 8 月，时任美国国务卿艾奇逊说，“中国人口在十八、十九两个世纪里增加了一倍，因此使土地受到不堪负担的压力。人民的吃饭问题是每个中国政府必然碰到的第一个问题。一直到现在没有一个政府使这个问题得到了解决”。对此，毛泽东批评说：“艾奇逊的历史知识等于零，”并且宣告：“革命加生产即能解决吃饭问题。”② 新中国成立之后，开始解决中华民族的吃饭问题，解决这一问题的核心是实行农业集体化。

新中国成立前后，像许多其他国家一样，中国进行了土地改革，实现了“耕者有其田”，即土地家庭所有制，但是，中国并没有停留在这一步，而是进一步实行了农业集体化，相继建立了合作社和人民公社。这是新中国农村体制最显著的特点，也是今天争议较多的一个问题。特别是包产到户获得成功之后，有人认为农业集体化制度“严重脱离中国的发展阶段”，是迷信“一大二公”“所有制崇拜”“空想共产主义”，“是农村贫困落后的根源”。

究竟如何评价农业集体化，这不仅关系到对历史的评价，更关系到对今天土地制度和农村改革的看法。正如我们上一章所分析，农业集体化是我国工业化和现代化战略的组成部分，也是中国独特的农村发展道路。尽管集体化在具体工作中出现过失误，特别是在 1959—1961 年的人民公社化期间出现严重问题，但是从改革开放前 30 年的历史来看，农业集体化符合中国人多地少的国情，打破了小农经济对现代化的约束，促进了工业化和农业现代化，改造了农村的经济、政治、社会和文

① 邓拓．中国救荒史［M］．北京：商务印书馆，2011.
② 毛泽东．毛泽东选集（第四卷）［M］．北京：人民出版社，1969：1399 - 1401.

化，改善了农村民生，避免了现代化过程中的农业和农村危机，也为改革开放后彻底解决吃饭问题打下了不可或缺的基础。总的来说，农业集体化是符合国情的正确选择。

中国为什么要搞农业集体化

合作化不是社会主义国家首创的，而是几乎和资本主义一同诞生的，最初是工人自发组织起来维护自身利益、抵御私有制和自由市场缺陷的一种组织形式。1844 年，28 个纺织工人于英国创立了罗奇代尔平等先锋社（Rockdale Equitable Pioneer Society），这是西方社会有记载的最早的合作社。先锋社以批发价买进商品，卖给社员，并定期将利润分红给社员，让工人免受垄断流通渠道的商人的压榨。

和私有企业不同，合作社实行民主管理，每人一票，由选举出来的自治委员会管理交易，社员有权监督账目，每季度分红。相对于私有制企业，由于合作社的产权归全体成员所有，有利于建立平等的人际关系，使得社员有积极性，更加主动地关心组织经营。人和人的关系比较平等。当前西方国家最有名的合作社——西班牙蒙德拉贡公司，职工最高和最低的工资之比只有 4∶1 左右，员工工作也比较稳定，对企业的认同感高，公司所在地成为西班牙贫富差距最小、失业率最低的地区之一。[①] 20 世纪后，人们又开始重新探讨合作社思想以及其文化传统。目前，合作社所体现出的全员持股、员工参与管理等理念，在西方国家都有所发展，成为资本主义国家实现经济民主的一种形式。

但是，合作社的成功运行，需要一定的政治、社会和文化条件。其包括：需要一个比较公平的社会基础，需要集体主义、团队合作、民主参与

① 唐冰，宋葛龙．“蒙德拉贡模式”与现代合作经济［J］．中国改革，2006（9）：52 - 53.

的文化，要求成员具有集体主义精神和合作意识。因此，合作社虽然有相对于私营企业的优越性，但是也对管理能力和社会文化条件有更高要求。中国的农业合作社和人民公社能否有效运行，同样受这些因素的制约。

在西方国家，农业合作社是比较普遍的现象。农业是弱势产业，经营周期长、地理分散、一般离市场较远、受自然条件影响大、抗风险能力弱。合作社是农民保护自身利益的组织。欧洲、日本、韩国、以色列等人多地少的国家，建立了综合农协、基布兹公社等合作组织，是农业的主要组织形式，国家对农业的补贴也主要通过合作组织进行。农民组织化程度的提高还有利于降低科技推广和信息服务成本，形成规模经济效益，规范产品流通管理，避免无序的市场竞争。美国农产品的80%，法国谷物的71%，丹麦97%的农产品，日本95%的粮食、80%的水果、80%的家禽以及大部分生产资料，都是通过合作社经营的。

合作化思潮在20世纪初就传到中国，成为一种重要的救亡图存的主张。中国的不少先进分子认识到，一盘散沙的小农经济是中国贫弱落后的根源，希望通过合作社来把农民组织起来，避免两极分化，重建乡村社会，改造国民性。如梁启超认为，合作化是介于资本主义和社会主义之间的第三条路，它并不要求消灭私有产权，也不像资本主义制度那样将权力集中于少数人，导致阶级分化和对立，而是倡导互助合作，使社员获得经济上、政治上的平等地位。北洋议员覃寿公提出，中国有大量贫困的小农，信用合作社可以使他们免于农村高利贷的盘剥。梁漱溟认为，农民阶层的“无组织”使得其“政治上无办法”，应建立合作组织来改造农村、教育农民。孙中山在1918—1919年所写的“地方自治计划”中明确提出要组织农业、消费、保险的合作。毛泽东在1919—1920年间曾力主举办“新村”“工读互助团”“自修学社”。

一些先进知识分子当时就提出在中国社会开展农业合作化的实践。不过，由于当时中国还是一个两极分化的社会，农民缺乏合作的能力和基础，同时缺乏必要的政治和社会条件，乡村合作组织没能实现维护农民利益的初衷。相反，乡村合作组织反而被俘获为利益集团的工具。以高利贷为例，1936 年薛暮桥在《中国农村问题》一书中指出，合作社本来是要解决农民被高利贷者剥削的问题，但实际上合作社被地主豪绅把持，银行资本决不愿同地主豪绅发生冲突，而是联合起来剥削贫苦农民。银行放款要通过富农掌握，未到手时便扣去抵偿佃租和利息，再用三分四分的高利转借给贫苦农民。[①]

土地改革之后，新中国并没有停留在家庭所有制上，而是从 1951 年起就开展了农业合作化，50 年代末又进行了人民公社化。究竟为什么要进行农业集体化？为什么要办合作社和公社，当时许多文件和领导人都有过阐述。如 1964 年 1 月邓小平在会见外宾时指出了人民公社制度的三个优势，“第一，有利于发展生产。公社规模大，可以兴办小单位不能兴办的事业，如水利事业；将来通过公共积累的不断扩大，可以实现农业现代化。第二，有利于巩固社会主义制度，保障向共产主义道路前进，避免农村出现两极分化。第三，可以稳定城市市场”。[②] 概括起来，中国实行农业集体化的理由包括：

——便于国家和农民打交道，低成本、较公平地从农村积累剩余，支持工业化，稳定城乡市场。国家能够通过直接和人民公社打交道，避免了在自由市场条件下私商对粮食价格的炒作和控制，也避免地主、高利贷者对剩余产品的攫取。同时，在为工业化提供积累的同时，人民公社可以发挥社会保障作用，在集体内部按照人头分配基本口粮，可以保障每个农户

① 薛暮桥．薛暮桥文集：第十五卷［M］．北京：中国金融出版社，2011：166.
② 武市红．邓小平对中国农业现代化的探索与思考［J］．党的文献，2006（06）：61－65.

都能获得维持生存的粮食。

——通过组织集体协作，改善“土肥水种”等农业生产条件的短板，从而提高农业产量。在传统农业条件下，劳动投入的效果已经接近极限，制约农业产量的主要因素是土、肥、水、种等条件，而在工业化尚未实现之前，只能通过合作化组织集体劳动，改善农业生产条件。

——在村社内部扩大专业化分工，发展工商业和社会事业。小农经济的一个重要弊端是一家一户规模过小，不利于形成专业化分工，影响扩大再生产。1958 年人民公社化运动的一个出发点就是发展农村工商业和社会事业，用毛泽东的话说就是“还是办人民公社好，它的好处是可以把工、农、商、学、兵结合在一起，便于领导”①，这里的意思就是在农村内部形成专业化分工的格局，让人民公社成为具有多种功能的机构，摆脱单一的农业经济，缩小城乡差距，提高农村的收入和医疗、教育、社会保障等水平。20 世纪 70 年代，中国在农村普及“五小”企业、合作医疗和基础教育，都是以集体经济为依托。

——人民公社是一个低成本而有效的基层政权体系。传统中国农村政权不下县，无法对农村进行有效治理，国家政权漂浮在基层之上，既无法遏制周而复始的土地兼并，也没有能力实行长远的经济社会发展计划。但是，如果依靠正规的行政体系，又具有相当高的成本，农民供养不起。人民公社就充当了低成本的农村治理组织，具有税收、治安、公共服务、社会管理甚至一定的执法功能。由于公社干部大部分仍然不脱离劳动，所以这是一个低成本的行政体系，而且可以发挥熟人社会的优势，容易执行和监督。

——避免历史上周而复始的土地兼并，避免农村重新出现两极分化。

① 山东农业合作化编辑委员会．山东省农业合作化史料汇集（下）［C］．济南：山东人民出版社，1989：118－119.

这方面是毛泽东尤为强调的。把农民组织起来，防止两极分化，是毛泽东一以贯之的思想，他在新中国成立初期就认为，“过渡时期做什么事？两件事：工业化、集体化……要把一万万户农户变成集体化是艰巨的……中国历史上，贞观、开元、康熙、乾隆之治，是无为而治，不能根本的解决问题，过上若干年，农民又要暴动”。[①] 这里所说的“无为而治”，就是国家政权弱小，乡村依靠自治，无法抑制周而复始的土地兼并。1962 年之后，毛泽东又多次强调要避免农村的两极分化。他说“搞单干，两年都不要，一年多就会出现阶级分化，其中有共产党的支部书记，贪污多占，讨小老婆，放高利贷，买地；另一方面是贫苦农民破产，其中有四属户、五保户，这恰恰是我们的社会基础，是我们的依靠”。[②] 此后，他又多次强调这一观点，认为通过资本主义发展生产是一个痛苦而且漫长的过程，应该力求避免这种阶级分化的趋势。

可见，中国农民自发组织合作社和人民公社，中国共产党领导推进合作化和人民公社化，既不是照搬书本，也不是模仿苏联，而是面对中国农村发展的约束和目标，在基层探索的基础上做出的理性决策。尽管在这个过程中有曲折和错误，但是并不能把农业合作社说成是迷信理论和模仿苏联的产物。

第一场争论：要不要办合作社

中国农业集体化不是一蹴而就的，而是经历了约 10 年的探索过程。这个过程以 1951 年山西农民试办合作社开始，以 1962 年中共中央确定

---

① 马社香．毛泽东为什么大力提倡农业合作化——陶鲁笳访谈录［J］．中共党史研究，2012（01）：78－88.

② 中共中央文献研究室．毛泽东年谱（1949—1976）（第 5 卷）［M］．北京：中央文献出版社，2013：130.

“三级所有、队为基础”的人民公社基本核算制度宣告定型，从此人民公社制度比较稳定地运行了近20年。在这个过程中，有两次比较重大的争论，对于理解农业集体化的逻辑来说是重要的。

第一次争论是1951年围绕山西农民自发组织的第一个合作社展开的，争论的主题是要不要办合作社。

农业合作化最初是为了解决农业生产工具不足的问题。1951年3月，山西平顺县的农民在李顺达、郭玉恩带领下，提出试办农业合作社，主要是为了解决五个问题：一是深耕畜力不够，买好牲口单个农民没资金；二是增施肥料，单个农民买不起羊群；三是互助组集体劳动，剩余劳动力个人副业生产不好调配；四是个体买大农具不经济；五是大的土地改造不能进行，互助组长们希望“把互助组提高一步”。华北地区的自然条件较差，这些试办的社员只有少量土地，部分人有农具，很少人有耕畜。同一时期闻名全国的河北遵化“穷棒子社”，即使办社之后，大牲畜也只有一头毛驴的三条腿（3/4时间的使用权），被称为“三条驴腿闹革命”。可见，这些农户合作是有现实需求的。

同时，刚刚进行土改的农村就已经出现了新的贫富分化势头。据时任山西省委第一书记陶鲁笳回忆，武乡县6个村1949—1950年两年，有139户（总户数的11.8%）出卖土地410亩（占耕地总数的2.28%），有的富裕农民买不到地就放高利贷，说“人赚钱累死人，钱赚钱发大财”，年利率高达60%，甚至180%。[①] 这样下去，只会重演土地兼并，不仅会造成农村贫富分化，还将导致大量资金成为地租和高利贷，影响重工业的资金积累。

在这种情况下，长治地委和山西省委相继支持了平顺县农民自发组织

① 曾康，周志强．建国初期中共党内关于农业发展道路的争论［J］．党的文献，2003（01）：74－79.

合作社的行为。长治地委书记王谦认为，建立合作社确实符合需要，部分农民受教育程度和劳动能力低，如果任由农民单干，少数农民成为富农，其他农民就会破产；如果学习苏联的集体农庄，土地直接收归国有，又会损害农民的积极性。合作社是解决这一矛盾的有效方法。

山西省和长治市的做法，引起了不同看法。最初一些同志不赞成发展合作社，理由是：《共同纲领》里提出的是先发展新民主主义，再过渡到社会主义，而新民主主义一般不破坏私有财产制度。根据苏联经验，农业合作化是建立在农业机械化基础上的，在实现机械化之前，没有条件搞合作化。山西省委和长治地委是"空想社会主义"。消息传达到长治后，长治地委书记王谦并不同意这种批评，致信中共中央和毛泽东申诉，希望得到支持。毛泽东经过调查，表示支持合作社的尝试。他的理由是：农业生产合作社能够合理利用土地，兴修水利，改良土壤，改良品种，采用新技术等许多单干农民难以做到的事情，特别是在抗御自然灾害方面显示了自己的优越性。同时，毛泽东对土改后农村中出现的阶级分化十分关切，认为这是不可避免的，但要力求避免这种趋势的发展。最终，毛泽东用《资本论》第一卷第 11、12 章的内容说服了其他领导人。欧洲资本主义发展早期，在蒸汽机发明之前，也经历了一个工场手工业的时期，由小手工业者合作起来共同劳动，通过协作和分工，也提高了生产力。根据同样的道理，虽然农业机械化尚未实现，但是通过协作分工可以形成新的生产力。其他领导人接受了这个意见。从此，农业合作化开始进入快车道。①

1951 年到 1955 年，经过几年的探索和推动，合作社已经在全国推广，从结果来看，合作社的建立，改变了传统社会生产力长期保持低水平

---

① 关于争论的具体经过，可参考：薄一波. 若干重大决策与事件的回顾［M］. 中共党史出版社，2008：184－211.

的局面。1952—1957 年，粮食产量和第一产业总值都持续地以较快速度增加（见表 2 – 1）。同时，农村的发展和稳定也为发展全局打下了基础。

表 2 – 1 1952—1957 年全国农业生产情况 （万吨）

年份	粮食	棉花	油料	黄红麻	农业产值增长率
1952	16392	130.4	419.3	30.6	
1953	16683	117.5	385.3	13.8	1.9%
1954	16952	106.5	430.5	13.7	1.7%
1955	18394	151.8	482.7	25.7	7.9%
1956	19275	144.5	507.6	25.8	4.7%
1957	19505	164	419.6	30.1	3.1%

资料来源：国家统计局编《新中国六十年统计资料汇编》，中国统计出版社，2010 年，表 1 – 32。

第二场争论：人民公社还是包产到户

第二场争论发生在 20 世纪 60 年代初，主题是要不要坚持人民公社制度。

1958 年 4 月，以河南省遂平县嵖岈山卫星人民公社成立为标志，人民公社化运动在中国大地上蓬勃展开了。人民公社化是和“大跃进”、第一次企业下放以及国际形势紧张同时发生的，其中也有逻辑上的联系。

开展人民公社化，至少有三方面原因：第一，随着中苏关系恶化和企业下放，需要农村提供更多经济剩余，支持地方工业发展。第二，兴修水利等公共设施，需要更大范围协作，合作社的规模已经不能满足调动资源的需要。第三，为了缩小城乡差距，让更多农民参与到现代化进程中，通过人民公社在农村提供工商业和公共服务。

人民公社也是基层自发探索出来的。1957 年冬春，在农田水利建设中，为了适应跨地区水利工程的需要，有些地方打破社界、乡界、县界进行协作。为了让农民更好地兴修水利，举办了公共食堂和托儿所等集体福利事业。这些自发的变化引起了毛泽东的重视，1958 年在成都会议上提出小社并大社的主张，4 月 8 日中央政治局通过《关于把小型的农业合作社适当地合并成大社的意见》，全国掀起了小社并大社的热潮。在时任河南省遂平县农业工作部副部长陈丙寅推动下，1958 年 4 月 20 日，遂平县成立了“嵖岈山卫星人民公社”，成为中国历史上第一个以“人民公社”为名称的农村组织，同时其他地区还有集体农庄、合作农场等叫法，最后毛泽东选定了“人民公社”这个名字。①

人民公社发展初期，主要是通过政治方式推动，出现了许多严重问题。一是“共产风”，即竞相扩大公社规模，乃至到一个公社几十万人（一县一社），远远超过能够有效管理的规模，只能按照平均主义的方式分配，挫伤了农民积极性。二是“一平二调”，即极端平均主义和无偿调拨资源，强制将公社内部收入拉平，所有生产资料都被作为公有财产调拨使用，实质上违背了合作组织的集体所有制性质和按股份分红、按劳动分配的基本原则。三是“浮夸风”盛行，由于一些干部的官僚主义瞎指挥，不少地区出现虚报浮夸产量、征过头粮等问题，影响了农业生产和农民生活。

1959 年起，中共中央开始纠正这些错误，“大跃进”时期一些提高的指标降下来，人民公社制度渐渐由冒进到稳定。1961 年 3 月 22 日，中央工作会议通过的《农村人民公社工作条例（草案）》，即“农业六十条”，明确规定“三级所有，队为基础”，即人民公社由以公社为核算单位，改为以大队（当时称生产队）为核算单位，同时将公社和大队的规模调小。1961 年 9 月，又将分配权由大队下放到小队，以生产小队为基本核算单位，每个小队的规模一般是十几户到几十户，规模不大，这样就有较强的监督机制，可以实行按劳分配。

对于“人民公社化”过程中出现的错误，已经有很多研究。需要指

---

① 苏星．新中国经济史［M］．北京：中共中央党校出版社，1999：429－430.

出的是，“一平二调”“共产风”“浮夸风”等问题，是1958—1961年这段时间集中出现的，但这些问题并不是人民公社制度导致的，也不是人民公社制度的主流，而主要是人民公社制度在建立初期，制度还不稳定的结果。评价人民公社，要把“人民公社化”中的工作方法、步骤上的严重错误和农村土地集体所有制本身发展方向区分开，要把1958—1961年3年时间的错误和长达20年稳定之后的人民公社制度区分开。

在三年困难面前，又出现了解决问题的不同主张：一种主张是实行包产到户，另一种主张是继续坚持人民公社制度，但在内部进行核算办法的调整。今天有些学者认为，如果20世纪60年代就能实行包产到户，那么中国的农业改革的成果就能提前20年。历史事实表明，这种设想并不成立。

“早点搞包产到户就好了”吗?

1961—1963年，在毛泽东、刘少奇等领导人的支持下，农业大省安徽省进行了长达一年半的“责任田”试验。试验结果表明，在当时的生产力条件下，包产到户起不到提高粮食生产的作用。“责任田”试验期间，安徽省粮食产量的增幅均低于全国平均水平，也低于1964年之后安徽省恢复人民公社制度之后的增幅。

这次试验的主导者是时任安徽省委书记曾希圣。1960年12月，曾希圣第一次向安徽省委正式提出“责任田”的思考，1961年2月又率先提出“包产到队、定产到田、责任到人”的“责任田”办法，并于1961年3月和7月两次向毛泽东进行了汇报。当时，毛泽东是支持安徽省试点的，并且把能否增加粮食产量作为衡量成败的标准。①

得到毛泽东同意后，安徽省大面积推广责任田，1961年8月全省实

① 资料来源：当代中国农业合作化编辑室编辑出版的《中国农业合作史资料》。

行责任田的生产队增加到74.8%，1962年2月达到90.1%。[①] 1962年李葆华接任安徽省委第一书记，但是责任田的试验并未立即停止，直到1962年年底，安徽省仍有70%以上的生产队执行着“责任田”。也就是说，从1961年8月到1962年年底，“责任田”在安徽持续了一年半时间，覆盖率最高时达到90.1%，最低时也有70%以上。

但是数据表明，在“责任田”试验期间，1961年、1962年、1963年安徽省的粮食产量增长率都显著低于全国平均水平：1961年全国粮食减产5.1%，安徽省减产6.8%。1962年（这年的夏粮、秋粮全部生产周期都覆盖在责任田试验期间）全国增长13.1%，安徽省增长6.6%。1963年（责任田影响这年夏粮的播种和一大半生长周期），安徽省粮食产量增加4.0%，而全国粮食产量增长10.1%。这3年的数据足以表明，“责任田”对农业增产的作用比不上其他地区实行的以“三级所有、队为基础”的人民公社制度（见表2-2）。

表2-2　1958—1970年全国和安徽省粮食产量增长情况

年份	全国粮食产量（万吨）	年增长率	安徽粮食产量（万吨）	年增长率
1958	19765.0		884.5	
1959	16968.0	-14.2%	701.0	-20.7%
1960	14384.5	-15.2%	674.6	-3.8%
1961	13650.0	-5.1%	629.0	-6.8%
1962	15441.0	13.1%	670.7	6.6%
1963	17000.0	10.1%	697.7	4.0%
1964	18750.0	10.3%	812.1	16.4%
1965	19452.5	3.7%	966.6	19.0%
1970	23995.5	23.4%	1263.80	30.7%

资料来源：国家统计局编《新中国六十年统计资料汇编》，中国统计出版社，2010年，表1-32、表13-15。

注：最后一行指1970年比1965年的增长率。

① 资料来源：当代中国农业合作化编辑室编辑出版的《中国农业合作史资料》。

在停止了“责任田”试验之后，安徽省的粮食产量增长率反而迅速提高，1964 年和 1965 年分别为 16.4% 和 19.0%，远远高于全国的 10.3%和3.7%，1970 年和 1965 年相比，安徽粮食产量增加 30.7%，也高于全国 23.4%的水平。

安徽省的责任田试验生动地说明，在 20 世纪 60 年代初期，“土、肥、水、种”等条件还不具备的情况下，进行包产到户，实际上并不能起到改善农业生产的作用，当时的工业化水平也不足以让大量农民离开土地到城市就业。而到 20 世纪 80 年代初期，农业基础设施建设已经完成，而且有条件在农村充分发展多种经营，包产到户才具备了条件。因此，既不能以后来包产到户的成功来否定 20 世纪 60 年代的人民公社制度，也不能以安徽“责任田”试验的失败来否定后来包产到户决策的正确性。

人民公社制度的成就

1962 年之后，人民公社确定了“三级所有、队为基础”的体制之后，大体上稳定了 20 年时间。应该如何评价这 20 年人民公社制度的作用呢？

从粮食产量来看，农业集体化时代，“土、肥、水、种”等农业生产条件获得改善，实现了粮食产量的快速增长。在人们印象中，人民公社时期长期吃不饱饭，似乎粮食产量增长不快，这是一种错觉。之所以人们感受到还是吃不饱饭，是因为两个因素抵消了粮食产量的快速增长：一是人口的快速增长，二是农业部门对工业部门的贡献。实际上，新中国成立以来，除了个别年份之外，粮食产量始终保持着快速增长。1952—1979 年，粮食总产量从 16392 万吨增长到 30476 万吨，年均增长 2.41%。

在今天中国的舆论界，一提到人民公社，就有人马上提到“大饥荒”，似乎是人民公社导致了大饥荒。

对于人民公社化到底是促进了温饱还是导致了饥荒，事实已经做出了明确回答。在中国实行农业集体化的时代，人口从新中国成立初期的4.5亿增长到8亿多，人均预期寿命从35岁增长到68岁，这都是中国历史上发展最快的时期，在世界历史上也是少见的。人民公社生产的粮食不仅维持了人口的生存繁衍，还为工业化提供了支持。饥荒在旧中国小农经济条件下是常态，而自从20世纪60年代初人民公社制度定型之后到整个70年代，中国农业一直是持续发展的，尤其是以粮食为主的农产品产量一直保持着稳定增长的势头。1979年全国人均占有粮食达684斤，当时中国从总体上告别了饥饿，基本上解决了温饱问题。邓小平在1982年说："建国以来，我们做了一些事情，基本上解决了吃饭穿衣问题，粮食达到自给。这是很了不起的事情，旧中国长期没有解决这个问题。"①

表2-3 改革开放前后粮食产量增长率比较 （单位：万吨）

年份	粮食	棉花	油料	糖料	茶叶
1952	16391.5	130.4	419.3	759.5	8.2
1978	30476.5	216.7	521.8	2381.9	26.8
2008	52870.9	749.2	2952.8	13419.6	125.8
年均增长率（1952—1978）	2.41%	1.97%	0.84%	4.49%	4.66%
年均增长率（1978—2008）	1.85%	4.22%	5.95%	5.93%	5.29%

资料来源：国家统计局编《新中国六十年统计资料汇编》，中国统计出版社，2010年，表1-32。

粮食产量的增加，得益于水利、机械、化肥、良种等农业生产条件的改善以及科学技术的开发利用。在这些方面，人民公社时期都取得了迅速进步。

水利。1949—1978年是中国历史上大规模兴修水利的一个时期。我

① 邓小平．邓小平文选（第二卷）[M]．北京：人民出版社，2002：405.

国自古就是治水大国，中华文明从某种程度上讲就是治水文明。新中国提出“水利是农业的命脉”，依托人民公社制度，组织社员在物质报酬很低甚至没有报酬的情况下，开展了气壮山河的水利建设，取得了历史性的突破。1979 年，全国有大中小水库 85400 多座，总库容 4200 亿立方米，相当于4000 多个三峡工程的土方量，开掘兴建人工河道近百条，新建万亩以上的灌溉区 5000 多处。全国可灌溉面积从 1949 年的 2.4 亿亩增加到 1979 年的 7.1 亿亩（2013 年为 9.46 亿亩）。如果没有人民公社的有力组织，这些工程不可能修成，其中包括有代表性的三大水利工程：扩建都江堰灌区、淠史杭灌区和华北井灌区。仅以位于安徽中西部的淠史杭灌区为例，这是新中国成立后兴建的全国最大灌区，1958 年开工，1972 年建成，总设计灌溉面积 1198 万亩，最高日上工人数 80 万人，累计 4 亿工日，以每亩不足 40 元的国家投资，开挖了 6 亿立方米的土方量。[①] 这些农田水利设施基本由人民公社的社员无偿劳动完成，其中不少水库直到现在还在发挥灌溉、防洪、生态、旅游等效益。到 20 世纪 70 年代，基本上结束了我国数千年来“大旱大涝必大灾”的历史。1978 年是特大干旱之年，全国农业总产值反比上年增长 9.8%，粮食产量首次突破 3 亿吨大关。一批人民公社成立以来建成的水利骨干工程对此起到了关键性作用，从而保住了农业丰收。

机械化。新中国成立初期，农业机械化几乎为空白。70 年代初我国“农轻重”紧张关系初步缓解，县域“五小工业”和社队企业普及，为农业机械推广创造了条件。1970 年到1980 年的10 年，我国农业机械普及率从每平方公里 10 马力跃升至 80 马力，远高于当时低收入国家（15 马力）和中等收入国家（60 马力）的水平。70 年代初我国实现石油自给，1973

① 淠史杭灌区管理局网站：http：//www. pshgq. cn/。

年又通过“四三方案”引进化肥成套设备。这些投入从80年代初开始发挥作用，成为80年代粮食增产的一大原因。

科技和良种。中国依托计划经济和人民公社，建立了覆盖全国的农业科研和技术推广网络，把知识真正变成了公共品，这种体制有利于技术的迅速扩散。到1957年，全国建立了14000个农业技术推广站、1400个种子站和1900个育种示范站。20世纪60年代河南几个高产小麦品种开发成功，1973年袁隆平的杂交水稻培育成功，1979年李振声的小麦杂交品种培育成功。

农业集体化突破了小农经济对工业化的约束，为快速实现工业化提供了积累，同时又避免了工业化带来的土地兼并和农村两极分化，维护了农村社会稳定。集体所有制从制度上消除了传统社会危害农村稳定和发展的两个因素——高利贷和土地兼并，消灭了地租和高利贷对农村有限剩余的攫取，让有限资金用于发展工业生产和提高农民生活。自秦朝以来，我国封建社会发生的周期性土地兼并，是改朝换代和社会动乱的主要原因，每次动乱都要付出巨大的社会成本，甚至人口大幅下降。西方国家工业化早期同样伴随着对农村的掠夺和冲击。当代的一些发展中国家，如巴西、阿根廷等国家，自然资源丰裕，但土地为大地主、大庄园主所有，大量农民没有土地，这一直是社会动荡的根源。我国的小农经济为工业化提供积累，维护了农村发展稳定。

人民公社以集体经济为依托，开展了大量的公共事业和服务的建设。在20世纪50年代末的人民公社化运动中以及60年代后期，依托人民公社相继普及了基础教育和基本医疗，民办教师和赤脚医生作为公社成员，其薪酬由人民公社从公积金中支出，具体事务由公社组成委员会等机构进行管理。这满足了农民群众对公共产品的需求，使当时中国农民所享有的公共服务水平要远高于生产力的发展水平。农业的集体化也为工业化和城市化水平还很低的中国，提供了巨大的就业蓄水池，维护了城乡稳定。人民公社还具有互助互济的保险职能，在经济发展和财政收入低的情况下，形成互助互济的机制，为农村提供了低成本的救灾救济。

人民公社也在农村普及了新文化，改善了农村的面貌和人的面貌。人民公社把农民组织起来，农民自己管理自己，培育了合作精神、集体意识、民主意识，这对于适应现代化大生产的时代是具有进步意义的。乡镇企业的普及，培养了一支有经营经验的人才队伍。同时，人民公社把农民组织起来，改变一盘散沙的状态，对于中华民族的现代化具有划时代意义。

集体农业就是“大锅饭、养懒汉”吗？

一段时间以来，大众对于人民公社有这样的印象：人民公社就是“大锅饭、养懒汉”，“干活大呼隆，分配大锅饭，生产瞎指挥”，特别是在一些场合，为了突出包产到户的意义，出现了全盘否定人民公社的声音。这些批评对于一部分管理水平较低的人民公社无疑是成立的。但是，把这些看作是人民公社的本质特征，并不正确。

首先，人民公社在分配中的“平均主义大锅饭”，实际上指的是“基本口粮+按劳分配”的制度。之所以要这样分配，主要是因为人民公社可分配的口粮有限，当时的生产能力只能保证分配基本的口粮。不能简单地说因为当时的决策不懂调动积极性。

实际上，人民公社的分配方式并非简单的“大锅饭”可以概括，而是存在着按股份、按劳动和按人头等不同的分配方式。

基本口粮按人头平均分配（同时考虑年龄因素），在基本口粮之外的多余口粮以及公社经营的现金收入，按照劳动投入分配，多劳多得。从全国来看，在整个人民公社时期，实物分配占集体收入分配的比重都达到

70% ~80% 的比例，[1] 俗称“人七劳三”或“人八劳二”。例如，山东省一个公社实行按人、劳、肥比例分配，1964 年三者比例分别是 70%、20%、10%，即“人七劳三”。[2]

按照人头分配，确实会导致同一个生产队内粮食分配的差距不大，但这并不是人民公社制度的本质特征，而是在可以分配的口粮总量有限的条件下不得不做出的选择。可以设想，随着粮食总产量的提高、工业化的实现，也完全可以在集体组织内部提高按劳动和股份分配的比例，降低按人头分配的比例。在小农经济条件下，这种实物保障是十分重要的。再加上土地改革之后家家都有住房，新中国的农村基本上不再有传统农村周期性出现的流民、破产现象。

至于按劳动（工分）、按股份分配的部分，能不能真正做到拉开差距，这和具体公社的管理能力、民主参与程度等有很大关系。既有大批管理得比较好、能够科学分配的公社，也有管理能力不够的公社。从我们能够收集到的当年部分生产队分配的账目来看，并不是所有的地方都是吃大锅饭。以山东省齐河县贾市公社许坊大队第一生产队 1971 年家庭收益分配为例（见表 2-4）。该生产队共 22 户人家，每户人均分配到的粮食平均为 420 斤，最高的 496 斤（王维桥家），最低的 376 斤（陈敬珍家），而 376 斤几乎是维持正常生存的底线，如果再扩大差距，恐怕就有家庭要挨饿了。而现金分配的差距就更大，按家庭人均分到的余款，最高的是 31 元（王维桥家），最低的是 0.75 元（焦其常家，另外还有两户是欠款

① 梅德平. 60 年代调整后农村人民公社个人收入分配制度［J］. 西南大学学报（社会科学版），2005，31（1）：99-103.

② 郑卫东. 集体化时期农村人口高出生率原因新论——以山东省东村为中心（1949—1973）［C］//上海市社会科学界学术年会. 2008.

户，即曾向集体贷款）。可见，现金分配的差距是很大的。①

表 2－4　1971 年齐河县贾市公社许坊大队第一生产队社员家庭收益分配表（部分）

户主	人口	公分合计	合计应分粮食（斤）	该户人均粮食（斤）	该户应分余款（元）	该户欠款（元）	人均应分余款（元）
王维云	10	20580	4414	441	141.33		14.13
王克水	1	1840	426	426	15.32		15.32
王希廷	1	2125	446	446	19.08		19.08
焦方增	6	14048	2772	462	143.69		23.95
王希珠	8	14583	3396	425	95.92		11.99
王宗生	4	6750	1659	415	7.7		1.93
王维桥	3	8484	1489	496	93.03		31.01
焦其常	6	7289	2286	381	4.47		0.75
焦恒玉	4	8838	1809	452	78.04		19.51
焦守臣	10	11893	3890	389		27.99	
焦其华	4	7285	1698	425	46.54		11.64
王希付	8	12991	3282	410	79.27		9.91
王希榴	5	6792	1956	391	5.59		1.12
陈敬珍	3	3190	1128	376		27.03	
……							
平均				420			10.4
最高值				496			31.01
最低值				376			0.75
最高/最低				1.32			41.62

资料来源：山东省齐河县贾市公社许坊大队提供。

综合以上分析，我们认为，人民公社时期的“平均主义”主要体现在基本口粮分配上，但即使是基本口粮分配也是有一定差距的，而现金分

① 1971 年齐河县贾市公社许坊大队第一生产队社员家庭收益分配表，山东省齐河县贾市公社许坊大队提供，本书作者收集。

配的差距就更大。这种办法，是在当时的历史条件下能够采取的最好的办法，如果当时不搞“平均主义”，固然可能提高一部分人的劳动积极性，但是支持工业化、保障农村民生、发展农村公共设施和公共事业等目标就有可能不会实现，农村有可能发生更大的危机。

其次，人民公社导致农民缺乏劳动积极性的问题。这种观点认为，由于人民公社“产权不清”，农民不是为自己劳动，所以积极性受挫，导致劳动投入下降和农业发展不快。这种说法过于片面了。第一，从粮食产量来看，这30年粮食产量是持续增长的。第二，人民公社时期，除农业耕种之外，在农闲时期还组织集体劳动，在20多年时间里修建了大量公共工程，劳动投入比传统社会大得多。在个体劳动力投入的作用已经接近极限的情况下，恰恰是人民公社组织的集体劳动，弥补了农业生产要素的短板。从微观上看，集体劳动中不可避免地存在搭便车、偷懒现象，但是如果没有人民公社，这些设施根本不可能开工建设，仅这一项就可以否定人民公社导致劳动投入下降的结论。第三，目前也没有有力证据表明人民公社时期劳动参与率低，据人民大学温铁军教授回忆，从20世纪80年代起，一批经济学者为了验证“人民公社时期劳动投入率低”的结论，调查了大量农村生产队的台账，但是至今却并未拿出可以佐证这一结论的数据。第四，人民公社时期确实出现过几次大范围的积极性下降现象，但主要是在政策波动的时期。到20世纪60年代，人民公社制度稳定之后，没有出现过农业产量的大起大落。还有一些案例用局部地区的例子来说明人民公社效率低，例如安徽省小岗村“20多年没有上缴一斤公粮，反而还要吃国家救济”，这也不能说明人民公社缺乏效率，因为当时全国农村实行的都是人民公社制度，国家用来救济小岗村的粮食也是从其他公社调来的，小岗村吃救济，只能说明这个村有问题，而不能说明整个人民公社制度有问题，因为救济小岗村的粮食也是其他人民公社生产的。

总之，人民公社是具有农业生产、社会保障、公共服务、基层政权、合作金融、乡村工业等多种功能的综合性组织，不能仅仅看作农业生产组织，更不能把“吃大锅饭，缺乏积极性”当作人民公社的全部。“干活大呼隆，分配大锅饭，生产瞎指挥”，是人民公社时期现实存在的问题，这不能否认，但是也并不是所有的公社都这样。那个时代，既有吃着大锅饭、消极怠工、亲兄弟之间都要打破头的公社，也有大量像大寨、红旗渠、华西村这样，付出艰苦劳动，为新中国现代农业发展打下坚实基础的公社。因此，不能用个别的落后典型作为人民公社的全貌。

人民公社的历史局限性

我们之所以详细讨论人民公社，就是因为当前存在一些对人民公社的片面论述，影响着人们对历史的看法。

当前对人民公社制度的误读，主要体现在三个方面：一是仅仅从经济角度出发，而没有考虑集体化对政治、社会和文化的作用；二是仅仅考虑了农村组织的粮食生产功能，而没有考虑到农村民生、社会事业、基层治理等功能；三是认为粮食生产仅仅需要农民个体劳动这一个生产要素，而没有看到水利、化肥、技术和工业化支持等公共要素，把复杂的、具有多种功能的人民公社简单地看作仅仅是粮食生产部门，认为粮食生产唯一的影响因素是个体劳动，认为收入分配是劳动的唯一激励因素。于是得出最终结论是：人民公社期间，因为大锅饭，农民没有积极性，所以粮食产量上不去，所以全国人民吃不饱饭。这是一种脱离历史条件，用主观臆测和想象代替现实的结论。

当然，和任何历史事物一样，人民公社也有不可避免的历史局限性。不承认人民公社的积极意义，或者不承认人民公社的局限性，都是错误的，否则就无法解释20世纪80年代初包产到户为什么能够得到人们的广泛拥护。

人民公社有着不可避免的历史局限性，主要表现在：

第一，人民公社是伴随着中国工业化的进程举办的，公社对于促进生产的好处主要被转移到了城市，从而使得广大农民感觉到，人民公社对于吃饱饭没起多少作用。如果在建立人民公社的同时，不从农村提取剩余，甚至对农村给予补贴，那么农民对人民公社的感觉会显著不同。现在已经到了以工补农的时代，再实行集体经济，就一定能够比历史上发挥更大的优越性。

第二，欧洲现代合作社是在工业革命已经发生、工人阶级有参加社会化大生产经验的基础上自发产生的。而我国从半封建半殖民地社会进入社会主义社会，小生产者的思维不可能一夜之间消除，尽管合作起来从长期来看是有利的，但是相当多数的农民仍然是从经验和习惯出发，更多地考虑眼前利益。在合作过程中，也没有足够动力、能力和意识，通过积极参加合作社的民主管理、公共事务，来规范合作社的行为。也许，只有那些切身体验过市场经济对小农经济冲击的农民，才能真正感到合作的必要性，这是历史前进必然要经历的过程。

当时，不仅是普通农民，甚至党的干部对于合作制的意义，在不同地方也是意见不一的。1966 年由新华社记者采写的通讯《县委书记的榜样——焦裕禄》中提到，面对兰考县恶劣的自然条件，当地也有干部放任自流，让农民出去讨饭。而焦裕禄主张把干部和农民组织起来，植树造林、治理风沙，并通过示范说服农民形成共同的行动。很多人民公社发展的历史说明，像焦裕禄这样的干部，才能够在缺乏经济资源的情况下，把农民组织起来改善生产条件。而如果干部缺乏合作意识，就可能让公社运行不下去。

第三，人民公社制度的一些制度设计由于管理水平和手段的限制未能充分发挥作用。人民公社作为集体组织，管理的难度比家庭经营要大。要发挥集体组织的优势，能否进行有效的管理是关键。对人民公社来说，有效管理的内容至少包括：能否对社员的劳动数量和质量进行准确评价，能否真正实现按劳分配，能否真正实现村民参与民主管理。能否实现有效管理，又取决于当地干部的管理水平、民俗民风、文化传统等。这就使得当时人民公社的实际绩效在不同地区有一定差异，人民公社的绩效和干部的管理水平、社员的合作精神具有直接关系。

人民公社的这些局限性，在当时的历史条件下无法避免，需要通过历史的进一步发展来解决。但是总的来看，农业集体化是中国农村几千年来发展的一个转折点，改变了几千年来小农经济的社会结构，打破了小农经济对现代化的束缚，开始了传统农业向现代农业、传统农民向现代农民的转型。

4. 无声的革命：基础教育的普及

改革开放之前的30 年，中国发展的一个重点是基础教育和基本医疗的普及，以健康和教育水平为代表的人力资本水平大幅度跃升。1949 年前，中国人均预期寿命只有 35 岁，识字率不足 20%，不具备实现现代化的起码人力资本储备。而到了 20 世纪 70 年代末，中国的国民健康、基础教育、人口质量等指标，均已超过发展中国家平均水平，预期寿命达到 68 岁，识字率超过 80%。中国发展基本医疗、基础教育和人口转型的经验得到世界认可和赞誉。改革开放之后的经济奇迹，得益于有一支数量多、质量好、成本低的劳动力队伍。

新中国普及基础教育，不仅提高了全民族的文化水平，而且是一场深刻的社会革命。通过基础教育的普及，结束了只有少数人读书识字的状况，增加了社会流动性，让普通工农后代有了更多机会改变自己的命运。

教育是重要的公共产品，同时具有很强的政治属性。二战以来，经济学界普遍认为教育是经济增长的主要动力，教育是弥合阶级差距、维护社会公平的工具，是弱势群体改变命运的最主要途径，也决定着国家的长治久安。我国封建社会长期稳定的一个重要原因是，通过科举制度把大量人才选拔进政治体制。然而，即使在商品经济发达的宋朝，识字率也只有30%。英国19世纪中叶，封建统治者为了维护特权地位，反对普及教育，是在工商业资产阶级发展经济的要求下，才实现教育普及，可见教育问题具有鲜明的政治性。

新中国成立时，识字率只有20%，同许多发展中国家一样，陷入教育水平低和经济发展滞后的恶性循环。各级教育均未普及，学习成本高昂，绝大多数适龄青年由于知识与经济水平的原因被排除在大学门外。1949年之后，中国选择的是优先发展基础教育而不是优先发展精英教育的发展路径。到70年代末，中国的基础教育入学率、识字率均已位居发展中国家前列，而且在城乡、性别之间的教育水平的差距显著缩小。中国第一次从几千年来只有少数人读书识字的国家，变成普及基础教育的国家，有效改善了社会公平，而且为“中国经济奇迹”的出现准备了一支高素质的劳动大军。

两难的选择：精英教育和大众教育

教育发展有两种路径：一种是先普及后提高，先普及基础教育，实现公平覆盖，再发展高等教育和精英教育；另一种是先提高后普及，集中力量培养少数人才和精英。新中国面临着普及和提高两种教育发展路径的两难选择：一方面要扩大劳动人民受教育的权利，迅速普及教育，另一方面又要为工业化和国防建设迅速培养大批精英人才。其表现在具体政策上就是：在教育资源极为有限的情况下，是优先培养少数精英还是使大多数国民接受必要的教育？

新中国成立初期，对教育的普及和提高都有十分迫切的需要，不能简单地说两种教育路径孰是孰非，因此，教育体制也在正规化、知识化、制度化和革命化、大众化、劳动化两种目标之间不断权衡调整。① 新中国成立初期，教育工作的方针是普及与提高结合，在较长一段时间里以普及为主。1949 年 12 月，第一次全国教育工作会议提出教育必须为国家建设服务，学校必须向工农开门。1951 年，政务院决定把工农速成学校、业余学校、识字学校纳入学校系统，机关、部队、工厂、学校普遍设立工农中学，大量举办业余补习教育，开展识字运动。②

“一五”期间，随着计划经济体制的形成和对高端人才的迫切需要，普及教育的目标开始让位于精英教育，教育方针从“以普及为主”调整为“首先集中力量发展和改进高等教育，中小学着重质量的提高”③，决定举办重点中学，1955 年工农速成中学停止招生，优先发展培养专才的高等教育，在中小学实行重点学校制度，为高等学校输送少数“尖子”，培养了一批适应工业化需要的优秀人才。

精英教育的导向，容易影响基础教育的普及和教育的公平性。早在 1954 年，毛泽东收到湖南省第一师范老同学蒋竹如的来信，说“特殊的教育制度似应加以改进。湖南的育才幼儿园、省幼儿园、军区幼儿园在教育界中显得特殊，组织庞大，管理人员众多，耗费巨大，一则给群众不好的印象，二则那些幼儿，过惯了优裕的生活，也没有好处”④。毛泽东将其批示给陈云、邓小平。1957 年 2 月，毛泽东提出新的教育方针：“我们

---

① 杨东平．新中国“十七年教育”的基本特征［J］．清华大学教育研究，2003（01）：9 - 16.

② 杨东平．大众主义到精英主义［EB/OL］．http：//theory. people. com. cn/GB/49157/49166/4923124. html，2006 - 10 - 16.

③ 中国教育年鉴编辑部．中国教育年鉴（1949—1981）［M］．北京：中国大百科全书出版社，1984：966.

④ 中共中央文献研究室．毛泽东年谱（1949—1976 ）（第 2 卷）［M］．北京：中央文献出版社，2013：311.

的教育方针，是使受教育者在德育、智育、体育几方面都得到发展，成为有社会主义觉悟的有文化的劳动者”，并提出减少课程、减轻教材、方便农民子女就近上学、鼓励公社办学、民办学校。①

在人民公社化运动中，农村民办教育机构和招生人数迅速增加，开展了大规模识字扫盲运动。1958 年 9 月，中共中央、国务院《关于教育工作的指示》提出用3—5 年时间基本扫除文盲、普及中小学教育。主要措施包括：通过下放教育管理权限，发展全日制中学、职业民办中学，半耕半读中学、农业大学统统搬到农村去以及通过改革考试制度，降低门槛，扩大工农子弟受教育机会。20 世纪 70 年代中期拍摄的电影《决裂》，就是以戏剧的形式，表现了两种教育路线的冲突：一种主张农业大学要按照苏联的规范教学，要办在城市，不能降低标准，工农同学跟不上就退学；另一种主张认为，新中国成立刚刚 9 年，上大学要这么高的标准，实质上是把工农同学拒之门外，主张根据劳动技能和实践经验来招生。

“大跃进”和人民公社化中扩大的农村教育基础并不巩固，1961 年之后，随着国民经济调整，教育的重点再次调整为缩小办学规模、提高教育质量，减少了对基础教育的投入。1962 年小学入学率从“大跃进”期间的 80% 降到 56.1%，1962 年要求各地选定一批重点中小学，集中精力先办好一批“拔尖”学校，这些重点学校主要建立在城市和城镇，② 城乡之间的教育差距有所扩大。据 1963 年 9 月的统计数据，北京、吉林、江西等 9 省市区共 135 所重点学校，其中城市 84 所，县镇 43 所，农村仅 8 所，有 7 个省、自治区没有选定农村中学。

---

① 中央教育科学研究所．中华人民共和国教育大事记（1949—1982）［M］．北京：教育科学出版社，1984：190.

② 杨东平．中国教育制度和教育政策的变迁［EB/OL］．http：//www.aisixiang.com/data/6728.html，2005－05－11.

“教育革命”

到20世纪60年代中期，精英教育和大众教育的冲突、城乡教育水平差距扩大的矛盾再一次凸显，中共中央推动了一系列政策促进教育普及。60年代末到70年代，基础教育实现了快速普及。主要的做法包括：农业院校等下放到农村，在农村扩大和普及高中教育。缩短学制，实行小学五年、初中二年、高中二年、大学三年。发展多种形式、因地制宜的教育模式，如“七二一大学”、耕读小学、马背小学。“开门办学”，让学生走出学校，“学工、学农、学军”。取消重点学校制度和各种学校的差别，取消男校、女校、华侨学校、职业学校等，中小学实行免试就近入学。取消或减少各级学校的考试制度，反对用“教育质量”和分数标准把工农子弟关在门外，否定教育中的等级制。高校实行免试推荐入学，招收有实践经验的工农兵学员，从1963年起，农、林、医、师的中等专业学校即采取公社保送与考试相结合的办法，并实行“社来社去”（学生从公社来，回公社去），1966年中共中央、国务院决定推迟举行高考，1972年起，部分高校恢复招生，至1976年，共招收了7届学生，被称为“工农兵学员”。知识青年上山下乡，“到农村去”成为一个时代的口号。①

20世纪60年代末到70年代，这些措施很大程度上改变了教育资源过多集中于城市、集中于精英的倾向，最突出的表现就是基础教育和农村教育获得了更多的资源，教育的普及率和公平性有所改善，特别是来自工人和贫困农民家庭子女受教育的机会明显增多。首先是小学教育实现了普及。新中国成立后，小学入学率由新中国成立前的23%上升到1952年的

---

① 杨东平.“文化大革命”与教育乌托邦［EB/OL］. http：//theory. people. com. cn/GB/68294/72286/72288/4939387. html，2006－10－20.

49.2%，“大跃进”时期，由于“开门办学”及办学权力下放，小学入学率由1957年的61.7%上升至1958年的80.3%。但这一成就并不巩固，60年代初的经济调整使得小学入学率略有下降，1962年为56.1%。60年代中期之后，小学入学率快速上升，1976年达到96%。

更值得注意的是，在校中学生分布的比例有了突出变化。初中生中，农村生源从1962年的37.1%上升到1976年的75.2%，高中生中，农村学生占比从1962年的7.8%上升到1976年的62.3%（见表2－6）。

表2－5　1965—1976年中小学教育情况

年份	小学（万所）	小学生数（万人）	普通中学学校数（所）	高中生数（万人）	初中生数（万人）
1965	168	11621	18102	131	803
1966	101	10342	55010	137	1113
1968	94	10036	67210	141	1251
1970	96	10528	104954	350	2292
1976	104	15006	192152	1484	4353
1976/1965		1.3	10.6	11.3	5.4

资料来源：《中国教育年鉴（1949—1981）》中国大百科全书出版社，1984年版，第1006页。

表2－6　1962—1976年在校中学生生源比例（%）

年份	初中			高中		
	城市	县镇	农村	城市	县镇	农村
1962	35.2%	27.7%	37.1%	42.6%	49.6%	7.8%
1965	42.1%	24.2%	33.7%	43.1%	47.9%	9.0%
1970	19.0%	8.0%	73.0%	22.7%	16.0%	61.3%
1976	15.6%	9.2%	75.2%	22.7%	15.0%	62.3%

资料来源：《中国教育年鉴（1949—1981）》中国大百科全书出版社，1984年版，第1006页。

20 世纪 60—70 年代对基础教育的普及更深远的意义是，影响了 70 年代之后高等学校学生的结构，让更多工农家庭的子弟有机会进入大学学习。对北京大学和苏州大学的生源调查研究发现，新中国成立初期，两所学校的学生几乎都来自城镇；1952—1955 年，北大农村学生的比例从 2.4% 增长到 6.5%，到 1972 年则高达 30% 以上。苏州大学农村学生比例从 1952 年的 3.6% 增加到 1955 年的 11.4%，1965 年则跃升到 60%，在农民子女内部，贫下中农子女比例也不断上升，1956 年以前，富农地主子女占一半以上，1957 年起，贫下中农子女数迅速增长，比例超过一半。[①]。

除了普及基础教育、改善教育公平之外，这一时期“教育革命”的另一个内容是“促进教育和生产劳动相结合”。这一方面有经济建设的需要：国家财政不足以举办大批专业化、规范化学校，需要依托企业、人民公社等组织举办教育。如 1958 年 5 月 30 日刘少奇表示“我国应有两种教育制度、两种劳动制度”，“可以比较充分地满足许多人的升学要求，工厂里人多的问题也可以解决，劳动就业的人可以多些”。[②] 从更深层次看，教育和生产劳动相结合还有知识分子劳动化、劳动人民知识化，消除体脑差别、城乡差别、工农差别的考虑。

这一时期和教育革命密切相关的是知识青年上山下乡运动。上山下乡是在当时的特殊历史背景下，解决城市过剩劳动力的必要措施，也是缩小三大差别、培养革命接班人、改进社会公平的措施。一些知青在乡下经历了苦难，受到不公正待遇，这表明政策有不完善的地方，值得认真吸取教训。但同时要看到，上山下乡是中国近代以来第一次城市知识分子大规模地进入农村。为改善农村的科技、教育、医疗条件，加快城市的科技和文

① 梁晨，李中清，张浩，等．无声的革命：北京大学与苏州大学学生社会来源研究（1952—2002）[J]．中国社会科学，2012（01）：98－118，208.

② 刘少奇．刘少奇选集［M］．北京：人民出版社，1985：324－326.

化向农村渗透，大量知青把知识和文化带到农村，并促进了城市和农村的融合，锻炼了才干。70 年代之后，农村能够很快地普及基础教育和合作医疗，与知识青年的贡献是分不开的。一大批知青经历了艰苦磨炼，成为后来中国各领域的杰出人才。①

实现工业化需要一支结构合理、规模宏大的人才队伍。新中国普及基础教育的过程中也有一些政策并不完善，特别是一段时间以来高等教育受到了影响和冲击，为纠正教育不平等而采取的一些政策在执行中也有偏差。但是，总的来看，从新中国成立到 20 世纪 70 年代末期，中国在初等和中等教育方面成效斐然。文盲率从新中国成立初期的 80% 下降到 1981 年的 30% 左右，青壮年文盲率仅有 15%，同期印度文盲率仍然维持在 60%。在正规教育上，中国的小学入学率从 1949 年以前的 25% 左右提高到 1976 年的 96%，并在此后几年稳定在 90% 以上，接近发达国家水平，小学生中 45% 为女生。中学的毛入学率是 46%，略高于世界平均水平，远远高于同等收入水平的国家。② 由此可见当时国家人才培养的基本方略是将资源用于基础教育，提高人民群众的整体科学文化素质。基础教育的普及，对于亟须提高劳动力整体素质，以迎接世界范围的产业转移的发展中国家来说，中国无疑做了较为充分的准备。

5. 强国先强身：新中国的健康奇迹

基本医疗的普及和人民健康水平的迅速提高，是新中国成立后第一个

---

① 张曙．不对称的社会实验——论“文革”中的知青上山下乡运动［D］．中共中央党校，2001.

② 印度为 31%，印度尼西亚为 29%，巴西为 34%，墨西哥为 47%，数据来源于《国际统计年鉴（1995）》。另外，毛入学率在计算口径上各国不尽一致。

30 年的又一个突出成就。基于新的经济和社会制度，新中国建立了一套崭新的和独特的医疗卫生制度。在保障模式上，主要依托国有企事业和人民公社，迅速实现保障全覆盖；在资源配置上，面向工农兵，以农村为重点，优先保障基本服务的提供；在服务内容上，重视面向群体的公共卫生服务，而不是像西方强调面向个人的医疗服务；在技术路线上，以预防为主，中西医结合，采取低成本适宜技术，而不是以治疗为主的高成本资本密集型技术；在服务提供上，既依靠专业人员，又依靠经过简单培训的初级医疗卫生人员，使医疗卫生和群众工作相结合。这条道路，超越了当时西方社会医疗卫生商品化、专业化、以治疗为中心的路线，实现了面向全民、预防为主，以较低的成本维护了人民健康。

中国创造的以爱国卫生运动、三级医疗保健网、赤脚医生、农村合作医疗等为代表的有独创性的医疗卫生制度，被国际组织称为“低收入国家普及初级卫生保健的独特典范”。

卫生工作四大方针

国民健康是民族精神的基础，是国家发展重要的软实力。

新中国成立初期，我国外有封锁，内有工业化的迫切需要，能够用于医疗卫生的投入极为有限。当时其他发展中国家大都仿照西方医疗体制：依赖高成本培养的专科医生，强调使用高新技术，治疗为主，关注面向个人的医疗服务。但对于中国这样的发展中国家，缺乏培养大量高技能西医人才的资源，有限的医疗技术人员大部分待在城市，居民支付不起高成本的医疗费用，专业人员有限，无法有效解决农村传染病蔓延、营养不良、疾病充斥等问题。

在这种情况下，中国基于现实情况探索出了一条独特的医疗卫生发展道路，这就是医疗卫生四大方针：面向工农兵、预防为主、团结中西医、卫生工作与群众运动相结合。

——面向工农兵，体现在把医疗卫生机构纳入计划经济体制，建成了覆盖城乡的医疗服务网，建立了公费医疗、劳保医疗和农村合作医疗制度，分别覆盖城镇和农村人口，全体居民都可以以较低费用享受基本医疗卫生服务。

——预防为主，卫生工作与群众运动相结合，体现在国家的医疗卫生投入和医疗卫生工作的重点是预防环节。国家依靠遍布城乡的防疫站、卫生院、卫生室和基层医疗卫生人员，开展传染病预防、环境治理、健康教育、预防保健、传播新法接生等有利于健康的新技术，组织群众性爱国卫生运动。以预防为主符合医疗卫生规律，既有利于改善健康，又能够控制医疗成本。中国能够有效开展群众性公共卫生运动，得益于高度的组织化和资源动员能力。

——中西医结合，是把中国传统医学和现代医疗卫生制度结合起来的探索。中医具有“简便验廉”的优势，其重视预防保健、系统论的思想方法有现代意义。19 世纪以来，随着中国的内忧外患，中国主流知识界的文化自信日益丧失，中医遭受了千年未有的变局，国民党政府甚至用行政性手段，对中医采取歧视和灭绝政策。新中国成立后，根据对传统文化“古为今用、推陈出新”的方针，提出团结中西医的方针。这是解决现实问题的需要，因为中医属于人力密集型技术，主要依靠医生的技术和经验，以及农村容易采集和种植的中草药，而不依赖需要工业化支持的药品、器械以及高成本的西医。特别是到 60 年代后期，赤脚医生和农村合作医疗的大发展，对低成本适宜技术的需求增加，中医获得了更充分的空间。

爱国卫生运动

爱国卫生运动起源于抗美援朝期间，为应对美军在我国东北、青岛等地投放细菌武器，国务院于1952年3月成立中央防疫委员会，全国城市和乡村迅速开展以消灭病媒虫害为主要内容的群众运动。1952年年底，中央防疫委员会提升为中共中央的机构，更名为“中央爱国卫生运动委员会”，周恩来、习仲勋分别为第一任和第二任主任。

从20世纪50年代起，中共中央多次直接部署爱国卫生运动。1956年10月13日毛泽东在最高国务会议的讲话中指出：“除四害是一个大的清洁卫生运动，是一个破除迷信的运动。……如果动员全体人民来搞，搞出一点成绩来，我看人们的心理状态是会变的，我们中华民族的精神就会为之一振。我们要使我们这个民族振作起来。”① 1958年1月上旬，毛泽东亲自带队检查了杭州市小营巷的爱国卫生运动情况。

新中国成立初期，威胁健康最主要的疾病是传染病，公共卫生服务就显得更加重要，爱国卫生运动弥补了专业医疗卫生人员的不足。依托城乡医疗服务网和厂矿、企事业单位、人民公社，建立了包括防疫站、地方病、妇幼保健以及国境防疫在内的公共卫生机构，调查研究常见病、多发病，不少地方还开展了对农民的全面体检，定期发动群众服药，预防地方病。到1959年，爱国卫生运动取得巨大成就。天花、鼠疫、霍乱等烈性传染病基本绝迹，血吸虫病、丝虫病、钩虫病、疟疾等几种严重危害人民健康的疾病，也得到了有效的防治。同时，爱国卫生运动还起到了移风易俗的作用，使人们逐步养成了讲卫生光荣、不讲卫生耻辱的社会风尚。20世纪60年代后期，随着农村合作医疗和赤脚医生的普及，爱国卫生运动在农村得到更大范围的开展。在一些疟疾、丝虫病、黑热病、克山病疫区，于70年代初开展了大规模的普查普治工作。大批医务工作者和赤脚医生深入田间地头、工矿车间，为群众免费检查，送医送药，注射疫苗。

① 毛泽东著作专题摘编（下）[C]. 北京：中央文献出版社，2003：1657.

经过几年的努力，我国的大部分急、慢性传染病得到有效控制。

爱国卫生运动能够有效开展，得益于城乡基层的组织能力，这是中国公共卫生事业的成功模式。同时，在公共卫生干预项目的实施过程中，充分发挥了居民的主动性和参与精神，把公共卫生事业和移风易俗、社会管理结合起来，做到了以较低的成本实现了较高的健康绩效。

公费医疗和劳保医疗

除了公共卫生之外，医疗卫生体制的另一个重要部分是医疗保障和服务体系，解决看病吃药的问题。1965 年之前，集中力量建设城市医疗保障和医疗服务体系。1965 年之后，把更多医疗卫生资源放到农村，实现了以三级医疗保障网、赤脚医生和合作医疗制度为特征的农村医疗卫生体系。

在城市，形成了市、区两级医院和街道门诊部（所）组成的三级医疗服务及卫生防疫体系，医院经费来源主要渠道包括两部分：医疗业务收入和政府财政拨款。除了药费略有盈利外，其他收费均低于成本，药品的价格由政府制定，在不引起脱销的情况下坚持“药价从低，微利经营”的原则。同时，城市建立了覆盖全体城市居民的公费医疗和劳保医疗制度，1970 年覆盖率达到 76.6%，1975 年达到 84.6%。

“把医疗卫生的重点放到农村去”

到 20 世纪 60 年代中期，城市医疗保障体系已经比较完善，但是农村缺医少药、城乡差距过大的问题日益突出。据卫生部 1965 年统计，高级卫生技术人员 69% 在城市，31% 在农村，其中在县以下的仅占 10%。全年卫生事业费 9300 余万元中，用于公费医疗的 2800 余万元，占 30%；用于农村的2500余万元，占20%，其中用于县以下的仅占16%。[①] 政府更加重视县医院建设，对农村合作医疗制度以及半农半医，在政策上引导和支持不足；在医学教育上，强调中级教育并且要逐步过渡到高等教育，重视规范化的教学和临床训练。对中医不重视。[②]

这些问题引起了中共中央特别是毛泽东的重视。毛泽东从他一贯的观点出发，把医疗卫生工作上升到政治路线高度看待，认为医疗卫生资源集中于城市，过度重视高精尖技术而忽视常见病和多发病的治疗，重视依靠专业人员而忽视群众运动等做法，是医疗卫生这支知识分子队伍脱离群众的表现。早在1958年，江西省余江县消灭血吸虫病之后，毛泽东就写下“绿水青山枉自多，华佗无奈小虫何”的诗句（《七律·送瘟神》），委婉地表达他对卫生部门过度重视专业化，不重视发动群众的批评。

2008年世界卫生组织的年度报告《初级卫生保健：过去重要、现在更重要》，指出了过去30年来，全球医疗卫生体制呈现过于重视医院、过于重视治疗和过度商业化的趋势。在20世纪60年代的中国，如果采取这种过度重视专业化、重视治疗和以医院为中心的模式，自然会阻碍基本医疗卫生服务在农村的普及。

1965年前后，面对医疗卫生领域存在的城乡差异大，以及预防措施落实不到位、对常见病多发病投入较少的状况，中央领导人多次提出批评。其中影响最大的是1965年6月26日毛泽东的谈话，后来被称为“六·二六指示”。他谈道：“告诉卫生部：卫生部的工作，只给全国人口的百分之十五服务，这百分之十五中主要还是老爷……广大农民得不到医疗，一无医院，二无药。卫生部不是人民的卫生部，改成城市卫生部或老

① 卫生部．关于把卫生工作重点放到农村的报告［A］．中共中央文件选集［C］．北京：人民出版社，2013（49）：228.

② 卫生部原老干部局副局长张荫庭同志访谈，北京大学健康发展研究中心提供。

爷卫生部，或城市老爷卫生部好了。……现在医院那套检查治疗方法，根本不适合农村。培养医生的方法也只是为了城市，可是中国有五亿多人是农民。那种做法脱离群众，中国百分之八十五的人口在农村，不为农村服务，还叫什么为人民服务。工作中，把大量的人力、物力放在所谓尖端，高、难、深的疾病研究上，对一些多发病、常见病、普遍存在的病，如何预防，如何改进治疗，不管，没人注意，或放的力量很小……把医疗卫生的重点放到农村去嘛！”① 同时，毛泽东还谈到了医疗教育、医学技术路线等问题，主要精神是：（1）在资源配置上，重点由城市转向农村；（2）在医疗技术路线上，优先发展面向大多数人常见病技术，而不是把过多精力放在攻克疑难杂症上；（3）医学教育也要适应这一趋势，培养低成本、养得起、适合农村的医疗卫生人员。除此之外，这一时期毛泽东还批评了在医疗卫生领域存在的特权现象。1964 年，他在卫生部关于改进干部保健工作的报告上批评道：“北京医院医生多，病人少，是一个老爷医院，应当开放。”② 同一时期，周恩来、刘少奇等也对医疗资源过度集中城市的现象进行了批评。

1965 年之后，全国掀起了一场长达十多年的“农村卫生革命”，使医疗卫生领域城乡差异的现象大为改观，农村卫生事业蓬勃发展，农村合作医疗制度、赤脚医生以及农村三级转诊体系成为农村卫生的“三大法宝”。

农村合作医疗是依托集体经济为农民提供医疗服务的制度。国民党政府时期，一些知识分子在推动农村合作化和乡村建设运动的过程中，将合作医疗作为内容之一。但是由于缺乏实行合作化的社会基础，并未成功。

---

① 中共中央文献研究室．毛泽东年谱（1949—1976）（第 5 卷）［M］．北京：中央文献出版社，2013：505 – 506.

② 中共中央文献研究室．建国以来毛泽东文稿（第 11 册）［M］．北京：中央文献出版社，1996：124 – 125.

新中国成立后，合作医疗出现于1958年前后的人民公社化时期，是人民公社制度的一部分。1958年9月4日，《人民日报》发表河南省遂平县卫星人民公社试行简章（草案）第18条对“合作医疗”做出规定：社员按照家庭人口多少，每年交纳一定数量的合作医疗费，就诊不另交费。中心医院对无法治疗的特殊重病号，应该介绍到适当的医院治疗，并负责开支旅费和医药费。在“大跃进”和人民公社化运动中，合作医疗作为新生事物，迅速推广，1962年，合作医疗在全国农村的覆盖率达到46%。

但是，在人民公社化运动之后以“调整、巩固、充实、提高”的经济调整中，不少地方也把合作医疗和公共食堂等一样，作为“左”的对象进行调整。1962年8月，卫生部批评过去几年“在治病方面，一个时期有公社包下来的倾向”①。到1964年，全国农村只有不到30%的社队还维持合作医疗，1968年下降到20%，农村卫生人员的数量和机构也大幅减少。

1968年，在乡村医生覃祥官的带领下，湖北长阳县的农民又自发办起合作医疗。1968年底，毛泽东批转湖北省长阳县乐园人民公社举办合作医疗的经验，并称赞“合作医疗好”②。12月5日，《人民日报》介绍了乐园人民公社的合作医疗经验。这一报道总结了合作医疗的四点意义：解决了贫下中农看不起病、吃不起药的困难；使“预防为主”的方针真正落实在行动上；进一步发挥了广大贫下中农的阶级友爱精神；防止了资产阶级思想泛滥，加速了医务人员思想革命化和工作革命化。

同合作医疗相配套的是赤脚医生制度。赤脚医生是农民对不脱离农业

---

① 夏杏珍．农村合作医疗制度的历史考察［J］．当代中国史研究，2003（05）：110－118，128.

② 毛泽东．对《人民日报》发表《深受贫下中农欢迎的合作医疗制度》等文章的批语［A］．中共中央文献研究室．建国以来毛泽东文稿（第12册）［M］．北京：中央文献出版社，1998：604.

劳动、半农半医卫生员的称呼。1968 年，毛泽东批转了《从“赤脚医生”的成长看医学教育革命方向》的调查报告，这篇报告第一次把农村半医半农的卫生员正式称为“赤脚医生”。报告以上海市川沙县江镇公社为例，认为“贫下中农需要这样一支新型的医疗卫生队伍”，赤脚医生一半时间参加劳动，生产大队对他们的补贴不多，贫下中农养得起，他们的收入保持农村一般同等劳动力的水平。培养“赤脚医生”的途径，一种是公社卫生院集训，另一种是在实践中加以培养。“有些赤脚医生的实际工作能力，胜过了这个公社卫生院里某些从学校出来又没有实践经验的医生”。①

在这些推动下，农村合作医疗和赤脚医生制度，20 世纪 60 年代末已经基本成型，其主要特点是：社员每年缴纳合作医疗费，生产队从公益金中补贴，也有些地方则直接由公社从总预算中支出。赤脚医生的人选主要在当地产生，标准是文化水平和政治表现，培训方式以短期进修、临床观察和实践为主，以当地常见病、多发病和草药土法治疗为主要内容。赤脚医生的培训使得广大农村人口享受到了基本的卫生服务。

20 世纪六七十年代，农村的医疗条件迅速改变。1965 年到 1975 年，乡镇卫生院床位数从 14.5 万张增加到 65 万张，农村病床占全国的比例从 40% 上升到 60%，全国卫生经费的 65% 以上用于农村。合作医疗的覆盖率从 1968 年的 20% 上升到 1976 年 90% 以上，形成了集预防、医疗、保健功能于一身的三级（县、乡、村）卫生服务网络。全国赤脚医生人数达到 180 万人，生产队卫生员人数达到 340 万人，农村接生员人数到 75 万人，远远超过了当时卫生部所拥有的卫生专业技术人员数量，成为农村医疗卫生人才队伍的核心力量。从东南海岛渔村到青藏高原，中国大地上的村庄都有了赤脚医生。这次卫生革命基本上实现了“小病不出村、大

① 从“赤脚医生”的成长看医学教育革命的方向［N］. 红旗，1968－09－10.

病不出乡”的目标，被世界卫生组织和世界银行誉为“以最少投入获得了最大健康收益”的“中国模式”。① 联合国妇女儿童基金会在1980—1981年年报中称：“中国的赤脚医生制度在落后的农村地区提供了初级护理，为不发达国家提高医疗卫生水平提供了样板。”② 2008年，当世界卫生组织呼吁全球重新重视初级卫生保健时，再一次引用中国经验指出：“在1980年以前就已将国人的期望寿命提高到远高于20世纪70年代其他低收入国家的水平，农村初级卫生保健和城市医疗保险对这一成绩的贡献是有据可查的”。③

妇女解放和人口红利

中国人健康水平的提高，除了基本医疗卫生服务的普及之外，还有一个容易被忽略的方面，就是妇女解放和性别平等方面的进步。

新中国成立之后，中国用了30年时间，就完成了欧洲用100多年的时间完成的人口转型。所谓人口转型，即人口从高出生率、高死亡率转变到低出生率、低死亡率，这是社会发展进步的标志。1949年，中国的人口死亡率为20‰，出生率35‰，还是典型的传统社会。而到1957年，人口死亡率就下降到10‰，即使是三年困难时期有反弹，也显著低于新中国成立初期的水平。到20世纪70年代末，人口死亡率已经下降到5‰左右，这主要是由于营养的改善、基本医疗卫生的普及等原因。

人口出生率的下降主要始于1963年之后，到1979年改革开放前已经下降到18‰左右，其中从1968年到1979年，是人口出生率下降最快的时

① 王绍光．中国公共卫生的危机与转机（上）［A］．国情报告［第六卷 2003年（下）］［C］．2012：12.

② 李砚洪．赤脚医生：20世纪中国的温暖记忆［J］．党史文苑，2008（11）：49－51.

③ 世界卫生组织．2008年世界卫生报告：初级卫生保健——过去重要，现在更重要，http：//www.who.int/whr/2008/zh/，第5页．

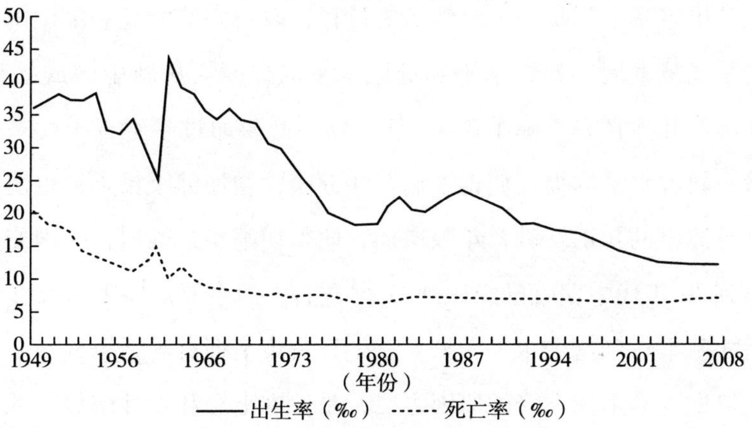

图 2-1　新中国的人口转型

资料来源：国家统计局编《新中国六十年统计资料汇编》，中国统计出版社，2010 年，表 1-3。

候，妇女总和生育率（平均一个妇女生育的孩子总数）从 6.45 下降到 2.27，已经接近更替水平（刚好保持人口总数不增不减的水平）。其中，城镇妇女的总和生育率 1974 年就下降到 2 个以下，农村妇女总和生育率也在 70 年代中期开始大幅度下降。这表明，到 70 年代末，中国已经基本完成了从“高出生率、高死亡率”向“低出生率、低死亡率”的转型。

人口出生率迅速下降的原因之一，是教育和医疗条件的改善。有人误认为，新中国成立初期国家鼓励生育，导致了人口膨胀，这一认识并不全面。1953 年，中国人口达到 5.4 亿，毛泽东、周恩来即提出要实行计划生育，以群众自愿为基础，采用渐进、平和的方式抑制人口增长。《1956 年到 1967 年全国农业发展纲要》第 29 条提到：“除了少数民族地区以外，在一切人口稠密的地方，宣传和推广节制生育，提倡有计划地生育子女，使家庭避免过重的生活负担，使子女受到较好的教育，并且得到充分就业的机会。”①

① 1956—1967 年全国农业发展纲要［J］. 中华人民共和国国务院公报，1960（13）：251-268.

人口出生率下降是一个自然历史过程，政策固然能起一定作用，但更重要的是经济发展、教育水平和健康水平的提高。从新中国成立到1981年，我国婴儿死亡率下降了3/4，使家庭不必要通过多生育子女来提高存活数量。教育水平的提高使得人们关注健康、增加健康投入，也使得人们拥有增进健康的知识。教育年限增加，使得初婚年龄推迟，中国妇女的初婚年龄到70年代中期就已经达到22岁左右，而主要发展中国家直至1990年前后才基本达到这个水平，妇女在生育决策上拥有了话语权。

人口出生率迅速下降的原因之二，是性别平等和女性解放。性别平等受社会、经济、文化等多方面因素的制约，只要一个社会还存在政治、经济权利方面的不平等，就都能够转化为性别的不平等。18世纪法国空想社会主义者傅立叶提出："女性解放的程度是衡量一个社会普遍解放的天然标尺"。马克思主义把女性解放运动看作无产阶级革命的组成部分，认为男女不平等、妇女受压迫的社会根源是私有制和阶级剥削，无产阶级如果不争得妇女的完全自由，自己也就不能得到完全自由。

中国的女性解放，是中国反帝反封建社会革命的组成部分。新中国成立后，成为世界上性别平等、女性解放事业最彻底的国家之一，这是中国人力资本发展和经济发展的重要原因。新中国一方面根据马克思主义妇女观提出"妇女能顶半边天"，把男女平等作为基本国策，明确在法律上规定妇女与男性享有同等的政治经济权利。追求平等的社会制度和社会风气为性别平等创造了社会环境，女性被纳入到国有和集体单位，实现了劳动的普遍参与，全民所有制单位1949年女职工的人数为60万人，1977年增至2036万人①，农村人民公社也实现了女性在各个行业普遍就业，使女性在家庭中获得一定的经济地位。国家对扫盲活动的重视促使了广大农村

① 吴忠民．从平均到公正：中国社会政策的演进［J］．社会学研究，2004（01）：75－89.

妇女的角色的转变。城乡三级医疗服务网的设立，赤脚医生的推广，妇幼保健网、幼儿园、托儿所的建立，不仅切实保障了妇女健康，而且减轻了妇女在照顾子女和老人方面的负担，从而可以有更多的时间参加学习和工作。妇女地位的提高，带来了生育率的降低。妇女所受的教育，使得妇女在生育方面自决性增加，生育率下降。妇女教育水平的提高又有利于提高子女教育水平，并让妇女有更多时间参加社会活动，不但为家庭带来更多收入，也为家庭成员带来更为健康的生活方式。妇女解放和人力资本提升形成良性循环。

为什么新中国能创造人力资本跃升的奇迹？

新中国的头 30 年，在教育和健康事业上取得了巨大进步，平均寿命从 1949 年前的 35 岁增加到 1980 年的 68 岁，出生婴儿死亡率从 1950 年约 250‰减少到 1981 年低于 50‰。

通常认为，医疗、教育水平的提高要以经济发展为前提。但是，为什么新中国能够在经济发展水平不高特别是工业还没有充分发展的条件下，迅速提高了人民健康水平呢？

首先是树立了平等优先的执政理念和社会风尚。美国学者、曾撰写《毛泽东传》的罗斯·特里尔说："毛泽东的政府使新中国比旧中国在三种方式上有更多的社会正义：酬劳主要取决于工作而不再是出身或者土地和资本的占有，因此中国的产品分配成为世界上最为平等的分配方式之一，绝对贫困和死于身无分文的人极少。进步的基本手段——首先是卫生保健和初级教育——不再是只有少数人才可购买的商品。"① 新中国坚持人民当家做主、人人都是国家的主人和社会公平的理念，在物质条件匮乏

① ［美］罗斯·特里尔. 毛泽东传［M］. 北京：中国人民大学出版社，2006：500.

的情况下，把有限的医疗、教育资源尽可能平均分配给全体人民，还组织群众积极参与公共卫生运动、扫盲运动、基础教育等关系切身利益的工作，并且焕发出了无尽的创造力。其他一些没有经历这样社会革命的发展中国家，基层的组织能力不足，人民不能有效团结起来，又支付不起高成本、标准化的服务，导致基础医疗和教育的普及成为一个难题。

其次是采取了符合国情的低成本社会福利模式。我国在生产健康、教育等人力资本方面，大量采用劳动密集型技术，如赤脚医生、民办教师等，而不是主导西方社会的资本密集型技术，如专利药物、高科技诊断、高端的医学院、商学院教育等。劳动密集技术的采用符合中国当时的资源禀赋，实现了最佳的成本效益比。基于中国的经验，诺贝尔经济学奖得主阿玛蒂亚·森指出，医疗、教育等是劳动密集型程度极高的社会服务，在穷国中其相对价格和成本也比较低。与富国相比，穷国只需要较少的钱就可以提供富国要花多得多的钱才能提供的服务。

最后是群众运动与民主决策相结合，充分发挥了群众的积极性和创造性。群众运动是能够促成集体协作的方式，是一种社会资本。卫生领域的爱国卫生运动，教育领域的扫盲运动，实际上都是一种大规模的社会协作，而协作过程中普遍运用的人际互助模式，实际上比单纯依靠专业人员的服务模式更加节省成本，也更有利于因地制宜，增进社会团结，以满足人本身的发展需要。这与西方通过物质消费刺激个人需求的发展模式有根本不同，是中国社会主义制度优势的体现。

6. 正确义利观：新中国和新世界

对新中国前30年，一个常见评价就是“闭关锁国”。新中国在一定程度上的封闭，首先是被列强封锁，而不是主动封闭。中国希望在平等的基础上发展国际关系，但是超级大国不肯给中国公平的待遇，不尊重中国的主权和安全，中国就只能被迫封闭。在封锁面前，中国并没有无所作为，而是把目光投向广阔的第三世界和“两个中间地带”：一方面独立自主发展工业；另一方面支持第三世界国家的民族解放运动，维护全球公平正义，最终也为自己迎来了和平与平等的国际环境。

新中国的第一个30年，在国际经济关系上，经历过三个特点鲜明的发展阶段。国际战略的变化，对中国的经济战略有着巨大影响，甚至在一些问题上起了决定性作用。同时，经济发展的状况也反过来影响国际战略。

50年代“一边倒”：面对美苏争霸的格局，中国坚定加入社会主义阵营，在苏联援助下，中国进行了历史上最大规模的经济技术引进，取得了“一五”计划的成就，奠定了重工业的初步基础。

60年代“反两霸”：中苏关系恶化，中国同时反对苏联和美国的霸权主义。中国的经济实力和综合国力还不足以让美国在台湾等核心利益问题上做出让步，因此，这一时期成为中国外交最困难的时期。中国坚持独立自主，自力更生，不会屈服于霸权主义强加的国际秩序，因此国内经济增长主要依靠国内积累，这加大了发展困难。60年代中期，为了应对美苏两国核战争的威胁，中国还在中西部开展了规模浩大的三线建设。为了拓展国际空间，中国坚持国际正义，团结亚非拉国家和欧洲民主国家这两个中间地带，支持第三世界的民族民主革命，独立自主地建设工业体系和国防体系。可以说，60年代是中国克服国内三年困难时期、国际上两霸的巨大压力，坚持走独立自主、自力更生道路的时期。十年卧薪尝胆，为后来的全面开放积蓄了力量，创造了条件。

70年代初，中国已经初步具备了“两弹一星”等战略威慑能力，“反帝反殖反霸”以及勒紧裤腰带发展重工业分别从政治上和经济上提高了中国的国际影响力和谈判筹码，中国终于能够比较独立自主地发展同西方大国的关系。以中美关系缓和为起点，中国实现了同西方国家外交的大突破，抓住机遇大规模引入技术设备，逐步走向全面开放的局面，为改革开放准备了良好的国际环境。

可见，新中国成立初期一定程度的封闭，是中国在西方的制裁和孤立下，为了坚持独立自主而付出的必要代价。中国坚持独立自主，迅速提高了工业化水平；又由于中国维护国际公平正义，才为独立自主地加入经济全球化创造了条件。1949—1978 年的这 30 年，中国不是闭关锁国的 30 年，而是不断打破外部封锁、独立自主、自力更生的 30 年。学习别人但不跟在别人后面爬行，争取别国援助但不妥协依赖，引进别人先进的东西但也创造自己的东西。

新中国为何不在刚成立时实行对外开放？

新中国成立后，确实没有立即全面开放，特别是没有向西方国家开放。但这主要不是中国单方面因素造成的，而是在冷战格局下，中国受到以美国为首的西方国家封锁的结果。

新中国成立初期，美苏两国已经初步完成了在全球范围内的势力划分，但是因这种格局刚刚形成，并不稳定，双方还在相互试探和博弈，在欧洲、东亚等许多地区，美苏还都在争取获得更多的利益和势力范围。虽然新中国成立初期就在《共同纲领》中提出：“在平等和互利的基础上，与各外国的政府和人民恢复并发展通商贸易关系。”[①] 然而，新中国和西方国家平等发展外交关系的努力失败了，有几方面的原因：第一，中国共

① 中共中央文献研究室．建国以来重要文献选编（第一册）［M］．北京：中央文献出版社，1992：13.

产党坚持独立自主的原则，不接受美国在中国继续享有居住、采矿、租赁和保有土地、开放口岸航行、文化教育等权利，与美国希望保留在华特权和希望中国成为遏制苏联桥头堡的定位相去甚远。第二，出于遏制苏联的动机，美国的全球战略已经对中国的安全造成了影响，特别是1950年之后入侵朝鲜，对我国构成军事威胁。朝鲜战争失败之后，美国又在中国周围构建了军事包围圈。第三，美国国内推行的麦卡锡主义，也使得一些对中国共产党同情和主张发展对华关系的人士受到排挤甚至迫害。1950年12月28日，美国政府宣布管制中国在美国的全部财产；1952年9月，美国又操纵“巴黎统筹委员会”制定对中国的禁运项目达500多种。可见，不是中国主观上闭关锁国，而是中国为了维护主权独立，被迫受到封锁禁运。中国不可能在丧失主权的条件下去发展不平等的国际关系。

在新中国成立初期，中国尚不具备起码的重工业和军事工业基础，在这种情况下，还没有实力同美苏这样的大国竞争博弈，也不存在走“第三条道路”的可能，必须加入一个阵营。同时，新中国作为发展中国家，作为资本主义体系中的边缘化国家，刚刚脱离半殖民地地位的国家，两国结盟必须有一定的共同理想信念作为基础。新中国成立第二天，苏联政府第一个照会中国政府，表示愿意与中国建立外交关系，在台湾问题上，苏联也采取支持新中国的立场。1949年，毛泽东第一次访苏，提前20多年收回了苏联在华特权，在西方敌视的国际环境中迅速巩固了政权，更重要的是，获得了宝贵的经济和技术援助。①

苏联对新中国的援助，是近代以来规模最大的国际合作和技术引进。苏联从工业项目、技术、资金和技术人才方面给予中国多方面的援助，使中国完成了工业化的初步积累，其中有代表性的是苏联直接援建的156项

① 外交部网站资料，http：//quiz. fmcoprc. gov. hk/chn/ckzl2009/t538638. htm.

工程，这是中国“一五”计划建设的核心。通过援建项目，苏联还对中国进行了技术和人员输出，促进了技术的迅速扩散，先后到中国帮助经济建设工作的苏联专家共计1093人。①“一五”计划的建设规模远远超过洋务运动和国民党十年建设时期的工业投资规模，1957年年底，中国提前超额完成了“一五”计划的主要指标，机械设备的自给率超过60%，钢材的自给率提高到86%，合金钢的品种也趋于完备。

新中国能像“亚洲四小龙”那样在20世纪60年代走出口加工的道路吗？有人认为，“亚洲四小龙”抓住了发达国家产业转移的机遇，实现了迅速崛起，然而中国错过了机遇期，落在了后面，这种看法不正确。“亚洲四小龙”是二战之后少数成功实现经济起飞的国家和地区，其成功有许多因素值得学习，但是，中国与“亚洲四小龙”的外部条件不同。首先，“亚洲四小龙”处在美国遏制苏联和中国的第一岛链上，是美国遏制共产主义的“桥头堡”，至今仍然驻有美国军队，这种地位使得“亚洲四小龙”可以直接从美国获得资金、技术、市场以及安全保障，而中国不可能走这种依附性的道路。其次，新中国成立初期我国不具备基础设施、完整的工业生产能力，基础教育尚未普及，并没有条件接受大规模的产业转移。中国计划经济时期集中精力搞重工业，实际上是为经济发展打基础，“磨刀不误砍柴工”，没有这个时期打下的产业基础，也就没有后30年的制造业大国。再进一步，对中国这样的大国来说，即使有条件接受发达国家的产业转移，也不应该将其作为主要的发展道路。如果靠承接产业转移，形成对国际市场的过度依赖，没有核心技术和完整的工业体系，也不可能真正成为大国。中

① 中国社会科学院，中央档案馆．1953年~1957年中华人民共和国经济档案资料选编：固定资产投资和建筑业卷［M］．北京：中国物价出版社，1998：386－388.

国必须独立自主地发展完整的工业体系，特别是20世纪50年代末期苏联撤走援助项目之后，中国自力更生，到70年代末，基本建立了完整的工业体系。而相比较，印度从独立开始就同美苏两国都保持着贸易关系，却至今没有形成完整的工业体系。因此，不可将中国的发展道路和“亚洲四小龙”的发展道路进行简单对比。

独立工业化的起点

20世纪50年代末期，中苏两国在国家利益和思想理论上的分歧越来越大，关系迅速恶化。赫鲁晓夫成为苏联最高领导人后，开始调整苏联的外交战略，把改善同美国的关系放在苏联外交政策的首位，追求同美国缓和，希望西方承认苏联在第二次世界大战以后在欧洲获得的既得利益。苏联希望中国服从苏联的全球战略，不要发展核武器，在台湾问题、中印边界等问题上，也不完全支持中国维护国家利益的立场。苏联希望在中国建设长波电台和联合舰队的要求被中方严词拒绝。苏联希望其他国家服从苏联的全球战略，纳入苏联主导的军事和国际贸易分工体系。苏联这些主张，无论是从国际关系还是国家利益来说，都是中国不能接受的，随之，中苏两国关系逐渐恶化。中苏不仅结束了同盟关系，而且到20世纪60年代末中苏关系一度发展到在边境陈兵百万、剑拔弩张的地步。

中苏关系的恶化，加剧了当时正处在三年困难时期的中国的经济困境。但同时也要看到，在这个过程中，中方不完全是被动的，而是在发展道路上有战略性的考虑。当时社会主义阵营的国家，如果照搬苏联模式，在经济和政治上形成对苏联的依赖，对其思想意识和政治经济的独立自主都是不利的。而中国却摆脱了近代以来依附外部的工业化道路，彻底走上了独立自主的发展道路。1964年我国拥有了原子弹，具备了对核大国的战略威慑和战略相持能力，我国初步获得了安全保障；随着我国工业化的发展，到了70年代初已经能够为农业提供机械，农业机械化开始迅速普及，化肥厂也开始大规模建设，传统农业开始向现代农业转型。我国对发展中国家的民族解放运动和社会革命的支持，使我国的国际威望和文化感召力大大提高，这些成就都是我国坚持开展独立自主外交的结果。

面向两个中间地带

在反对美苏霸权主义的同时，中国外交并不是无所作为，而是像当年走出“农村包围城市”的道路一样，中国共产党面对美国和苏联的压力，提出国际形势“大动荡大分化大改组”的判断，把目光投向了美苏之外的广大中间地带。1963—1964年，毛泽东提出“两个中间地带”的判断，认为：“整个亚洲、非洲、拉丁美洲的人民都反对美帝国主义。欧洲、北美、大洋洲也有许多人反对美帝国主义。有的帝国主义者也反对美帝国主义，戴高乐反对美国就是证明。我们现在提出这么一个看法，就是有两个中间地带：亚洲、非洲、拉丁美洲是第一个中间地带；欧洲、北美加拿大、大洋洲是第二个中间地带。”①

“两个中间地带”，体现的是建立反对霸权主义、反对殖民主义国际统一战线的大思路。在这一大思路下，20世纪60年代中国外交工作的重点就是面向“两个中间地带”。其中，对“第一个中间地带”即亚非拉国家的支援，包括在政治上支持亚非拉的民族解放运动，毛泽东先后会见数百位来自亚非拉的各阶层人士，多次发表谈话和声明，支持亚非拉民族国家独立解放、反帝反殖反霸、维护主权的斗争。当时世界上许多为民族独立和解放而奋斗的人士，都把中国作为希望和信心的来源。南非民族独立运动领袖曼德拉1999年访华时说：“当年我在罗本岛坐牢时，每到10月

① 毛泽东．毛泽东文集（第8卷）[M]．北京：人民出版社，1999：345.

1 日，我们的狱友们就偷偷地用各种方式来庆祝中国的国庆日。因为我们觉得，中国的国庆是我们被压迫民族的希望……在我们感到孤立无援的时候站在我们一边，支持过我们。”① 除了政治上的支持，中国还对非洲国家进行直接的经济援助。从 1956 年到 1979 年约有 40 个非洲国家得到中国的经济援助，其中撒哈拉以南国家所得援助累计为 24.45 亿美元。中国还向 50 多个第三世界国家派出了医疗队，累计派出医务人员 1 万多名。

中国的对外经济援助，既是基于共同的历史命运，也是基于共同的国际利益。中国成为发展中国家反帝反殖的旗帜，是经济利益和道义责任的统一，成为全世界遭受不公正待遇的国家的一面旗帜。当今中国在非洲的影响力，离不开当年留下的外交遗产。中国在自身遇到困难的条件下，节衣缩食支援第三世界国家的正义斗争，使中国获得了超出其经济地位的政治地位，这些也使美国等大国更加重视中国的国际地位。这充分说明，在国际关系中，“义”和“利”是相通的，中国坚持国际正义，坚持道义责任，最终也获得了实际的经济利益。一个民族只有自尊、自重、自强、自立，才能得到对手的尊重，才能真正屹立于世界民族之林。

近年来，一种观点认为，中国对外援助是出于“意识形态狂热”，得不偿失，这种观点总体上不成立。有人认为，如果中国对某个国家的援助没有立即得到回报，那么这种援助就“不符合国家利益”。这种认识是只算了小账，没算大账。就算对企业来说，也不能认为每一笔投资都必须获得立竿见影的回报，更何况我国这样一个大国。对当时的中国来说，对外援助获得的长远收益，有助于中国打破被美苏两国封锁的局面，使中国在坚持独立自主的条件下拓展了外交空间。就大国战略来说，道义感召力是软实力的一部分，中国至今在亚非拉国家特别是在独立运动老一辈领导人

① 赖晨．曼德拉与中国的友谊［J］．华人时刊．2014（3）：12－13.

中有很高的影响力。从经济方面看，即使在当时，中国在援助过程中也获得了技术和市场。

中国援助第三世界的启示就是，发展中国家在全球化当中，一方面能够利用全球化发展自己，另一方面也可能陷入全球化陷阱，加大同发达国家的差距，故而发展中国家应该尽力争取第一种前途，避免第二种前途。从世界历史来看，这个时期正是全球反对霸权主义和殖民主义的高峰期，中国的做法推动了国际关系的民主化和公平化，也反过来让自己获得了更好的发展环境。

备战备荒为人民

20 世纪 60 年代另一项具有战略意义的经济战略，就是备战备荒和三线建设。三线建设具有重要的军事和经济意义。在军事上，三线建设表达了中国军民反对侵略但不怕侵略的决心，对美苏两国形成了战略威慑；在经济上，三线建设是中国最大的一次西部开发，显著改善了西部的经济和社会面貌。

三线建设要从“三五”计划的调整说起。“三五”计划试图调整以前存在的过度投资重工业的倾向，主要内容是“先抓吃穿用、实现农轻重”，以更多的精力发展轻工业和农业，集中力量解决人民的吃、穿、用等问题。但是，这一设想还没有具体实施，国际形势从 1964 年起就发生了新的变化，使得过去制定的农轻重均衡发展的战略不得不让位于国防建设的需要。

国际形势的变化，首先是美国对中国的军事威胁加剧。20 世纪 60 年代初，美国对亚洲加强渗透，1961 年进行了两次针对中国的核战争演习，1962 年扩大对越南的侵略，同时蒋介石加快策划反攻大陆的步伐。1964 年美国确实制订了对中国进行突然袭击的计划，而且制订了具体实施方案。同时，苏联不断对中国挑起领土争端，特别是对中国进行核威慑。

在这种情况下，由于我国工业过于集中（14 个 100 万人口以上的大城市就集中了约 60% 的主要民用机械工业、50% 的化学工业和 52% 的国防工业），大城市人口多、大部分都在沿海地区，主要铁路枢纽、桥梁和港口码头一般在大中城市及其附近，以及水库紧急泄水能力都很小等，中共中央立足于战争进行经济建设布局，以保障内地后方有生产和生活保障的能力，这就形成了加快三线建设的思路。

1964 年 9 月，中央做出调整“三五”计划布局的建议。首先，在区域布局上，把投资的重点放到三线地区。其次，农业上，改变了过去确定的“增加对农业投资”的计划，农村仍延续前两个五年计划期间的方针，主要依靠组织剩余劳动力进行农田水利建设、增加劳动力投入来增加粮食产量。最后，“先抓吃穿用、实现农轻重”的指导思想被“备战备荒为人民”的指导思想所替代。由上述分析可见，三线建设是在“战争已经迫近”的判断之下，出于“和敌人抢时间”的目的而实施的。正因为如此，三线建设的出发点就不仅仅是经济效益，而是要在尽可能短的时间内，在西部腹地建成巩固的战略大后方。

1964—1978 年，在中国中西部的 13 个省、自治区进行了一场大规模的以战备为指导思想的国防、科技、工业和交通基本设施建设，称为三线建设。三线建设覆盖了 1/2 以上的国土，历经三个五年计划，前后 14 年，投入资金 2052 亿元，投入人力高峰时达 400 多万，安排了 1100 个建设项目，是一个倾全国之力而为之的浩大工程，其动员之广、规模之大、时间之长，堪称中华人民共和国建设史上最重要的一次战略部署，也是新中国成立以来的一次国民经济、区域经济、战略安全布局、生产力布局的大调整。[①]

---

① 陈东林．1964 年三线建设决策中的分歧及其对西部开发的启示［J］．党史研究资料，2001（6）：1－11.

“三五”计划期间，总投资900亿元，其中三线地区344亿元，一、二线地区384亿元，还有172亿元属全国性投资，其中也有一部分投入到三线。三线地区的省区数只占全国的1/3，可是投资却接近一、二线地区的投资总和。用在三线地区的投资占该行业总投资的比例分别为：国防工业74%、冶金工业58%、铁道工业45%、电力工业40%、煤炭工业35%、石油工业30%、化学工业48%。

从国家安全方面考察，三线建设使我国建立起了较为完备的国防工业体系，具备了对超级大国的战略防御和战略威慑能力。这有效改善了我国的防御态势，遏制了两个超级大国对中国的战争企图，发挥了遏制战争、维护国家安全的作用。1975年，三线地区的兵器生产能力已占全国一半，形成核动力、核武器研制的核工业体系，建成100多个航空工业基地，占全国航空工业生产能力的1/3。到1975年，三线地区国防工业的固定资产原值、净值和主要产品生产能力、生产技术及设备水平都已接近一、二线地区。三线建设在我国辽阔腹地形成了能够利用地形、能打能藏、能攻能守、能长时间独立坚持的战略后方，能在敌人攻击第一波后保存我们的战争潜力。可以这样说，20世纪60年代末以后，强敌不敢对我国采取贸然行动，这与三线建设密不可分。

从更长的历史视角看，三线建设使我国第一次具备了“御敌于国门之外”的能力，从而为改革开放创造了和平环境。三线建设的实施、完整的军事工业体系的建立，使得中国具备了对冲美苏两个超级大国核威慑的能力。在这种情况下，外部大国从陆地上进攻我国的可能性，不能说完全消除了，但是已经变成极小概率事件，从而东南沿海地区才可以消除战争威胁，在和平的环境中规划经济建设、引进外资。也正是由于20世纪70年代中国具备了“御敌于国门之外”的军事能力，改革开放初期中国才有条件、有信心实施对外开放、引进外资的政策。

20 世纪 80 年代之后，对于三线建设的评价，一度出现单纯从经济效益出发，认为三线建设“过高估计了战争风险”的批评，我们不同意这种批评。因为这种批评是从事后来看的，自然比当年决策时有更多的信息可以掌握。战争的规律就是：不做准备，战争可能发生；做了准备，战争可能不来，或者被遏制。现在回头来看，毛泽东根据第二次世界大战时期苏联由于未能建成乌拉尔以东地区的工业基地，致使二战初期惨遭巨大破坏和严重损失的历史教训，做出集中国力加速西南、西北内陆地区建设的重大战略决策是明智的。从国家安全来看，这一决策是十分必要的。如果中国没有积极备战，就难以获得后来的和平环境，这是“用战争遏制战争”辩证思想的体现。进入 20 世纪 90 年代，特别是海湾战争之后，三线建设的重要性就更容易被人们认同。

除了军事效益之外，三线建设也取得了显著的经济和社会效益。1984 年，国务院三线办公室曾对三线地区的 1945 个大中型企业和科研设计院所进行调查，认为布局合理、效益好、成功的占 48%，基本成功的占 45%。① 从社会效益来看，三线建设缩小了东西部的差距，进行了中国历史上第一次西部大开发，使我国中西部地区有了部门较为齐全的工业体系和相对成型的交通网，初步改善了我国工业布局不合理的状况，大大缩小了东西部的差距。从 1964 年到 1980 年，三线地区的铁路占全国的比重，由 19.2% 提高到 34.7%，这些铁路至今仍是西部地区的交通大动脉。三线建设时期，三线地区新增公路里程 20 多万公里，占全国同期增长的 55%，对开发西部以至于建设今天的丝绸之路经济带，都仍然发挥着作用。三线地区建成的机械工业大中项目共 124 个，一批新兴工业城市与三线建设相伴而生，如四川攀枝花、贵州六盘水、湖北十堰、甘肃金昌等。从这个意义上

① 向嘉贵．略论大三线的调整［J］．开发研究，1987（01）：22－25.

说，三线建设是新中国第一次也是近代以来中国历史上第一次“西进运动”。

中美建交是中国坚持独立自主换来的

经过20世纪60年代这10年的努力，中国拥有了“两弹一星”，建成了必要的军事工业体系，首次具备了对美苏两国的战略相持和战略威慑能力；初步具备了完整的重工业体系，石油等主要工业品实现了自给自足，在中西部开展了大规模的三线建设后，工业重心单纯布局于东部沿海的局面得到改变。中国在国际上特别是在第三世界国家中的影响力空前提高，中国支持的亚非拉民族解放运动也鼓舞了西方国家内部的社会运动，基于此，中国可以在平等的基础上与西方国家开展外交活动。

中美关系正常化正是中国从被迫封闭到对西方开放的转折点，这一转折是中国采取正确发展战略，通过艰辛努力换来的。

中美关系正常化引发了中国外交大突破。1970—1979年，中国共与75个国家建立了外交关系，其中包括加拿大、荷兰、英国、日本、联邦德国、澳大利亚、新西兰、西班牙、美国、葡萄牙等主要发达国家（中法已于1964年建交），至此，到改革开放前，我国已经同西方主要发达国家全部建立了外交关系。在建交之初，这些发达国家都表达了同中国进行经济合作的愿望。

外交大突破一实现，我国就抓住机遇进行了大规模的技术引进，这是新中国历史上继“一五”期间苏联援建156项工程之后，第二次大规模的技术引进。其中最有代表性的是1973年的“四三方案”，在3—5年内引进43亿美元的成套设备，即大化肥设备13套、大化纤设备4套、石油化工设备3套、综合采煤机组43套、10个烷基苯厂、3个大电站等。其中，大化肥和石油化工、化纤设备发展了化肥和服装产业，加快解决了吃饭和穿衣问题。从西方引进技术还导致中国经济发展区域布局的调整，发展重点从突出和强调三线建设的西部地区，转向东南沿海地区和中国传统的工业发达地区，从而为改革开放奠定了政策、技术和物资的基础，打开了中国重新融入国际体系的大门。[①] 同时，中国开始了战略性地利用世界市场的实践。1973 年，中国利用世界蔗糖危机积累了一大笔外汇，同时动用存在外国银行的外汇，买入一批黄金，增加了国家的黄金储备，中国的黄金储备从 1970 年的 700 万盎司到增加到 1974 年的 1280 万盎司，在以后的美元狂跌中保证了外汇储备的安全，还为以后的改革开放提供了可靠的金融支持。

正确义利观和中国崛起

新自由主义全球化的论点认为，只要发展中国家敞开国门，就应让发达国家的资金、技术无条件流入发展中国家，实现产业升级。但实践中靠这种方式成功的经济体很少，大量对欧美国家全面开放的国家，不仅差距没有缩小，反而导致丧失经济主权和资源，和发达国家的差距越拉越大。由于强国和弱国在政治和军事力量上的不平等，真正公平的国际贸易是不存在的，强国不会甘心同弱国进行平等的国际贸易，而是希望弱国长期充当其原料和低成本劳动力、初级产品的来源地。

新中国成立以来，中国没有像其他发展中国家那样，无条件地加入全球体系，成为世界体系的一环，而是独立自主地参与全球治理，争取自己的发展空间。从内部来看，独立自主战略，使中国具有了独立的工业体系，避免了经济和技术上的依附地位。对一个大国来说，把关键技术和战略部门控制在自己手里是必要的，正是由于中国建立了独立的工业和技术

① 戴超武．美国“贸易自由化”政策与中国“改革开放”（1969—1975）［J］．当代中国史研究，2010（2）：83－104.

体系，改革开放之后，中国才能在对外合作和技术引进中争取对自己有利的、相对较为平等的合作地位，如20世纪80年代对外开放初期，美国麦道公司就同中国进行深度合作，如果当时中国没有独立研制大型飞机的能力，这种合作是不可能的。独立的工业和经济体系，也使中国在20世纪70年代初就具备了对核大国的战略威慑能力，从而才能实现国防战略从消极防御转变为积极防御，能够御敌于国门之外，这样才能为国内特别是东南沿海营造和平的建设环境，从而进一步进行改革开放。

从外部来说，中国坚持独立自主、坚持正确的义利观，支持第三世界民族解放运动和人民民主运动，反对美国和苏联的霸权主义、殖民主义、帝国主义，从短期来看似乎付出了代价，但是从长期来看，中国获得了巨大的国际道义感召力，获得了第三世界国家的支持和帮助，最终也获得了包括美国、苏联在内的世界强权的承认和尊重。中国的国际战略，是义和利的统一，是国家民族利益和国际道义的统一。从此之后，中国结束了100多年来在全球体系中被边缘化、被迫依附的局面，开始了独立自主融入全球化的进程。

｜第三章｜

前30年的遗产和改革开放

☆导读☆

如何评价新中国第一个30年的经济建设，这既是一个历史问题，又是关系中国未来发展的现实问题。当前，一些照搬西方经济学的观点，倾向于全盘否定这30年的经济建设道路和成就，这是非常不客观的。

历史证明，新中国第一个30年的经济建设是成功的，虽然这30年经济发展也存在着曲折和失误，但是无论同其他发展中国家相比，还是同发达国家的工业化过程相比，中国都毫不逊色，而且避免了大多数发展中国家在发展早期面临的各种陷阱，创造了不少直到今天为止仍然有鲜明现实意义的经验。这是历史的主流。

新中国前30年的经济体制同改革开放后有很大差别，与近几十年影响很大的西方新古典经济学的主张也相去甚远。改革开放初期实施的包产到户、市场经济、对外开放、发展民营经济等做法，看起来是对过去的“纠正”，因此一种观点就自然地认为，既然改革开放以来经济发展很快，那就说明以前的经济战略和政策是错误的。

进入21世纪以来，随着改革中出现的新问题、新矛盾，又出现了另一种观点，那就是认识到改革开放之前某些做法的合理性，希望从当时的做法中找到解决当今问题的钥匙。这些不同的观点常常相互碰撞和对立，影响着改革共识和社会团结，也直接影响着人们对现实和未来走向的看法。

只有正确看待历史，才能正确认识现实。中国要成功地向前走，就必须对历史做出科学的评价。2013 年 1 月 5 日，习近平总书记在中共中央党校发表讲话，第一次提出“两个不能否定”的思想，“对改革开放前的历史时期要正确评价，不能用改革开放后的历史时期否定改革开放前的历史时期，也不能用改革开放前的历史时期否定改革开放后的历史时期。要坚持实事求是的思想路线，分清主流和支流，坚持真理，修正错误，发扬经验，吸取教训”。[①] 这为科学评价改革开放前的历史时期营造了政治环境。

1. 前 30 年的成就

评价一个时代的经济发展，既要看经济总量和增长率，但又不能只看经济总量和增长率，还要看发展的质量和效益，看经济发展是否满足了这个时代国家和人民优先的需要，看经济和社会发展的协调性，看这个时代给后代留下了什么。

按照这些标准，新中国实现了国家独立和主权安全，启动了现代化建设和改善了民生，实现了经济的较快增长，初步建立起了完整的工业体系和基础设施，普及了基本医疗和基础教育，实现了社会结构

① 习近平．关于坚持和发展中国特色社会主义的几个问题［A］．中共中央文献研究室．十八大以来重要文献选编（上）［C］．北京：中央文献出版社，2014：109.

和文化的变革，这些成就领先于同期的大多数发展中国家。总的来看，这是近代以来中国从沉沦到复兴的关键转折时期，是一个快速发展的时代，是一个抓住机遇启动现代化进程的时代。这一时期经济社会发展是成功的，尽管1978年改革开放时，中国仍然是低收入国家，但是同1949年时相比，中国的综合实力和影响力已经大大提高，和世界的差距已经大幅度缩小，而且为改革开放之后的发展，提供了宝贵经验、理论准备、物质基础。

经济快速增长

1952—1978年，中国经济实现了快速增长。根据《中国统计年鉴》，按不变价格计算，这一时期国内生产总值年均增长6.6%。而旧中国经济增长最快的1929—1936年，GDP年均增长率仅为1.5%。[①] 按照经济史学家安·麦迪森的数据估算同期国内生产总值年均增长率，世界为4.6%、亚洲为5.8%、非洲为4.3%、拉美为5.3%、西欧为4.4%。可见，这一时期新中国的经济增长远远快于旧中国，也领先于当时世界平均水平。

从主要产品的产量看，20世纪50年代初，中国都排在世界工业国家的后面，而到1978年中国钢产量超过了英、法、意，成为继美、苏、日之后的第四大钢铁生产国；石油由过去有名的“贫油大国”成为基本上自给的世界第八产油大国；原煤产量跃居第三位；棉纱产量跃居第一位；发电量跃居第七位；粮食产量跃居第二位；棉花产量跃居第三位。

再按照用电量、铁路货运量和银行贷款发放量这三个与经济增长高度相关的指标来衡量，1952—1978年，铁路货运量年均增长8.5%，工业用电量年均增长12.6%，新增贷款年均增长8.2%，其中铁路货运量和工业用电量增长

① 胡鞍钢. 中国政治经济史论（1949—1976）［M］. 北京：清华大学出版社，2008：528.

率都高于改革开放之后。可见按照实物量计算，新中国经济实现了快速增长。

由于这一时期实行计划经济，大量经济活动并没有进入市场，因而用GDP 这一指标实际上还低估了经济建设的成就。例如，大量农村基础设施，是在国家投资很少的情况下由农民无偿劳动建设的，用实物方式分配的住房、医疗、教育等产品，如果按照市场经济的办法，将其价值纳入GDP 统计，数值还会大得多。为了优先发展重工业，大量资源和劳动力是无偿调拨的，大量基本工业品的价格是低于市场价格的，这些因素都可能造成 GDP 的低估。也就是说，如果按照实际的经济活动来计算，新中国前 30 年的增长速度比上述数字还要高。

需要指出的是，这一时期的 GDP 是在当时国际环境恶劣、周边战争不断的情况下，通过自力更生实现的。以毛泽东为核心的党的第一代中央领导集体退出历史舞台时，我国既无外债也无内债，更没有通货膨胀和失业，这在发展中国家是极其罕见的。同时，他们还为后人留下一个安全稳定的国际环境、大量外汇储备和较为完善的基础设施。截至 1977 年，中国共有黄金储备 1280 万盎司和外汇储备 23.45 亿美元，为后来改革开放时期大规模引进技术准备了条件。

以上对比清晰地说明，无论同旧中国还是同当时的其他国家相比，新中国成立后 GDP 的增长以及工农业产值的增长速度都是可观的。

中国的工业革命

改革开放前 30 年，中国不仅实现了 GDP 的较快增长，而且产业结构得到改善，其中最突出的是建成了独立完整的工业体系、国防体系和基础设施，中国从一个典型的农业国转变为工业国。1952 年到 1980 年，中国的工业产值占 GDP 的比例从 21% 上升到 48%，工业结构从以纺织、食品加工等小规模轻工业为主，转变为以重工业和军事工业为主。在这28年时间里，全国工业固定资产按不变价计算增长了26倍多，达到4100多亿元。[①] 同1952年相比，1978年主要工业品的产量都实现了快速增长，其中化纤、化肥、原油等对于解决吃饭和穿衣问题发挥关键作用的产品从无到有地发展起来，增长超过200倍，钢材、水泥、硫酸、化肥等主要工业产品年增长率均达到10%以上（见表3－1）。

表3－1　主要工业品产量增长情况（1952—1978年）

1952—1978年年均增长率（%）	1952年	1965年	1978年	1978年是1952年的倍数	1952—1978年年均增长率（%）
化纤（万吨）	0.02	5.01	28.46	1423	32.3
纱（万吨）	65.6	130.0	238.2	3.63	5.1
原煤（亿吨）	0.66	2.32	6.18	9.36	9.0
原油（万吨）	44	1131	10405	236.48	23.4
发电量（亿度）	73	676	2566	35.15	14.7
钢材（万吨）	106	881	2208	20.83	12.4
水泥（万吨）	286	1634	6524	22.81	12.8
化肥（万吨）	3.9	172.6	869.3	222.90	23.1

资料来源：国家统计局编《新中国统计六十年》，2009年中国统计出版社第一版，表1－37。

这30年，中国的基础设施水平得到提升。1953年全国基础设施资本存量为202亿元，1978年上升为1113亿元，是1953年的5.5倍。一个由铁路、公路、内河组成的交通网已经形成。铁路里程、公路里程、客运量、货运量、货物周转量等衡量交通能力的指标，1978年比1952年增长了2～13倍（见表3－2），其中，铁路里程、公路里程和货物周转量的增长倍数，还高于改革开放后的30年。30年间，修建了水库总库容4200亿立方米、人

① 关于建国以来党的若干历史问题的决议［M］//三中全会以来重要文献选编［M］. 北京：中央文献出版社，2011：130.

工河渠总长300多万公里、机井220万眼，各类堤防总长16.5万公里。

表3－2 改革开放前交通建设成就

	1952年	1965年	1978年	2008年	1978年是1952年的倍数
铁路营业里程（万公里）	2.29	3.80	5.17	7.97	2.26
公路里程（万公里）	12.67	51.45	89.02	373.02	7.03
客运量（万人）	24518	96334	253993	2867892	10.36
货运量（万吨）	31516	121083	248946	2587413	7.90
货物周转量（亿吨公里）	762	3464	9829	110301	12.90

资料来源：国家统计局编《新中国六十年统计资料汇编》，中国统计出版社，2010年，表1－43、表1－44、表1－45、表1－46。

重工业和基础设施对国民经济整体具有带动和辐射作用，改革开放之后中国成为世界制造业大国，离不开改革开放前奠定的重工业基础。工业的发展还塑造了一支庞大的工人阶级队伍，到1978年，全国职工总数接近1亿人，这支技术精湛、纪律严明的产业工人成为中国社会发展进步和稳定的主力军，也是改革开放之后创造经济奇迹的基础。美国学者莫里斯·迈斯纳评价道：毛泽东的那个时代远非现在普遍传闻中所谓的经济停滞时代，而是世界历史上最伟大的现代化时代，与德国、日本和俄罗斯等现代工业舞台上几个主要的后起之秀的工业化过程中最剧烈的时期相比也毫不逊色。①

① 曾昭禹．市场经济的起源、本质与中国发展道路——兼与韦森教授商榷［J］．社会科学论坛，2013（03）：189－205.

新农村和新农民

新中国的前30年，开始了传统农业向现代农业、传统农村向现代农村的转型。新中国成立初期，中国农村几乎全部是手工劳作、靠天吃饭，几乎没有农业机械、化肥和电力，而到20世纪70年代末实行包产到户之前，现代农业需要的化肥、水利、机械化和良种都已经得到显著改善。一方面，工业的发展，为农村提供了化肥和机械，化肥的使用提高了单位亩产，机械化虽然对提高亩产作用不大，但是节约了大量劳动力，农村劳动力得以被解放出来发展工商业或进城务工，继而成为改革开放后大量低成本劳动力的来源。另一方面，合作社和人民公社组织集体劳动，开展农田水利建设，通过全国大协作进行良种繁育和技术推广，到20世纪70年代末，农用拖拉机、排灌机械和化肥施用量都大大增加，年用电量等于新中国成立初期全国年发电量的7.5倍，耕作条件发生历史性变化。

现代化和工业化不仅增加了农民的收入，而且改变了传统农村的精神和文化。集体所有制的实现，避免了封建社会几千年来土地兼并的治乱循环，一直以来一盘散沙的小农社会第一次被组织起来，举办工商业、提供公共服务、管理公共事务、进行民主建设，尽管这些成就还是初步的，但是已经根本改变了传统农村的社会风气和文化。中国的农民，从旧中国在政治经济枷锁下形成的愚昧、麻木、自私的弱者形象，变成具备健康的体魄、有文化、可以组织起来进行民主管理、把握自己命运的新形象。

医疗和教育的普及

人力资本是生产力最活跃的因素，以健康、教育和性别平等为主要标志的人力资本发展水平滞后，使世界许多国家陷入贫困陷阱，呈现“穷、愚、病”的恶性循环。新中国把医疗、教育和妇女解放作为重大政治问题来解决，优质资源向基层和农村倾斜，避免了精英教育和资本密集型的医疗模式。通过发挥集体协作的优势，开发了以合作医疗、赤脚医生和民办教育为主的低成本而有效的技术路线，普及了基础教育和基本医疗，人均预期寿命从新中国成立前的35岁增长到20世纪70年代末的68岁，小学净入学率从25%跃升到90%以上，比发展中国家平均水平高出30个百分点，接近发达国家。[①] 妇女解放也走在世界前列，中国的总和生育率在20世纪70年代就下降到2.2左右，超越了低收入国家出现的高生育率、高死亡率，越生越穷、越穷越生的恶性循环。教育和国民健康水平大幅度跃升，使得昔日的“东亚病夫”成长为一支有文化、守纪律的产业工人和新型农民队伍，为后来的发展积累了长达几十年的人口红利，成为支撑我国经济长期增长的有生力量。

健康和教育的改善，不仅有利于经济发展，而且有利于实现人的自由全面发展，使新中国呈现出同旧中国截然不同的社会风尚。整个社会呈现出团结、积极向上的精神面貌，成为物质匮乏条件下激励人们奋斗的精神动力。新中国依托国有企事业单位和人民公社，在城乡均建立了包括医疗、养老、住房、工伤、丧葬、抚恤在内的社会保障制度，确保人民不必为基本民生担忧，降低了经济运行成本，使大规模集中发展重工业成为可能。社会事业的发展，也改变了旧中国一盘散沙、贫富悬殊、脆弱和充满风险的社会结构，平民百姓有工作、有尊严、有安全感、有希望，为启动现代化增添了强大动力。

中国普及基本医疗和基础教育的历史，打破了“穷国不能办大教育、穷国不能搞免费医疗”的偏见，超越了西方国家“先实现现代化再建立

---

① 潘维．中国模式：解读人民共和国的60年［M］．北京：中央编译出版社，2009：217.

社会保障”这种伴随着巨大社会代价的路径。中国人用实际行动证明：普及教育和医疗并非富国的专利，在经济落后条件下普及医疗和教育、建设一个不以利润为目的的医疗体系、一个不以考试和分数为目标的教育体系，也是能做到的。印度裔诺贝尔经济学奖得主阿玛蒂亚·森评价：“1949年政治变革时，中国的生活条件与当时印度的情况大致相差无几。两个国家都在世界上最穷的国家之列，死亡率、营养不良和文盲程度都很高。”① 但到改革前，“印度和中国所处的相对地位就决定性地确立了”，“改革前中国在教育、医疗、土地改革和社会变化方面的成就，对改革开放后的发展有着巨大的贡献，使中国不仅保持了高预期寿命和其他相关成就，还为基于市场改革的经济扩展提供了坚定支持”。②

中国发展的世界意义

毛泽东时代是中华民族近代以来历史的转折点，是中华民族从沉沦走向自信、从依附走向自立、从屈辱走向自强的时代，在这时代，中华民族开始了伟大复兴的历程。

新中国的革命和建设，不仅发展了自己，也改变了资本主义全球化塑造的世界格局，为扭转不公正的国际秩序做出了贡献，具有世界意义。二战之后，在社会主义阵营和制度竞争压力下，资本主义世界内部进行了调整和改良，完善福利制度、缩小收入差距、限制资本特权，社会矛盾得以缓和，而广大发展中国家则出现了社会主义运动和民族解放运动的高涨，其中，中国自身坚持独立自主的发展以及对第三世界的支持，是推动全球公平、正义的重要力量。对第三世界的支持，使中国获得了丰厚的外交遗

① 龚松柏．中印经济转型与发展模式比较［D］．成都：西南财经大学，2009.

② 同①。

产和道德感召力，而且反过来推动了美苏两个大国同中国改善关系，打开了中国同西方进行经济合作的大门。从这个角度上说，中国的发展壮大，一个有着8亿人口的国家实现工业化，本身就是对资本主义全球化塑造的全球格局的突破。同时，中国还在一定程度上扭转了工业革命之后，资本主义全球体系带来的殖民化、南北差距扩大的局面。

总之，新中国的前30年，是经济快速增长、经济实现起飞的时代，是建立独立完整的工业体系和基础设施、实现工业革命的时代，是传统农业向现代集体农业转型、传统农村向现代农村转型的时代，是中国第一次普及医疗和教育，人力资本水平跃升、为人的自由全面发展开辟道路的时代。经过30年的发展，一个任人欺凌、四分五裂的弱国，变成具有巩固国防和民族尊严的强国；一个一盘散沙、人心涣散的国家，变成组织起来、民族精神高度凝聚的国家；一个等级森严、两极分化的国家，变成一个人民当家做主、公平正义的国家。这30年，是党和人民同甘共苦、团结奋斗的30年，是胸怀理想信念、不信邪、不怕压的30年，是改天换地、感天动地的30年。

对改革开放前30年，邓小平是一位权威的评价者。1979年，他在《坚持四项基本原则》的讲话中说："我们尽管犯过一些错误，但我们还是在三十年间取得了旧中国几百年、几千年所没有取得过的进步。我们的经济建设曾经有过较快的发展速度。"① 1980年，在起草《关于建国以来党的若干历史问题的决议》时，他说："中国在世界上的地位，是在中华人民共和国成立以后才大大提高的……没有中国共产党，不进行新民主主义革命和社会主义革命，不建立社会主义制度，今天我们的国家还会是旧中国的样子。我们能够取得现在这样的成就，都是同中国共产党的领导、同毛泽东同志

① 邓小平．邓小平文选（第二卷）［M］．北京：人民出版社，2002：167.

的领导分不开的。恰恰在这个问题上，我们的许多青年缺乏了解。”①

2. 跨越陷阱

新中国前30年，不仅取得了多方面的进步，而且走出了一条符合中国国情的现代化道路。这条发展道路，回答了两个历史课题，而这两个历史课题对于许多发展中国家都是有普遍意义的：

第一，如何在全球资本主义体系已经形成的前提下，启动现代化进程，实现一个落后大国的崛起，加入世界体系？

第二，如何在实现现代化的同时，避免走发达国家走过的代价巨大的弯路，跳出“历史的周期律”？

实现现代化是每一个国家的梦想，但是从工业革命以来的历史来看，只有少数国家迈进了高收入国家的门槛，今天国际上主要的发达国家，仍然是十八、十九世纪率先进入现代化进程的欧美国家。而进入20世纪以来，全世界约200个发展中国家和地区，能够进入发达国家和地区行列的并不多。据统计，20世纪以来，只有13个国家和地区进入发达国家和地区的行列，而这13个国家和地区，要么是“亚洲四小龙”这样具有特殊地缘政治因素的小经济体，要么是中东等地具有石油等特殊资源优势的国家和地区。迄今为止，还没有一个人口超过1亿的发展中大国从发展中国家进入发达国家的行列。二战之后，世界上发达国家和发展中国家的差距，不是缩小了，而是扩大了。

按照自由主义经济学的假设，由于生产要素的边际收益总是递减的，生产要素会自动从富裕国家流向贫穷国家，最终实现各国发展的“趋

① 邓小平．邓小平文选（第二卷）［M］．北京：人民出版社，2002：299.

同”，穷国和富国的差距应当不断缩小，但为什么世界上还有那么多国家没有走上繁荣的道路？哈佛大学经济学家、20世纪90年代俄罗斯“休克疗法”的设计师杰弗里·萨克斯在目睹了俄罗斯“休克疗法”的失败之后，痛定思痛，开始系统研究全球贫困问题。他提出了导致贫穷国家深陷贫穷的“八大陷阱”——贫困陷阱、地理陷阱、财政陷阱、政府失灵、文化障碍、贸易障碍、缺乏创新和人口陷阱。[①] 对照这些陷阱可以看出，中国恰恰是因为走出了一条独特的新道路，才避免了所有这些发展中国家经常遇到的陷阱。

社会革命：超越贫困陷阱

所谓贫困陷阱，是指贫困国家无力按照自身能力摆脱这种困境。这是因为，当人们处于贫困状态时，大量收入只能用于维持生存，不可能有多余的收入来储蓄和扩大投资。而且，穷国往往人力资本和基础设施水平低，被迫通过过度消耗自然资源来发展经济，导致自然资源枯竭。这些都使得贫困形成恶性循环——越穷越没有能力改变贫穷，所以会越来越穷。

旧中国处在典型的“贫困陷阱”中。在小农经济约束下，农业剩余本来十分有限，再加上地租、高利贷和买办资本等利益集团的攫取，难以形成有效集中的投资，特别是难以形成投向基础设施、重工业等基础性、战略性部门的投资。新中国通过深刻的社会革命，打破和改造了旧有的利益集团，为跳出“贫困陷阱”开辟了道路。

过去人们往往从政治的角度来解读“推翻三座大山”（帝国主义、封建主义、官僚资本主义），但从经济领域看，“推翻三座大山”是新

① 对这八大陷阱的论述，详见：萨克斯．贫穷的终结：我们时代的经济可能［M］．邹光，译．上海：上海人民出版社，2007.

中国跳出贫困陷阱的前提。只有通过社会革命，才能打破各种利益集团对资源的攫取，把有限的农业剩余集中起来，提供给重工业和基础设施等部门，而剩余的生存物资通过统购统销、配给制以及低水平、广覆盖的社会保障等办法，保障了全体人民的基本生活。同时还通过不断的整风等运动，防止党在执政条件下形成新的利益集团，党的干部、社会精英和人民群众同甘共苦，使得工业化的成本由各个阶层比较平均地分担。这些制度安排使中国突破了一般的穷国难以形成有效投资的困境，启动了真实的经济增长。

同“贫困陷阱”相关的往往是财政陷阱。许多发展中国家之所以缺乏用于建设基础设施的最基本的财政能力，至少有以下三个原因：第一，人民本身非常贫困，因此无法征税；第二，政府不称职、腐败或低效率，因此不能征收足够的税收；第三，政府可能已经负有巨大的债务，有限的税收只能用于还债。

与这些国家相比，新中国通过计划经济体制，建立了一套成本低、有效率而又相对公平的税收体系。与市场经济国家依靠国家收税再“购买”基础设施服务不同，新中国依托公有制的经济制度，把发展基础设施作为计划经济的内容，并且通过粮食统购统销、工农产品剪刀差等办法，为工业化的发展提供了盈余。相对于其他发展中国家，这相当于一套成本更低、税收负担更加公平的税收体系。中国建立了一个广覆盖的、具有高效组织能力的政府，在经济资源不足的情况下，通过组织集体协作弥补了资金的不足。再就是，新中国坚持“既无外债又无内债”的方针，尽管新中国成立初期为恢复经济发行过国债，但是很快就偿还了，到1968年中国成为“既无外债又无内债”的国家，不像一些发展中国家那样债务缠身、经济发展陷入泥潭。这些，都使得中国避免了大多数发展中国家为之困扰的财政和债务陷阱。

组织起来：超越政府失灵

大部分发展中国家都面临着政府失灵，主要有两种可能：一种是政府组织涣散，没有能力提供维护社会秩序、安全、基础设施等基本的公共产品或服务；另一种就是政府被利益集团所把控，成为少数利益集团的代言人。旧中国的政府，这两方面失灵都存在。新中国建立了一个强大而有代表性的政权。这个政权是强有力的，从而避免了像一些发展中国家那样，国家软弱涣散，无力组织经济社会发展计划，也无力遏制利益集团和保持社会稳定，还避免了一些发展中国家出现的政权异化为特殊利益集团的现象。这样一个强有力并且有代表性的政权，成为中国现代化的动力。

依靠有力的组织，才可能在小农经济的基础上把有限的剩余产品集中到关键部门，并且在市场不健全、市场范围有限的情况下，通过高效的组织体系把人民组织起来，以较低的成本实现各种生产要素的组合，集中资源实现工业化，制订长远的发展规划，并且不中断、有计划、有步骤地实施。发展中国家搞现代化，遇到的首要难题是资本和技术不足，同时就业不足，有大量剩余劳动力，这在根本上是因以资本为中心的发展道路所致。新中国打破了传统的社会结构，建立了高度组织化、扁平化的社会，组织大规模集体协作，弥补了资本和技术的不足。在农业领域，把农村组织起来；在工业领域，大量基础设施也是在工资收入极低的情况下，通过工人集体协作完成的。在农村，通过集体协作，利用农闲开展农田水利建设，改善农业生产条件，弥补资本和技术不足，以分散风险，避免农村的分化和破产。

新中国的政权不仅是强有力的，而且是具有广泛代表性的。中国共产党在长期的革命战争和社会改革中，构建了一个比较平等的社会，从而在党和人民之间形成了互相信任和合作的关系，而不是对立和对抗的关系，这样，可以在经济发展水平很低的情况下，围绕共同的长远目标，形成共同的意志，牺牲短期的利益，把更多资源投入到具有长远回报的领域。当时实行的统购统销、配给制等办法，就是为了完成工业化的积累，而这些分配办法同时覆盖普通百姓、党员和领导干部。通过这种方式，党和人民能够同甘共苦，正确处理短期和长期利益、集体和个人利益。中国共产党始终具有崇高威信，社会保持着稳定，所以党和政府才有条件对国家发展进行长远规划。正是由于国内社会稳定，所以才能在国际上坚持独立自主，维护国家主权。所以，一个有代表性而强有力的国家政权，是中国实现现代化的动力，是中国超越一般发展中国家的制度优势。

建设新文化：超越文化障碍

很多发展中国家陷入贫困，也受制于文化上的障碍。例如，有些国家的文化和宗教阻碍妇女或特定民族、特定阶级的人群参加经济社会活动。其中，印度是一个典型，由于宗教文化的原因，至今印度社会的流动性很低，不同阶层的分化明显，处于低种姓的阶层在参与教育和社会生活方面处于弱势，社会缺乏基本的经济保障，往往陷入深度贫困。这至今仍是一些亚洲国家面临的难题。

新中国进行了深刻的社会和文化变革，打破了几千年来形成的等级制度和等级观念，改变了“劳心者治人，劳力者治于人”的旧文化，进行了一场“平民化运动”，树立了人民伟大、劳动光荣的新文化，普通劳动者获得了空前的社会地位，这是对等级社会、等级制度和等级观念的荡涤。这个时期，新中国社会革命的深度、广度和彻底性，在发展中国家里都是少见的。中国的社会革命所树立的平等理念，符合人类文明进步的方向，其本身就是现代化建设的成就。社会革命打破了等级森严的社会结构，普及了平等文化，为经济增长提供了强大动力。正如马克斯·韦伯认为新教运动促进了资本主义发展一样，中国的社会革命荡涤了根深蒂固的等级制度。

“人民创造历史、劳动者最光荣”的理念，“工人参加管理、干部参加劳动”的经济民主探索，“官兵一致同甘苦”的作风，“破除资产阶级法权、缩小三大差别”的愿景，都从根本上改造了传统中国的政治、社会和文化。迅速普及了基础教育，实现了全民就业，劳动者也有了“为自己劳动”的主人翁心态，这些在经济资源不足的情况下对劳动者起到了巨大的激励作用。

独立自主：超越全球化陷阱

全球化是一把双刃剑，对一个发展中国家来说，加入全球化有两种前途：一种是利用全球资源发展自己；另一种是成为大国的附庸，与大国的差距被拉大，被锁定在产业低端，失去自主发展能力甚至失去经济、政治独立。从世界范围看，绝大部分发展中国家更容易陷入第二种前途。旧中国也不例外，是典型的依附型经济。

面对世界，新中国坚持独立自主地建设工业体系，并没有简单和被动地加入大国主导的国际分工格局；在政治上，中国没有依附苏联或美国等霸权主义大国，而是支持第三世界国家的民族解放运动，和其他发展中国家一起尽可能争取对发展中国家有利的国际环境。中国的努力获得了回报，中国成为唯一一个具备独立完整工业体系的发展中国家，并且掌握了相当多的尖端技术，从而具备自主产业升级能力，可以比较平等地同发达国家进行经济技术合作，避免了成为大国政治经济附庸的命运，结束了100多年来被迫对外开放及在全球体系中被边缘化、被迫依附、沦为原料产地和产品倾销地的局面。中国坚持国际道义，赢得了广大发展中国家的支持和信赖，最终也获得了和超级大国平等博弈的砝码，营造了比较公平的国际政治环境，从而可以为经济合作保驾护航。20世纪70年代，中国能够在较为平等的条件下同美国谈判建交，并且获得从欧美引进的大量技术设备，与中国自身在国际上具备的影响力和具有完整的工业体系是分不开的。

促进人的发展：超越人口陷阱

旧中国同现在的很多贫困国家一样陷入“人口陷阱”，低收入国家的总和生育率在5以上，因为贫穷而多生育，生育率高又导致儿童的营养、健康和教育水平低，快速的人口增长也给土地和环境资源带来极大的压力，由此使贫困状况更为恶化，造成“越穷越生、越生越穷”的恶性循环。

如何避免“人口陷阱”？新中国选择了一条不同的道路，那就是坚持经济发展和人自身发展并重，优先发展社会事业，在经济发展水平很低的情况下就普及了基本医疗、基础教育和社会保障。这是中国现代化道路又一个突出特点，而且它对现代化有两方面的作用：一方面，使人力资本快速提升，从而提升生产力；另一方面，降低了经济运行成本，使得集中资源发展工业成为可能。

1945年，民主人士黄炎培在延安对毛泽东说：“我生六十余年，耳闻的不说，所亲眼见到的，真所谓‘其兴也勃焉，其亡也忽焉’，一人，一家，一团体，一地方，乃至一国，不少单位都没有能跳出这周期率的支配力……一部历史，‘政怠宦成’的也有，‘人亡政息’的也有，‘求荣取辱’的也有，总之没有能跳出这周期率。中共诸君从过去到现在，我略略了解了的，就是希望找出一条新路，来跳出这个周期率的支配。”[①] 这段对话提出了近代以来中国历代仁人志士孜孜以求的一个理想——找出一条新路，让中华民族沿着这条新路走向新生、走向复兴，不要再重蹈其他国家现代化过程中走的弯路。从上面的分析来看，新中国前30年，尽管还没有找到一条成熟稳定的道路，但是已经走出了一条具有自身独特性的发展道路。

---

① 黄方毅．黄炎培与毛泽东周期率对话［M］．北京：人民出版社，2012.

3. 在历史条件下看失误

人世间没有一帆风顺的事业，新中国前30年，也不乏失误和挫折。甚至在经济领域，很多人认为这一段发展历史乏善可陈。在以上篇幅中，我们分析了前30年经济建设的成绩，这些事实表明，无论同旧中国相比，还是同大多数其他发展中国家相比，新中国都走出了一条独特的发展道路，成功启动了现代化进程，成为近代以降发展最快的时期。这是这30年的主流。

然而，肯定成绩并不代表要否认失误和错误，全面认识这一时期的失误和错误，同全面认识问题是不矛盾的。近年来，对新中国前30年经济发展中的问题和错误，已经有了大量的批评和反思，相对来说，对成绩的认识却是不够的。而当前对前30年的批评中，既有大量科学的、理性的评价，如1981年十一届六中全会做出的《关于建国以来党的若干历史问题的决议》，但是也有大量简单套用某种现时流行的理论或外国模式来比附中国道路，甚至出于历史虚无主义的歪曲，把前30年经济建设说得毫无可取之处。这些形形色色的观点混杂在一起，反而不利于真正地认识错误、吸取教训。

应该如何认识这一时期的错误？最重要的是要把具体问题放到具体的历史条件下进行分析："对历史人物的评价，应该放在其所处时代和社会的历史条件下去分析，不能离开对历史条件、历史过程的全面认识和对历史规律的科学把握，不能忽略历史必然性和历史偶然性的关系。""不能用今天的时代条件、发展水平、认识水平去衡量和要求前人，不能苛求前人干出只有后人才能干出的业绩来"。[①]

① 习近平在纪念毛泽东同志诞辰120周年座谈会上的讲话，来源于新华网。

是否“违反了比较优势”

按照新古典经济学理论，对新中国经济增长道路最主要的批评就是，新中国成立初期，没有按照要素禀赋的优势优先发展轻工业、外贸工业，而是优先发展重工业，违背了资源禀赋的比较优势。由于优先发展重工业与市场的导向相违背，只能依靠计划经济、国有制以及人民公社，形成了扭曲的宏观政策环境，以计划为基本手段的资源配置制度和没有自主权的微观经营制度，导致产业结构失衡，中国与发达国家的差距没有缩小，甚至还有扩大的趋势。这种分析是迄今为止，较为规范的用西方经济学方法分析中国经济史的研究，其对微观机制的分析有价值，方法也值得借鉴，但是结论却是错误的。

首先，这种分析完全从经济逻辑出发，把经济效率最大化作为选择发展战略的唯一目标，而忽视了中国的发展特点，忽视了新中国成立初期面临的最紧迫任务是生存和安全。新中国选择重工业优先，不是出于主观上对重工业的偏好，而是由于重工业的发展关系国家的生死存亡。小国难以有独立的外交和国防政策，只能依附大国，把经济效率作为发展战略的首要目标并无大碍。但是对大国来说，还有更重要的目标，大国要实现国家安全、民族独立、技术自主，要实现轻工业和农业的长远发展，都需要以重工业为基础。

其次，这种分析的模型过于简单，只看到了重工业和轻工业的区别，而没有看到两者之间的联系。从技术上，即使当时我国不发展重工业，放任市场经济和私人资本发展轻工业，轻工业能够增长的速度，也要受到农业等来源渠道的限制。在没有重工业的情况下，轻工业的原料很快就会遇到瓶颈。

再次，中国实施公有制和土地集体所有制，固然有服务于重工业优先的阶段性目标，但是并非完全如此。如，关于举办人民公社的目的，我们在第二章已分析，既包括服务于重工业优先战略，又包括要保护农民利益、提高农村的抗风险能力、扩大农村内部分工、发展多种经营、维护农村稳定等；而以公有制为主体，既有重工业优先的要求，又有集中资源同全球资本主义体系竞争、提供广义公共产品、调节收入分配、体现人民主体地位等目标。如果认为公有制和集体所有制仅仅是服务于重工业优先发展的目标，那么就会得出一个结论，即现在已经不是重工业优先了，就不需要这些制度了。事实并不是这样。

最后，从实证上看，这种主张是让中国走“亚洲四小龙”的路，通过加入国际分工体系逐步实现产业升级。但是在实践中，“亚洲四小龙”是通过这种方式成功的特殊例子。20 世纪 50 年代，中国的工业基础和人力资本水平还不足以承接西方的产业转移，而且如果在没有完整工业体系的时候就走上参与全球分工的道路，将会被锁定在产业链低端，失去自主创新和产业升级的能力。

实际上，比较优势框架的分析是普遍适用的，只要能全面认识新中国成立初期面临的约束，就可以发现，新中国优先发展重工业的战略同样是符合比较优势的，那就是，中国同其他发展中国家相比也有几个独特的优势：第一是人口众多，地域辽阔，有着巨大的国内市场潜力，但在旧制度下，无法形成有效投资和消费；第二是中国进行了彻底的社会革命，有比较公平的社会基础；第三是中国共产党强有力的组织能力。中国的这几大优势，是很多发展中国家不具备的，中国也正是充分发挥了这几个优势，才形成了具有独特性的发展道路。

如何看待高积累付出的代价

在新中国成立初期，为了优先发展重工业，实行的是“高积累、低消费”的分配方式，人民生活改善不快，特别是消费工业发展不快，这确实是中国在实行计划经济时重点发展导向带来的问题，也是许多人批评这一时代的主要原因之一。然而，评价这一问题也要从历史条件出发，任何时候的发展战略都不能不考虑客观条件的约束。

之所以这一时期消费工业发展不快，最主要是因为受发展阶段的限制。发展重工业和发展消费工业是一个递进的关系。如果那时候不优先发展重工业，人民生活就能改善了吗？并不是这样。改善人民生活水平需要一定的前提，这些前提就包括重工业基础。上面已经分析，如果没有重工业、机械、化肥、石油，那么就没有条件发展现代农业和纺织工业。

除了以上讨论的纺织和食品之外，再比如“赤脚医生”的问题，很多人以“赤脚医生”的水平低、缺医少药、只有青霉素等少数几种药品为理由，否定“赤脚医生”制度的合理性。他们没有看到，“赤脚医生”尽管水平不高，但是比旧中国和许多同水平的发展中国家城乡分化、农村没有医生要进步；“赤脚医生”的药不多，特别是西药不多，并不是制度设计的原因，而是因为在当时的发展水平下，还不能大规模生产西药，只能保障少数基本药物的生产。恰恰是到了20世纪70年代，在实现石油自给、在第二次体制下放和发展“五小工业”的过程中，大批小化工厂才建立起来，形成了八九十年代“县县有药厂”的局面。

再比如，关于农村人民公社制度对农民的剥夺，形成了城乡之间的“剪刀差”问题。这固然是当时中国存在的问题，今天我们有条件实行“以工补农、以城带乡”政策，比当年通过剪刀差从农村转移剩余是有进步的，也是对当时农民历史贡献的偿还。但是也要看到，人民公社时期的“剪刀差”尽管存在，但是比旧社会土地私有制条件下实际存在的“剪刀差”还是大大缩小了，农民的福利是在不断改善的。而新中国成立之后，通过制度变革，减轻了农民税收负担，同时增加了农民通过统购统销的剪刀差缴纳给国家的实物税，这种税收的负担：第一比新中国成立前要小，第二这些税费并不是像过去那样被利益集团拿走了，而是政府通过发展重工业、维护国家安全特别是工业支持农业，又转为了农民的福利。

任何国家的发展不可能没有代价，不存在十全十美的政策。中国高积累、低消费的发展方式确实是付出了代价，但是要看到两个基本点：第一，同其他国家工业化初期相比，中国付出的代价是有限的，是选择了一条代价比较小的道路。在发展过程中，中国通过配给制、农村集体所有制、劳动保险制度等，避免了大多数西方国家早期出现的圈地运动、大量流民失业、血汗工厂、尖锐的两极分化现象（对此恩格斯在《英国工人阶级状况》中做出了详细研究），就更不用说早期的西方大国在工业化过程中通过奴隶贸易等方式，把发展的成本向殖民地转移。而中国完全依赖国内积累实现工业化，同时还满足了全国人民的基本生存需求，这一时期，人口从5亿左右增加到8亿，是历史上人口增长最快的时期，人均预期寿命也大幅增长，这都表明我们选择的是一条代价更小的道路。

第二，这种代价不是无偿的，而是通过国家和人民根本利益的一致，在改革开放之后得到了补偿。高积累率并不是被利益集团剥夺了，没有变成少数人的奢侈消费，也没有被转移到国外，而是转换成了实实在在的国有资本，通过加快工业化进程，最终为全体人民所共享。也正是从这个意义上说，不能割裂改革开放前后两个时期的关系。当代中国的发展进步所需要的大量前提条件，是改革开放前全体人民通过高积累、低消费、“一辈子吃了三辈子的苦”换来的，因此所有中国人民对今天中国的发展进步都有一份天然的“期权”，这也是今天我们走共同富裕道路、让人民共享发展成果的历史依据。因此，今天我们发展社会福利、社会事业，并不是政府部门对人民的恩赐，而是对全国人民在革命、建设、改革时期付出的回报。从这个意义上说，要纠正当时“高积累、低消费”的错误，最好的办法就是在今天坚定不移地走共同富裕的道路，让人民共享改革发展成果。

政治运动和经济建设

重视群众运动、忽视制度建设，是这一时期经济发展的又一个缺点。通过“大跃进”群众运动的方式推进经济建设，对经济发展造成了严重影响和损失。“大跃进”初期的全民炼钢，人民公社化初期的共产风、浮夸风都造成了重大损失。从20世纪60年代初开始，又展开政治运动，特别是在“文化大革命”当中，在指导思想上犯了把阶级斗争扩大化的错误。

但是，也并不能说这30年一直在搞群众运动、忽视经济建设。从党的指导思想和工作部署来看，这30年，尽管没有明确提出“以经济建设为中心”的表述，但经济建设一直是党最重要的工作之一。

还要看到，一些表面上看起来是群众运动的事件，实质上的出发点也是要解决经济发展中的瓶颈和矛盾。比如，“大跃进”、人民公社等运动的一个重要出发点就是解决经济社会发展中城乡不平衡、中央和地方不平衡等问题，实现农村的全面发展，这个出发点不能说是错误的。农业合作化运动、人民公社化运动、扫盲运动、爱国卫生运动这些运动本身就是推动经济建设的手段，对经济建设都产生了直接的影响，也取得了一定的效果。

中国在一定程度上超越了其他国家在现代化早期出现的剧烈贫富分化和严重阶级矛盾，也避免了苏联式的严格的等级制度和阶层分化，形成了一个相对来说更为公平的社会。这些做法，在经济发展水平低的情况下，凝聚了人心，调动了劳动者的积极性，也为改革开放打好了有利的基础。

还有的观点认为，这个时期超越历史阶段搞“平均主义”，不重视物质激励，只重视精神激励。这种批评有道理，但是也要看到当时的历史条件：第一，当时搞平均主义，并非因为主观上不要激励，而是由于物质条件的限制，在高积累、低消费的情况下，不搞平均主义，就无法保证大多数人的生存。第二，在缺乏必要物质激励的情况下，靠激发人的主观能动性，既是一种替代的办法，也有着更深远的意义。那就是，要超越资本主义国家的唯福利主义、拜金主义等庸俗经济观念，这些即使在当代西方社会也被认为是陈腐、有害的东西。

是“左倾幼稚病”吗

这个时期被一些人评论为“左倾幼稚病”“意识形态挂帅”，为了追求社会主义意识形态的纯洁性，而违反了经济规律、超越了历史阶段。

这确实是当时多次出现的一个严重问题。其中，最为突出的就是人民公社运动和“文化大革命”。在人民公社时期，一些地方为了调动地方积极性，过于乐观地提出“跑步进入共产主义”等口号。但也要看到，目前对这个问题的反思有些却走向了另一个极端，把社会主义的意识形态和实事求是对立了起来，认为坚持社会主义就不是实事求是，坚持实事求是就不能坚持社会主义。这一看法从表面上看有些道理，因为改革开放之后，中国表面上看起来是突破了计划经济、绝对公有制等教条。但是，这个论断在本质上是错误的。如果按照这种解读，就会推演出一个很危险的结论，那就是今天中国坚持社会主义方向，也是出于意识形态，而不是因为实事求是。这正是当前很多错误观点的源头。这种解释在很多问题上都存在。比如，有人认为，新中国成立初期，市场经济、多种所有制发展得好好的，如果这样发展下去，早就实现小康了。农村本来是适合家庭经营的，结果，某些领导人为了追求“社会主义的纯洁性”，搞了社会主义改造，搞了农村土地集体所有制，导致经济效率低下、发展速度减慢。为什么我们说这种观点不正确呢？

中国走上社会主义道路，是历史的大逻辑。把意识形态和经济理性对立起来的看法，首先它不符合事实，我们在前两章都分析过，中国在改革开放前实施的经济政策，既不是照搬理论，也不是照搬苏联。中国搞公有制和计划经济，不是因为迷信公有制、迷信计划经济，而是因为旧中国的事实证明，仅仅靠私有制和市场经济解决不了问题。在一个小农经济的国家实行对外开放，实现不了繁荣富强。中国只有走社会主义道路，实行计划经济和公有制、土地集体所有制，才能够打破小农经济的约束，在较低水平上比较有效地集中资源；只有实行社会主义公有制，才能抵御已经形成的全球垄断资本的封锁以及竞争。所以，中国选择社会主义经济制度，是从经济发展自身规律而做出的现实选择，只不过在一些具体步骤、方法、路径上违背了经济规律，比如“大跃进”时期大炼钢铁，但这是实施步骤和具体工作的问题，而不能说这一时期的制度选择都是错误的。

从实际的决策来看，无论是选择公有制、计划经济、重工业优先，还是实施社会主义改造、实行农业合作化，都不是哪个领导人拍脑袋决定的，而是在现实中存在各种主张和做法的情况下，经过反复的调查研究、几上几下，从理论到实践、从实践到理论，做出的决策。其中最典型的就是人民公社制度初期，全党经过大范围调查研究和试验，包括在安徽省进行包产到户的试点，最终确定了“三级所有、队为基础”的制度。

在当前的话语体系中，持错误观点的人，是为了构造一种语言陷阱，即坚持社会主义、坚持公有制，就是“搞意识形态”“思想僵化”“左”，而坚持私有化、市场化、自由化，才是“实事求是”“务实”“懂经济”。这种观点没有看到，迷信西方道路本身就是一种意识形态选择，而且在今天是更强大的一种意识形态。如果真的从实事求是的角度出发，那么就应该完整地考察整个资本主义和社会主义的历史，考察其他发展中国家走资本主义道路的历史，就可以证明中国走社会主义道路的必然性。今天很多人对资本主义的迷信，恰恰是因为对其不了解造成的。

再举一个具体例子，证明这一时期不是从意识形态出发的，那就是毛泽东在商品经济问题上对“极左”思潮的一贯反对。有人认为，这一时期中国为了追求社会主义的纯洁性，消灭了市场，消灭了商品生产，实际上这种判断是不成立的。当时不仅市场和商品生产普遍存在，而且中国共产党还主动利用商品生产。党的八届六中全会正式提出：“在今后一个必要的历史时期内，人民公社的商品生产，以及国家和公社、公社和公社之间的商品交换，必须有一个很大的发展。”① 对于斯大林“决不能把商品生产看作是某种不依赖周围经济条件而独立自在的东西”的论断，毛泽东是赞同的。他认为，绝不能孤立地看待商品生产，“要看它是同什么经济制度相联系，同资本主义制度相联系，就是资本主义的商品生产，同社会主义制度相联系，就是社会主义的商品生产。”② 他根据郭沫若关于商朝名称的考证，认为商品生产自古就有，并不是资本主义的特有现象。毛泽东认为，社会主义经济是一种有计划、按比例发展的经济，同这种经济相联系的社会主义商品生产也要纳入计划的轨道。首先，商品生产要有计划地进行。在论及人民公社的生产特点时，毛泽东认为人民公社的商品生产应“有计划地进行生产”，也就是说，根据本公社的需要和国家、地区的需要合理安排生产。进而言之，商品生产必须纳入计划的轨道，在计划范围内有序开展，“商品生产可以乖乖地为社会主义服务”，“只要是对于社会主义有帮助，有利于社会主义发展的，无论是何种经济形态，都要发展和鼓励”。③

---

① 林志友，曲星颐．1958—1960 年毛泽东商品经济思想及其评价［J/OL］．河南师范大学学报（哲学社会科学版），2015. 42（05）：51 –55.

② 同①。

③ 同①。

总之，在对待市场、商品、工资等“资本主义要素”的态度上，这一时期的中国共产党人一直是坚持两点论的。在实践中始终反对两种倾向，其中一种倾向是超越历史阶段消灭商品交换、私营经济和价值规律。1958年，一些地方过早消灭商品交换、消灭工资制、消灭货币、实行物资无偿调拨，毛泽东提出了严厉批评并进行制止。在对待资产阶级的问题上，毛泽东认为“它有剥削工人阶级取得利润的一面，又有拥护宪法、愿意接受社会主义改造的一面……可以转变为非对抗性的矛盾，可以用和平的方法解决这个矛盾”。[①] 社会主义的商品生产，主要是为了满足社会需要，我们可以在公有制的基础上限制和削弱商品经济的消极作用。可见，在新中国的前30年，虽然在个别时期和领域出现过过于强调意识形态、违背经济规律的现象，但是从总体上看，坚持社会主义和坚持经济规律，是有内在统一性的。

4. 中国人吃饱穿暖问题是如何解决的

改革开放初期，中国引入市场经济，实行对外开放，取得了很大的成功。于是就有人认为，如果新中国成立初期就搞改革开放，中国早就成为发达国家了。这种看法不是历史唯物主义的。改革开放以来的成就，固然离不开改革开放以来采取的正确战略，但是也离不开改革开放前打下的基础。改革开放前的积累，为改革开放后解决吃饱穿暖问题打下了良好的基础。从人们的主观感受看，农副产品的丰富、衣着服饰的多样化，确实是20世纪80年代开始的。这一方面得益于包产到户和市场经济的引入，极大地提高了农民和企业的积极性；另一方面也要看到，农民和企业的积极

---

① 毛泽东．毛泽东文集（第七卷）［M］．北京：人民出版社，1999：206.

性不能凭空发挥作用，改革开放前准备的物质基础也起了不可或缺的作用。

先说吃饭问题。1979 年，包产到户从安徽小岗村迅速推广到全国，覆盖率从 1979 年的 1% 增加到 1983 年的 98%，同时全国粮食产量从 1978 年的 30477 万吨增加到 1984 年的 40731 万吨，人均粮食产量从 1978 年的 317 公斤增长到 1984 年的 390 公斤。

包产到户促进了粮食增长，但并不是唯一的因素。除了包产到户之外，这一时期农业生产条件的改善、粮食征购政策的改变和气候变化等因素，也对农业增产起了不可替代的作用。

第一方面原因是化肥、机械和良种的推广。首先是化肥使用大幅增加。在氮、磷、钾三种主要化肥中，氮肥的生产首先需要在高温高压条件下生产合成氨，磷肥主要以磷酸钙矿石和浓硫酸为原料，钾肥可以从自然界获得氯化钾矿粉，但也需要提纯和混合。可见，化肥工业的建立和发展，离不开机械、能源、电力、材料等重工业基础。新中国成立初期，仅有大连和南京两个化肥厂，年产量仅 6000 吨，新中国将化肥列入优先发展的产业，到 1965 年产量达到 172.6 万吨。20 世纪 70 年代初，两个原因促进了化肥工业的快速增长：一是第二次体制下放带来的地方工业化，小化肥厂是县域“五小工业”之一，到 1979 年我国化肥产量就猛增到 1086.3 万吨，是 1965 年的约 6 倍；[①] 二是 1972 年我国通过“四三方案”从国外引进 13 套合成氨和尿素的装备，就是俗称的“十三套大化肥”，这些项目到 1979 年全部建成投产，在时间上正好同包产到户的启动时间重合（见表 3-3），这样 1984 年的化肥使用量又大幅增加到 17398 万吨。

---

① 武力．论中国共产党领导下的中国农业现代化［C］．中国共产党 90 年研究文集．2011.

表3-3 “十三套大化肥”的基本情况

项目名称	累计投资（亿元）	签约时间	投产时间
沧州化肥厂	2.39	1973年	1977年12月
辽河化肥厂	3.48	1973年	1977年12月
大庆化肥厂	2.43	1973年	1977年6月
湖北化肥厂	2.45	1973年	1979年8月
洞庭湖化肥厂	2.50	1973年	1979年7月
泸州天然气化工厂	2.40	1973年	1977年3月
赤水河天然气化工厂	2.73	1973年	1978年12月
云南天然气化工厂	2.77	1973年	1977年12月
栖霞山化肥厂	2.98	1974年	1978年10月
安庆化肥厂	3.01	1974年	1978年12月
广州化肥厂	3.14	1974年	1972年10月
齐鲁第二化肥厂	2.47	1973年	1976年7月
四川化工厂	2.61	1973年	

资料来源：陈锦华.《国事忆述》. 中共党史出版社，2005：17-19。

其次是杂交水稻等良种的推广。这一时期，依托集体经济建立了覆盖全国的农业科技推广体系。杂交水稻是20世纪70年代中期研制成功的，1976年到1984年，杂交水稻的播种面积从40万公顷增加到2670万公顷。杂交水稻对化肥的要求强于一般水稻，而农田水利和化肥的使用，进一步增加了杂交水稻的优势。

最后是农业机械的使用。由于20世纪70年代初将小机械厂纳入“五小工业”，1970—1977年，我国实现了农业机械的爆发式发展，全国农业机械总功率从1970年的21653马力增加到1977年的102617马力，在7年时间里增加到原来的近5倍。1978年之后，尽管由于投入的减少以及分田到户之后一些地方对农业机械的需求放慢，农业机械化的增长速度有所放缓，但到1984年，全国农业机械总功率已经超过19万马力。

第二方面原因是气候的变化。今天，即使是世界上最发达的农业国，也尚未克服气候对农业生产的影响。我国在人民公社时期修建了大量水利设施，但这些水利设施只能减弱而不能完全消除气候对农业生产的影响。表3－4列出了1970—1987年我国的气候指数波动情况，数值（绝对值）越大表示天气越坏，越接近0表示天气越好。可见，我国1976—1980年以坏天气为主，而1981—1984年气候转好。特别是1978年和1984年这两年，分别是前后十多年气候条件最差和最好的年份，人们用这两年间的粮食产量做比较，来说明包产到户的效果，会夸大了包产到户的作用，把气候变好的影响也归结到包产到户上了。

表3－4　中国农业生产条件的变化（1970—1987）

年份	包产到户覆盖率（%）	化肥使用（千克/亩）	出售价格（1950＝100）	杂交水稻面积（百万公顷）	农业机械总功率	天气指数	复种指数
1970	0				21653	－73.72	141.9
1975	0	12	209		74786	－12.62	150
1976	0	13	210	0.4	86296	1.55	150.6
1977	0	14	209	6.2	102617	28.89	150.5
1978	0	19	217	12.6	117499	53.61	151
1979	1%	24	266	15.4	133795	12.02	149.2
1980	14%	27	284	14.2	147457	47.4	147.4
1981	45%	28	301	15.4	156801	26.91	146.6
1982	80%	31	308	16.8	166142	7.74	146.7
1983	98%	34	321	20.3	180219	10.17	146.4
1984	99%	35	334	26.7	194972	2.69	146.9

资料来源：布拉默尔．中国集体农业再评价．http：//www.guancha.cn/Rural/2012_08_06_89276.shtml。

第三方面原因是粮食收购和农村投入等政策的改变。新中国成立初期，为了服从工业化的需要，粮食统购统销的征购数量多、价格低，口粮仅够勉强满足基本温饱的需要，而且20世纪60年代还要实行三线建设、备战备荒，需要一定的粮食储备，这也影响了人均粮食水平。到20世纪70年代末，国际形势已经缓和，三线建设基本完成，重工业基础已经具备，备战备荒的压力减小，国家利用这些有利条件，降低积累率，扩大消费率，得到人民的支持。20世纪70年代末到80年代初，国家连续上调了粮食征购价格，减少了征购数量。1978年之后，一方面是粮食征购价格的大幅提高，1979年粮食统购价格提高20%，超购部分再增加50%，18种农副产品收购价格平均提高24.8%①；另一方面是大幅减少征购数量，放开商品粮市场，1978年到1984年，统购粮食所占的比例从75%急剧下降到26%。1980年，国家财政的粮油价差补贴、超购粮油加价补贴和粮食企业亏损补贴支出共计108.01亿元，比1979年增加了47.39%，这些措施也有利于激励农民增加粮食生产。

也就是说，从20世纪70年代末到80年代初，我国农村实行了包产到户，同时农业机械化、杂交水稻、化肥等生产要素迅速普及；许多开始于20世纪60年代中期的灌溉工程得以竣工；新的高产良种实现大规模应用；国家又调整了粮食收购政策，提高了收购价格，减少了计划收购数量；从气候上，1978年到1981年的糟糕气候过后，迎来了1982年到1984年的风调雨顺。这些因素，都是有利于农业产量增加的。

那么，包产到户到底对于农业增产起了多少作用呢？这需要利用当时的历史数据进行分析。就当前的研究来看，既有支持包产到户是农业增产的主要原因的，也有不支持包产到户是农业增产的主要原因的。综合现有的定量研究，包产到户对农业增产的贡献率的估计在27%～71%。

① 中共中央党史研究室．中国共产党大事记［EB/OL］．http：//cpc.people.com.cn/GB/64162/64164/4416113.html.

同时，也还存在一些研究不支持这些结论。韩（Han）研究了山东即墨县的情况，发现在集体化时期即墨县的粮食产量迅速增加，但包产到户之后，农业机械化水平下降，一些农民把拖拉机拆解下来卖铁，灌溉也遇到困难。[①] 布拉默（Bramall）研究了四川省县级的数据，发现未包产到户的县的产量并不低于先包产到户的县。相反，一些县在包产到户之后还出现了产量下降。[②] 普特曼（Putterman）发现河北某县在20世纪70年代粮食增产，但到实行包产到户的时期增产就停止了。[③] 黄宗智对长江三角洲的一项研究表明，“去集体化”并没有导致产量增加。[④] 这些结论固然在方法上有所缺陷，但结论也有一定的参考意义。

根据目前的信息，我们的结论是：一方面，包产到户确实调动了农民个体劳动的积极性，有利于解放剩余劳动力，为农村副业市场和乡镇企业发展创造了劳动力来源，包产到户的作用不能否定。另一方面，也不能把包产到户的作用夸大化、绝对化。包产到户并不是农业增产的唯一原因，改革开放之后，农业增产离不开改革开放前积累下的农田水利、机械化、良种改造等基础，不能把包产到户和之前的这些基础割裂开来，应该用历史唯物主义的观点来看待包产到户，既不能产生“一包就灵”的迷信，也不能搞历史虚无主义。否则怎么解释，从封建社会开始，一直到民国，中国农民一直都是单干，“产权”可谓非常清晰，为什么一直都吃不饱穿不暖呢？

---

① Han, Dongping (2008) . *The Unknown Cultural Revolution: Life and Change in a Chinese Village*. New York: Monthly Review Press.

② Bramall, Chris (1995) . “Origins of the Agricultural ‘Miracle’: Some Evidence from Sichuan”, *The China Quarterly*, 143: 731 - 55.

③ Putterman, Louis (1989): “Entering the Post - Collective Era in North China: Dahe Township”, *Modern China*, 15 (3), pp. 275 - 320.

④ Huang, Philip. (1990) . *The Peasant Family and Rural Development in the Yangzi Delta*, 1350 - 1988 (Stanford: Stanford University Press) .

再说穿衣。解决穿衣问题，在现代社会主要依靠手工业和纺织工业。纺织工业的原料有两种来源：一种是棉花或者其他可以替代棉花的植物纤维，另一种则是以石油为原料生产化学纤维。洋务运动以后，纺织工业逐步成为我国轻工业的主要部门之一，主要原料是棉花等天然纤维，但是因我国土地面积的限制和粮食生产的需要，不可能大规模种植棉花。1949 年全国棉布总产量 18.9 亿米，人均仅 3.5 米。[①] 因此，1952 年经济恢复之后，纺织工业很快就面临着开工不足的问题，棉纱生产能力只发挥了 78%。在这种情况下，只能依靠棉花之外的植物纤维以及化学纤维，来扩充纺织业原料的来源。

20 世纪 60 年代初，努力的重点是寻找替代棉花的植物纤维，但是效果有限，发展化学纤维成为发展纺织业的必经之路。而生产化学纤维的基础原料是石油，发展化纤工业必须以石油工业的建立为前提，同时还需要机械工业部门提供重型化工设备。

我国长期以来都被认为是一个贫油国，新中国成立初期，军事训练和交通需要的石油都保障不上，就更不用说为化纤工业提供石油原料了。直到 1959 年，发现大庆油田之后，我国才逐渐实现了石油的自给自足。1972 年，中国原油产量达到 4567 万吨，不仅能够自给，而且实现了出口。而 1971 年中国的棉花产量只有 4300 万担，扣除农民自用、军用和城市居民用的絮棉之外，能够用于纺织的只有 3100 万担。1971 年下半年，时任轻工业部部长钱之光提出，可以利用中国自己的油气资源，建设几个化纤基地，所需的技术设备可以从国外引进。1972 年上半年，引进国内急需的化纤新技术成套设备 4 套、化肥设备 2 套以及部分关键设备和材料，约耗资 4 亿美元，投产后每年可生产化纤 24 万吨、化肥 400 万吨，所需的石油气、油田

---

① 陈义方．超过了人们原先最乐观的预期［N］．中国纺织报，2009－10－01.

气、石油原料在国内也有保障。到了20世纪70年代末，中国具备了年产38.1万吨各种化学纤维的能力。[①] 可见，新中国解决穿衣问题的历史也表明，正是改革开放前具备了重工业基础，改革开放之后才能实现纺织工业的快速发展。中国人解决温饱问题，离不开改革开放，但也离不开改革开放之前奠定的重工业基础。今天一些学者用改革开放之前吃不饱、穿不暖来全盘否定改革开放前的经济发展，这是不科学的。

5. 前30年的遗产和“改革红利”

改革开放前后两个时期，在指导思想、方针政策、实际工作上有很大差别，但都是中国探索社会主义的道路上不可否定的时期，两个时期有着不可分割的延续和继承关系。两个时期在具体政策上有很大差异，一个重要原因是两个时期面临不同的国际环境、发展任务和发展条件。现在有条件做的事，以前未必有条件做；适合以前的发展战略，现在未必适合。不能用一个时期来否定另一个时期。具体地，又有这样几种情况。

第一种情况是，两个时期面临不同的国际环境，决定了对外开放有先有后。新中国成立初期，我国没有全面开放，是由当时国内外客观条件决定的。一方面，在两大阵营对立的国际格局下，因我国坚持维护国家利益而受到西方国家的封锁；另一方面，我国产业基础差，不加选择地开放，难免会像新中国成立前那样“挨打”。后来，我国国防和经济实力加强，相继取得了恢复联合国席位、中美建交等重大外交突破，不断积累实力和扩大国际空间，对外开放的条件不断成熟。同样，即使是改革开放之后，我国也没有无限制地开放，而是始终按自己的需要，有顺序、有步骤、自

① 刘振华．外交战略转变下的“四三方案”［J］．中国档案，2009（05）：82－83.

主性地扩大开放。

第二种情况是，两个时期经济发展面临不同的阶段性重点，决定了经济建设分轻重缓急。改革开放前，人民生活水平确实改善不多。但是，我们必须集中国内的有限资源优先发展重工业，这是实行计划经济的一个重要原因。改革开放后，重工业已有一定基础，才有条件调整发展战略、引入市场经济、发展消费工业。如果不及时完成这个转变，就会像苏联那样，人民生活水平长期得不到提高，引发各种社会问题。正是前一时期勒紧腰带、节衣缩食，才换来了后来人民生活水平的大幅改善，这是一个先后递进的过程，不能相互否定。

第三种情况是，我国发展起点落后，不少做法是“两害相权取其轻”的选择。对此可以总结教训，但不应求全责备。改革开放前，虽然存在积累率过高、大锅饭、束缚个人自由等问题，但是毕竟在短时间内实现了工业化，保障了民族独立和基本民生。发展中国家容易出现的贫富分化、大量农民失去土地、健康和教育水平停滞、社会动荡、经济命脉被外国控制等问题，我国都成功避免了。我们坚持“既无外债又无内债”，虽然暂时增加了负担，但是避免了像拉美国家那样的债务危机和恶性通货膨胀。在后一时期，我国实行渐进式改革，避免了苏联东欧等国休克疗法带来的问题。对这类情况，不仅要看到现实中的不足，更要看到避免了更严重的问题。不能做事后诸葛亮，根据想象中的理想模式，完全否定实际中的做法。

两个时期的延续性还表现在，改革开放之前的30年，给改革开放之后的经济发展留下了丰厚的遗产，这才是“改革红利”的来源。

产业红利

改革开放初期，中国经济发展的重要动力是国际贸易中的“三来一补”，这与当时已经建立的完整工业体系分不开。完整的工业体系具有公共品的性质，它确保了在一个国家甚至是一个地区范围内，能够满足来料加工的要求。在计划经济时期建立的军事工业和重工业，也在市场经济条件下面向市场转产，国有企业发挥了技术的外溢效应，最初的民营企业的资金、技术、设备和人才都来自国有企业，而不必从头进行原始积累，这也是改革开放之前30年留下的遗产。

改革开放之前30年还有一个重要遗产就是，经过两次体制下放而形成的地方工业、农村“五小工业”和社队工业，这些企业成为改革开放以后地方中小企业和乡镇企业的主体。社队企业成为乡镇企业的前身。1978年中国社队企业共有150万家，企业工人有2800万人，近30%的公社和大队收入来自社队企业。1984年废除人民公社之后，社队企业改称乡镇企业，1984—1994年乡镇企业以年均37.9%的速度增长，1996年乡镇企业的工业总产值占当年全国工业总产值的近1/3，同时它也解决了全国1/4的劳动人口就业问题，[①] 成为改革开放初期我国经济发展和农民收入增长的主力军。

人力资本红利

新中国前30年为改革开放后培养了一支身体健康、有文化、有纪律的人力资本大军。李玲等学者对改革开放以来各地区的人力资本水平和经济发展速度之间的关系进行了计量研究，以评估人力资本水平对中国经济增长的贡献，其主要结论是：健康水平对经济发展有显著影响，人口死亡率每下降10%未来五年的人均GDP则上升5%以上。高中以上受教育程度人口占比在原来基础上每提高10%，人均GDP上升4%左右。生育率

① 吴一平．集体主义、乡镇企业与农村工业化［J］．财经科学，2005（02）：168－175.

（以15~65岁妇女为基数）在原来基础上每下降10%，人均GDP上升约3.8%。生育率越高的地区，经济发展速度越慢。由此可见，人力资本对中国经济增长的贡献显著，前30年我国较高的人力资本积累，是改革开放后创造“中国经济奇迹”的基础和动力。①

外交红利

改革开放前30年，中国以经天纬地的大手笔，为改革开放营造了良好的国际环境，使得中国能够在开放中避免成为他国的附庸，独立自主地进行开放。改革开放初期，无论是南方还是北方，陆上还是海上，所有重大的安全威胁都消除了。需要指出的是，改革开放之后的和平，是在改革开放之前30年努力备战备荒的基础上得来的，是以战争遏制战争、“打得一拳开、免得百拳来”的辩证思维的体现，因此，不能把改革开放之前“革命与战争”时代主题的判断和改革开放之后“和平与发展”时代主题的判断对立起来。正因为前30年的努力，所以到1985年，邓小平同志才能有底气宣布，世界大战短期打不起来，中国可以进行和平建设。

改革的社会和政治基础

改革开放前，中国一直实行公平优先的发展战略，努力缩小三大差别。一个公平的社会，为改革提供了公平的起点和强劲的内需。20世纪80年代初，我国基尼系数只有0.18②，是世界上收入差距最小的国家之

① 李玲，李明强．人力资本、经济奇迹与中国模式［J］．当代中国史研究，2010（01）：63－71，127.

② 丁冰．当前我国基尼系数过大的主要原因何在——与吴敬琏先生商榷［J］．当代经济研究，2007（12）：25－29，73.

一。市场经济有公平的起点，是比较接近理想状态的市场经济，工人、农民、私营企业主都能从市场化改革中获益。公平还有利于扩大内需，前30年“高积累、低消费”的国民分配格局一结束，强大的国内需求就表现出来了，80年代消费品市场迅速扩张。直到90年代末，由于一般消费品消费接近饱和、收入差距扩大和社会保障不完善等原因，才开始出现内需不足。

社会保障制度降低了劳动力成本。改革前，我国已经有了低成本、广覆盖的社会保障和公共服务体系。改革开放初期，城镇劳动保障制度仍然低成本地有效运行，而且覆盖职工及其家属，使得民营企业雇用工人可以“搭便车”，不需要支付劳动保障成本。公共服务部门的市场化尚未开始，医疗、教育、住房的成本较低，使得企业可以用较低的工资水平雇用工人，从而形成所谓“低劳动力成本”优势。农村集体所有制也支持了农村和城镇化的发展。农村集体土地和宅基地为农民提供了基本保障，成为大规模劳动力转移的蓄水池和保障线。农村实行土地集体所有制，大大降低了城镇化、工业化和交通基础设施建设的成本，提供了低成本的土地来源。

最后，经过30年的发展，中国共产党和政府建立了崇高的威信，即使在“文化大革命”时期国家也保持了稳定和一定程度的发展。党和政府有力的执政能力，能够应对改革过程中的风险挑战。正是由于党和政府有崇高威信，人民对党高度信任，所以在改革初期才能形成全国上下共同推进改革的局面，这是推进改革的政治资源和社会基础。

作为本章的结束，提一个有意思的问题——毛泽东本人是怎么评价中华人民共和国成立之后二十多年历史的呢？对此，毛泽东自己的评价并不那么乐观。

1970年8月，77岁的毛泽东会见了老朋友、美国记者斯诺，斯诺问他怎么评价当时的中国和共产党，毛泽东回答："不怎么样"，"你说好一点我赞成。你说中国怎么怎么好，我不赞成。两个东西在斗，一个进步的，一个落后的。"①

此前，斯诺还问过毛泽东，你已经从根本上改变了中国，但年轻一代将来会做些什么呢？毛泽东回答："未来的事将由未来的人决定。从长远来看，年轻的一代，总是比我们更有知识。"②

毛泽东寄希望于青年，寄希望于未来。新中国的历史，就是这样一个不断在正确与错误的斗争中前进、不断接近真理的过程。以毛泽东为代表的开国一代告别历史舞台之后，在前人的基础上，新中国又开始了新的伟大征程。

---

① 毛泽东．会见斯诺的谈话纪要［A］．中共中央文献研究室．建国以来毛泽东文稿（第 13 册）［M］．北京：中央文献出版社，1998：176.

② 陈晋．大型文献记录片《走近毛泽东》解说词，http：//news. 21cn. com/luntan/liantang/2007/12/20/4058778．shtml.

| 第四章 |

市场经济辩证法

☆导读☆

改革开放以来，中国创造了经济奇迹，这是人们公认的。但对改革开放也有众多争议。有的认为，改革开放就是“市场化改革”，改革开放的成功，归功于市场化、私有化、自由化，归功于国家和国有企业逐渐从经济领域的退出。这种观点并不成立。世界上绝大多数国家都实行市场经济，但结果却大不一样，有的获得了繁荣和发展，有的却陷入贫困与动荡。中国的成功，在于市场经济前面的“社会主义”四个字。

本章以“市场经济的辩证法”为题，通过对世界以及中国历史的考察，提出“市场范围扩大、市场失灵加剧、治理市场失灵”是一个循环往复、螺旋前进的过程。中国改革开放以来的“市场化”之所以能够成功，离不开改革开放之前为市场经济奠定的基础，也离不开在引入市场经济的同时，发挥了社会主义的制度优势，限制了市场的负面作用，治理了市场失灵。只有同时认识到这两个方面，才能全面总结改革开放的经验，也才能正确应对今天中国经济面临的挑战。

党的十一届三中全会以后，以邓小平同志为主要代表的中国共产党人，总结新中国成立以来正反两方面的经验，解放思想，实事求是，实现全党工作中心向经济建设转移，开启了改革开放的伟大征程。40 年过去了，中国取得了举世瞩目的成就，人民生活殷实富足，中国的国际地位大幅提高。

坚持改革开放，首先就要总结改革开放的成功经验。其中最关键的一个问题是如何看待市场经济，如何看待政府和市场的关系。改革开放前，人们一度认为社会主义国家不能搞市场经济。改革开放之后，中国建立了社会主义市场经济体制，促进了生产力的发展和经济效率的提高。但在这个过程中，也出现了“市场万能论”的极端观点。这种观点来自西方新自由主义经济学，认为只要将产权交给私人，让市场充分发挥作用，把政府干预程度降到最低，市场这只“看不见的手”就会源源不断地创造财富，达到资源的最优配置。

按照这种观点，改革开放成功，就是因为政府和公有制的作用越来越小，市场和私人资本的作用越来越大，甚至有国外学者直接把中国经济发展归功于走了“资本主义道路”。有人甚至主张，中国下一步改革的方向就是按照改革开放以来的经验，继续扩大市场范围、缩小政府职能及取消国有企业、集体土地和社会福利等，即“自由化、私有化和小政府”。

进入 21 世纪以来，另一种观点的影响也逐步增大。20 世纪末，随着国际上“华盛顿共识”肆意蔓延，穷国与富国、穷人与富人之间的鸿沟越来越大，又随着 2008 年金融危机爆发至今，西方对过度迷信市场、迷信资本的新自由主义展开了反思。我国在收入差距、教育、医疗、社会公平、生态环境等方面矛盾日益凸显，促使人们对“市场万能论”进行批评，主张让政府和社会发挥更大的作用，对市场失灵进行治理。不过，也有一些观点走向极端，从整体上否定改革开放和市场经济，甚至认为中国已经出现了“资本主义复辟”。

“市场万能论”和“市场万恶论”这两种看法都过于极端，从历史唯物主义的观点看，市场经济是一个历史过程。和任何历史过程一样，它既不是人类社会与生俱来的，也不是“永恒的秩序”。和万事万物一样，市场有积极的作用，也有不可忽视的弊端，只有同时认识这两个方面，扬其所长、避其所短，让市场出现在该出现的地方、消失在不该出现的地方，才是对待市场的科学态度，而不是唯市场论。

当今世界上，最繁荣、最富强的国家实行的是市场经济，但大量陷入贫困、饥荒、动荡的国家实行的也是市场经济。这就说明，有成功的市场经济，也有失败的市场经济；有高水平的市场经济，也有低水平的市场经济。市场经济发挥作用，需要一定的环境和条件。不能简单地把中国的成功归因于市场经济，也不能简单地把中国存在的问题归咎于市场经济。既然市场是人类社会发展的产物，那么人类可以认识它、掌握它、利用它、改造它，用其利、抑其害，让市场为人民服务。

把中国的改革开放放到世界最近300年的历史中去考察，我们发现一条清晰的规律：自工业革命以来，“市场范围扩大—市场失灵加剧—治理市场失灵”是一个循环往复、螺旋前进的过程。市场在发挥惊人魔力的同时，也在埋下市场失灵的隐患，从而引起约束和限制市场的社会运动和政治运动，如果能够有效地治理市场失灵，市场就会重新焕发活力，如此周而复始，直至现有社会制度所能容纳的生产力全部释放出来。

中国是在资本主义全球体系中开始现代化的。从1840年起，当帝国主义把中国强行纳入全球市场时，中国是资本主义在全球扩张的受害者，替发达国家承担了市场失灵的成本，这是市场经济在中国的第一个阶段。

新中国的第一个 30 年，以实行计划经济为主，市场发挥的作用有限，这却是落后国家发展市场经济必不可少的一个阶段。中国进行了社会革命，建立了公有制的经济体系，启动了工业化，积累了大量公共财富，实现了独立自主，这些既是对旧中国市场失灵后果的治理和弥补，也为改革开放之后建立的社会主义市场经济奠定了基础。正是因为有了这 30 年打下的基础，旧中国那种“坏的市场经济”才变成改革开放之后“好的市场经济”。

改革开放初期，是市场经济在中国的第三个阶段。过去奠定的社会主义基本制度和市场经济结合起来，市场机制主要在一般竞争性领域发挥作用，市场和资本的力量还没有渗透到社会生活的方方面面，市场失灵并不显著，是公平和效率、政府和市场关系比较和谐的时候。

随着市场发挥作用的扩大，市场经济自身的弊端也开始显现，中国的市场经济进入了第四个阶段。为发挥社会主义制度优势，弥补市场失灵，我国提出政府和市场两只手都要用好，既发挥市场在资源配置中的决定性作用，又更好地发挥政府作用（见图 4－1）。

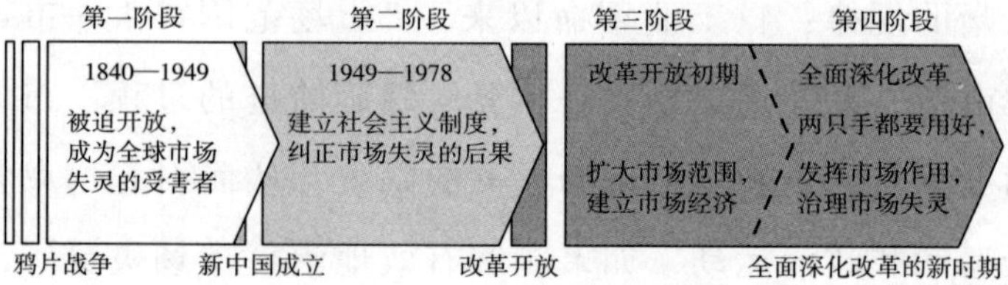

图 4－1 市场经济在中国的四个阶段

可见，市场经济在中国的发展，是一个符合辩证法的、螺旋式前进的过程，并不能简单地说“市场化”好还是不好。要看清今天中国改革的方向，就要全面地认识这个过程，而不能把历史曲线上的一个小阶段当成历史的永恒规律。

1. 市场经济的正、反、合

《道德经》说“反者道之动”，意思是事物都包含着向相反方向转化的规律，这是朴素的辩证法思想。黑格尔则将辩证法概括为事物发展要经历“正题、反题、合题”三个阶段。从正题到反题，就是事物在发展过程中会不断孕育向相反方向发展的因素，到一定程度后就走向自己的反面，但反题并非是要反对和打倒事物本身，而是纠正其缺陷，最终实现正与反的合题。但合题也不是简单的回归正题，而是把正反两个阶段的积极因素在更高基础上统一起来，实现“否定之否定”，看起来是向正题的回归，但实质上是更高层次的新事物。在日常生活中，团结—批评—新的团结，就是“正—反—合”的典型例子。

市场经济也是这样一个不断循环的“正、反、合”过程。市场本身能够促进生产力发展，这是“正题”。市场在起作用的同时，会不断导致资本集中、两极分化、阶级矛盾、宏观经济不稳定、生态破坏、道德危机、全球经济失衡等问题，这些问题将阻碍市场机制进一步发挥作用，这是“反题”。市场对社会的破坏，引起政府和社会纠正市场失灵的运动。纠正市场失灵并不是要取消市场、打倒市场，而恰恰是为了修正市场的缺陷，限制市场经济的负面效应，从而构建一个新的市场形态，为市场经济向更高层次发展创造条件，这是“合题”。可见，市场经济是一个在不断自我否定中实现螺旋式上升的过程。工业革命以来，市场经济的这种“否定之否定”至少有过三次比较典型的周期（见图 4－2）。

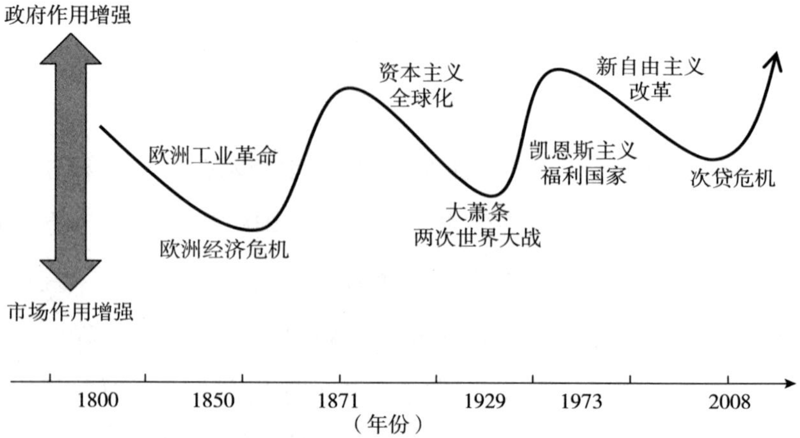

图 4－2　资本主义国家政府—市场关系的演变

第一个周期：　工业革命　（18 世纪至 19 世纪末）

交换是人类的本能，但从原始社会到近代的漫长岁月，交换仅仅是生产的次要目的，世界上大部分地区实行的是自给自足的自然经济，市场并未取得支配作用，“为了交换而生产”还没有成为生产的主要目的，土地、劳动力、资本等重要生产要素也还没有成为商品。相反，广泛存在自发的、基于家族和宗教等非经济关系的社会保障机制。英国工业革命之前，就有《济贫法》，我国封建社会采取多种措施限制土地流动、防止土地兼并，农村以自给自足的产品经济为主。

以商品交换为目的的生产，是在资本主义社会才形成的。资产阶级借助国家政权的力量，打破了封建势力对土地、劳动力的束缚，把土地和劳动力变成了真正可以自由流动的生产要素，又废除了《济贫法》等社会救济的法律，从而让劳动者不得不出卖劳动力，这就为工业革命提供了大量廉价劳动力和土地。可见，市场经济绝对不是古来有之的“自发秩序”，而是通过血与火、刀与剑的暴力实现的，“自由市场”恰恰是靠国家暴力造就的。

市场经济一建立，就表现出巨大的历史进步性，生产力快速提高。同时，和任何历史范畴一样，自从市场经济诞生的那一刻起，其自身的缺陷就开始显现出来。不受约束的自由市场机制导致社会两极分化、财富日益集中、无产阶级陷入贫困、内需不足和宏观经济失衡。狄更斯的《艰难时世》描写的就是焦煤镇劳资之间的尖锐对立，谴责资产阶级对工人阶级肉体和心灵的摧残。恩格斯《英国工人阶级状况》一书揭露了大城市的工人死亡率迅速上升，患热病、肺结核等疾病的人愈来愈多，女工、童工人数所占比重加大，穷人反对富人的斗争愈来愈激烈。

随着市场经济弊端的出现，工人运动也随之兴起，成为对抗自由市场经济的力量。恩格斯曾预言，随着财富分配不均现象越来越显著，无产阶级与资产阶级之间的革命必将到来。在工人运动推动下，从 19 世纪 50 年代起，英国等国允许工人成立工会、出台最低工资法、实行社会保险制度、废除雇用童工等。1883 年，德国建立了人类历史上第一个社会保险制度。这些措施使得资本主义的经济社会危机得以缓和，为市场经济的继续发展创造了条件。

第二个周期： 全球化和大萧条 （19 世纪末至 20 世纪 70 年代）

历史总是在螺旋发展中前进。19 世纪下半叶，资本主义又迎来一轮新的繁荣，资本主义生产方式传播到全世界。到 20 世纪初，各国普遍采取自由放任的经济政策，市场失灵的矛盾又不断积聚，贫富分化加重，供给过剩和需求不足并存，金融投机盛行，最终由金融市场崩盘引发了 1929 年开始的全球经济危机。各国为了应对危机，展开了更激烈的竞争，引发了两次世界大战。

“大萧条”和两次世界大战，使资本主义世界认识到自由市场的缺陷，从而强化政府权力，纠正市场失灵。美国20世纪30年代实行的“罗斯福新政”，主要措施就是兴建公共工程、增加政府支出、推行失业和养老保险、实行高额累进税、兴办国有经济等带有强烈社会主义色彩的措施，美国最大的国有企业田纳西流域管理局就诞生于这个时候。

二战后，资本主义内部进行了调整，强化政府职能、约束资本权力、限制市场失灵。资本主义国家普遍对资本进行了一定程度的限制，对企业的投资行为以及土地等重要生产要素的用途进行严格监管，使得资本和企业不再具有为所欲为的权力，资本介入政治的渠道更加隐蔽。实行保护劳动者的措施，通过社会保障、最低工资法等，确保劳动者收入的稳定性。实行普遍的社会福利制度，美国在妇女解放运动、黑人运动和工人运动压力下，于20世纪30年代建立了社会保障制度，60年代实行“伟大社会”建设计划，通过了数百项涉及民权、税收、教育、医疗、就业、养老、消除种族歧视的政策。到1969年，美国政府的福利开支已经上升到占国民生产总值的14.1%。欧洲国家从20世纪50年代起普遍建立了被称为“从摇篮到坟墓”的社会福利制度，英国建立了资本主义国家第一个全民免费医疗制度并运行至今。经过这一轮治理，西方资本主义国家的市场经济已经远远不是自由市场经济，政府不再是简单的“守夜人”，政府功能遍及社会生活的各个方面。西方国家的政府是名副其实的“大政府”，政府职能不仅比历史上空前增强，也比发展中国家政府的规模大得多。

这一轮资本主义国家的调整，有这样几个原因。从内部来说，“大萧条”暴露了自由市场的缺陷，使得加强政府职能更容易达成社会共识；第二次世界大战削弱了垄断资本集团的力量，强化了政府的权力，因此政府有可能在民意的压力下采取一定的社会改良措施。从外部来看，社会主义运动作为一支独立的政治力量，在苏联、中国等国家取得了胜利，广大殖民地和第三世界国家掀起了民族解放运动，鼓舞了西方国家内部工人阶级的反抗。

正是由于资本主义国家加强了政府职能，因此20世纪50—70年代是发达国家和发展中国家经济发展的一个黄金时代，表现为经济增长快、国内收入差距缩小、社会矛盾缓和。许多学者把这一时期称作资本主义发展的“黄金时期”。

第三个周期：新自由主义到全球危机（20世纪80年代以来）

经过30多年的和平发展，到20世纪80年代，市场经济的缺陷又显现出来：资本再次出现过剩，导致滞胀危机。这时欧美国家的垄断资本走向集中，力量增强，他们推动实施了有利于资本的新自由主义改革，主要倾向是：放松对资本的管制，鼓励资本在全球流动；放松金融管制，允许资本以“金融创新”的名义增强投机性；实行国有企业私有化，社会保障的私有化、商业化，削减税收，实质上是减少资本所有者的负担，降低政府调节收入分配的力度。可见，这些措施的实质就是，将经过调整、带有一定社会主义因素的资本主义，向自由资本主义方向回归。

新自由主义改革的代表人物是美国的里根、英国的撒切尔夫人和苏联的戈尔巴乔夫。改革在短期内减轻了企业的负担，让资本有了更强的逐利能力，但是，不久之后就导致了市场过度投机、社会保障水平降低、收入差距扩大，最终导致了2008年国际金融危机。新自由主义改革更大的受害者是发展中国家。一些国家和地区盲目迷信西方经验，照搬新自由主义的做法，而且做得比西方国家还要彻底，造成了灾难性的后果。其中最典型的是拉丁美洲、苏联、东欧。这些地方搞新自由主义的共同特点是：依靠政权的力量为新自由主义开路。苏联末期，西方国家以经济上援助、政治上支持为诱饵，引导苏联领导人戈尔巴乔夫实行自由主义的改革，实行快速私有化，导致寡头林立、贫富悬殊、民族精神涣散。东欧的典型波兰在1989—1993年实行新自由主义改革，损失了20%的GDP，失业人口从0蹿升到300万，占人口比例的17%。在拉美，阿根廷是一个典型例子，西方大国利用阿根廷的债务危机，迫使阿根廷推行私有化、金融自由化的经济改革，大规模的私有化和外资进入，使阿根廷的产业政策、劳工政策形同虚设，国家缺乏调控手段、能力不足，导致了严重后果。作为在发展中国家中较早初步实现工业化的“新兴工业化国家”，阿根廷的经济基本上被外资控制，不仅竞争性领域中的制造业、商业、服务业大部分被西方资本控制，而且在金融、通信、军工、能源等战略产业部门，外资也有巨大的影响，本来已经形成规模并具有一定水平的钢铁、汽车工业、飞机制造、军工和农产品加工业却日渐萎缩。20世纪90年代，拉美贫困人口增加了2400万，一些国家相继发生了严重的经济和金融危机，私有化带来的腐败丑闻不断。

拉美国家深受新自由主义之害，与它们在社会科学特别是经济学研究上受美国影响过大有直接关系。比如，20世纪60年代起，在美国政府和一些基金会的支持下，美国自由主义经济学的大本营芝加哥大学接纳了大量来自智利的留学生，在皮诺切特靠军事政变上台后，他们都被提拔到了很高的位置（如经济部长、财政部长等），被人们称为“芝加哥弟子”，掌控了智利经济决策部门，主张必须用“看不见的手”代替“看得见的手”，大刀阔斧地实行私有化，废除对国内市场的保护政策。因为这些政策对美国等国际资本有很大益处，所以“芝加哥弟子”受到国际组织和资本的大力支持。为了支持“芝加哥弟子”推出的政策，弗里德曼、哈伯格以及哈耶克都访问过智利并发表了大量的演讲。①

---

① 朱安东．“芝加哥弟子”与新自由主义在拉丁美洲的泛滥［J］．中国经贸导刊．2006（20）：47-50.

新自由主义高歌猛进，最终以2008年全球金融危机为转折点。金融危机以来，从西方世界到广大发展中国家，开始对新自由主义进行系统地反思。首先是拉美地区出现了全面“向左转”的趋势。世纪之交，中左翼政党相继在十多个拉美国家上台执政，对内强调维护社会公平正义，对外维护民族利益，拉美经济出现了恢复增长的趋势。其次是在俄罗斯，普京2000年就任俄罗斯总统后，提出包括爱国主义、强国意识、国家观念以及社会团结在内的“新俄罗斯思想”，这是对20世纪90年代俄罗斯盛行的民族虚无主义、国家虚无主义、新自由主义以及个人主义思潮的纠正，体现了普京对俄罗斯发展道路与模式的探索总结。[①] 最后是在欧洲，1997年英国工党在选举中击败了执政18年的保守党，修正了保守党倾向大资产阶级利益的政策，加大对医疗等社会福利投入，将私有化的铁路系统重新收归国有。2009年，美国奥巴马上台之后，顺应民意，采取了一系列措施限制资本特权、改善民生。不过，由于美国政治固有的矛盾，利益集团十分强大，这些措施的效果并不明显，特别是被他当作“第一新政”的医疗卫生改革，由于受到以医药企业和商业保险为代表的商业利益集团的强烈反对，可谓举步维艰。2013年当选的法国新总统奥朗德在自传中明确提出，他自己是左派，是社会主义者，他指责萨科齐政府扩大了法国的社会贫富差距，提出“通过公平恢复增长”的政策主张。[②] 2016年以来在很多西方国家的大选中，都出现了主张社会公平、批判资本主义甚至直接主张社会主义道路的候选人。当然，受制于当前西方国家的政治和利益格局，这些设想能否真正实现，还要接受现实的考验。

---

① 牧菲. 2000年十件国际大事［J］. 现代国际关系，2001（1）：55－57.

② ［法］弗朗索瓦·奥朗德. 改变命运：奥朗德自述［M］. 刘成富，房美，译. 北京：译林出版社，2013：6.

小结： 市场经济是一个过程

通过上述回顾，基本结论有以下四点。

第一，市场经济并不是从来就有的，而是资产阶级借助政权力量构建的。因此，市场经济并不是“自发的、永恒的秩序”，而是一定历史阶段的产物。

第二，市场经济的建立需要一定的政治和社会基础，包括稳定的政治秩序、比较公平的社会基础、丰富的公共产品、对风险的保障机制等，这些基础越稳固，市场经济就越容易发挥积极作用并促进经济增长。在一个贫富悬殊、阶层分化的社会，市场机制只会被强势利益集团所操纵，成为掠夺弱势群体的工具。只有公平的社会才能实现良性竞争，社会公平才能够扩大有效需求，而贫富悬殊的社会往往购买力不足。市场经济还需要一定水平的社会保障，以实现互助互济，降低自然和市场风险对人们的伤害。除此之外，基础设施、国家安全、社会安定、宏观政策稳定等这些都需要政府来提供。

第三，市场经济在促进经济增长的同时，也会不断侵蚀和破坏它所赖以运行的社会基础。例如，市场机制不能够自发地解决社会公平问题，反而会不断扩大社会差距，到了一定程度，就会因为供给过剩和需求不足而导致经济危机。市场不能自发提供公共产品，全球市场机制缺乏提供全球公共品的制度，发展中国家和发达国家的差距日益扩大。过度信任金融市场经济的调节功能，导致了过度投机，并带来全球金融危机。市场机制把一切物品都变成商品，把一切社会关系都变成交易关系，破坏社区、家庭等社会结构。总之，单纯依赖市场机制，就会产生经济社会发展不平衡、社会阶层分化、公共产品提供不足、生态环境破坏、全球经济失衡等后果，从而使得市场经济自身也难以继续健康发展。

第四，当市场失灵出现时，政府和社会治理市场失灵的措施，包括政府管制、举办国有企业、提供公共产品、实行收入再分配、宏观经济政策等，会缓解市场对社会的破坏、遏制利益集团、缩小两极分化，重新恢复一个比较公平的起点、稳定的社会、有力的保障，从而为市场经济发展奠定新的起点，开始一轮新的繁荣。这时的市场经济，已经是新一阶段的市场经济，这种过程还将继续下去。

从这个意义上说，市场经济是在否定之否定中螺旋前进的，只有有效抑制其消极作用，才能更好地发挥其积极作用。在历史上，有时候市场有效是矛盾的主要方面，有时候市场失灵是矛盾的主要方面。拓展历史的视野就会发现，某些时期市场的作用大一些，某些时期政府的作用大一些，这都是符合市场经济自身规律的。不能一叶障目，把这一个曲线的任何一个片段、碎片、小段变成（被片面地变成）独立完整的直线，而这条直线能把人们（如果只见树木不见森林的话）引到泥坑中去。不能把暂时的、局部的趋势当作永恒的历史规律。

2. 市场经济在中国

与西方国家不同，市场经济在中国是从“反题”开始的。中国是被迫纳入全球市场的。从鸦片战争到新中国成立，市场化、全球化给中国带来的不是繁荣和发展，而是民族的苦难和发展失败。这是因为，作为半殖民地的旧中国，并不具备发展有效市场的前提条件，在全球市场中处在不公平的起点上。这个阶段，中国没有分享到市场经济的发展红利，而是成为西方国家转嫁经济危机的对象。

第一阶段——旧中国：坏的市场经济

一些观点认为，新中国成立前实行的就是市场经济，是中国共产党非要取消市场，搞社会主义改造，结果走了几十年弯路，到改革开放才回到“正道”，发展市场经济。

这种观点并不客观。旧中国的市场经济是低水平的、畸形的、失败的市场经济，不仅没能给中国带来繁荣和发展，反而成为资本主义世界向中国转嫁危机的渠道。

中国的市场经济并不是在本土自发演化产生的，而是在资本主义全球化已经形成的条件下，被迫纳入全球市场体系，实质是一种半殖民地经济。1840 年鸦片战争的经济根源是英国出现工业产能过剩和资本过剩、国内需求不足，需要向发展中国家转嫁危机。在实现工业化过程中，英、美、法、日等主要西方大国为了解决国内资源、劳动力和市场的不足，在全球范围瓜分殖民地、倾销工业品、发展奴隶贸易。这种发展方式支持了少数国家实现现代化，但后果是南北差距扩大，许多国家的资源被无偿掠夺，原有的经济基础被破坏，社会结构被摧毁，丧失了内生的发展能力。

这种“输入式”市场经济，一开始就把中国和西方列强置于十分不平等的地位。中国更多承担的是市场失灵的后果，成为发达国家经济危机的转移场所。

由于旧中国没有完整的国家主权，是一种依附型的半殖民地经济，所以并没有平等参与国际贸易的机会，资源、关税、关键产业甚至政治主权都被外国列强控制，实际上成为发达国家的原料产地和产品倾销地。那时中国的国际地位、经济实力以及人民生活水平，比封建社会的康乾盛世时期还要低，GDP 占全世界的比重从康乾盛世时期的 1/3 下降到新中国成立前的不足 5%。

由于中国没有公平的社会基础，所以市场化加剧了国内的阶级分化，引起尖锐的社会矛盾，屡次打断现代化进程。经过清朝前期和中期的兴盛，封建社会王朝中后期容易出现的土地兼并、官僚体系膨胀已经显现。在这种状况下引入市场经济，各阶层不可能有公平的参与机会，商品经济成为强势阶层剥夺弱势阶层的工具。在商品化过程中获益的，主要是依附于列强的官僚和买办资本；而数以亿计的农民和小手工业者，则在市场的冲击下破产。其结果是有限的经济发展成果，不仅没有被中国人民分享，反而冲击了原有的社会结构，给中国带来巨大社会问题。

这一阶段由于中国的市场经济是外来的，所以中国自身的资产阶级非常软弱，无法完成反封建的任务，更不可能建立起一个代表民族利益的强大国家。无论是清政府还是国民党政府，代表的是封建地主或者买办资产阶级、官僚资产阶级的利益，不可能起到维护社会公正、实现长远经济发展的职责。

总之，从 1840 年鸦片战争到 1949 年新中国成立之前，中国被迫纳入了全球市场体系，市场经济有一定发展。但总的来说，这个时期的市场经济是不健康的，它损害了中国的主权，降低了中国人民的福利，扩大了中国和西方的差距，造成了国内的阶层分化和对立，中国成为国际格局中典型的“边缘国家”，这时的市场经济是“坏的市场经济”。

第二阶段——毛泽东时代：医治市场失灵

新中国成立后，实行了社会主义改造，建立了公有制、计划经济等制度，这是为了满足国家安全、发展和现代化的需要，也是与市场经济“正、反、合”的规律相契合的。

既然旧中国为市场失灵所困，那么新中国自然不能再延续旧中国低水平的、依附性的市场经济。新中国前 30 年，相当于对旧中国的市场失灵进行全面的治理。这种治理，既是在医治旧中国市场失灵的负面后果，也是在为改革开放之后全面引入市场机制打基础、做准备。

这30年，中国建立了独立完整的工业体系和国民经济体系，摆脱了在全球化中的依附地位，可以比较平等地（还不是完全平等）和发达国家开展经济技术贸易合作，而不是仅仅被锁定在产业链的低端，简单地充当劳动力和原料出口国。

这30年优先发展的基础性、战略性和公共性部门，奠定了大量的能源资源、基础设施以及交通、科技等领域的基础，正是由于有了丰富的公共产品，改革开放之后才能够充分利用这些公共物品的外溢效应，实现快速增长。

这30年进行了深刻的社会变革和社会建设，改变了贫富悬殊、阶层对立的社会结构，从而能建立一个在公平基础上的、健康的市场经济，使得各个阶层都能获得利益。1980年，我国基尼系数只有0.18，[①] 是世界上最平等的国家。农村包产到户之后，农民进入市场，获得农产品的市场收益，这个时期成为农民收入增长最快、城乡差距缩小的时期；国有企业进行了放权让利的改革，放松了之前“高积累、低消费”“先生产、后生活”的做法，提高了工人工资；私营经济开始获得增长空间，知识分子、党政干部和普通消费者也从收入增加、消费增长中获益。因此，这个阶段进行的是一个普惠性的改革。这种普惠性改革之所以有空间，正是因为新中国前30年建立了一个比较公平的社会。

这30年建立了覆盖全民的基本社会保障和公共服务体系，健康和教育水平跃升，为“世界工厂”提供了一支产业后备军，支撑了中低端劳动力密集型产业大规模扩张，也降低了经济发展的成本。改革开放初期，

---

① 丁冰．当前我国基尼系数过大的主要原因何在——与吴敬琏先生商榷［J］．当代经济研究，2007（12）：25－29，73．

在引入市场机制的同时，在计划经济时期遗留下来的、依托国有企业和人民公社的社会保障体系还比较完整地保存着，基础教育和基本医疗体系仍旧维持着公益性的运行机制，尚未进行市场化、商业化的改革，因此这个阶段的社会保障、人力资源成本都保持在较低水平，这是市场经济改革能够顺利开展的前提条件。

这30年农村集体经济的积累，支持了农村和城镇化发展。20世纪70年代依托集体组织开办的社队企业，是乡镇企业的前身。集体经济时期兴修的农田水利设施，在改革开放后继续发挥作用。这些因素加上包产到户，使得20世纪80年代农村的农业和乡镇企业都获得快速发展。土地和宅基地的公平分配也为农民提供了社会保障，使得农民即使离开土地从事工商业和服务业，也没有后顾之忧，这成为市场经济健康发展的一个前提。集体土地为城镇化发展、交通基础设施建设提供了廉价的土地来源。

这30年建立了一个强有力的、紧密联系群众的新型政权，不仅维护了国家安全和社会公平，也提供基础设施等公共服务。中国在国际上倡导道义责任，成为缩小南北差距的重要力量，使中国初步摆脱了在国际体系中的弱势地位，从而有条件比较公平地参与国际经济。

国家主权独立和安全、社会公平稳定而有保障、政府有强大治理能力，是市场经济健康发展的前提和基础。经过新中国第一个30年对市场失灵的治理，到20世纪80年代初改革开放时，新中国再次引入市场经济，这时的市场经济所面临的环境和土壤已经和旧中国有了本质的不同，成为健康的市场经济。所以，认为新中国的第一个30年耽误了市场经济发展的观点是错误的，如果没有这30年，市场经济的发展就不可能具备健康的基础。认为改革开放是“一夜回到解放前”也是错误的，因为改革开放之后的市场经济，同新中国成立前的市场经济已经有了本质不同，是在新的基础上构建起来的。

第三阶段——改革开放初期的市场扩张

在很多人印象中，改革开放初期是经济增长速度较快、社会具有活力、改革推进顺畅的时期，社会各个阶层在改革中都能得到好处。之所以会出现这种情况，有两个不可或缺的原因：一方面，中国逐步引入了市场机制，实行了对外开放，提高了资源配置的微观效率；另一方面，改革前打下的基础产业、社会公平、社会保障等方面的基础比较牢固，政府有很强的调控能力，市场的作用仅仅局限在一般竞争性领域，还没有出现明显的市场失灵，这是前30年留下的红利。因此，这个时期的市场机制发挥了积极的作用，实现了“正题”和“反题”比较完美的结合。这是中国市场经济的特殊性所在：不同于西方国家先引入市场经济再治理市场失灵，中国是先通过建立社会主义基本制度，为市场失灵打了“预防针”，再引入的市场经济。因此，与西方国家一引入市场经济就带来经济和民生危机不同，中国在改革开放初期，经济社会发展比较均衡协调，能够兼顾公平和效率。这一阶段是中国经济发展平稳、社会和谐稳定的时期。

具体来说，改革开放初期能够实现快速增长，至少得益于以下四方面的动力，其中，有两方面是促进供给的动力，另外两方面是促进需求的动力。

第一方面动力是改革前积累的实物资产进入市场，迅速形成了供给能力。改革开放前，中国已经积累了大量基础设施、工业资产、农村集体资产和人力资本，相当于为市场经济的发展奠定了原始积累。这些资产在计划经济条件下，并没有完全进入市场。而改革开放初期，在农村实行包产到户，在城市对国有和集体企业放权让利，允许发展民营经济，这些都使得过去积累的资产不断进入市场流通，迅速形成供给能力。

第二方面动力是调整了重工业优先的发展战略，让资源配置到微观效率更高的领域。从新中国成立初期直到20世纪70年代开展三线建设，重工业和军事工业一直是优先发展的领域，这实际上是牺牲当代人的消费，为后人积攒下了和平红利。到改革开放初期，我国已经具备了和平的环境，重工业的基础也初步具备，调整重工业优先发展的战略也就更顺理成章了。在城市，鼓励优先发展加工工业、轻工业等下游产业、消费产业。在农村，由于基本温饱问题已经解决，有条件发展多种经营，提高农民收入。轻工业、农业等领域主要是一般竞争性领域，市场能够比较有效地发挥作用。

第三方面动力是利用西方世界滞胀的机遇扩大对外开放。20世纪80年代初，我国扩大对外开放，面临着得天独厚的机遇。当时西方世界经过二战之后几十年的和平发展，又一次遇到资本主义经济危机，实体经济产能过剩、国内消费不足，劳动力成本上升，需要向发展中国家大规模转移投资和中低端产业，获得更廉价的消费品。同时，欧美国家为了应对经济危机，纷纷出台宽松的货币政策和信贷政策，通过增发货币和鼓励负债消费，产生了巨大的购买力。这种需要和中国巨大的生产能力结合起来，促进了西方产业向中国转移以及中国低端产品出口的高速增长。

第四方面动力是人民收入增长较快和公平的社会结构，产生了强劲的国内需求。新中国成立初期，为了集中资源发展基础工业，实行了“高积累、低消费”的分配方式。20世纪70年代末，随着重工业积累初步完成，有条件、有必要适当提高城乡居民收入。其具体途径包括：提高农产品收购价格，减少征购数量，开放农村市场；提高企业工资标准，允许民营和个体经济发展。1979年，农产品收购价格提高了25.7%，1979—1981年又提高了38.5%，在此期间，国家用于提高农副产品价格、提高职工工资、安排城镇就业和住宅的支出共1400多亿元，占财政总收入的40%以上。[①] 改革开放初期延续了较为公平的收入分配格局，基尼系数只有0.3左右。这些情况有利于消费迅速增长，消费在国民收入中的比重由1978年63.5%上升到1981年70%，20世纪80年代，居民消费年均增长15.3%，与GDP增长保持同步，一直保持着强劲内需。

总之，在改革开放初期，供给和需求都有着强劲动力。改革能迅速推开，并使得社会各个阶层都比较满意，是因为这时的市场经济是建立在改革开放之前奠定的良好的经济社会基础上的，同时又抓住了全球需求扩张的机遇。这是改革开放前后两个时期的延续性、一致性的表现。这个阶段的改革，确实让中华大地变成一片希望的田野，焕发出无穷的活力。正如1989年邓小平所说，"这次什么口号都出来了，但是没有打倒改革的口号",[②] 这说明当时的改革，确实是受到各个阶层拥护的。

但是，计划经济时期留下的基础，毕竟不是一劳永逸的，一旦这些基础的作用发挥殆尽，那么市场机制的负面作用就会充分显现，从而引起各种社会问题，也制约市场经济本身的健康发展。

第四阶段："两只手"都要用好

当市场发展到一定程度，市场的负面作用就开始显现。自20世纪90年代以来，虽然"市场万能论"还有很大影响，但中国已经发挥了社会主义制度的作用，开始从各方面纠正市场失灵。一方面发挥市场在资源配置中的基础性作用，另一方面加强政府在宏观调控、支持国有经济发展、提供公共产品等方面的作用。

---

① 根据国家统计局编《新中国六十年统计资料汇编》表1－15计算。

② 邓小平．邓小平文选（第三卷）[M]．北京：人民出版社，1993：297.

改革开放之初，由于改革前政府的经济职能很强，改革的主要方向可以概括为“放”，政府作用发挥得并不明显。但到了20世纪90年代初，引入市场机制之后出现了一些社会矛盾，社会上对市场经济的争论多了起来。中国确定了“社会主义市场经济”的改革目标，同时用好政府和市场“两只手”。1992年6月，江泽民指出：“市场对经济发展的积极作用，已为社会主义国家越来越多的人们所认识，过去对市场的片面认识和偏见正在被抛弃。当然，我们强调充分看到市场的优点，并不是说市场是全面的、万能的。市场也有其自身的明显弱点和局限性。例如，市场不可能自动地实现宏观经济总量的稳定和平衡；市场难以对相当一部分公共设施和消费进行调节；在某些社会效益重于经济效益的环节，市场调节不可能达到预期的社会目标；在一些垄断性行业和规模经济显著的行业，市场调节也不可能达到理想的效果。因此，这就要求我们必须发挥计划调节的优势，来弥补和抑制市场调节的这些不足和消极作用，把宏观经济的平衡搞好，以保证整个经济全面发展。在那些市场调节力所不及的若干环节中，也必须利用计划手段来配置资源。同时，还必须利用计划手段来加强社会保障和社会收入再分配的调节，防止两极分化。”①

有人认为“社会主义市场经济”前面的“社会主义”四字只是一个修饰或者政治策略，是“打左灯向右转”，这种看法是错误的。我们搞市场经济不是改旗易帜，“社会主义”不是修饰，而是代表中国的社会主义性质不能变，在改革中社会主义原则不能变，1992年确定“社会主义市场经济”目标时，是坚持“两手抓”的，既发挥市场的作用，又发挥制度优势弥补市场失灵。尽管在不同阶段、不同领域，“两只手”的力量配比不同，但是总体上说，改革开放以来市场起作用的范围在不断扩大，政

---

① 江泽民．江泽民文选：第一卷［M］．北京：人民出版社，2006：200－201.

府的作用也在不断加强。

——提供基础设施。这是政府的主要职能之一。在经历了20世纪80年代对基础建设投入的减少之后，从1997年亚洲金融危机开始，我国开始在市场经济条件下实施积极财政政策，开展基础设施建设。1998—2002年，水利投资为1949—1997年投资的总和，公路投资是1949—1997年投资总和的1.7倍，高速公路里程从世界第39位跃居第2位，电信用户增加5倍，居世界首位。[①] 2003年以来，政府支持的基础设施建设也成为拉动经济增长的主要因素。

——发展国有企业。20世纪90年代的国有企业改革，在改制中小国企的同时，保留了一批大型国有企业，使国有企业向基础产业和战略性产业集中，加大对国有企业的技术改造投入，这些措施有力保障了21世纪以来一大批骨干国有企业成为经济崛起和“走出去”的引领力量。

——支持农村发展。1986年之后，随着包产到户的红利基本消失，政府对农业投入逐渐减少，农民在市场上的弱势地位凸显，农村发展也遇到了新的困难。1991年，党的十三届八中全会提出“必须始终把农业真正摆在首位，切不可农业状况一有好转，就忽视和削弱农业的基础地位”，重新强调“要在稳定家庭承包经营的基础上，逐步充实集体统一经营的内容”，“逐步壮大集体经济实力”。[②] 在这之后，粮食产量和农民收入增幅显著。但直到20世纪90年代末，由于农村公共服务、公共管理等领域的资金仍然由农民负担，农民的负担并没有减轻。21世纪初，中央正式提出对农业和农村“多予、少取、放活”的方针，并进行了农村税费改革和综合

① 朱镕基. 政府工作报告［EB/OL］http：//news. sohu. com/38/81/news207298138. shtml，2003－03－20。

② 中共中央关于进一步加强农业和农村工作的决定（中国共产党第十三届中央委员会第八次全体会议1991年11月29日通过）［N］. 人民日报，1991－12－26.

改革，增加了对农村的投入，完善了农村公共服务和社会保障等制度，农村又出现了粮食增产、农民增收较快的局面。2004—2013 年，农民人均纯收入年均增长 9.1%，对保证宏观大局稳定发挥了重要作用。

——实行再分配、缩小三大差别。市场经济不能自动解决公平问题。面对改革开放以来城乡、地区之间差距扩大的趋势，中央政府积极采取措施应对。在缩小地区差距方面，中央政府加大了对各省尤其是中西部经济相对落后省份的财政转移支付，扭转 20 世纪 80 年代以来由于财政“分灶吃饭”导致的东西部差距加大的局面，同时还实施了西部大开发、对口支援等具有中国特色的制度。在缩小城乡差距方面，针对一度出现的农村税费负担过重的问题，对农村实行税费改革，精简乡镇机构，减轻农民负担。

——重建公共服务和社会保障体系。国企改革和农村改革虽然增加了企业和农村的活力，但代价是计划经济时期的社会保障制度被瓦解了，给人民生活带来了困难。20 世纪 90 年代起，政府先是面向企业职工，再面向农村和城镇居民，建立了医疗、养老、低保、社会救助等社会保障体系。21 世纪初，中国社会各界对医疗市场化、教育产业化进行了反思，鲜明地批判了对经济增长的迷信、对自由市场的迷信，开始纠正公共服务领域政府责任不到位的问题，落实政府对教育的投入责任，保障医疗卫生的公益性。目前这些改革还在进行。

改革开放以来，中国大地上同时出现了“双向运动”：一方面是市场范围的持续扩大，继续解放和发展生产力；另一方面是政府采取措施，校正市场失灵，持续为市场经济提供公平的社会基础。这种“正—反—合”的过程就是市场经济的辩证法。市场经济的辩证法在改革开放的各个领域都有体现，下面讨论其中最为典型的三个领域：农村改革、国有企业改革和公共部门改革。

3. 农村："统"与"分"的辩证法

安徽省凤阳县小岗村，是包产到户的发源地。包产到户是我国农民的伟大发明。在肯定包产到户的同时，不能把包产到户的经验绝对化、极端化，不能以包产到户的成功作为今天废除农村土地集体所有制、搞土地私有化的依据。

2009年，安徽省财政厅派驻小岗村任党委第一书记沈浩同志因公殉职。在宣传沈浩的先进事迹时，人们看到了与"改革第一村"形象不太一样的小岗村。小岗村虽然是大包干的带头村，但至今还是贫困村，常年依靠上级救济，当地人一盘散沙，"一朝迈进温饱线，二十年跨不进富裕门"，"小岗村一度成为安徽人心中的一个痛"。沈浩到小岗村工作之前听人说："你别说发展了，你能把小岗几百口人统一思想了，就是最大的成绩。"他到小岗之后发现"小岗村根本不是我们想象的那么好，连个会都开不起来，看着很脏、很乱、很糟"。他努力组织村民修路、整修住房、招商引资、发展集体经济，但是由于村民不合作，难度很大。①

小岗村的例子，揭示了农业领域"统"与"分"的辩证法。由于"大包干"时把所有的土地都分了，小岗村要建蘑菇大棚、修建居民新区，因为征地难以达成一致，无法动工；五保户、孤寡老人无人照顾，遇到急症无人送医；村民的小农意识浓厚，小富即安，缺乏合作意识。这些问题的出现，从根本上来说都与农村集体组织功能的弱化有关。

从表面上看，农业的产业结构是最接近完全竞争市场的。但实际上，由于生产分散、周期长、抗风险能力差，个体农民在市场上处于弱势地

---

① 见中央电视台2010年1月9日"新闻调查"节目《小岗村记忆》。

位。世界上成功的农业模式，没有多少是完全暴露在自由市场中的小农经济，而是通过政府补贴、产业保护、合作化等办法对农业进行保护，提高农业的竞争力。南北美洲地广人稀，人均占有土地面积大，可以采用家庭农场模式，单个农场的规模就足以承受市场的风险。而东亚、欧洲地区人多地少，普遍采用合作制，通过合作社、综合农民协会等方式，接受政府支持，限制城市大资本下乡，开展多种经营。农民不仅分享养殖业、种植业的收益，而且可以获得金融、加工、流通、生产资料供应、农产品超市、土地“农转非”等多方面的支持。

包产到户是我国改革开放的象征性起点，这一意义不能否定。但是，在我国也始终存在着把包产到户的经验绝对化、教条化的看法，认为“把地一分就吃饱饭了”，并且把“一包就灵”“一分就灵”“一私就灵”套用到其他改革领域。在实践中，包产到户虽然解决了农村温饱问题，却没有解决提高农业经营收益、农民致富、农村可持续发展等问题。针对包产到户之后农村出现的新问题，20 世纪 90 年代初开始，中央在农村问题上进行了新的探索，核心问题是如何处理“统”和“分”的关系。

改革不能止于包产到户

包产到户的最初几年，是农村的“黄金时代”。1979—1986 年，农民人均纯收入增长率（按可比价格计算）始终高于城市，一度接近 20%。但是到 1985 年前后，包产到户的红利基本耗尽了，农村遇到了新的问题。1985—1988 年，粮食生产连续 4 年徘徊不前（见图 4－3），农民人均纯收入增长率在 5% 以下（见图 4－4），“六五”期间（1981—1985 年），农业总产值平均每年增长 8.1%，而“七五”期间（1986—1990 年）下降为 4.6%。[①]

① 刘国光，等. 中国十个五年计划研究报告［R］. 北京：人民出版社，2006：540.

1991 年，党的十三届八中全会之后，农村的状况明显改善，但到了 90 年代后期，农民负担重、农村民生脆弱、干群关系紧张等问题又严重起来。这些现象表明，仅仅靠包产到户，并不能最终解决农村持续发展和农民致富的问题。

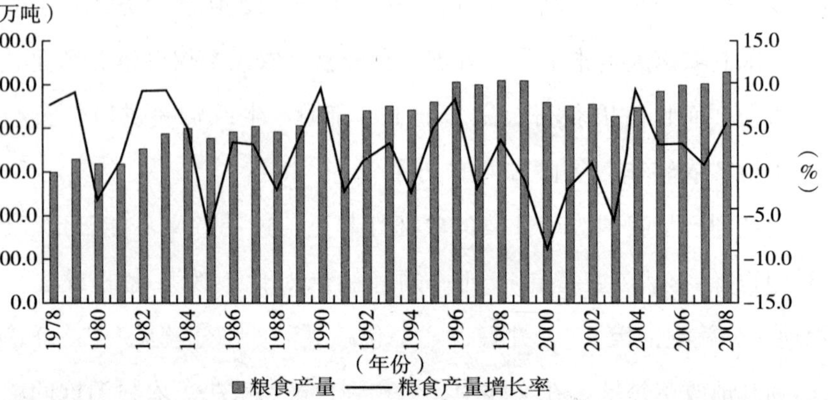

图 4－3 粮食产量及增长率（1978—2008）

资料来源：国家统计局编《新中国六十年统计资料汇编》，中国统计出版社，2010 年。

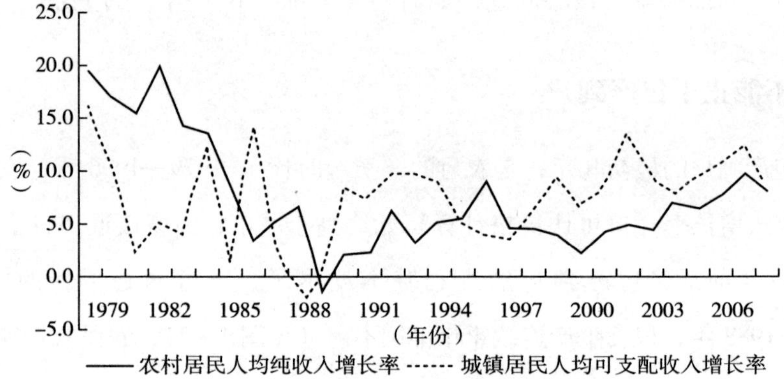

图 4－4 城乡居民人均收入增长率（1978—2008）

资料来源：国家统计局编《新中国六十年统计资料汇编》，中国统计出版社，2010 年。

从国家来说，对农业的投入减少了。改革开放之前，农业基本建设投入占基本建设投资总额的比例一直小于20%，大部分年度在10%左右。党的十一届三中全会提出农业投资要逐渐提高，要占基建总投资的18%，[①] 但实际上“六五”期间（1981—1985年）只达到8.7%，“七五”期间（1986—1990年）进一步下滑到5%，其中基本建设投资的比重下滑至1.5%。尤其是被视为农业命脉的水利建设投资，1986—1990年的“七五”时期，水利建设投资在基本建设投资中的比重仅1.6%，比20世纪80年代以前的28年平均比重下降5个百分点。不夸张地说，这一时期的水利基础设施主要是“吃老本”，这个问题暂时被农业产量增长较快掩盖了，但几年之后就显现了出来。[②]

从农村自身来说，包产到户之后，农村集体组织的职能弱化，过去由集体承担的农田水利建设、金融、技术传播、社会化服务和公共服务等职能被弱化了。据1986年中国社科院学者调查，全国有50%左右的水利工程设施不能正常发挥作用，有70%的水库带病运转，灌溉面积自1980年以来每年平均减少700万亩。全国农业机械实际保有量和使用量均显著减少，许多农机需要更新大修，农民只使用不修，国家已无补贴。20世纪80年代初，安徽省委书记张劲夫在调研中发现，淮北的井灌面积由30.6万公顷减少到7.8万公顷，下降了74.5%；1980年，合肥市供销社1～11月收购牛皮6475张，比上年同期增长70%，这是因为包产到户后，牛在“各家吃派饭”，无专人喂养，造成一部分耕牛非正常死亡。[③]

在有些地方，农民之间形成新的合作的难度加大。“一大片地里，某

① 陆学艺．农业面临比较严峻的形势［J］．农业经济丛刊，1986（5）：5－12.

② 董志凯．我国农村基础设施投资的变迁（1950—2006年）［J］．中国经济史研究，2008（03）：29－37.

③ 张劲夫．嘤鸣·友声［M］．北京：中国财经出版社，2004：138.

块地是旱田，其他地是水田，水渠路过旱地，人家不需要，不让过，你这个水田就浇不上水了”。[①] 由于产权过分细化而增加了交易成本，导致本来可以共同获益的事情没法完成。机耕、灌溉、收割和加工、储运、销售等需要合作的环节，组织的难度也增加了。农村组织能力的下降，使得农民在市场上处于弱势地位，“面对瞬息变化的商品信息，出现了卖猪难、卖兔难、卖蛋难、卖茶难、卖棉难、卖粮难！目前我国多数农民的农本很小，一次卖难，就可能倾家荡产，丧失扩大再生产的能力”。[②]

农业技术方面，过去依托公社的农技服务体系也削弱了。大量农技服务站进行了改制，变成了自负盈亏的商业机构，农业技术从原来的无偿传播变为必须由农民出资购买，而农技站的主要功能从传播公共知识，转变为从事营利性的业务，影响了农村的技术传播。农民贷款也遇到困难，公社时期的农村信用合作社是解决农民融资需求的主要手段，农村基层组织削弱也影响了农村信用社发挥作用。解决温饱问题之后，农业发展进入资金密集阶段，金融服务供给的不足，制约了农业的技术升级。

在20世纪八九十年代发挥很大作用的乡镇企业，多数从过去的集体企业改制为私营企业，或者为城市的企业所兼并，在相当程度上改变了农村的分配结构，让大部分农民失去了分享集体经济收益的机会。农村对剩余劳动力容纳的能力减弱，农民“离土不离乡”的空间减少了，农村劳动力向城市转移就渐渐成为改革开放以来的主要形态。在这期间，有1亿~2亿农民工到城市务工。从城市和企业的角度看，这固然提供了低成本的劳动力。但是从农村经济以及政治和社会发展的角度看，这种劳动力的流动也造成了农村的空心化、农村家庭结构的瓦解、农村治理的弱化。

① 陆学艺．农业面临比较严峻的形势［J］．农业经济丛刊，1986（5）：5-12.
② 同①。

农村社会治理和公共服务的削弱，是包产到户之后出现的另一个问题。公社是一个低成本的公共治理和公共服务组织，是医疗、教育、救济等公共服务的载体。人民公社解散之后，过去靠集体分配来支持的公共服务，失去了资金的来源，公共服务从公共产品变成了必须由私人负担的个人消费品，于是提出了“人民教育人民办”“人民卫生人民办”等口号，让农民为公共服务集资。

在教育方面，20 世纪 90 年代，由于农村义务教育的财政投入问题还没有解决，教育成为农民的主要负担。在医疗方面，农村合作医疗覆盖率从 1976 年的 90% 下降到 1985 年的不足 20%，除了少数集体经济力量较强的村庄外，大部分农民完全是自费就医。文化方面，由于缺乏公共文化活动，不少地方封建迷信活动死灰复燃。

人民公社解散后，农村实现了政社分开，乡镇干部从过去以社员身份参加劳动、按工分配，变成了专业化的行政管理人员，导致基层组织膨胀、干群关系紧张和农民负担加重。1985 年对山东省 71. 6 万户农户进行调查，结果显示 1984 年农民共有 11 大类 96 项负担，每个农民年平均负担 53. 8 元，占人均纯收入的 11. 5%，为各项农业税的 7. 7 倍；同时村一级的组织却削弱了，“许多村干部、党支部成员都外出经商做工去了，乡党委、乡政府开个干部会也召集不起来。干部中比较普遍存在的问题是：侵占、挪用、贪污原来集体的财物，多占宅基地，低价承包集体的农机房屋和社队企业”，[①] 因农民负担过重引发的群体性事件时有发生。

农村组织的瓦解，也改变了农村的社会结构。在封建社会，我国农村主要以宗族为基础，依靠乡绅自治对基层进行治理。新中国成立后，人民公社和生产队等基层组织取代传统宗族，成为农村基本的治理单位。但

① 陆学艺．农业面临比较严峻的形势［J］．农业经济丛刊，1986（5）：5－12．

20 世纪 80 年代，由于人民会社解散，农村治理失去经济基础，再加上农村劳动力流动增加，农村进入历史上组织能力较低的一个时期。儿童教育、老年人赡养和农村社会管理都弱化了，导致出现文化、伦理、健康等方面的许多社会问题。

农村改革之后，对如何建立一套新的组织和制度缺乏认识。同时，满足农村和农民对公共产品的需要，抵御和保护在市场经济汪洋大海中处于弱势的、分散的小农等问题没有很好地得到解决。从这个意义上说，改革之后农村最大的问题，仍然是如何通过政府、社会和农村组织的力量，治理和弥补市场失灵。

改革前的人民公社，尽管在当时起到了很大作用，但是也有着不可否认的历史局限性。人民公社是服务于重工业发展的组织形式，其优势尚未充分为农民所体会到，许多农民还受到小生产者意识的影响，合作的意识和能力不强。正如当时人们感受到的："农民对合作、联合有着内在客观要求，但主观上又怕回到集中统一的大锅饭年代，农民说：天不怕，地不怕，就怕第二次合作化，这种客观困难和矛盾心理……在理论上和实践上都还有一系列问题没有解决。"① 从 20 世纪 90 年代开始的农村改革，就是对这些问题的探索。

农村综合改革

上述问题，从 20 世纪 80 年代下半期就开始出现。20 世纪 90 年代初，党中央、国务院扭转了过去一度忽视农业的状况，把"三农"问题提高到了更加重要的地位，主要措施是增加对农村的投入、实行保护价收购粮食、规范农村税收、减轻农民负担等。

---

① 陆学艺．农业面临比较严峻的形势［J］．农业经济丛刊，1986（5）：5－12.

农村基础设施投资比重下降的趋势，从20世纪90年代开始扭转。“九五”时期（1996—2000年），农业基本建设投资由“八五”时期的258亿元猛增至1151亿元。同时农村税费改革试点工作启动，改革的主要内容是：取消乡统筹费、农村教育集资等专门面向农民征收的行政事业性收费和政府性基金、集资；取消屠宰税；逐步取消统一规定的劳动积累工和义务工；调整农业税和农业特产税政策；改革村提留征收使用办法。2005年12月29日，第十届全国人大常委会第十九次会议决定，2006年1月1日起废止农业税条例，标志着具有2600多年历史的农业税正式退出历史舞台。

税费改革减轻了农民的负担，但是还没有从根本上解决农村公共产品供给来源的问题。相反，农业税取消之后，一些地方把原来的公共服务也一并取消了。例如，开展税费改革试点的安徽省某县，税费改革后县、乡、村级共减少收入5036万元，占财政收入的40%，全县可用财力1167万元，而仅仅干部和中小学教师的工资就需要1.5亿元，学校负债运转，有的小学危房无钱整修，只好在户外上课。这一时期，农村乡镇卫生院也出现类似的情况，只有1/3的乡镇卫生院能正常开展业务，1/3勉强维持。全县至少有1/3的行政村无法运转。①

为解决这些问题，中央进一步增加了对农村的投入。中央增加了粮食直补、农资综合补贴、良种补贴、农机具购置补贴等财政补贴，建立了普及农村义务教育经费保障机制，建立了新型农村合作医疗制度，很大程度上缓解了上述问题。

重建农村集体组织

20世纪90年代以来，中央主要是通过在不改变农村基层组织形态的

① 何开荫．再看农村税费改革［J］．安徽决策咨询，2002（05）：11－14.

前提下，通过加大对农业的投入、加强城市对农村的支持来解决“三农”问题。在这个历史阶段，这无疑是十分重要的。

但是还要看到，仅仅靠外部投入，不可能从根本上解决“三农”问题。农村工作者在20世纪80年代就提出“农村建立一个什么样的新型组织制度”的问题，到现在仍然没有完全解决。随着农业发展阶段的变化和农村面临的新矛盾，这个问题需要引起人们的重视。要回答农村建立什么样的组织形式的问题，首先就要正确认识改革开放前后两个时期我国农业、农村发展的经验和教训，也就是要全面认识“统”和“分”的辩证法。

改革开放前后两个时期，农村发展有一条共同的经验，那就是既要坚持农村土地集体所有制、把农民组织起来，又要在集体经济基础上建立有激励、有活力的内部运行机制，“统”和“分”都不可或缺。改革开放之前，我国建立了农村土地集体所有制，突破了小农经济对现代化的约束，农村的公共设施、生产条件、公共服务和社会文化建设都有很大进步，缺点是由于管理水平和国内外环境约束，没有建立起制度化的、稳定的内部激励机制，这也是一部分农民对公社的印象不好，不愿再继续合作的原因。

改革开放之后，农村通过包产到户，加强了对农户个人的激励，农村经济取得了很大发展，但农村的集体合作程度下降了，这是导致当时很多问题的一个根源。如何在农村集体所有制的基础上，把农民重新组织起来，是下一步解决农村问题的关键。当前，解决这个问题更加迫切，有这样几个方面的原因。

首先，这是由我国人多地少的基本国情决定的。我国最大的基本国情是人多地少，即使按照目前的规划，到2030年城镇化率达到70%，还将有4亿多人生活在农村，人均耕地只有4亩多。在这种情况下，土地不仅是生产资料，更是农村稳定和农民生存的保障。在当前法律和基层治理体系不完善的情况下，如果实行不受限制的土地流转政策，那么强势的资本甚至一些地方政府就会夺取农民的土地，农民既得不到合理的补偿，又失去生产资料和生活依靠。大资本兼并土地，从经济效益出发，必然会采取土地密集、资本密集的技术，而不会采取能够大量容纳劳动力的技术，那时候农民就会从农村土地所有者变成单纯的雇佣劳动者，大量农业人口失去工作机会。不受限制的土地流转，削弱或废除土地集体所有制，可能有利于提高短期的经济效率，但是从长期来看将动摇农村的根基。

其次，这是农业发展阶段升级的要求所决定的。农业产业升级大致可以分为以下几个阶段：第一个阶段是在人民公社和包产到户初期，主要是解决“吃得饱”的问题，以提高粮食产量为主要目标，主要措施是改善农村基础设施、鼓励劳动力投入，小农家庭经营是适合这个阶段需要的，到 1985 年前后，“吃得饱”问题已经初步解决了。第二个阶段是追求价格效益、促进农民增收，这一阶段需要资本密集的技术，需要以小农组织化生产经营为主要措施。第三阶段是像发达国家那样，追求市场效益和国际影响，以实现农产品市场化、国际化，获得稳定长久收益为目标。这个阶段需要高度的组织化、产业化，按照订单组织生产具有品牌特色、绿色健康的农产品。可见，农业发展阶段升级，伴随着农业组织化程度的提高和社会化程度的加强。在人多地少的约束下，要提高农村组织化程度，就只能坚持集体经济。

最后，这也是解决农村治理中现实问题的需要。农村不仅是农业生产的场所，也是农民的家园、生态的屏障、文化的载体、乡愁的寄托，因此在制定农村政策时，不能仅仅把农村当作粮食生产地。目前，虽然国家和城市对农村支持的力度逐年增大，但是在农村基层组织弱化、治理能力不高的情况下，这些支持还不能够完全转化为农村发展的动力。

比如，当前制约农村产业升级的一个瓶颈——金融问题——仍然没有解决。从国际经验看，农村金融资金供给的主要渠道是合作金融，因为农业生产贷款周期相对较长，而且规模小、风险大。农村社会缺乏正式的信用体系，甄别风险难度大，对银行来说风险高、利润低、手续繁杂，因此正规银行通常不会把农村作为主要市场，从而导致农村金融服务供给长期不足。而合作组织扎根于农村，由农民集体参加管理，能够有效利用熟人社会的特点，点对点地甄别和控制风险，可以建立区别于城市金融体系的金融组织。目前，由于农村基层组织的削弱，农村1000多家村镇银行实际上还是商业化的，真正扎到乡镇的很少，而且需要用严格抵押担保来规避风险，周期长、手续繁，远远不能满足农村资金需求。在这种情况下，农村民间借贷盛行，尤其在镇以下的农村地区，高息的民间借贷往往成为农民获得资金的主渠道。

农村治理能力弱，也制约了国家支持农业的政策在村社这“最后一公里”落地。比如，许多地方出现的农村低保“关系保、人情保”现象，就是因基层治理不完善所致，没有民主监督和信息披露制度，普通村民没有监督的渠道，实际上形成干部的特权和腐败。当然，这些问题通过农村外部行政力量的介入也可以解决，如政府、司法、媒体等，但如果农村内部没有有效治理，就不能从根本上解决农村基层治理的问题。

基层民主之所以异化，“选举”成了“钱举”，一些地方出现谁有钱，谁掌握的势力大，谁就能赢得选举的现象，与农村集体经济瓦解，没有形成民主管理制度有关。既然没有集体经济，或者集体经济的收益同各家的利益没有明显关系，那么农民就不会太关心谁当选，或者认为“谁当选都一样”，在这种情况下，农民会追逐短期利益，谁买选票的出价高，就投谁的票。有人曾对全国246个村做过调查，结果发现在受访的3447个农户样本中，有547个农户认为存在贿选行为。[①]

① 吕小莉．从拉票现象看当前农村的贿选——基于全国246个村3447个农户的调查分析［J］．华南农业大学学报（社会科学版），2011（03）：39－45．

这些问题都告诉我们，已经到了要认真对待邓小平关于“两个飞跃”设想的时候。1990 年，邓小平在同中央领导同志谈话时提出：“中国社会主义农业的改革和发展，从长远的观点看，要有两个飞跃。第一个飞跃，是废除人民公社，实行家庭联产承包为主的责任制。这是一个很大的前进，要长期坚持不变。第二个飞跃，是适应科学种田和生产社会化的需要，发展适度规模经营，发展集体经济。”①

习近平同志早在 20 世纪 90 年代在福建省宁德担任地委书记时就鲜明提出，农村扶贫的关键是发展集体经济。他说：

> 有的同志说，只要农民脱贫了，集体穷一些没有关系。我们说，不对！不是没有关系，而是关系重大。加强集体经济实力是坚持社会主义方向，实现共同富裕的重要保证……发展集体经济实力是振兴贫困地区农业发展的必由之路……是促进农村商品经济发展的推动力。②

党的十八大以来，随着思想理论领域的拨乱反正，已经有越来越多的人士，开始严肃地思考如何在新形势下重建农村集体组织的问题。2016 年 11 月 5 日，浙江省 18 名基层农村干部，向全国发出关于农村走集体化道路的公开倡议书，提出：“削弱和淡化已经很脆弱的土地集体所有权，必将失去发展集体经济的物质基础和制度保证，弱化甚至瓦解农村基层组织的作用，必将为适应农业生产客观要求——农地适度规模化集约化经营制造新的障碍；必将诱发农村社会新的族群矛盾，重返一盘散沙的格局。”③ 倡议

---

① 邓小平．邓小平文选（第三卷）［M］．北京：人民出版社，1993：355.

② 习近平．扶贫要注意增强乡村两级集体经济实力［M］//摆脱贫困福州：福建人民出版社，2014：141 – 148.

③ 浙江 18 位乡村干部联名呼吁全国农村恢复公有制的倡议书，见中国民生网，https：// www. minshengwang. com/nipingwolun/340542. html。

强化集体所有权，创新土地经营制度，提出走华西村、南街村、周家庄乡农工商合作社及浙江省航民、滕头等集体化村开创的道路。

2018 年，贵州省委在推进农村产业革命中提出农村产业发展“八要素”，即产业选择、培训农民、技术服务、资金筹措、组织方式、产销对接、利益联接、基层党建。这“八要素”都不是一家一户农民分散的力量能够实现的，而要发挥党的领导和农村集体组织的作用予以推进。这是在新时代通过做大做强农村集体经济推动农村发展的一个典型例子。

中国农村土地所有制的集体性质决定了中国的农业合作化只能走社会主义道路，而不能像其他一些资本主义国家那样通过买卖兼并将土地集中在少数人手里，将土地私有化，否则，农村的贫富分化将严重加剧，不但不能实现农民共同富裕的美好前景，而且会造成社会动乱。这个新的合作化生产的实现，既要借鉴 20 世纪 50 年代中国自己在集体化过程中的经验教训，也要学习现有国营农场和别的国家不同形式的合作实践。

经过改革开放，农民的文化知识、经营和市场意识、风险意识都有提高，特别是互联网的出现，已经使农民的组织形式比过去大大丰富了。虽然我们还不能给新型农村集体化过程划定具体的轨迹，但是，只要认识到生产力的发展决定了社会化的合作生产是现代农业的必由之路，那么我们就有理由相信中国农民一定会经过不断的实践和探索成功地走上这条康庄大道，一定能够在新的时期找到组织起来的新办法。

4. 为国有企业正名

> 国有企业的发展和进步，必须同国家和民族的命运紧紧联系在一起……国有企业是中国特色社会主义的重要支柱，是我们党执政的重

要基础，也是贯彻和实践党的基本理论的重要阵地。①

——习近平

国有企业改革是改革开放以来影响最大、难度最大，恐怕也是争论最多的改革之一。直到今天，要不要做大做强国企，仍然是充满争论的问题。一种观点认为，改革开放的成功就是因为“国退民进”，而今天中国经济存在问题，则是由于“国企是最大的体制问题”，国有企业“腐败、低效、垄断”，认为做强做优做大国企的主张是“走回头路”“改革倒退”。究竟如何看这些观点？

国企是启动中国现代化的关键力量

新中国成立之后，建立了以全民所有制和集体所有制为主导的经济体制，有观点认为，这是出于“公有制崇拜”和意识形态上的“左倾”。这种观点并不符合客观事实。中国发展国有企业，是理性客观的需要，是因为依靠私营企业无法承担起现代化的任务。

中国的现代化，实际是要在一个资本、技术、人才都匮乏的农业大国，面对已经形成的全球资本主义体系，冲破“突围”，打破大国垄断，建设独立自主的工业体系。鸦片战争后，民族资本主义虽在中国萌芽，但是中国并没有实现工业化和现代化，在100多年的时间里，民族产业风雨飘摇。从外部看，旧中国走的是依附型工业化道路，希望依靠外国投资、技术和人才实现工业化，结果资源、交通、军工等关键经济部门过度依赖外国，经济缺乏自生能力，危害国家独立和安全。从内部看，工业部门从农村汲取大量资源，导致农村土地

① 习近平在大庆油田发现50周年庆祝大会上的讲话［J］．石油政工研究，2009（05）：10－14.

兼并、农民破产，工业化进程半途而废。

中国的民族产业在全球体系中风雨飘摇，这是资本主义世界体系形成之后，一切落后国家的共同命运。民族产业受封建制度和国际垄断资本双重压迫，只能做附庸、做买办、寄人篱下。当时很多人都认识到，没有强大而独立的工业体系，是中国积贫积弱的根源，许多仁人志士也提出建立国有经济、集中力量实现工业化的设想，比如孙中山在《建国方略》中就提出发展国有资本、实行计划经济建设的思路。也正因为如此，从旧中国走过来的荣毅仁等爱国资本家也真心实意拥护共产党。中国进入大工业时代，是从20世纪50年代建立国有经济体系开始的。1952—1978年，我国依托国有经济，集中资源建设了机械、冶金、有色金属、石油、电力、交通、化工、航空航天等工业部门。新中国成立之后每年积累的工业资产相当于旧中国一百多年积累的工业资产的总和，我国成为世界上唯一的产业门类齐全的发展中国家。这雄辩地证明，国有企业是中国经济发展的中坚力量。

依托国有企业组织大规模集体协作，资源集中到产业链上的薄弱环节，在关键科技领域获得突破，并实现技术的快速传播和普及。

国有企业作为“全能型企业”，不符合西方经济学的教条，但是在工业化早期，还没有条件提供专业化、社会化的公共服务时，由国有企业（单位）承担公共服务和社会事业，是一种成本较低、便于管理的选择。国有企业提供的公共服务不仅服务了自己的职工，而且辐射到家属和周围居民，使得中国在经济发展水平很低的情况下保障了职工家属上学、就医、住房等基本需求，使得集中资源发展工业成为可能。在我国工业化早期，国有企业和集体企业还解决了全民就业问题，避免了发展中国家在工业化过程中出现的失业现象，提高了全体劳动者的素质。这些，都是国有企业制度优势的体现，不能以西方理论来衡量和否定国有企业的作用。

这些历史说明，新中国建立和发展国有经济，既是由社会主义的国家性质所决定的，也是由发展的历史条件和任务所决定的，是总结近代一百多年历史而做出的正确选择。改革开放以来，我国在世界上领先的载人航天、探月、深潜、高铁、特高压输变电、移动通信等领域，均是由国有企业主导；国有企业在安全生产、职工福利、社会责任方面，也优于其他所有制形式的企业。实践表明，国有企业是启动中国现代化的关键力量，也是治理市场失灵、实现自主发展的关键力量。

90年代：国企亏损不全是“体制问题”

20世纪90年代，国企出现较大面积的亏损，于是有人认为国企并不符合市场经济的发展规律。这种观点不准确。从中国的历史来看，无论是与私营企业相比，还是与其他国家的企业相比，中国国有企业的绩效并不低，而且做到了私营企业做不到的事情。20世纪90年代国有企业遇到的困难，并不能完全归结于“体制问题”，而是由发展战略变化、宏观经济周期以及人口老龄化等多种因素导致。

实际上，改革开放最初十几年，国企的效率一直比较高。20世纪80年代，国企的销售利润率超过20%，直到1988年，国有企业的亏损面始终在5%以下（见表4-1）。1978—1998年，国有及国有控股工业总产值年均增长8.7%，资产总额年均增长16.8%，上缴税金年均增长1.23%。无论与其他国家相比，还是与我国其他时期相比，增长率都是比较高的。当然，可能会有人说，这是因为政府有补贴和预算软约束，这个看法不正确。当时国有企业占全国企业的绝对主体，财政补贴也是来自企业上缴利税，不可能所有的企业都靠补贴生存，如果国有企业是靠政府的补贴或负债才经营下来的，那么补贴的财政资金又是从哪里来的呢？

表 4－1 改革开放初期国有企业经营状况

年　份	利润和税收总额（亿元）	亏损总额（亿元）	亏损占利润比重（%）
1978	634	42.1	5.3
1980	864.4	34.3	3.7
1985	1152.8	32.4	2.4
1988	1514.1	81.9	4.6

资料来源：刘国光．共同理想的基石：国有企业若干重大问题评论［M］．北京：经济科学出版社，2012：93。

国企亏损加剧，始于 1993 年，1996 年首次出现全国国企净亏损，1998 年仍有三分之二的国有企业亏损，全部国有企业只有 213.7 亿元利润。按照西方经济学理论，国有企业亏损是公有制本身的缺陷。这种解释显然过于简单和武断，是一种典型的教条主义。如果国企亏损是“体制”导致的，那么就无法解释 20 世纪 80 年代国企良好的经营绩效，也无法解释 21 世纪以来大量国企（包括在竞争性行业中的国企）的良好表现。20 世纪 90 年代的国企亏损，有国有企业自身的体制问题，但这并不是主要的。国有企业亏损的根本原因是宏观经济上出现产能过剩、需求不足，结构转型，优先发展重工业的战略发生了转变，国有企业要承担更多社会责任，等等。

经济周期导致的产能过剩是国有企业亏损的主要原因。经过 20 世纪 80 年代放权让利的改革，国有企业的竞争性逐步增强，为了追求利润最大化，在“分灶吃饭”的财政体制下，在地方政府也支持企业扩大投资的情况下，国有企业出现了大量重复建设。国有企业在 20 世纪 90 年代的投资率明显高于 80 年代，特别是 1992 年之后，企业投资冲动增加，1993 年、1994 年出现投资高峰，直接造成大量过剩产能。同时，随着收入分配差距的加大和社会保障体系的瓦解，居民购买力下降。这是典型的市场经济导致的需求不足、产能过剩，可见当时国企亏损并不是国有企业的公有制性质导致的。

在市场经济的下行周期，出现大规模产能过剩，这是市场经济调节的滞后性、无序性的表现，无论是国有企业还是非国有企业，都会面临大量亏损。只是中国当时大多数企业还是国有企业，所以人们会误以为软预算约束、投资冲动是国企特有的问题。而 2008 年国际金融危机之后，人们发现，无论是美国的大型私营企业，还是我国民营经济份额占比已经超过或接近国企、市场竞争非常充分的钢铁、电解铝等行业，也都出现预算软约束和产能过剩，难道这也是公有制带来的“体制问题”？这充分说明，投资冲动不是国有企业特有的问题，靠国企私有化解决不了，反而需要国有企业更多地来承担并解决因市场失灵导致的问题。

发展战略的转变是国有企业亏损的另一个原因，这也是国有企业承担社会责任的表现。计划经济时期，我国为了迅速建立工业基础、保障国家安全等，使国有企业资本集中于重工业部门，导致了国有企业产品单一，对下游消费市场反应不灵敏。重工业的初始投资大、沉没成本高，短期盈利能力不强，还有大量国有企业为了社会公平和三线建设等需要，位于自然和交通条件不利的地区，这些企业的经营成本高，往往包括为下游产业和其他地区分担的成本，甚至为后来民营企业的发展预先分担了成本。20 世纪 80 年代之后，重工业优先发展战略逐步退出，导致以重工业为主的企业、老工业基地、资源型企业和中西部地理位置没有优势的企业竞争力削弱了。这就好比，一个家庭的长子，年轻时为了挣钱养活全家，牺牲了自己的健康，也没有为自己积累任何财富，那么等其他子女成长起来之后，理应为他分担一些任务，弥补其早年的付出。

还有就是，国有企业比其他所有制企业承担了更多的社会责任。自

20世纪80年代以来，这些社会责任不是减轻了，而是加重了，使得国有企业在与新发展起来的其他所有制企业竞争时处在不利的地位。这又包括以下几个方面。

首先，国有企业承担着就业和社会保障的责任。在我国，国有企业安置城镇就业人口比例长期高达70%，1978—2003年，国企职工工资年均增长13.2%，而20世纪90年代以来，私营企业职工工资年均增长5%，国企职工工资增长远远高于私企职工。国有企业一直承担着支付广大退休人员工资的重负，企业的历史越久、退休职工越多，负担就越重。随着人口进入老龄化，医疗费用快速上升，1993年，国有企业医药费支出占到了工资总额的10.8%，已经成为企业的沉重负担。[①]

其次，国有企业承担着支援农村等社会责任。为了缓解20世纪90年代初的农村经济困难，1990—1995年，农副产品收购价格上涨87.7%，国有企业原材料购进价格提高135%，但工业产品出厂价仅提高1%，[②] 特别是能源性、资源性企业，价格受到国家管制，也等于在为其他企业分担成本。在质量安全、环境保护等方面，国家对国有企业的要求也更高。

最后，为了扶持私营和外资企业，在很长一段时间里，国有企业的税负显著高于其他所有制的企业。为了支持私营经济发展，私营企业的税负被大幅降低，1990年之后，国企的税率就明显高于集体、个体和股份制经济。据徐则荣估计，20世纪90年代，各类企业每100元产值所缴纳的税金中，国有企业为13.28元，乡镇企业为4.88元，中外合资为5.06元，外资企业为2.41元（见表4-2）。[③]

---

① 曹春．社会保障筹资机制改革研究［D］．财政部财政科学研究所，2012.

② 刘国光．共同理想的基石：国有企业若干重大问题评论［M］．北京：经济科学出版社，2012：97.

③ 徐则荣．国有企业定能重振雄风［J］．国企，2011（11）：106-107.

表 4-2 1985—2000 年各类所有制企业税负

年份	国有企业	集体企业	个体、股份经济	其他经济	外资企业
1985	21.3%	12.8%	41.7%	15.6%	
1990	16.8%	6.4%	17.9%	15.3%	
1995	14.2%	3.2%	3.2%	2.3%	
1996	11.5%	4.4%	5.6%	3.8%	3.1%
2000	10.6%	5.1%	6.9%	4.0%	3.3%

资料来源：刘国光．共同理想的基石：国有企业若干重大问题评［M］．北京：论经济科学出版社，2012：97。

民营企业的发展，离不开国企的贡献。大量民营企业第一桶金来自国企改制，资产、人员、技术均是直接以较低的成本从国企获得，甚至是“空手套白狼”。为了支持民营企业发展，不少地方在国企改制中是“半卖半送”，大量地方通过廉价出让土地和矿产资源支持民企发展，这也造成了国企和民企的不公平竞争，是国有企业遇到困难的原因之一。可以说，脱离公有制经济的支持，中国民营经济将失去盈利和增长的基础。我们在理论研究上不能回避这个问题（这并不是说要追究民营企业的原罪），而是要让人们真正理解国有企业的历史贡献。

国有企业亏损还有一个不可忽视的原因，就是一段时间以来，国有企业改变了党委领导下的厂长分工负责制和“两参一改三结合”的管理制度，对党的领导、职工的主人翁地位强调得少了，放弃了社会主义民主管理企业的政治优势。国有企业管理制度的改革一方面可能有利于国有企业管理者发挥积极性，另一方面却可能导致放松对企业管理者的监督。在旧的监督制度被削弱、新的监督制度不健全的情况下，一些国有企业管理者出现了机会主义行为甚至严重腐败，如故意把国企搞垮，以便为私有化创造条件，利用国企的资源办“厂中厂”等，并进行利益输送。因这种原因而出现的国有企业亏损，与企业的公有制性质无关，恰恰相反，是因为放弃了公有制的制度优势。

可见，国有企业遇到的困难，并非像“主流经济学”的信奉者宣传的那样，不是由于国有企业自身的体制问题，而是由于产能过剩、国家发展战略的转变等。实际上，在90年代末采取一系列措施改革之后，到21世纪，国有企业焕发出了勃勃生机，这说明国有企业是完全能够搞好的。

国企改革三年攻坚

1997年，中共中央和国务院提出国企三年脱困的目标。1999年，党的十五届四中全会通过了《中共中央关于国有企业改革和发展若干重大问题的决定》，并制定了一揽子措施。这些措施一方面是缓解国企积累的困难，另一方面是建立新的国有资产管理体制。在缓解短期困难方面，国家主要采取债转股、技改贴息和政策性关闭破产这“三大撒手锏”，三年攻坚为国企改革打下了良好基础，到2000年，大多数国有大中型亏损企业摆脱了困境。国家为国企改革与发展采取的长期措施，主要体现在以下三个方面。

首先是坚持公有制的主体地位。在市场经济转型中，中央抵制住了将国有企业全盘私有化的主张，提出“搞好国有大中型企业不仅是重要的经济问题，更是重要的政治问题”。尽管由于多种原因，这一时期也出现了部分国有资产流失、职工利益受损的问题，国企职工人数从1.1亿人锐减到4288万人。但是从总体上仍然坚持了我国公有制的主导地位。

其次是对国有企业的布局进行了战略性调整，“抓大放小”。地县级政府管理的中小国有企业绝大部分被改制，国有资本实行“三个集中”，即向关系国家安全和国民经济命脉的重要行业和关键领域集中、向未来可能形成主导产业的行业和领域集中、向优势企业和行业排头兵集中。这样中央企业的总数从2003年的196家减少至2010年的125家。

最后是以国资委成立为标志，建立新的国有资产管理体制，归纳起来就是“三分开、三统一、三结合”。“三分开”即：政企分开，政府授权国有资产监督管理机构对企业国有资产履行出资人职责，不直接管理国有企业；政资分开，国有资产监督管理机构不行使政府的社会公共管理职能，政府其他机构、部门不履行企业国有资产出资人职责；所有权与经营权分开，国有资产监督管理机构不得直接干预企业的生产经营活动，让国有企业成为真正的市场主体，利润成为国企的主要经营目标。“三统一”即权利、义务和责任相统一。“三结合”即管资产和管人、管事相结合。新的国有资产管理体制极大地激发了国有企业活力，促进了国有企业的改革和发展。

国有企业改革的成就

曾经一段时间，在我国的学术界和舆论氛围中，国有企业已经被做了“有罪推定”，似乎国有企业天然意味着垄断、低效和腐败。这与其说是事实，不如说是带有偏见的意识形态。

实际上，自从国有企业改革以来，经过十多年的发展，以央企为代表的国有企业，已经在中国经济中占据了核心地位，成为引领中国国家发展战略的主要引擎。在航空航天、高铁、大飞机、军工、电信等战略工业前沿领域，在石油石化、电力、交通、矿产资源开发等关系国家安全和基本民生的关键领域，国有企业始终占据着主导地位。

国有企业在战略性领域提高竞争力，占据产业制高点。在航天、高铁等领域开展自主创新，走在国际前列。智能电网达到世界先进水平，在西方屡屡出现大面积停电事故的情况下，我国始终保持安全稳定运行。特别是央企作为国有经济的核心，带动了产业集群发展，发挥了主干引领者作用。2008 年金融危机后，央企走向世界的脚步加快，中国第一代全球企业的崛起初见轮廓。2016 年《财富》世界 500 强企业排行榜出炉，中国企业入榜数目达到 110 家，其中国有或国有控股企业超过 90 家。这将带动中国引领全球新一代经济、金融全球化，与 19 世纪的英国和 20 世纪中后期美国大量跨国企业走向世界具有同等重要的意义。

国企抵御国际市场风险，维护国家经济安全。随着我国经济的发展，全球化对我国的影响日益深刻。发达国家通过跨国企业和大型金融机构操纵原材料、能源资源、金融等市场，它们翻手为云覆手为雨，如果发展中国家没有足够规模的企业，经济命脉就免不了被控制。我国国企在这方面起到定海神针的作用。2008 年国际原油价格上涨，中石化和中石油为国内市场价格补贴 1000 多亿元。2006—2008 年，发生了一场席卷全球的国际粮食危机，一些国家因为粮食问题导致社会动乱，而中国的中央粮食企业坚决执行国家最低收购价、拍卖销售、跨省移库，维护了粮食市场稳定。中国五矿集团、中国有色矿业集团等企业是我国有色金属工业“走出去”的排头兵，在澳大利亚、南美、非洲等地开展经营，而且融入当地社区，承担社会责任，被所在国视为“全天候的朋友”，成为传播和平外交理念的使者，为维护国家利益和促进共同发展做出了贡献。

国企引领了技术进步，中央企业已累计拥有有效专利 7 万余项，许多技术走在了国际前列。中国建筑在国际上承建了很多高难度的建筑，在全球主跨超千米的 26 座桥梁中，中交集团设计建造了 10 座。神华集团煤炭产量和销量均居世界第一，百万吨死亡率低于美国等发达国家的水平。中国铝业等自主开发的新型铝电解技术达到世界领先水平，实现了成套技术出口。全球金融危机催生了新科技革命，国有企业应树立强烈的创新自信，坚持自力更生、自主创新，敢于走前人没走过的路。值得一提的是，成为国家名片的中国高铁、大飞机，是国有企业从引进、消化、吸收、再创新到自主创新的典范，也都是由国企来实施完成的。据统计，2011 年到2014年的国家科学技术进步奖特等奖获奖项目5个，其中，中央企业主导、参与的项目4个；一等奖获奖项目49个，其中央企、地方国企主导、参与的项目25个，超过半数。[①]

增强对国企的制度自信

党的十八大以来，中央多次重申坚持国有企业改革的正确方向，明确拒绝私有化的主张，强调国有企业是推进现代化、保障人民共同利益的重要力量，要坚持国有企业在国家发展中的重要地位不动摇，坚持把国有企业搞好、把国有企业做强做优做大不动摇。要求推进国有企业改革，要有利于国有资本保值增值，有利于提高国有经济竞争力，有利于放大国有资本功能。

相当一段时间以来，关于中国要不要办国有企业、要不要做大做强国有企业，还存在各种缺乏自信的、虚无主义的、照搬书本的、言必称希腊的观点。发展国有经济是一种治理市场失灵的综合性手段，国有企业在治理宏观经济失衡、提供公共物品、消除外部性、调节收入差距等方面都能起到作用。无论从历史还是从现实来看，不管是改革开放前还是改革开放后，国企都是推动中国现代化、维护人民根本利益的主体力量。这是历史的必然，是现实的必然，也是走向未来的必然。

国有企业是国民经济发展的中坚力量。对国有企业要有制度自信。深化国有企业改革，要沿着符合国情的道路去改，要遵循市场经济规律，也要避免市场的盲目性。要搞好国有企业改革，就需要正确评价中国的国有企业。

第一，国有企业首先是企业，要遵循企业发展的普遍规律。这些规律

---

① 国企囊括一半国家科技进步奖［EB/OL］. http：//www. stutimes. com/toutiao/a3809160673/, 2015－01－11.

包括成为真正的市场主体，按照市场规律运行，建立完善的法人治理结构，建立有激励有约束的运行机制，实现信息透明公开等。经过多年改革，这些体制机制正在不断完善，这方面争议并不大。

第二，国有企业作为中国这个正在崛起的发展中大国的企业，承担着引领现代化进程、参与国际竞争的任务。世界大国的崛起，都离不开一大批龙头企业的生长。这些龙头企业的生长，除了依靠市场竞争和资本集中之外，也都离不开国家的保驾护航。一旦发达国家依靠坚船利炮完成资本原始积累，确立全球分工秩序之后，发展中国家就失去了公平参与市场竞争的机会。发展中国家通常是资本极度稀缺的，为了具备平等参与全球化的话语权，只能通过国家力量集中资源，这是二战之后大量发展中国家举办国有企业的原因，其中既包括发展中国家，也包括大量刚刚独立的国家。近年来的主流经济学家认为，这一实践是失败的，这不符合事实。20世纪50—70年代，是发达国家和发展中国家的缩小差距的时代，这是同广大发展中国家发展国有经济、赢得和维护经济主权分不开的。今天，我国参与国际竞争的广度和深度空前加大，国有企业具有历史形成的规模、资金、技术、管理和人才优势，理应成为参与国际竞争、争夺国际话语权的主要引领力量，而不能迷信自由贸易和“越小越好”的教条，自废武功，放弃制度优势。南车和北车合并之后，改变了“窝里斗”而一致对外，就是这个道理。

第三，国有企业是社会主义性质的企业，起着治理市场失灵、约束资本特权的功能，“避免市场的盲目性”。自19世纪末以来，发达资本主义国家也在探索限制市场失灵和资本特权的途径，创办国有企业就是其中一种主要办法。美国的田纳西流域管理局至今仍是运营良好的国有企业，德国最高时有1100多家国有独资企业，法国超过一半铁路、邮电、航空和港口都由国有企业经营。中国作为社会主义国家，就更有条件利用国有企业调节劳动关系、维护生态平衡和国家安全。在近年来多次经济、金融危机中，如果中国没有一大批召之即来、来之能战的国企作为定盘星，恐怕早就被跨国资本冲垮了。

第四，国有企业是历史形成的资产。新中国经济基础的建立，依靠的不是殖民和掠夺，而是靠亿万人民在低回报的情况下的辛勤劳动。从这个意义上说，国有资产本来就凝聚着不可分割的全民付出，是属于全民的财产，这是特定历史条件下为了实现工业化所必然付出的代价，这是今天的国有资本必须属于全民、服务于全民，并由全民通过一定的程序实施民主管理的源头。

思考国企改革，需要尊重历史，而不能割断历史。特别是改革开放前的30年，国家和人民之间建立了政治契约，人民愿意以低工资、低福利的条件在国有企业努力劳动，其预期回报是等公有制企业发展壮大之后，其发展成果能够由全体人民共享。如果没有公有制，如果没有对未来共享劳动成果的预期，中国不可能在这样低的起点下实现工业化。

与其他一些国家比较之后，我们更能发现我国国有企业改革发展的意义。俄罗斯全盘私有化后，失去了能与西方跨国资本抗衡的工业体系，沦为与中东和非洲一样的资源和原料出口国。20世纪70年代中期以来，拉美国家实行绝对私有化，虽然短期内减轻了财政负担，但最终导致大量失业和两极分化，金融资本迅速聚集到少数大财团手中，全国大部分经济活动被大财团控制，社会经济陷入危机之中。

需要特别注意的是，俄罗斯、东欧和拉美国家向私有化转型时，他们的经济发展水平都比中国高。如果今天中国搞了全盘私有化，那么就将变成连俄罗斯、印度、菲律宾都不如的国家，对外无力维护国家主权和统一，对内无力维护人民利益，中华民族伟大复兴的道路就此中断。这也是一些西方国家极力向中国灌输全盘私有化理念的重要原因。

澄清对国企的误解和歪曲

当前，国企改革还在进行中，国企确实存在许多不容忽视的问题，需要重视和解决。但是，也有一些影响很大的观点，把问题都一股脑地推到国有企业的公有制性质上，进而把国有企业妖魔化，要“打破党国大公司”，认为只有实行私有化才能解决这些问题。

有人说，“国企垄断，与民争利”。这种指责，大多数是没有道理的。所谓“国企垄断”有两种情况。第一种是国企在历史上形成了较大的规模和优势竞争力，这对我国参与国际竞争是有利的，本质上是行业集中度的问题。例如，美国明知波音和麦道合并会导致美国航空市场的垄断，却仍然进行了合并，这说明，美国更关注的是企业的全球竞争力，而并非仅仅把眼光放在国内市场，我国在这一点上要向美国学习。实际上，央企在国际市场上的表现证明，国企依靠的是由规模带来的核心竞争力，而不是其垄断地位。国企的盈利大户，不仅有石油石化、电力、电信等行业企业，也包括船舶、汽车、航运、冶金、建筑等竞争性行业企业。中石油、中石化，在国外的油田都是在外国企业不肯去的地质情况复杂的地方，在没有行政保护甚至是面临劣势的情况下，央企仍有足够的竞争实力。

第二种是带有自然垄断性质的行业，如铁路、电网等。这类企业，在国际上也是以国企为主，但是通过严格的监管，使之不能借助垄断地位攫取超额利润。国企由于本身就承担着政策性目标，再加上政府自身就是所有者，监管力度最大，能够有效避免这种风险，解决这类垄断的问题主要是靠监督和民主管理、信息披露，私有化可能适得其反。

有人说，“国企效率低下”。这种状况确实存在，民营企业的机制更加灵活，能够有效避免人浮于事、吃大锅饭等现象，许多民营企业家吃苦耐劳、精打细算，这些都是民营企业的优势。但同时也要看到，国企的效率不仅体现在经济效率上，也体现在社会效率上。例如建设基础设施，投资大，收益时间长。我国铁路以世界6%的总里程完成24%的总运量，每公里铁路承担的运量比欧美高3~6倍，干线高10多倍。如果仅看铁路自身经济效益，固然不高，但是如果没有这么大的运量，我国经济不可能达到这样高的增长率。国有经济还承担着优化产业地区布局、促进全国平衡发展的社会责任。中西部创办一个大中型企业，就带动了一片地区的经济增长，这种企业，经济效率必然低于东部，但是不能不办。

有人说，“民间投资下降，全怪国企垄断”。这就好比说，私家车开得慢了，怪公交车太多了。显而易见，交通拥堵不是因为公交车太多了，而是多方面因素导致。在私有制条件下，投资同样会经历周期性下降，因为企业追逐利润的盲目性会导致投资和产能过剩、平均利润率下降。我国民间投资下降也是因为过去投资增长过快透支了投资空间。不看市场变化而一成不变地认为，过去民间投资增长多快，现在就还应该增长多快，这肯定不全面。恰恰相反，目前还有投资空间的，主要是非营利性、公益性、战略性的领域和环节，民间资本还没有足够的能力和觉悟为这些领域做贡献，还要发挥国企在投资中的关键作用。因此，民间投资下降主要是市场变化，不能归咎于国企垄断和限制。在我国，国企和民企是分工合作、优势互补的关系。要避免操弄“国进民退”的话题，在国企和民企之间制造矛盾。

有人说，国企私有化，才能激发市场活力。这是一个话语陷阱，认为只有市场和私营企业才是更有“活力”的，而公有制就是“僵化”的，这个看法不正确，是机械地照搬了改革开放初期的状况。改革开放初期，国有企业一统天下，适当降低比例是必要的。但是目前，在一般竞争性领域搞私有化，不可能缓解已经普遍存在的产能过剩，还可能加剧产能过剩。在能源、资源等自然垄断领域搞私有化，将加大经济运行的风险和成本，山西当年私有煤炭企业出现普遍的官商勾结、安全生产事故和破坏环境的情况，经过收归国有企业整顿之后才有所好转。在铁路、电信等具有规模效应的领域搞私有化，将破坏网络的整体性，增加交易成本和安全风险。在公用事业、医疗、教育等公共服务领域搞私有化，将危害公共服务的公益性和公平性，影响民生和收入分配。可见，无论在哪个领域，并不是通过私有化就能够激发经济增长活力，相反，还有可能带来很大的社会成本和风险。一盘散沙、支离破碎的经济结构，是不可能有活力的。

还有一些观点，把属于行业监管、行业政策的共性问题，也归结到国有企业头上。比如，产能过剩是由于企业的无序竞争和一些地方和行业放松规划和监管所造成的，但个别地方仅仅要求国企限产。再如，房地产"地王"频现，是由房地产政策造成的，国企仅占房地产开发企业的1.9%，如果仅仅要求国企退出房地产市场，"地王"问题并不能解决，反而降低了国家的调控能力。再如，目前公立医院过度扩张，是由于逐利性过强造成的，如果不扭转公立医院的逐利性，仅仅限制公立医院发展，甚至把公立医院私有化，老百姓看病将会更难、更贵。这些问题，并不是通过私有化就能解决的。

上述错误认识的根源，主要在于用西方经济理论来比照我国的现实。但是，即使是西方经济学者，也并不认为私有制就一定比公有制有效率。2016年的诺贝尔经济学奖得主奥利弗·哈特（Oliver Hart）就认为，市场交易是有成本的，成本高到一定程度，市场就是无效的，而改变所有制是降低交易成本、提高效率的替代办法。2001年诺贝尔经济学奖得主约瑟夫·斯蒂格利茨（Joseph E. Stiglitz）在《社会主义向何处去》一书中批评了国有企业比私营企业效率低的论断，认为"私有制比国有企业更有效率"

这一说法存在简单逻辑推理的谬误，是一种傻瓜式的经济理论。[①] 可见，即使是在严肃的西方经济学理论中，国有企业的存在也有充分的理论依据。

更重要的是，目前在我国国企和私企之间的矛盾是表象，国资跟外资的矛盾是本质。有一些对国企的意见，带有跨国企业自身的利益诉求。随着我国国企的日益壮大，在国际上开展收购，开发资源，跨国企业和外国政府感到危机和压力，他们利用我国改革中尚不完善的环节，制造舆论，想要我们解除武装，是十分自然的。他们对其他发展中国家也是这样做的。对这种情况，我们一方面要有自主意识，不能被人牵着鼻子走；另一方面要有深化改革的紧迫感，让国企以更新更好的形象展示出来，经得起苛刻的质疑。

中国的国企改革和发展具有世界性的意义，它把马克思关于社会所有制的设想和20世纪以来各种关于社会市场经济的设想变成了现实。但是，国有企业的理论建设远远跟不上丰富多彩的现实。实际上，中国已经探索出了不少独特的国企改革经验。例如，中国没有像苏联那样搞高度集中的国有经济，而是把中央和地方的积极性、管理者和工人的积极性都调动起来；也不像发达资本主义国家那样主要在市场失灵的领域发展国企，国家主要掌握资产收益权，而是在竞争性和非竞争性领域都充分发挥国企的引领作用，综合发挥国有资本优势、制度优势和组织优势，有效地将党的政治优势转化为企业的核心竞争力。这些经验的总结，有利于我们增强制度自信，有助于我们坚定办好国企的信心。

我国已经成为世界第二大经济体，面临的国际竞争更加激烈，资源能源的争夺更加残酷，国际市场瓶颈更加凸显，国家安全的边界和内容空前

---

① 蔡万焕，刘震．关于国有企业讨论的最新进展及背景原因分析［J］．学习与探索，2012（11）：87－91.

扩大。国企在应对国际竞争、维护国家安全方面的职能将更加重要。目前，在世界500强的50个行业分类中，中国只占领了其中18个行业，仅占三分之一，其中主要是国企。对国企而言，应以世界500强为对手，不是退，而是进，不是有进有退，而是能大进则大进，能进多少进多少，深度参与国际市场竞争。培育具有国际竞争力的大型跨国企业，成为参与国际竞争的大国重器。国企的成败，同中国特色社会主义的成败是融为一体的。有了正确的方向，再经过改进作风、反对腐败的洗礼，总结正反两方面经验，中国的国有企业一定能够加把油、争口气，在深化改革中浴火重生。①

5. 公共部门的"大转型"

发展公共服务，提供公共产品，是现代国家政府最重要的职能之一。市场重点解决效率问题，而不以实现公平和可持续发展等为目标。因此，无论是社会主义国家还是资本主义国家，都设置了公共部门，来实现公共利益的目标。

在计划经济时期，我国公共服务体系是和计划经济体制、国有企业融为一体的，由国家全额和差额拨款，不以赢利为目标，按照计划组织生产和提供服务。如果说，在经济领域，计划经济可能存在信息传播效率低等现象，但是在公共服务领域，计划经济恰恰有着独特的优势：因为基本公共服务的首要要求就是按照需要公平地提供。市场经济本质上是"按钱分配"，一定会破坏公平性和普遍服务的原则。也正是如此，二战以来，实行计划经济的社会主义国家在提供基本公共服务方面，比资本主义国家要更加有效。据王绍光2015年研究，1980年，人类发展指数（主要衡量

① 本节部分内容曾以"党管国企　有理有据"为题发表在《红旗文稿》2017年第1期。

指标是教育和健康水平）领先于经济发展水平较多的国家，主要都是当时的社会主义国家。①

减少拨款、鼓励竞争

改革开放初期，公共部门改革的总体方向是政府减少拨款和投入，默许甚至鼓励其自我发展、自我创收，可以靠向群众收费提供服务，并和职工收入挂钩。同时，随着国有企业和农村改革，国有企业和农村集体发展成比较单纯的经济组织，提供公共服务的职能被削弱甚至被取消了。

放权让利、鼓励竞争政策的覆盖范围十分广泛，不仅包括医疗、教育、科技、文化等一般意义上的公共部门，甚至相当一部分政府机关、军队也鼓励开展经营性活动。在改革初期，这种方向激发了公共服务机构的活力和积极性，大大促进了公共部门自身的发展，具有当时的进步性。然而，改革不久，这种以盈利为目标的、市场化、商业化的方向，同公共服务的目标就发生了冲突。

最直接的后果是居民的负担加重。公共服务机构营利性增强，导致费用快速上升。在教育领域，表现为教育机构的总收入中，学杂费所占的比例大幅上升，而政府拨款的比例持续下降。在医疗领域，居民支出占医疗卫生费用的比例，从20世纪80年代初开始不断上升，到21世纪初达到60%的最高水平，不仅高于国际上发达国家（20%以下），也高于发展中国家的平均水平。

其次是公共服务普遍服务的原则受到破坏，公平性和均衡性降低，出现了向城市集中、向富裕地区集中、向少数重点机构集中的趋势，特别是

① 王绍光．历史比较视野中的中国五年规划［D］//清华大学人文与社会科学高等研究院二十世纪苏联和中国的社会主义理念与实践研讨会论文集，2015：9.

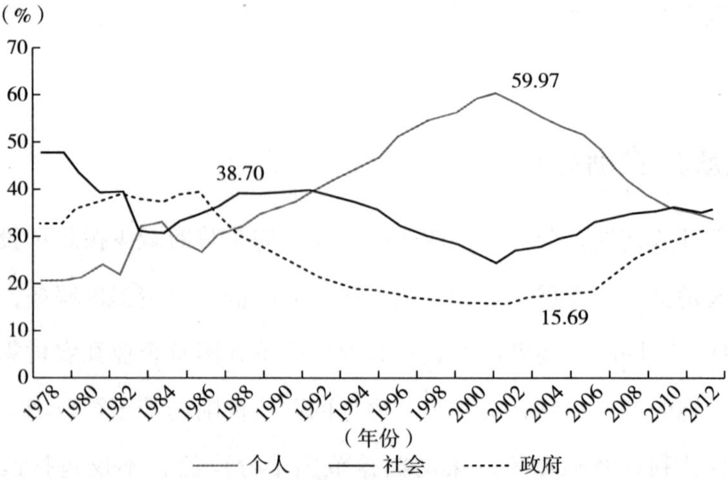

图 4-5　中国卫生总费用结构：1978-2011

资料来源：《2013 中国卫生统计年鉴》，协和医科大学出版社，2013 年版。

农村的公共服务被削弱，突出的表现在医疗和教育领域，有购买力的人希望获得更优质的服务，这反过来刺激了少数名校、名院的扩张，造成了更大的不公平。

在医疗领域，医疗市场化之后，医疗机构出于竞争的需要，大量购置医疗设备、改善硬件设施、吸引优秀医生，这在短期内促进了一批优秀医院的出现，但其代价是地区差异的扩大和广大基层医疗机构的弱化。过去的分级诊疗体系破坏，既使得患者过度集中于大医院，造成看病难；又导致医疗费用上升过快，导致看病贵。同时，大医院的过度扩张刺激了医疗服务技术路线的改变，适宜技术、基本药物等低成本的治疗手段逐渐消失，高成本、大处方的技术受到青睐。医疗卫生的商业化、市场化，导致人民健康改善速度滞后于经济发展。和同等经济发展水平的国家相比，1960 年我国国民健康水平与我国经济发展水平是同步的，1981 年国民健康水平超过同等经济发展水平的国家，而 1981—2000 年主要健康指标又落到了平均趋势左右，这表明，1981—2000 年间，我国的居民健康状况增长低于经济增长。2000 年，我国医疗卫生制度公平性在世界卫生组织的报告中名列倒数第四位。1997 年 1 月，中共中央、国务院发布《关于卫生改革和发展的决定》，确定医疗卫生事业是政府实行一定福利政策的社会公益事业。但是，这一文件的精神并未得到很好落实。

教育领域也出现类似的变化。在教育产业化导向下，“普及”和“提高”的关系发生变化，优质资源向“重点学校”集中，人为地扩大了义务教育学校间在资源配置和教育质量上的差距，学校之间、地区之间、城乡之间的差距扩大，学校之间差距扩大，刺激了下一级学校和学生以升学为目标，强化了应试教育的教学方式。虽然有关部门一直提倡实施素质教育，但是在教育资源不均衡的情况下，很多方式反而更加有助于富裕地区、富裕家庭的考生，又进一步扩大了教育机会的不公平。

商业化、市场化还破坏了一些公共服务的完整性，只看中那些有利于利润的目标，而轻视甚至放弃利润低和没有利润的产品。在教育领域，主要表现为未纳入义务教育的幼儿教育、职业教育等环节薄弱；在医疗领域，主要表现为社会效益高、但利润空间不大的公共卫生、预防保健工作受到弱化。

科研是市场化破坏公共服务完整性的又一个例子。计划经济时期，我国继承了苏联式的科研体制，目标是短时间内赶超世界先进水平，将有限的资源向战略目标领域动员与集中，在短时间内在一些战略性、尖端性领域缩小了和国际一流水平的差距。20 世纪 80 年代中期，提出科研体制的目标是“使科学技术成果迅速地广泛地应用于生产，使科学技术人员的作用得到充分发挥”，主要科技力量要面向国民经济主战场，为经济建设服务。这些做法调动了企业和科研院所的积极性，但是也影响了基础研究和公共科技事业。一些经济效益不明显的研究，如基础类、公益类的院所受到冲击，吸引不了一流的人才，公益性科研成果供给严重不足，导致原初性创新受到限制，也限制了应用性创新。放权让利的改革加大了课题组和科技人员的自主权，但是也造成了科研体制的碎片化，“集中力量办大事”的优势有所削弱；导致科研机构重视短期的、小型化研究，不易形成科技积累，基础性、长远性、超前性项目以及根据学科发展需要设置的课题难以开展。研究机构协调进行重大项目的成本在增加，从事重大项目的能力在下降。

地质勘探领域又是一个例子。地质勘探具有典型的公益性，只有在对地质条件进行一定的公益性普查之后，才有条件进行商业化的勘探和开发。20 世纪 80 年代之前，我国有一支事业单位编制的地勘队伍，勘探资金由国家支出，探矿权、采矿权由国家所有，80 年代后提出“戴事业的帽子、走企业的路子”，导致公益性的普查工作量减少。20 世纪 90 年代中期每年钻探量只有 70 年代的 1/10，重大资源勘探缺乏足够的突破。

重建公共服务体系

公共部门的商业化、市场化改革，很快就导致了不良的后果，在 20 世纪 90 年代，看病贵、上学贵日益成为严重的社会问题。同时，社会保障的不完善、公共服务成本的提高，加剧了社会矛盾，对国有企业改革、扩大内需、加强农业等中心工作造成了冲击。这些冲击推动了公共服务领域的改革。

20 世纪 90 年代初开始，国家就着手解决义务教育的筹资问题。1993 年，中共中央、国务院《中国教育改革和发展纲要》，2001 年，国务院《关于基础教育改革与发展的决定》提出确保中小学教师工资发放是地方各级人民政府的责任。不过，由于教育资源的分布仍然不均衡，升学率的竞争带来优质教育资源的集中，优质资源集中反过来又加剧学校之间出于升学率的竞争。公众反映强烈的“择校”问题、中小学生课业负担过重问题等，也诱发了诸多扭曲甚至腐败行为，扭曲了教育发展的目标，也损害教育公平。这些问题还没有根本缓解。

医药卫生体制改革自2003年“非典”之后开始酝酿，主要的方向是强化政府责任，于2006年正式确定了医改的方向，提出“政府主导、社会参与”，坚持公共医疗卫生的公益性质。2009—2012年，医改重点在基层推开，以职工基本医疗保险、城镇居民基本医疗保险、新型农村合作医疗为主体的医保制度体系初步形成，广大基层医疗卫生机构实现了公益性。但是，由于占医疗服务体系最主要的公立医院改革尚未全面推开，医疗卫生体制的逐利性仍然较强，医疗费用增长较快，群众的感受还不明显。

20世纪90年代末，为配合国有企业改革和农村改革，开始全面构建社会保障体系。现代社会是以构建社会公共保障体制来应对化解社会公众面对的多种风险。社会保障至少有三个目的：一是互助互济，在全社会甚至国家范围内分散和缓解个人可能遇到的、无法抵御的风险，如生病、失业、贫困等，这些风险往往不完全是个人责任所造成的，只靠个人和家庭难以负担；二是代际公平，即一代人和另一代人之间的公平，生老病死是每个人要经历的自然过程，社会对于没有劳动能力的儿童和老年人提供帮助，是各代人之间分享发展成果的方式，这在社会保障领域主要是通过养老保险实现的；三是改善社会公平。社会保障本身是社会成员互帮互助的体现，并不是像一般商品那样，谁有能力谁就多消费，而是按照能力缴费、按照公平享受，这就自然起到了改善社会公平的作用，即强者帮助弱者，富人帮助穷人，富裕地区帮助贫穷地区，年轻人帮助老年人，健康人帮助生病的人，有产者帮助无产者。

从20世纪90年代起，随着传统的农村集体和单位的保障制度削弱和瓦解，以及市场经济的深化，中国社会开始进入高风险的阶段。我国用了

10 多年的时间，重新建立了基本覆盖全民的社会保障制度，完成了西方国家用一百多年时间走完的道路。1997 年建立城市居民最低生活保障制度（低保）；1999 年开始推广城镇职工基本医疗保险制度，2003 年起，相继普及了职工医保、城镇居民医保和新型农村合作医疗；1997 年，国务院决定实施社会统筹和个人账户相结合的城镇职工养老保障制度，到 2015 年，已经覆盖了绝大多数正规部门。

从效率优先到保障公平

公平是人类永恒的追求，古今中外各种政治哲学当中，社会主义思潮是最讲究公平的。平等不是抽象的，而是分具体层次的。在市场经济条件下，追求“规则公平”或“机会公平”，这是一种最起码的公平，即人人享有公平的参与经济和政治活动的权利。这是资产阶级革命以来形成的平等观，相对于封建社会按照出身、血统分配资源的方法，是一种进步。然而，在资本主义生产方式下，形式上的“机会公平”掩盖着实质上的不公平，那就是由资本占有所带来的权利不公平。虽然在名义上人人都享有同样的权利，但是实质上，谁掌握更多的资本，谁就有更多的享受公平的权力，一无所有的工人，只有选择到这家工厂工作还是那家工厂工作的自由。工人和资本家看起来是平等的，但是由于资本家有资本、有资源、有名声，资本家凭借所掌握的优势的社会资源，可以在组党、竞选和话语权等方面占据绝对优势。因此在国家政权中，绝大多数都是具有一定优势的资本家及其所供养的代理人，而无产阶级则很难进入国家政权中。因此，也只能实现规则和起点上的平等，即使是西方国家，为了改善社会公平，也必须通过一定的公共政策，不断矫正社会不公，这些政策包括政府通过税收进行再分配、实行福利政策、最低工资制度等，其核心是矫正资本和劳动在博弈中的不平等地位，限制资本在分配中的特权。

新中国成立，社会主义改造完成后，实现了生产资料公有制，消除了由于资本占有而带来的不平等，从而为实现完全的平等创造了条件。然而，由于在这个阶段，还远远没有达到马克思所说的消除劳动分工的条件，所以当有人提出实行完全的供给制的分配方式时，被毛泽东坚决否定了。毛泽东晚年时谈到，中国还有八级工资制，这些所谓“资产阶级法权”还不能消除，只能适当加以限制。改革开放之后，中国大胆引入市场机制和私营经济。市场和资本带来社会分化，社会差别开始扩大，但这在改革初期起到了激励劳动、提高效率的目的。同时，市场经济意味着资源的自由流动，这就必然带来城乡和地区之间的不公平，以及由职业分工带来的不公平。

在这种情况下，以邓小平为核心的党中央警告：“如果搞两极分化……民族矛盾、区域间矛盾、阶级矛盾都会发展，相应地中央和地方的矛盾也会发展，就可能出乱子。”① 党和政府开始采取措施，缩小地区、城乡和人群之间的差距。

首先进行的是缩小区域差距，主要手段是通过中央政府对地方的转移支付。1988 年，邓小平同志提出了“两个大局”的战略构想。一个大局是：“沿海地区要加快对外开放，使这个拥有两亿人口的广大地带较快地先发展起来，从而带动内地更好地发展，这是一个事关大局的问题。内地要顾全这个大局”。“发展到一定的时候，又要求沿海拿出更多力量来帮助内地发展，这也是个大局。那时沿海也要服从这个大局”，“先进地区帮助落后地区是一个义务，而且这是一个大政策”。② 1995 年，中共中央开始酝酿西部大开发战略，提出要“未雨绸缪，研究一些政策，处理好

① 邓小平．邓小平文选（第三卷）[M]．北京：人民出版社，1993：364.
② 李君如．论邓小平“两个大局”思想与西部大开发战略决策 [J]．前线，2000（5）：4－7.

先富与后富、发达地区与不发达地区的问题，逐步缩小差距，这样才能最后实现小平同志提出的共同富裕的目标”,① 认为在有效需求不足的新形势下，抓住时机，实施西部大开发，对于整个国民经济的持续快速健康发展具有重要意义。1999 年，西部大开发战略正式启动。发挥政治体制集中统一的制度优势，创造了对口支援、干部对调等独特的制度，为缩小地区差距起到了积极作用。

除了由历史、自然和区位条件带来的差距过大之外，社会不公最主要的来源是资本和劳动之间的不平等。资本和劳动之间的关系，是市场经济下分配关系中主要矛盾的核心。在西方市场经济早期，资本和劳动在分配关系中的不平等是造成社会两极分化的主要原因，其中途径包括剥夺劳动者的休息权、压低工资在分配中的份额、延长劳动时间、恶化劳动条件等等，通过这些途径，企业主维持生产和利润，并得以不断扩大投资，而工人阶级日益陷入贫困化，导致需求不足。

改革开放之初，作为对过去“平均主义”和“高积累、低消费”的反思，中央和地方政府鼓励企事业单位包括农村扩大收入差距，鼓励“致富光荣”，农村涌现了大量“万元户”，城市单位也鼓励增加工资，这段时间是新中国成立以来分配关系最好的时期，表现为职工工资补偿性快速增长。新中国成立初期，由于职工人数不多，1952 年职工工资占 GDP 的比例仅 10.5%。随着职工人数的增加，职工工资占 GDP 的比例快速上升，最高时为 1958—1963 年，保持在 20% 左右。从 1970 年到 1990 年的 20 年间，这一比例始终稳定在 15% ~18% 之间。而从 1990 年开始，职工收入占 GDP 的比例逐步下降到 2000 年的 10.8% 左右。同时，随着劳动力

① 曾培炎. 战略抉择：第三代中央领导集体的远见卓识——西部大开发战略决策的提出和实施[J]. 党的文献，2010（2）29 – 37.

结构的变化，过去以正式职工为主的结构转变为以非正规就业的农民工为主，劳动力市场的商品化程度提高，主要表现为劳动合同不稳定、超时工作、拖欠工资、社会保障覆盖率低。

针对这些情况，我国从21世纪初期就开始解决劳动者权益保护的问题，其中最重要的就是制定了劳动法和劳动合同法，以劳动合同来保护消费者权益，同时注重解决农民工工资拖欠问题，提高农民工社会保障的覆盖率等等。据估算，自2011年以来，农民工工资长期保持不变的情况得到扭转。当然，目前的收入分配、劳动者权益的保护还有很大的改善空间，但是中国已经在向这个方向努力，并取得显著的成就。中国虽然在市场经济初期，在保护劳动者权益方面，也出现了这样那样的问题，但是并没有出现西方现代化早期恶性的两极分化，而且一旦出现两极分化的苗头，党和政府就及时采取措施予以了纠正，从而保证了劳动者权益的改善和经济持续的发展。

6. 全面总结改革开放的经验

改革开放取得了巨大成就，是大踏步改变中华民族面貌的伟大时代。从中国历史来看，这几十年是新中国成立以来也是近代以来中国最好的时期之一。从1978年到2016年，GDP保持了9%以上的年均增长速度，贫困人口大幅度减少，中国的综合国力大幅度增强，在国际上还没有一个大国持续30年以上保持这样高的增长速度。中国在世界经济中的排名，从1978年第11位，跃升至当今的第2位。对绝大多数中国家庭来说，感到生活明显改善、生活品质提高，是在改革开放之后。拥护改革、坚持改革，是中国的主流民意。

坚持改革开放，最重要的是要全面正确总结改革开放的成功经验，正确地解释改革开放成就的来源。恰恰在这个问题上，中国社会还没有形成完全一致的意见。

改革开放不是单纯的 “市场化”“小政府”

近年来，一种观点认为，改革开放就是“市场化改革”，就是在计划经济的基础上，更多地引入市场因素、减少政府的干预，改革公有制，向私有制转型。正如英国《金融时报》一篇评论宣称的那样：“尽管官方仍信仰共产主义，但中国在20世纪70年代末开始抛弃计划经济，并逐步信奉市场改革，从而激发了40年的飞速经济增长。”① 有的观点认为，中国经济的腾飞，就是因为破除了对社会主义、对公有制、对计划经济的迷信，“不管姓资姓社”“无论姓公姓私”，所以中国经济才一路高歌走到今天。要继续成功下去，下一步也就应该沿着这个方向，进一步缩小政府职能、放松对资本的管制、减少国有企业、废除土地集体所有制以及《劳动法》等“制度性障碍”“意识形态障碍”，让市场在资源配置中发挥更大的作用。这种看法在当时影响很大，但是这种看法是对中国改革开放政策的误读，虽然市场经济在中国发挥着重要的作用，但是，中国的社会主义市场经济同西方资本主义市场经济，有着本质的不同。

从所有制基础看，中国的经济基础仍然是公有制，所以中国的市场经济和西方资本主义市场经济有着不同的所有制基础。不管是改革开放前还是改革开放后，中国坚持以公有制为主体，公有制经济是中国启动现代化、维护国家安全和人民共同利益的主要经济基础。截至2012年年底，

---

① 杨缘．中国学者呼吁加强马克思主义经济学教学［EB/OL］．英国金融时报中文网．2016年6月2日，http：//www．ftchinese．com/story/001067850．

我国三次产业经营性总资产约为487.5万亿元（含个体工商户资产），其中公有制经济的经营性资产规模是258.4万亿元，占53%，如果计入非经营性资产，那么我国社会总资产规模将达518万亿元，其中公有制资产289万亿元，占比达到55.8%，而且这还不包括耕地之外未开发利用的资源性资产。[①] 可见，我国公有制经济仍然是国民经济的主体。并且，公有制经济的作用不仅体现在数量上，而且还体现在质量和控制力上。在关系国家安全和基本民生的军工、航天、能源、农业领域，公有制经济仍然占有绝对主体地位。公有制经济还分布在大量具有基础性、公共性的部门，比如铁路、基础设施、电力、医疗、教育等，这些部门本身有一定的经济效益，但是更大的作用是为整个社会提供公共服务，具有外溢性，为整个经济发展降低了成本，这是国有经济控制力的又一个体现。

从市场起作用的范围看，中国的市场被局限于其能够有效发挥作用的经济领域，特别是一般竞争性领域，而在自然垄断领域、涉及国家安全等非经济目标的领域、关系社会责任的领域，则通过政府来限制市场的作用。在社会、文化等领域，中国一方面让市场发挥必要的作用，另一方面发挥政府在制度设计、服务提供和监督管理方面的作用，提出医疗卫生改革要坚持公益性、文化不能以商业利益为目标。这些从本质上说就是在经济政策和社会、文化政策中间加了一道“防火墙”，让市场在其有效的范围内起作用。

更重要的是，中国从制度上防止政治权力受制于资本。凭借资本的力量影响政治权力，是资本主义国家必然出现的现象，这在大资本私有制的情况下是不可避免的，经济基础必然决定上层建筑。而中国的经济和政治

① 裴长洪等．中国基本经济制度——基于量化分析的视角［EB/OL］．http：//finance.sina.com.cn/stock/t/2015－12－25/doc－ifxmxxsp 6914222.shtml.

体制，能够比较有效地避免大资本所有者影响政治权力。之所以能够做到这一点，一方面是在经济体制上坚持党的领导，坚持公有制主体地位、特别在关键领域保持公有制的控制力，另一方面则是通过党的组织体系和人民代表选拔干部、党对军队和意识形态的领导等途径，切断资本和权力联姻的渠道。

最后，从中国改革的进程来看，这30多年并不是市场的范围越来越大、政府的作用越来越小的过程。市场在其有效的范围起着很大的作用，但是并不是没有边界的，一旦市场的作用超过了其边界，如一度出现过的医疗市场化、教育产业化，国家就会努力将其纠正过来。政府的作用也不是越来越小，从政府支出来看，改革开放初期中国的税收占GDP的比例一度有所降低，但20世纪90年代之后就在不断上升。从政府行为来看，尽管政府直接干预企业微观行为的做法在减少，但是政府在其他方面的职能不断在增加，比如产业政策、财政转移支付、区域协调发展、宏观调控、提供公共服务等。

改革开放并不是单纯的“市场化”改革，因为改革开放是两种趋势共同起作用的过程：一方面，是让市场在资源配置中起基础性、决定性作用，在一般竞争性领域破除阻碍市场竞争的障碍；另一方面，是发挥党、政府和社会的作用，给市场这架马车套上辔头，把它限制在一定的范围，避免市场的边界无限扩大，缓解市场对社会和个人造成的冲击和伤害，在这个过程中又为市场经济构建新的基础。由于具有以上这些特点，中国的市场经济就同西方的市场经济有着本质的不同。

市场的运行有自身的规律，中国的市场经济和其他国家相比，在这一点上并没有区别，都受市场规律的约束和影响。但和其他一些发展中国家相比，之所以中国的经济增长比较成功，就在于中国有一个强有力的代表人民根本利益的党和政府。

中国经济奇迹在于社会主义制度和市场经济的结合

社会主义制度和市场经济的结合，这一思路并不是在中国最先产生的，而是在20世纪资本主义社会改良的过程中欧洲社会民主主义思潮的组成部分。“市场社会主义”认为经济体制和社会制度没有必然联系，主张实行生产资料公有制。比如英国学者科亨认为，市场社会主义是社会主义，是因为它克服了劳动和资本的分离。在市场社会主义中，不存在一个不拥有资本的与劳动者相对立的资本家。但他们对生产资料公有的具体形式有不同的看法，如国家所有、集体所有、全民股份制等，主张在资源配置上则实行市场经济。二战之后，在一些欧洲国家，合作制和员工持股的企业有所发展，但是本质上还是私有制占据主导地位，特别是其政治体制，仍然摆脱不了垄断资本集团的影响，因此尽管能够实行一定程度的社会改良，但是设想中的“市场社会主义”并没有实现。

中国是历史上第一个把社会主义基本制度和市场经济结合起来的国家。中国改革开放以来的经济奇迹，不仅源于市场经济，而且源于社会主义的基本制度，主要体现在以下四个方面。

第一，改革开放前的社会主义建设，为改革开放奠定了物质基础和社会基础。改革开放前，国有企业和集体企业积累的大量公有资产，成为市场经济发展的物质基础，因而我国不必经过漫长血腥的原始积累，能够直接把这些国有资产市场化。改革开放前形成的比较完善的公共服务制度，使中国的人力资本水平高于同期的发展中国家，为制造业的发展提供了一支优秀的劳动力队伍。改革开放前形成的公平而稳定的社会，为改革开放初期奠定了公平的起点，有利于迅速形成竞争性的市场环境，让全体人民共享改革成果，反过来又促进了内需和投资。

第二，中国建设了发展中国家中最优良的基础设施，为经济发展降低了成本。基础设施是经济发展的前提，中国用了几十年时间，建设了远远超过其他发展中国家、并且在一些领域超过发达国家的基础设施，这是与中国社会主义制度密切相关的。基础设施投资大，而且往往具有规模效应、网络效应，如果没有社会主义基本制度，是不可能完成的。农村土地集体所有制也大大降低了经济发展的成本，为农民提供了基本的生活保障，使他们可以在城市接受较低的工资；也降低了城市工业和交通建设的交易成本，避免了私有制国家由于土地产权条块分割造成交易成本过高等问题。

第三，中国通过社会主义制度，比大多数发展中国家更好地解决了市场失灵问题。市场不能自动解决宏观经济稳定、社会公平、提供公共服务、实现可持续发展以及发展具有战略性、规模效益的行业等问题。许多发展中国家也正是在这些问题上没有解决好，而落入中等收入陷阱。中国始终保持了宏观经济的基本稳定，虽然增速有起落，但是是有限的，而且中国并没有像许多发展中国家那样发生恶性通货膨胀和债务危机。中国用十几年的时间就实现了基本社会保障的全覆盖，达到了发达国家用了一百多年、很多发展中国家至今尚未实现的目标。在面临严峻的环境污染时，中国也能及时以较大的力度进行治理。

第四，中国实行社会主义制度，有效保证了独立自主地对外开放。20世纪以来，所有发展中国家的现代化道路，都面临着一个已经被西方国家及其垄断资本主导的全球秩序，发展中国家只有依靠政府的力量，集中资本和资源，才可能在国际上开展竞争，也只有坚持政治上的独立性，实行独立自主的开放，才能够比较公平地参与国际竞争。中国依靠强有力的国有经济，已经实现了大批企业走出国门，走向世界。

中国用自己的实践证明，社会主义制度是可以和市场经济相结合的。以往，人们认为社会主义国家不能搞市场经济，认为市场经济一旦打上“社会主义”这个标签，就丧失了全球市场经济的“普世价值”。而经过二十多年社会主义市场经济的建设之后，特别是在2008年全球金融危机中西方资本主义市场经济国家暴露了自由市场的危机、新自由主义的危机之后，越来越多的人认识到“社会主义市场经济”是一个整体，中国的市场经济并不特殊，而是特殊在市场经济前面有“社会主义”四个字。

从改革开放以来，无论是邓小平、陈云等老一辈革命家，还是历届中央领导集体，在政府和市场的关系上都是坚持“两点论”。最早提出这个命题的，是改革开放的总设计师邓小平。他说“如果搞资本主义，可能有少数人富裕起来，但大量的人会长期处于贫困状态，中国就会发生闹革命的问题”。[①] 可见，邓小平对社会主义道路的坚持，是一以贯之的。

2012年11月15日，十八届一中全会选举产生了新一届党中央。习近平强调：“中国特色社会主义是社会主义，而不是其他的什么主义”，“我们就是要有这样的道路自信、理论自信和制度自信”，[②] 坚定表明了走自己的道路的信心。2013年，党的十八届三中全会进一步划清了市场和政府的界限、划清了经济政策和社会政策的界限，指出在经济改革中使市场发挥决定性作用，在社会领域以增进社会公平正义为目标，强化政府责任。这一定位把市场的作用划定在了其应该起作用的领域。在市场作用和政府作用的问题上，要讲辩证法、两点论，“看不见的手”和“看得见的手”都要用好，努力形成市场作用和政府作用有机统一、相互补充、相互协调、相互促进的格局，推动经济社会持续

---

① 邓小平．邓小平文选（第三卷）[M]．北京：人民出版社，1993：229.

② 习近平．关于坚持和发展中国特色社会主义的几个问题 [A]．中共中央文献研究室．十八大以来重要文献选编（上）[C]．北京：中央文献出版社，2014：109.

健康发展。

不能把改革开放的经验教条化、绝对化

改革开放积累了许多好经验，是珍贵的财富。当前我国基本国情已同改革开放初期已经有很大变化，一些过去行之有效的办法不一定符合现在的实际，经济体制改革的成功经验不一定在新常态下适用。这就要求我们不断赋予“改革”新的内涵，而不能把过去的做法绝对化、教条化，不能把“改革”这一博大精深的事业简化为这种或那种固定的模式，让过去的经验束缚今天的实践。

当前，孤立、静止地看待改革开放历史经验的观点还时常出现。比如，有人认为，既然包产到户调动了农民积极性，那么今天就应该继续“分”下去，实行土地私有化；既然从计划经济转向市场经济实现了高速增长，那么今天就要继续缩小和限制政府的作用，把一切交给市场；既然过去引入非公有制经济增加了经济活力，今天就要继续减少、拆分甚至取消国有企业；既然过去引进外资和技术卓有成效，那么今天也要在更多的领域继续引进外资和技术；既然过去靠“低成本劳动力”成为世界工厂，那么今天仍然要千方百计降低企业的劳动力成本，避免工人工资上涨过快；还有的把经济体制改革思路照搬到公共事业领域，认为在医疗、教育领域通过鼓励投资者盈利创收、更多发挥市场作用，就能改善公共服务。

这些观点在理论上并不正确，在实践中不仅不能起到稳增长、调结构、促改革的作用，反而可能南辕北辙。实际上，政府和市场、公有制经济和非公经济、农村经营制度的“统”和“分”、独立自主和对外开放、物质生产和劳动力再生产、经济建设和社会建设等等，都是矛盾的对立统一体，要看到矛盾双方互为前提、互相联系、互相转化的关系，把握矛盾的主要方面，不能把矛盾双方对立起来、割裂开来，不能把一定历史时期

的做法看成是普遍和永恒的规律，而是要根据客观实际的变化，用对立统一规律来观察改革面临的重大关系。

1978 年，邓小平同志指出："一个党，一个国家，一个民族，如果一切从本本出发，思想僵化，迷信盛行，那它就不能前进，它的生机就停止了，就要亡党亡国"。[①] 历史表明，破除对他人经验的迷信容易，破除对自己经验的迷信很难。改革开放的成功经验是宝贵财富，但是也不能在现有经验上睡大觉，"摸着石头过河"本身就包含了不能把改革开放教条化、绝对化的意思。如果改革变成了新的教条、如果市场变成了新的"本本"，那么这就是新的思想僵化，这种"改革"就失去生命力了。

① 邓小平．邓小平文选（第二卷）[M]．北京：人民出版社，1993：143.

| 第五章 |

中国改革方法论

☆导读☆

改革开放40年，在一些地方和领域出现了“改革疲劳症”，老百姓对改革的印象也变得更加复杂，甚至出现了“改革恐惧症”。这些迹象都表明，改革是好事，但是确实存在一个“为什么人改革、怎样改革”的问题。

本章以医疗卫生改革为例，研究中国改革是如何启动的、中央和地方在改革中的作用、哪些因素影响改革的效果，总结如何发挥中国政治制度的优势，继续推进改革，让改革真正惠及人民。

很多国家都在搞改革，但改革的效果却大不相同。一些国家的改革取得成功，特别是中国的改革开放。但也有不少国家的改革举步维艰，甚至导致民生凋敝、山河破碎、国家动荡。可见，并非任何以“改革”为名的事情都是正确的。正如习近平所说：“我们的改革是有方向、有立场、有原则的。”“改革任务越繁重，我们越要依靠人民群众支持和参与。”[①] 那么，中国改革为什么能够成功？至少得益于正确回答了以下几个问题。

第一，改革的方向和目标是什么？如何保障这个目标真正符合国家和人民的利益？

第二，改革是为了谁？如何保障改革是为了多数人的利益而不是少数人的利益？

第三，如何正确做出改革的决策？如何排除阻力推进改革？

第四，中国的政治制度在推动改革方面有哪些优势？如何推进国家治理现代化，使得改革沿着正确的方向不断前进？

上述问题表明“改革方法论”之重要。本章将采用“解剖麻雀”的办法，以近年来深化医药卫生体制改革为主要样本，探讨中国改革的方法论。

之所以选择深化医药卫生体制改革为样本，原因主要是医改是近年来我国实行的一项综合性强、社会影响大的改革，能够比较真实地反映目前我国的政治经济和社会状况。医改是世界难题，在许多国家都是政治经济热点，具有国际对比意义，比如，美国总统奥巴马把医改作为“第一新政”，但是举步维艰，2017 年 1 月特朗普上台之后，就宣布要废除奥巴马

① 赵凌云，苏娜．习近平同志关于全面深化改革的十个重要论点［J］．红旗文稿，2014，(23)：15 - 17.

的医改方案。中国已经走出了一条相对成功的医改道路，同时又面临很大的挑战和阻力。通过中外医疗体制改革对比，我们能够发现中国政治制度和国家治理体系的特色、优势与不足。

1. 问题导向，启动改革

改革方法论的第一个问题就是，党中央和各级政府面临的事务千头万绪，一项改革如何才能进入党中央和政府的视野，提上议事日程？

由谁来决定“搞什么改革”，在政治学里被称为“议程设置”，是一项非常重要的权力。与西方国家主要是由利益集团、舆论操作影响改革议程设置不同，中国的改革总体上是问题导向的。经济社会发展中的焦点问题、制约经济社会发展的瓶颈、人民群众对美好生活的需求和不平衡不充分的发展矛盾等，都有比较顺畅的途径反映到党和政府的决策层，从而启动改革的进程。

危机推动改革

计划经济时期，我国建立了低水平、全覆盖的基本医疗卫生制度，人民健康水平大幅度跃升。1978 年以来，我国医疗卫生制度发生了很大变化，政府在医疗卫生中的责任逐步弱化，医疗卫生保障覆盖面减小，医疗卫生机构的商业化、市场化程度增强。市场化、商业化在当时有积极的历史意义，它使我国医疗资源快速增加，服务能力和技术水平大幅度提高，医务人员收入得到改善，但是过度市场化、商业化导致看病难、看病贵的问题日益突出。2002 年，45% 的城镇居民和 79% 的农村人口没有任何医疗保障。个人卫生支出占卫生总费用的比重，从改革开放初期的 20% 左右上升到 2001 年的 60%，远远高于世界平均水平。2001 年，全国乡镇卫生院中，1/3勉强维持，1/3 基本解散，乡村医生的数量只有 1975 年的 2/3，卫生员从 1975 年的 328 万名降到 2001 年的 27 万名。因病致贫、因病返贫、因病自杀、恶性医患冲突时有发生。上述问题通过人民代表反映、党政机关调研、媒体报道等方式，逐步引起了党和政府的重视。

医改的全面启动，还有一个重要因素是 2003 年发生的“非典”。2002 年年底起，一种新型传染病——“非典型肺炎”（非典）在我国南方少数地方出现。疫情初期，由于统计信息滞后，疫情传播渠道不明确，造成了较大的社会恐慌。此次危机提高了全社会对医疗卫生的重视。2003 年 4 月，中共中央决定将时任海南省委书记王岐山调任北京市委副书记、市长，国务院副总理吴仪兼任卫生部部长，国务院副秘书长高强调任卫生部党组书记，把防治“非典”提高到了新的政治高度。经过“非典”，我国医疗卫生工作得到了更大程度的重视。

危机推动改革能够凝聚社会共识，更有力地推进改革。中国的政治体制具有集中统一、执行力强的特点，在危机状态下，更容易通过政治动员的方式统一思想、凝聚力量，因此能够更有力、有效地应对危机。

思想和理念创新

危机推动改革固然有效，但是也有很大的社会成本，在危机条件下出台的改革，由于应急的需要，决策时间短，往往容易出现“头疼医头脚疼医脚”的问题。特别是当危机严重到一定程度之后，改革的难度会越来越大。因此，我们既要重视危机的作用，又要防患于未然，通过顶层设计，提前预防危机。这就是另一种启动改革的机制——通过思想和理念创新，在问题尚未严重恶化时，就采取措施进行解决。

这次医改是由危机推动的，但是当改革进入深水区之后，就需要思想理论的创新。2016 年 8 月，中共中央召开了新中国成立以来第一次全国卫生与健康大会，习近平总书记发表重要讲话。会议提出把人民健康放在优先发展的战略地位，加快推进健康中国的建设，部署“把健康融入一切政策”，进一步扩展了卫生健康工作的范围和力度，标志着医药卫生改革拓展到卫生健康领域的全面改革。这一理论创新并非仅仅由危机推动，而是着眼于在未来几十年内，疾病负担和人民健康问题大规模出现可能对经济社会发展带来的影响，未雨绸缪做出的决策。这体现了通过思想和理念创新而推动改革的途径。

医药卫生体制改革已经进入了党中央决策的视野，改革的议程已经启动。然而，在“改什么、怎么改”的问题上，仍然存在截然不同的思路。在解决这个问题的过程中，发挥中国式协商民主的优势，经过多次自上而下、自下而上、自内而外、自外而内的过程，形成了一个比较完善的顶层设计。

2. 顶层设计，协商民主

协商民主是中国社会主义民主政治中独特的民主形式。人民是否享有民主权利，要看人民是否在选举时有投票的权利，也要看人民在日常政治生活中是否有持续参与的权利；要看人民有没有进行民主选举的权利，也要看人民有没有进行民主决策、民主管理、民主监督的权利。中国的民主是人民民主，在中国共产党领导下，方方面面有事好商量，众人的事众人商量，能够找到全社会意愿和要求的最大公约数。

2003 年之后的几年，中国社会上产生了关于医改的不同观点。总的来说，有两种思路：第一种思路强调医疗卫生的公益性，主张建立政府主导的医疗卫生体制；第二种思路强调医疗卫生的商品属性，主张建立市场起决定作用的医疗卫生体制，政府主要承担行业监管职责。如何形成共识？通过党政部门大调研，人民群众直接参与，形成开门决策的态势，我国政治体制的优势充分发挥了出来。

地方探索，摸着石头过河

地方主动开展改革试验，是我国改革理论和实践的重要来源之一。2003 年之后，随着医疗卫生领域问题的暴露，在中央尚未对改革进行全局部署的情况下，一些地方和部门主动开展实验，为改革积累了丰富经验。

浙江省在全国率先实施“卫生强省”战略。2004 年，浙江省委、省政府根据“八八战略”，在全国率先提出建设“卫生强省”的战略构想。浙江是全国第一个把健康卫生作为重点发展目标的省份，这是地方政府主动进行转变执政理念、转变发展方式的探索。

2006 年，在全国卫生工作会议上，卫生部部长高强提出，在全面恢复公立医院公益性暂时难以做到的情况下，各地市都应选择部分公立综合医院，作为转换运行机制的试点，建立平价医院或平价病房，实行预算式全额管理，收入上缴，支出由政府核拨。北京等地试行“平价医院”。北京、江苏、山东、重庆及新疆等地的“惠民医院”、“平民医院”或“爱心医院”都是由政府全额拨款、面向低收入和弱势群体的公立医院，有效地降低了医疗费用。江苏省徐州市爱心医院人均门诊费用仅为 19 元，是其他医院平均值的 1/5。

广东率先在全国实施村医补贴。2006 年，广东省委决定，到 2007 年全省农村将实现每个行政村均有卫生站，并给卫生站“村医”发放政府补贴，每个行政村每年补贴人民币 1 万元。这是对长期以来忽视农村基层医疗卫生的纠正，当时在全国产生了示范意义。

西北五省区恢复医疗卫生机构的公益性。西北五省区（陕西、甘肃、宁夏、青海、新疆）经济相对落后，医疗卫生事业面临更大挑战。也正是因为如此，这五省区较早启动了医疗卫生改革。到 2007 年全国医改方案制定启动之前，这五省区已经形成了一些比较成熟的做法。

宁夏、陕西等省区实行药品招标的探索。在以药养医的机制下，药品购销和使用环节的商业贿赂成为“潜规则”，药品从出厂到卖给患者，要经过经销商多次加价。宁夏回族自治区自 2006 年 1 月 推出了药品统一采购、统一价格、统一配送的“三统一”政策，有效降低了药品费用。但是由于触动了医药流通环节的利益，“三统一”政策推行中也遇到了很大阻力。

这些试验在不同方面形成了经验，都被吸收到后来全国的医改方案中，成为自下而上决策的成功做法。

同时，这一时期的地方试点也包括另外一种思路，那就是减少政府投入、实行公立医院私有化、鼓励医院竞争和盈利，希望以此来降低成本、提高效率，其中最典型的是江苏省宿迁市。从 2001 年起，该市开展了以减轻政府责任、医疗卫生机构全面私有化为主要方向的医疗改革，对公立医院、血站以及急救中心等公共卫生机构进行改制，转让给投资者。全市 135 个公立医院全部改制，推向市场。

2006 年 6 月，北京大学李玲教授及其课题组发表《江苏省宿迁市医改调研报告》。在调研过程中，近十名学者以患者身份去医院就诊，在就诊过程中访谈医生和患者，然后再与有关部门交流。课题组发现，宿迁过度医疗的现象十分严重。医院强化了根据科室业绩来付酬的激励政策，医生诊疗中向病人夸大病情，诱导病人多做检查和手术，从开药和开检查中获取提成的行为并未消失，反而更加强化。特别是作为纯公共品的血站、急救中心也被推向市场，急救中心靠医院加盟收取加盟费，破坏了急救体系，引起严重后果。报告认为，宿迁在医疗卫生领域全面市场化的改革试验已被理论和实践证明是行不通的，“看病贵”问题不仅没有得到解决，老百姓的医疗负担反而加重，潜在的医疗卫生问题令人担忧。

宿迁的医疗改革的方向是错误的，后来当地党委政府纠正了这种全盘私有化的做法。从这个意义上说，鼓励地方探索，是确保改革正确方向、能够自我纠错的有效制度安排。

从群众中来、到群众中去

通过调查研究，把基层的经验和群众的智慧上升为全国性政策，经过自上而下、自下而上的多次过程，完成改革的顶层设计。

调查研究是中国共产党的基本工作方法之一，为了启动与民生密切相关的医疗体制改革。中央和地方党委、政府各级领导人也定期到基层调研考察。例如，2012 年 12 月，习近平到北京市丰台区蒲黄榆社区卫生服务中心专门考察，看望患者，听取意见。2007 年 4 月 3 日，习近平同志赴上海市殷行街道社区卫生服务中心，同前来就医的居民座谈交流。另外，2011 年 6 月 9 日，习近平同志访问古巴期间，专门赴当地诊所考察，表示中国要学习古巴初级医疗服务体系建设上的好经验。其他领导人也多次到医疗卫生机构进行调研。

各级党政机关也经常到基层医疗卫生机构调研，并将此作为一项常规任务和决策必备程序。例如，在 2009 年安徽省推进基层医改的过程中，省委主要领导专门到基层下乡入户，调研医疗问题。常务副省长孙志刚针对各部门的不同意见，组织了两场大规模的调查研究，摸清了卫生院的真实药品加成率，对卫生院财务状况进行了详细摸底。在社会争论的情况下，中央部委也通过开展调研，逐步形成了改革思路。

医改方案制定经历两年多，民意、中央和地方政府、政府内部有关部门、学术界、医务界、企业界、媒体均以不同的渠道参加和影响了这个过程。2006 年 8 月，国务院成立深化医药卫生体制改革领导协调小组，标志着医改进入实质性操作阶段。2007 年 6 月到 2008 年 2 月，各部门在开展广泛调研的基础上，制定了《关于深化医药卫生体制改革的意见（征求意见稿）》，经过向全社会征求意见，并经中共中央政治局常委会最终通过，于2009年4月正式公布。

在改革推行过程中，中央顶层设计和地方积极性是紧密结合起来的：一方面，中央政府确定改革的“规定动作”和标准模式，包括医疗保障和财政投入的最低标准、基层医改五方面机制、基本药物目录等，各地必须完成；另一方面，在中央规定的框架和目标内，充分发挥地方的积极性，并且及时把地方的成功经验在全国推广。这次医改初期，一些改革要求比较宽泛，硬指标不多，地方操作的空间较大甚至无所适从。基层医改之后，中央及时发现问题，根据地方经验，强化了硬指标的约束，有效地推动全国医改的整体推进。这种“自上而下、自下而上，允许试错、政府可控”的中国式改革，既能使中央政府把握方向和目标，又充分发挥地方的积极性和创造性，因地制宜地探索改革方法和路径。

智库参与，独立研究

除了政府内部的调研之外，智库在制定改革顶层设计中也起了重要作用。2007年初，深化医药卫生体制改革领导协调小组还委托国务院发展研究中心、北京大学、复旦大学、世界银行、世界卫生组织和麦肯锡六家机构，对医药卫生体制改革总体方案进行独立研究，这在中国公共政策制定历史上还是第一次。

在政策制定过程中，智库也发挥了作用。例如，2008年6月，鉴于医改方案中关于公立医院改革的部分还很有争议，国务院领导委托国务院参事室独立进行调查研究。国务院参事室组成了一支由陈全训等6位参事组成的调研组，历经半年时间，考察了9个省市的40多家医疗机构，形成公立医院改革的建议，成为医改方案中公立医院改革部分的主要依据之一。

正因为决策过程充分体现了“自上而下、自下而上、从群众中来、到群众中去”的原则，所以《关于深化医药卫生体制改革的意见》（以下简称《意见》）有两个突出的优点。第一，原则和理念正确而先进，有战略高度。《意见》体现了健康是人全面发展的基础、坚持公共医疗卫生的公益性、以人人享有基本医疗卫生服务为目标、建设基本医疗卫生制度等科学观念。第二，方案的内容综合、涉及医疗卫生体制有关的所有领域，包括医院、医保、财政投入、人才培养、药品产业、价格、信息化、行政管理、卫生法制、新闻宣传等，其他国家很难能做到这样的全盘综合改革。

不过，由于各部门的博弈，医改方案中对一些有争议的问题，并没有明确给出结论，需要在实践中解决。

3. 自上而下， 自下而上

2009 年公布的《意见》是一个宏观的指导性意见，部署了大量任务，但这些任务不可能同时推进，必须有先有后、有轻有重。改革从哪里入手？改革通过什么路径推行？先做什么，后做什么？这些是改革的实施路径问题。选择好合适的突破口和正确的路径，改革就能减少阻力、增加动力、事半功倍，否则就会事倍功半，甚至难以实施。改革的突破口和路径问题，是由地方政府在实践中回答的。

《意见》出台之后，在执行中首先遇到以下难题。

首先，由于各部门存在分歧，《意见》对一些最关键的问题，没有给出明确的意见，而是采取了折中调和的态度。例如，《意见》部署建立基本药物制度，就是要在基层医疗卫生机构实行基本药物的零差率销售，以解决医疗卫生机构依靠药品购销差价盈利的现象。但是，对于取消药品加成之后，医疗卫生机构损失的收入如何弥补，《意见》并未给出明确意见。这就导致了绝大部分地方没有条件真正实行这一制度。

公立医院改革试点，就是要引导公立医院以公益性为目标，解决“以药养医”带来的大处方、大检查，解决药品流通环节的腐败问题，控制医疗费用过快上涨。但是，解决这些问题面临巨大阻力：一是要打破药品流通使用环节长期形成的利益链，这涉及药品流通环节，也触及一部分医务人员和政府官员的切身利益，在现实中阻力很大，动力缺乏；二是在取消以药养医之后，医院损失的收入如何弥补，如何保障医院正常运行？《意见》部署了增加财政投入、医疗保险报销和调整医疗服务价格这三个渠道，但是这三个渠道分别由财政、医保和发展改革三个部门管理，三家始终就公立医院的补偿机制问题达不成一致。公立医院仍然在营利创收、以药养医的旧机制下运行。

其次，是各级政府的重视程度不高。2009 年 4 月，医改方案出台，此时国际上发生了金融危机，在经济下滑的压力下，习惯性的“保增长”思维又占了上风，再加上医改方案对一些问题并未给出量化指标和时间表，一时之间，医改应该如何推进，不少地方出现了彷徨和迷茫。

在这种状况下，地方探索为打开医改局面起了重要作用，其中，最突出的是 2009—2010 年安徽省对基层医改的突破，以及 2012 年以来福建省三明市对公立医院改革的突破。

安徽省对基层医改的突破①

如何落实基本药物制度，这个问题首先是安徽省突破的。2009 年，安徽省在调研中发现，基层医疗卫生机构主要靠卖药维持运行，药品购销不正之风盛行，过度用药和不规范用药普遍，有的卫生院三五种抗生素一

① 本节内容来源于作者 2011 年 7 月 25 日—8 月 4 日对安徽省医改的实地调研资料。

起使用，严重危害患者健康；有的卫生院成为院长的“自留地”，占编制不干活的大有人在；有的乡镇政府把卫生院当作摇钱树，每年下达上缴财政指标。安徽省委、省政府认为，解决这些问题，固然要靠取消以药养医机制、增加财政投入，但更要变革旧体制，建立新机制，否则新增加的投入仍然难以惠及老百姓。

为此，他们以破除以药养医机制为抓手，推动了基本药物招标采购机制和基层医疗卫生机构运行机制两场根本变革。具体做法是：（1）建立公益性的管理体制，明确政府办基层医疗卫生机构为公益性事业单位，人员和运行经费由财政予以保障。（2）建立竞争性的人事制度，防止“养懒人”。基层医疗卫生机构人员实行竞争上岗，院长、主任实行公开选拔。安徽全省分流了2.1万无资格、无职称、长期不在岗人员。（3）建立激励性的分配制度，防止“大锅饭”。对基层医疗卫生机构和医务人员的考核，以服务数量、质量、效果和居民满意度为核心，考核结果和收入挂钩，改变了医生收入和药费挂钩的机制。（4）实行新的药品招标采购制度，防止药品层层加价。全省基层医疗机构用药统一招标采购，统一配送，取消中间环节，零差率销售。这一做法，将大量小、散、乱的药厂挤出了市场，切断了药品流通环节的利益链，挤出了流动环节的大量水分，降低了药品价格。（5）确保财政补偿到位。取消药品加成后，基层医疗卫生机构人员和业务经费由政府补助，并明确医务人员工资水平与当地事业单位相衔接，收入不低于改革前。为此，安徽省每年增加财政支出约15亿元。

经过改革，政府责任全面到位，财政拨款占基层医疗机构总收入的比重由12.8%大幅上升到52.1%，实现了基层医疗卫生机构“吃皇粮办官差”。医务人员从依靠卖药挣钱创收的桎梏中解放出来，把主要精力放在提高公益性服务上，乱开药、大处方现象明显减少，卫生院的工作重心从“保吃饭”向“保规范”转移。通过招标采购，切断了医务人员非正常创收的渠道，扭转了医药企业靠回扣的不正当竞争，用药行为日趋规范，抗生素三连用、二连用也很少出现。改变了药品采购渠道繁杂、药品质量难以保证的局面，90% 以上的药品来自全国前 400 名的企业，药品质量改善，药品价格比原来下降 40% 左右。医生社会责任感、荣誉感增强，更加珍惜岗位和身份，2011 年上半年与 2010 年同期相比，次均门诊费下降 22. 1%，次均住院费下降 10. 1%，最大降幅达 49. 7%，隔壁省一些市县的群众也到安徽基层医院看病。

从这里可以看出，地方政府和中央政府推动医改的办法是不同的。中央主要是确定指导思想、宏观制度设计，而地方需要进一步明确推进改革的抓手是什么、路径在哪里，需要让每一个县、市、乡的干部都明白要做的具体事情是什么。安徽经验突破了全国医改的难题，并且及时得到推广。国务院及时总结安徽的经验，调整全国部署，提出 2011 年工作的重点是“以基本药物制度为抓手，推进基层医疗卫生机构综合改革”，并在全国推开。

福建三明对公立医院改革的突破

基层医疗机构的服务量虽然大，但是“看病难、看病贵”的问题主要存在于大医院。大型公立医院改革，面临着巨大阻力，首先突破阻力、蹚出一条路子的是福建省三明市。

2012 年以来，福建三明市在所有 22 家县级（含）以上公立医院实行综合改革，成为全国首个在所有公立医院进行综合改革的地级市。三明市的改革，概括起来就是做了两件其他地方没有做到的事情。

第一，彻底取消药品加成，通过反腐败、大刀阔斧整顿药品流通使用秩序，控制医药费用。22 家公立医院全部取消药品、器械、耗材加成，通过调整服务价格、增加财政补贴等途径增加医院收入。三明市开展了一场声势浩大的反对商业贿赂活动，查处了一批医院院长和药品企业。自2012年4月起，对129个品规的常用药进行重点监控，将发现有回扣情况的企业列入黑名单，取消供货资格。严控医师处方权限，对连续三月用量排名靠前的抗菌药物暂停使用，对责任医生诫勉谈话。对医务人员收受回扣的，视情节对其及所在医疗机构实行吊销执照、停止医保结算、取消医保定点、追究领导责任等处分。

第二，大胆改革事业单位分配制度，实行医生（技师）和临床药师年薪制。根据社会平均收入3～5倍水平确定各类岗位平均年薪，住院医师、主治医师、副主任医师和主任医师平均年薪分别为7万、12万、18万和25万元。政府就各家医院工资总额逐一核定。在工资总额范围内，各医院根据服务量、服务质量、医德医风进行考核，内部拉开收入差距。取消药品加成、整顿用药秩序和增加医务人员合法收入，通过“一疏一堵”，改进了医务人员激励机制。

三明市的公立医院综合改革，触及了公立医院的核心体制机制，打破了药品流通使用环节的利益链，完善了医院领导和医务人员的激励机制。通过改革，使公立医院回归到公益性，而不是以营利为目的的企业；使医生回归到治病防病的角色，而不是推销药品的商人；使药品回归到治病的功能，而不是营利创收的工具。由于改革方向正确，措施有力，虽然改革时间不长，但已经取得明显成效。三明全市药品费用从2011年的约9亿元下降到2012年的7.46亿元，再下降到2013年的5.67亿元，药费占比由2011年47.1%下降到2013年的28.2%，并在此后保持稳定。医保基金扭转了收不抵支的局面，医务人员合法收入增加，积极性提高。除个别过去拿回扣过多者外，大部分医务人员实际收入明显提高，灰色收入转为阳光收入，职业荣誉感、归属感和积极性得到提高。

不过，由于三明市的医改触及了药品流通环节的灰色利益，在舆论上也受到很大的攻击。2016 年，中央全面深化改革领导小组专门听取了三明市医改经验的汇报，党中央、国务院部署在全国 10 个省份推广三明市医改的经验，推动这项改革向更深处发展。

4. 影响改革的力量

改革是对既得利益关系的调整，必然面临阻力。发达国家的医药卫生改革主要面临着三大阻力：一是商业保险公司、医药产业等抵制政府控制医疗费用的措施；二是受制于自由主义的意识形态，难以建立公益性的医疗卫生制度；三是党派政治和行政体制导致的扯皮内耗。这些问题在中国也不是不存在，但不同的是，中国能够利用自身的政治优势克服困难，排除改革阻力。

行政体制的分割

中国的医疗卫生行政管理职能分散在多个部委。如果各部门出于自身利益，上下级协调不力，或者一些部门从本部门利益出发，往往会延误改革。部门利益影响改革的一个典型例子是 2009 年陕西省神木县“免费医疗”的试点。这次试点在当地取得了成功，但是由于一些部门的不支持，并未持续下去。

从 2009 年 3 月 1 日起，凡有陕西神木县户籍的患者去医院住院，只需交纳 400 元的“门槛费”后就全部免费，上不封顶。为此，县财政每年增加支出 1. 6 亿元。这个消息被媒体报道出来之后，网友和读者一片叫好。但也有一些媒体和一些学者提出了质疑，将其评价为“计划经济、大锅饭”。可事实证明，媒体和学者质疑的问题，在实践中并没有出现。

人们的第一个质疑是，免费午餐一定会人满为患。这种现象在免费医疗实施初期出现了，但只持续了两个月，第三个月开始就平稳了。初期两个月的拥挤，主要是因为政策变化带来的短期冲击，许多长期不看病的人突然去看病了，这种积攒的需求释放之后，需求就平稳下来了。第二个质疑是，免费医疗会导致财政不堪重负，从实际运行来看，神木县一年政府医疗支出 1.6 亿元，人均 400 元，占全县财政支出不到 2%。而且，由于政府进行全额保障，就有更强的力量对医院进行监管，反而能够抑制费用的不合理上升。第三个质疑是，神木模式不可推广。实际上，如果按照神木的标准扩展到全国，全国只需要 5200 亿元，还不到现在全国卫生总费用的 1/4。神木县委书记郭宝成退休之后说："过去我当书记时不好说，现在我可以坦白地说，钱不是问题，前提是要不要搞。1.6 亿元就是修 1.6 公里高速公路的钱，只要想做，肯定拿得出来"。时任卫生部长也认为，全国至少五分之一的县可以学神木。神木医改之后，神木周边的年轻人，以娶神木姑娘或者嫁到神木为荣，周围县域的老百姓纷纷申请加入神木户籍，以至神木户籍一时需要县委审批。

但是，由于当地市级政府和一些部门不支持，神木的改革没有持续下去。有的部门认为神木医改初期在媒体上导致的争论"捅了娄子"。据《在神木做个幸福的中国人》一书记载，2009 年 5 月 27 日，某部门派调研小组进驻神木，其调研报告认为，神木医改完全不可复制和持续，认为优先发展起来的、财力富足的一些市或县，在公共服务超平均水平方面，要不要有个限度。任由这些先富起来的市县自己搞"共产主义"，可能会给我们的整体工作带来不小的负面影响。

由于各部门之间的看法不一致，神木医改的模式并未持续下去，县委书记郭宝成退休之后，这一政策就改变了。可见，部门之间难以就一个问题达成一致，是导致一些改革措施无法持续下去的重要原因。但是，我国的政治体制有能力解决这个问题。党的十八大以来，中共中央多次强调要增强政治意识、大局意识、核心意识、看齐意识，推动三医联动改革，加强部门协作，这个问题正在得到解决。

特定利益群体

特定利益群体有组织地开展活动，是影响改革的又一支力量。

20世纪90年代之后，随着政府投入减少和对药品流通监管的放松，在医药流通领域形成了包括医院、医生、药品流通环节在内的错综复杂的利益链，一大批药品流通企业通过“过票”炒高药品价格，赚取中间差价。以某省2006年摸底为例，药品企业通过省外企业转票（实质是洗钱），省级采购中标价达到出厂价的3～4倍，最终患者支付的价格是出厂价的4～5倍。例如，头孢噻肟钠注射液，出厂价4.6元，中标价21.5元，医疗机构销售价24.7元，销售价和出厂价之间的差额，由医疗机构获得15%～20%的药品加价，配送企业获得6%的配送费，医药代表获得20%左右的推销费，医生获得30%左右的处方回扣费，省外过票公司获得10%的手续费。

在基层医改和公立医院改革中，一项最重要的措施就是通过药品统一招标、实施基本药物制度、实施“两票制”减少中间流通环节等措施，缩短药品从药厂进入医院的流通环节，把虚高的费用以及灰色收入挤出来，这必然影响药品流通领域的利益。因此，从医改方案酝酿至今，有关方面通过全国“两会”、行业组织以及制造舆论、支持研究等方式，希望影响乃至反对药品流通领域的改革。其中，比较典型的有三次高峰。

第一次是2009年医改方案出台之前，医药流通行业通过有组织的活动，影响医改方案的制定。在医改方案酝酿过程中，有关方面提出过基本药物定点生产、统一配送、政府定价的办法，这也是国际上普遍的做法，有利于控制药品费用，保障居民基本用药，但是这将影响现有的药品流通环节的利益。因此，从2006年起，医药行业组织就开始通过各种方式跟踪各主要决策部门关注的焦点，并主动与各部门接触，同时向各部门提供了大量倾向于本部门的参考资料和报告。有时还会借助媒体的力量，吸引决策者的注意，他们通过纸媒、网站、电视等各类公共传媒，在向大众传递行业意见和建议的同时，对决策者施加压力。有时还会直接拿出资金资助那些与自己的立场比较一致的专家和研究机构，使其从事某项政策议题的研究，从而影响有关部门和领导人的看法。

除此之外，医药行业的一些人大代表、政协委员，利用“两会”的场合表达自己的诉求、反对医改中的一些政策。比如中国医药企业管理协会，通过系统地征求来自企业和行业内部的意见，制定了一份专门针对《意见(征求意见稿)》的《十四条建议》，分别递交当时新成立的医改领导小组及国务院分管领导。该协会的负责人认为，他们的这些意见在医改方案的最终稿中有九条得到了直接反映，四条得到了间接反映。现在，医药界的全国人大代表、政协委员的座谈会已经制度化。在多年的全国“两会”上，旨在控制药品费用的措施都受到医药行业有组织的反对。虽然这些意见建议当中有不少是从实际出发的，但是一个行业的代表、委员在“两会”上如此集中地发出代表本行业的声音，对改革的进展必然有着超出一般群体的影响。

除了医药利益集团之外，医疗卫生机构里有特殊利益的人群也会通过故意消极怠工、制造矛盾等办法抵制改革。例如，2011 年，一位乡镇卫生院退休职工反映：“××市××镇卫生院长在一次职工会上说：现在医改了，药物零差率销售，没有花头了，你们少看点病，尽量不挂点滴，晚上不要收病人，这样可以让医改改不下去早点垮台。”“卫生院旧的财务制度是以药养医情况下产生的，是暴利时期，有的是钱，可大把花钱没事的……院长一支笔给职工工资，有的一个月 1500 元，有的一个月 3000 元，有的一个月 6000 元，有的一个月 9000 元，还有一个月一万元，二万多元。

高低相差接近20倍。未经任何形式讨论：院长暗箱操作，把钱打入个人银行卡户……”①

第二次是2011年全国推广基层医改时，有关方面组织媒体抹黑基层医改，反对旨在控制药品费用的招标采购措施。2011年，国务院推广安徽医改的经验，把实践证明有效控制药品费用的新型药品采购措施推广到全国。这些措施基本遏制了过去药品流通环节的灰色利益，使政府得民心，患者得实惠，但药品流通环节的相关方面的利益受损了。因此，从2011年基层医改实行新的药品招标制度以来，医药利益集团制造舆论、反对和误导医改的声音就不绝于耳。2011年下半年，一些媒体密集地发表大量否定基层医改的报道，其主要口径是：基层医疗卫生机构实行收支两条线、取消药品加成之后，政府投入不足了，效率下降了，医生不干活了，患者外流了，药品配送不上了，等等。其结论是基层医改搞不下去。经过国务院有关部门实地调研之后，发现这些报道要么是无中生有，要么是故意夸大，要么是选择性报道。例如，有一篇报道说某地实行基本药物制度之后“药品配送不上”，但是经过了解，这种现象仅仅出现在实行基本药物制度头两个月，是新的配送企业磨合不到位造成的，从第三个月开始就能够及时配送了。一些患者反映的“药品少了”，是因为过去滥用的那些不合格的、不符合标准的药品消失了。医药利益集团制造这种舆论的主要目标，就是拖延改革，保护医药流通行业的利益。

第三次是2013年以来，医药利益集团多次制造舆论，宣称“三明市医改不可推广”。三明市医改最大的成绩，是触及了医药流通环节的灰色利益链，断了靠“潜规则”吃饭的那些人的财路。群众、医务人员受益，政府得民心，唯一受损的是原来依靠高定价、高回扣牟利的医药流通环节

① 一个卫生院退休职工给国务院医改办负责同志的信：《医改的深水区在乡镇卫生院》（原件）。

当事方。2012 年和 2013 年，三明市公立医院药品总费用分别下降 3.6% 和 14.0%，而同期全国增长率分别为 23.8% 和 13.9%，因而受到支持医药流通环节的媒体和专家的反对。

可见，中国已经形成了与西方国家“院外游说集团”有一定相似性的既得利益集团，他们通过公开发表意见、制造舆论、支持课题研究、结交官员等方式，推动将有利于其自身利益的做法纳入改革方案，从而对全社会的整体利益造成损害。但同时，中国的利益集团问题又同西方国家有本质不同，那就是中国共产党有能力遏制利益集团。上述利益相关者的行动，虽然对一些部门和地方的措施造成了影响，延缓了改革的进程，加大了改革的难度，但是总体上并没有改变改革的方向。

思想认识

思想认识，特别是在医改中起着关键作用的政府官员和专家的思想认识，也是影响医改的重要因素。在医改过程中，对西方制度模式的迷信，否定我们自己的改革实践，已经成为影响改革的一个重要因素。

例如，在对医改的讨论中，一些学者全盘否定改革开放前医疗卫生体制中的积极成分，把过去成功的模式贴上了“平均主义”和“低水平”的标签，指责那些主张人人享有基本医疗服务的观点是“搞计划经济、走回头路”。一些学者把反思医疗、教育领域过度市场化，主张在医疗和教育领域强化政府职能的观点，都统统归结为“怀疑和反对改革开放”，认为批评医疗、教育市场化的观点，是要达到“维护旧路线和旧体制”的目的。这些看法把改革开放前后两个时期对立起来，把市场和政府的作用对立起来，把改革开放和市场经济绝对化，把改革开放片面解读为“市场化改革”，在一段时间内在我国影响较大。一位分管医改的基层干部曾告诉本书作者：“现在人们认为，市场化、私有化越彻底，就越符合改革开放的初衷，而反过来增加政府投入、强化政府责任，倒不敢理直气壮了，怕被人说是思想不解放、反对改革开放，结果是连政府该做的事也不敢做了。”党的十八大以来，新一届中央领导集体对于上述问题进行了阐述，澄清了认识上的偏差，厘清了改革开放前后两个时期的关系，纠正了对政府—市场关系的“标签化”认识，有利于更加实事求是地推进医改。

除了对市场的迷信之外，还有对西方国家的迷信，主要体现在对美国的迷信。实际上，发达国家的医疗体制也不是铁板一块，欧洲和美国的医疗体制就有很大不同。美国是发达国家中唯一一个没有全民医疗保障的国家，而以英国和法国为代表的欧洲国家，政府都在医疗保障、服务供给和监管中起主导作用。其结果是，美国的医疗费用远远高于欧洲国家，但健康绩效、公平性和患者满意度都低于欧洲国家。美国医疗体制，已经成为美国经济的负担。而我国在制定一些政策时，学习的却是美国医改中已经被实践证明错误的做法。

例如，2013年，我国出台了支持健康服务业发展的措施。有的观点认为，美国健康服务业规模相对于其GDP比例超过17%，其他发达国家一般达到10%左右，我国还有很大的差距和空间，因此要大力发展健康服务业。这种简单类比并不准确。美国是发达国家，医疗技术路线以资本密集型、技术密集型为主，这种医学模式，不仅成本高，而且健康绩效低。我国作为发展中国家，不可能有财力承受这样高的成本。而且美国卫生总费用占GDP的17%以上，正是美国医疗卫生体制失败的表现，是奥巴马推行医疗卫生改革要解决的问题。美国医疗卫生之所以费用高、效率低，主要原因就是私营医院和商业保险所占比例过高。我国如果效仿这样的做法，必然会重蹈美国的覆辙。

由于在理论指导、利益关系和部门本位主义方面的问题还没有根本解决，虽然近年来在实现人人享有基本医疗卫生服务方面做了许多工作，但是公益性的体制机制还没有形成，而一些影响和干扰“人人享有基本医疗卫生服务”的因素正在变得越来越突出，医改仍存在走向错误方向的风险。对国外做法的迷信和不加分析、不加批判地吸收，是导致我国一些改革措施出现偏差的原因。针对这些问题，习近平在纪念邓小平同志诞辰110周年座谈会上的讲话中指出：“我们自己不足、不好的东西，要努力改革。外国有益、好的东西，我们要虚心学习。但是，不能全盘照搬外国，更不能接受外国不好的东西；不能妄自菲薄，不能数典忘祖。”①

5. “为什么人”是改革的根本问题

虽然还存在许多不足，但是中国的医改已经充分展示了中国的理论优势、制度优势和道路优势。我国城乡二元结构突出，低收入人群比例大，正规部门就业比例低，进城农民工等流动人口规模大，社会结构急剧变化。从国际经验看，这些都不利于建立覆盖全民的医疗卫生制度。世界银行认为，全民医保只有在城市化和正规就业占主体的国家才能有效覆盖。印度、菲律宾等亚洲人口大国受制于上述因素，推进医保速度都比较慢。我国在较短的时间内初步建立了世界上最大的医疗保障网，加强了世界上最大的基层医疗卫生服务网，在全国范围重构了基层医疗卫生制度，是应对复杂国情推进医改的实践。

我国医改的综合性和系统性，改革推进的力度和速度，在国际上引起了广泛的关注。国际经验和教训表明，要顺利推进医改，一是必须避免政治周期导致的政策反复“折腾”。大多数发达国家，受政治周期影响，医

① 习近平在纪念邓小平同志诞辰110周年座谈会上的讲话，资料来源于新华网。

改政策不连贯，经常“翻烧饼”。例如，英国卡梅伦政府上台之后，中断了布朗政府的医改进程。美国两党就全民医保进行了一个世纪的斗争，奥巴马政府的医改方案，重点是扩大医保覆盖面和控制医疗成本，但是，由于既有制度框架无法打破，加上政治力量和利益集团的运作，仅扩大医保覆盖面这一项至今仍在扯皮，医保覆盖率反而从2009年的83.9%下降到2011年的83.7%。二是必须避免行政能力不强导致的改革偏差。推进医改需要较强的领导力和行政能力，20世纪八九十年代，拉美、东亚等发展中国家遭遇经济困难，不得不削减公共卫生支出，而政府在规范医生行为、遏制贪污腐化等问题上没有调控能力，使医药卫生体制公平性降低，防疫覆盖面减少。我国的医改，从医疗卫生制度整体和长远需要出发，政策稳定连贯，推行力强，是全世界医疗改革中的亮点。

中国政治体制有自身优势，能够比其他国家更好地实现人人享有基本医疗卫生的目标。这种优势至少体现在以下几个方面。

第一，中国关键部门实行公有制，能够防止利益集团绑架政府导致福利陷阱。要避免福利陷阱，就要吸取西方国家的教训。西方国家之所以形成福利陷阱，根源在于其政治经济体制：前台掌权的政府和后台控制政府的垄断资本集团是分离的。垄断资本集团不愿通过税收和公立医院等方式为老百姓提供福利，但是在前台执政的政党出于竞选需要，需要给老百姓提供福利，这就逼迫政府发钞票、借债，最终形成福利陷阱。而中国具有强大治理能力的党和政府，利益集团虽然对政府政策有影响，但是还不至于完全左右政府的决策，因此可以出台有利于大多数人的医疗保障政策，并通过税收和国有资本收益进行融资，而不至于被垄断资本集团绑架。从这个意义上说，公有制是中国共产党的执政基础，这不仅仅是一个政治上的说法，也有其具体的经济含义。

第二，中国式的协商民主，大讨论、大调研，走群众路线，决策者在决策中能够听取社会各个方面的意见，特别是基层群众的意见。医改之所以有显著进展，就是因为医改从酝酿到实施，实行“开门决策”，向包括海外和民间机构在内的全社会广泛征求意见，全国人大常委会和一些地方人大对医改进行了专题询问，这是多年来首次公开进行这类活动，全国人民通过座谈、网络、报刊参加医改讨论，“全民论医改”，扩大了有序政治参与。还有许多群众通过各种媒体，揭露药品流通环节的腐败问题，也为制度改革增添了动力。事实证明，群众是真正的英雄，人民是历史的创造者。

第三，中国共产党具有强有力的政治优势和组织优势，能够对改革进行统筹谋划、强力推进。首先是统一思想，明确医改是党和政府的政治责任。面对改革中出现的重大利益调整和各种风险、质疑，始终坚持把人民利益放在第一位。其次是建立强有力的领导体制。国务院专门成立了医改领导小组，各地主要领导同志亲自抓，分管领导同志全力抓，形成了强有力的协调推进机制。建立了严格的责任落实制度，做到了任务到人、责任到人，定期通报、约谈、督办。最后是树立正确的用人导向，不让敢冒风险的干部吃亏。事实证明，党的组织严密、思想团结统一、政令通达顺畅，这是我国的政治优势，有利于攻坚克难，推进改革。

但是，这几条优势并不是一劳永逸的，如果道路和方向不正确，这几条优势就有失去的危险。如果实行医疗卫生私有化和市场化，那么政府政策就容易被少数利益集团所影响，动摇我国政治体制优势的基础。如果私人资本垄断了一个地方的医疗事业，到时候政府一方面要满足这些利益集团对超额利润的要求，另一方面又必须为老百姓提供基本的福利，就会背上沉重的负担，被迫通过借债等办法来补贴利益集团。从这个意义上说，医疗市场化和商业化就会真正导致福利陷阱。

最重要的是，一切改革首先要回答“为什么人”的问题。为了最大多数人进行改革，这是社会主义价值的体现，是中国共产党的政治本色。国际上，现代医疗卫生制度不是自发出现的，而是由长期的工人运动催生的。1883 年，德国为了抵御工人运动、缓和劳资矛盾，建立了世界上最早的社会医疗保险。二战之后，英国社会主义工党初步建立了全民免费医疗制度，保守党为了争取民心，继续巩固并完善了这一制度。美国的老人和穷人医疗保险建立于 1965 年，当时美国劳资矛盾、种族矛盾尖锐，政府出台了一系列社会政策，被称为“伟大社会”运动。发展中国家积极推动医改的，往往也是左翼色彩较浓、偏向中下层民众的政党。

中国共产党是工人运动的核心力量，搞医改是共产党的政治本色，是社会主义价值的体现，是中国特色社会主义的题中应有之义。自 19 世纪以来，社会主义制度虽然只在少数国家建立，但社会主义的理念却不断为资本主义国家吸收，推动野蛮的自由资本主义向福利资本主义转变。直到今天，虽然各国各党派对社会主义的理解差异很大，但是社会主义的基本价值——增强社会公平正义、保障普通劳动者的经济和政治权利、保障基本社会福利等，仍然是激励人们争取一个更加美好的新世界而努力的旗帜。发达国家的社会保障，是经过千百万人长期斗争得来的，付出巨大牺牲，饱含斑斑血泪。苏联、中国等社会主义国家，在经济还不发达的情况下，就建立了低水平、广覆盖的社会保障体系，1949 年到 1978 年，我国人均预期寿命已从 35 岁提高到 68 岁，达到当时的中等发达国家水平。我国医改之所以能够较快推进，也是因为坚持了社会主义的基本价值，惠及最大多数人民。在当今中国，任何改革要成功，也必须坚持这个方向。

| 第六章 |

中国模式

☆导读☆

国际金融危机以来，面对百年不遇的世界大变局，“中国模式”开始受到世界关注。随着西方国家经济陷入泥潭、政治治理乱象丛生，国际社会对中国的政治经济体制越来越认同，中国共产党和社会主义制度得到更多人的认可，中国成为平衡西方、为人类文明进步贡献正能量的积极力量。

这就要求我们在理论建设方面突破西方中心论的思想和话语体系，结合中国改革发展实践总结“中国模式”。本章将在前五章回顾历史的基础上，从哲学基础、经济体制、政治制度、社会公平和国际战略五个方面对“中国模式”进行阐述。

自2004年美国学者提出与“华盛顿共识”分庭抗礼的“北京共识”以来，中国发展道路的国际影响不断增大。对“中国模式”的研究不断兴起，但不赞成“中国模式”这一提法的观点也同样盛行。

中国的发展成就令世界瞩目，不仅在于中国的经济成就，更重要的是，中国没有照搬西方模式。放眼二战后的世界，除了少数老牌发达国家之外，那些照搬西方发展模式的国家，不但没有实现发展和繁荣，有些反而陷入动荡和分裂。东欧剧变、苏联解体之后，“历史终结论”的乐观情绪弥漫西方社会，认为以自由市场、多党民主为主要支柱的资本主义制度已经是“历史的终结”，人类已经找到了最优的社会制度。然而，不到20年，全球金融危机就让这种乐观情绪化为乌有。形成对比的是，中国不仅抵御住了危机的冲击，而且至今成为全球经济增长中最稳定的动力。这是越来越多的人公开讨论、研究和认可“中国模式”的大背景。

然而，对中国模式的研究，存在着“当局者迷”“墙里开花墙外香”的状况。海外对中国体制的认同不断增加，而国内知识界对“中国模式”的研究和认同度还不高，还习惯于用西方的尺子来衡量中国，用西方的理论来比附中国现实，用西方的办法来解决中国的问题。认为“没有什么中国模式”，“讲中国模式就是反对改革”，或者把中国目前存在的一些问题归咎于“中国模式”，并暗示“中国模式”不可持久。出现这些观点，与西方学术范式、话语体系在我国的影响过大有关。这种现象不仅不利于中国继续走好自己的路，而且还导致中国有陷入“中等收入陷阱”的危险。

如果说，中国在60多年前还可以模仿苏联，30多年前还可以模仿西方，那么，今天的中国需要更加独立自主地探索，中国进入了制度创新的“无人区”。为此，理论界和学术界需要回到中国自己的大地上，从中国自己的历史经验出发，回答什么是“中国模式”。

1. 对“中国模式”的几种误解

要回答“中国模式是什么”，我们需要先澄清一些对“中国模式”不准确的看法。

中国模式完美无缺论

有一些人过于乐观，认为中国模式已经成熟定型、完美无缺。这种观点看起来充满自信，但实际上降低了中国模式的说服力。中国还是中等收入国家，在社会公平、医疗、教育、住房、环境等方面还存在不少问题。中国虽然初步走出了自己的道路，还需要接受历史的检验。改革的经验需要不断积累，改革仍在不断试错过程中，不能犯“颠覆性错误”。

中国模式就是“美国的山寨版”？

这种观点认为并不存在什么“中国模式”，中国的成功，无非是因为学习了美国的经济体制，中国道路就是“美国道路的山寨版”，“华盛顿共识”的主要主张——市场化、私有化、自由化、小政府、放松监管，在中国都实现了。

这种观点失之表面。实际上，中国的社会主义市场经济同“华盛顿共识”有明确分野。在经济体制这个最基本的特征上，中国并没有遵循而是拒绝了“华盛顿共识”，在基础性和战略性行业，仍是国有经济占主导。中国没有像一些发展中国家那样，过早开放资本项目可自由兑换，而是坚持自主、有步骤地开放。总体上，中国共产党和中国政府有着强有力的治理能力。这些制度有效地防止了市场的盲目性，避免了资本不受限制地攫取利润，从而避免了亚洲、拉美和东欧国家实行新自由主义改革之后出现的经济崩溃。

“华盛顿共识”并不是科学的理论，而是以美国为首的西方国家通过世界银行向发展中国家输出的理念，本身带有西方国家推行全球战略的目的。美国宣传的“华盛顿共识”和自身的实际做法有很大差别。1997 年亚洲金融危机时，西方经济学家给出的建议是放任自流、不需要救市，但 2008 年美国自己遇到金融危机时，却大张旗鼓地采取救市措施。美国通过世界银行鼓励其他国家搞“小政府”，但欧美国家自身的政府规模却远大于发展中国家。所以，“华盛顿共识”具有意识形态输出的成分，这种输出是为了削弱发展中国家独立自主发展的能力，打击发展中国家的民族主义力量，最终为发达国家的全球战略服务。

中国模式的成功在于“渐进式改革”？

20 世纪 90 年代，苏联用几百天的时间，疾风迅雨式地进行绝对的私有化、市场化改革，最终导致了巨大灾难。所以，有人认为中国模式或中国的成功就在于“渐进地”走向了市场经济，而不是像苏联那样进行暴风骤雨式的改革。这种观点高度赞赏中国的“双轨制”“先进行经济体制改革后进行政治体制改革”，认为这样可以维护社会稳定、减小“意识形态阻力”。

这种说法看到了苏联休克疗法的害处，有一定道理，但本质上仍然是错误的，其对改革的根本目标的认识是错误的。这种说法仍然是将西方模式作为中国改革的彼岸，仍是一种“模仿论”或“趋同论”。实际上，中国改革的目标并不是向西方模式趋同，无论是激进地趋同还是渐进地趋同。如果认为“渐进式改革”是中国的成功经验的话，那么就等于承认中国改革的方向是向西方趋同，否则就不存在渐进与否的问题了。把中国的成功归因于“渐进式改革”，把苏联的失败归咎于“激进式改革”，客观上是在避重就轻，让人们忽视中国与苏联的改革在基本道路和方向上的区别。

中国模式就是“强政府、大国企”？

这种观点认为，中国模式的特点就是强政府、大国企、投资驱动，这种发展模式是导致产能过剩、发展方式粗放、环境污染等问题的根源，改革就是要改掉这些问题，所以“中国模式”没有什么值得得意的。这是一种片面的解读。

首先，政府“大”还是“小”并不是判断政府好与坏的指标。“大政府”可能犯错误，而“小政府”可能连最基本的治理职能都无法履行。世界上最穷、最乱的国家均是最典型的“小政府”，而发达国家的政府规模、财政支出和管制范围都超过发展中国家。这就足以说明，不能仅仅以政府的大小、强弱来评判政府好不好。

其次，把投资驱动、产能过剩归结为“大政府”，有一定道理，但并没有触及本质。自工业革命以来，西方国家的投资驱动导致产能过剩，是周期性发生的现象。1929 年世界大危机之前，全球采取的也是自由放任的经济政策，是一个典型的“小政府”，但仍然出现了投资快速上升、产能严重过剩的局面。说到底，产能过剩是在市场经济条件下，资本逐利所导致的现象。人们之所以感觉产能过剩是“大政府”所导致，是因为近一二十年来，我国地方政府之间出于追求 GDP 和税收的竞争，以优惠条件竞相吸引资本投资。这个现象是存在的，但其原因恰恰不是因为政府太大了，而是因为政府把自己混同于市场主体，为了追求短期的、局部的经济增长，而放松了在执法、环境保护、劳动保障、公共服务等方面的职能。要解决这个问题，并不是简单地否定“大政府”，而是既要减少政府对企业微观经营行为的干预，又要加强政府在产业政策、监管执法、劳动保障和公共服务等方面的职能，降低市场的盲目性。

最后，从中国发展的历史来看，大政府是中国的优势。许多发展中国家现代化进程屡屡中断的一个重要原因就是政府过于软弱涣散，既没有能力提供基本的公共产品、执行经济社会发展计划，也没有能力保证基本的社会公平。如果没有一个强有力的政权，中国就不能构建全国统一市场，就不能集中资源在短时间内实现工业化，就不能维护社会公平。当然，今天的政府还存在很多问题，但是靠缩小政府规模是解决不了这些问题的，在一个不公平的社会，也只有依靠国家的力量才能保护广大民众。在这种情况下如果让渡国家权力，缩小国家权力，客观上造成的结果就是让强势利益集团获取更多的资源，扩大社会差距。

中国模式就是“低福利模式”？

这种观点认为，中国经济发展是由劳动者承受过多剥削来支撑的。这种观点看到了我国在劳动者权益保护和社会福利保障方面的不足，有一定道理。但是，不能说中国是“低福利”支持的经济增长。

是不是“低福利”，要看和谁比。社会公平和福利水平是受历史条件限制的，我们既不能无所作为，也不能超越阶段。和发达国家比，我国确实是低福利，但这是由中国的发展阶段和历史上全球财富分配格局形成的。发达国家的高福利，建立在几百年财富积累以及剥夺殖民地的基础上，与中国并没有可比性。如果和其他发展中国家、和发达国家工业化初期比，中国不仅不是“低福利”国家，反而比这些国家更早地建立了基本生活保障、基本医疗、基础教育体系，是领先于同等发展水平的国家的。中国没有实行土地私有化，所有农民都有耕地和宅基地，仅这一项福利和保障，就超过那些实行土地私有化、流民遍地的国家。在《劳动法》出台之后，劳动者的权益保护也得到改善。近几年，工资增长率开始超过劳动生产率增长率（不过仍然只是补偿性增长）。这些都说明，虽然中国劳动者福利还需要继续改善，但是并不能把“低福利”作为中国模式的特征。

中国模式就是“政左经右”？

中国实行市场经济，同时党和政府有很强的执政能力，有人把中国模式称为“威权政治 + 自由经济”，或者“政左经右”，甚至有人把中国模式称为“国家资本主义”或“官僚资本主义”，这种结论同样偏离现实。

从根本上来说，“政左经右”不可能是一种稳定的结构。经济基础决定上层建筑，谁掌握经济基础，谁就掌握上层建筑，“政左经右”这种经济基础和上层建筑背离的方式不可能长期稳定，其结果或者是经济基础改变，或者是上层建筑改变。说得更明确一些，如果“自由经济”指的是不受限制的市场化、私有化，那么结果必然是资本集中之后掌握上层建筑，这是历史的规律。“政左经右”是二战之后一些东南亚国家的模式，用政府的强制力量推动新自由主义，搞全盘市场化、私有化，结果导致财富向寡头集中，破坏社会公平和团结，直到今天都是这些国家现代化的障碍。

“政左经右”不符合中国的现实。首先，中国的市场并非不受限制的自由市场。其次，中国共产党在人民心目中很有威信，但并不是“威权政治”。实际上，中国的政治制度与西方国家不同，通过人民代表大会制度、基层群众自治制度、决策过程中的群众参与、中央集中统一下发挥地方积极性、以绩效为基础的干部选拔制度等，中国能比西式民主更直接、更有效地反映人民的意愿，因此它有着独特的优势，是具有中国特色的民主模式。如果一个国家的政治制度是不民主的，就不可能在发展经济和改善人民生活方面取得这样的成就。因此，用“政左经右”来概括中国发展模式也是不准确的。

推崇“中国模式”，就是抵制改革、“改革倒退”？

这种观点认为，倡导“中国模式”就是要拒绝改革、“背离世界潮流”。在这种观点看来，中国道路是没有价值的，因此中国应追寻国外发展道路，拥抱“世界潮流”或者“普世价值”，即中国要通过“改革”融入“世界潮流”。

讲中国道路就是抵制改革，这种说法实际上构建了一个语言陷阱，对中国道路做了“有罪推定”。这种观点的实质就是只允许“全盘西化”的改革，而不允许坚持中国特色、中国道路的改革。按照这种观点，世界上所有民族最终都应遵循一个标准、一种模式，走同样的发展道路，即西方国家的现代化道路。这是不符合历史唯物主义的。

全人类的发展有没有共同的规律？当然有，并且这个规律是可以认识、可以掌握的。但是，西方国家现代化道路就是人类社会发展的共同模式吗？并不是这样的，按照西方模式进入现代化的只有大约十亿人，如果没有经过世界上其他六十多亿人的验证，怎么能说西方模式就是“普世价值”呢？实际上，现有发达国家的成功，与其说是共同的规律，不如说是特殊因素起了更大的作用。有人把“中国模式”和全面深化改革对立起来，认为主张“中国模式”就是要反对改革，这种看法实际上是把中国的改革开放变成全盘西化的代名词。中国的改革并不是要改变社会主义政治经济方向和制度，也不是要全盘模仿西方的发展道路，“中国模式”和全面深化改革并不矛盾，而恰恰是为了让改革更加符合中国发展的历史和现实。

为什么有人会把“中国模式”与改革开放对立起来？一方面是因为缺乏制度自信和理论自信，照搬西方经济学理论，忽视了中国经济运行的特定政治、经济和文化基础；另一方面是因为只看到改革开放以后的成绩，没有看到改革开放前后两个时期的延续性，从而不可能对中国模式有完整的认识。

我认为，总结中国经验，至少要解决这两个问题。首先，中国模式应该能够贯通改革开放前后两个时期。目前，大多数解释中国经济发展的理论，还是把改革开放前后两个时期对立起来，没有看到这两个时期的延续性。如前所述，中国道路的成功，离不开前 30 年积累的基础，改革开放前后两个时期不能割裂开来，更不能相互否定。目前的主流经济学界，对改革开放前否定较多，深入研究远远不够，只有真正理解改革开放前 30 年，才能认识中国模式。其次，研究中国的经济发展模式，不能仅仅局限在经济领域，而是要把经济与政治、社会、文化、国际战略等结合起来。当前，对中国经济增长经验的总结，大多数还仅仅局限在就经济谈经济，这和目前经济学发展方向的偏差有关。西方主流的新古典经济学，在数理模型等具体技术上进步很大，但是忽视了经济行为背后的历史、文化、政治、社会等因素。人们使用这种方法论，自然难以注意到中国特殊的历史条件对经济增长的影响。

我认为"中国模式"有不同于西方道路的五个独特的特性：（1）辩证唯物主义和历史唯物主义的哲学基础；（2）既利用市场和资本，又节制市场和资本，让市场和资本为人民服务；（3）社会发展优先于经济发展，以社会公平正义为发展动力，实现人的全面自由发展；（4）以正确义利观为核心的国际战略；（5）以党的领导和群众路线为核心的新型民主政治制度。这五条，贯穿改革开放前后两个时期，是中国经济成功发展的支柱。

2. 支柱一：辩证唯物主义和历史唯物主义

"中国模式"最大的特点恰恰在于，它并不是一个一成不变的模式，而是不断解放思想、破除迷信，探索既不同于书本又不同于别国的发展道路。“人类的历史，就是一个不断地从必然王国向自由王国发展的历史，这个历史永远不会完结”。因此，“人类总得不断地总结经验，有所发现，有所发明，有所创造，有所前进。停止的观点，悲观的论点，无所作为和骄傲自满的观点，都是错误的”。[1] 不相信任何形式的“宿命论”，树立走新路的历史自信和历史自觉，不断在实践中总结经验，开辟新的发展境界，超越历史的周期律，这是中国道路最鲜明的特点和最宝贵的理论品质，也是中国模式的哲学基础，而这种哲学基础来源于中国文化的唯物主义传统和实践品格，来源于辩证唯物主义和历史唯物主义的科学理论。

走新路、走自己的路

“走新路”的历史自觉，首先出于“老路走不通”。1840 年到 1949 年的一百多年里，中国努力模仿西方，从器物到制度，从思想到文化，但是并没有让中国走出贫困的泥潭。面对“老路走不通”，中华民族并不相信“历史的宿命论”，并不接受西方国家强加的命运，而是树立高度的历史自信和历史自觉，历尽艰辛探索一条新道路。

这种历史自信和历史自觉，首先来源于中国传统文化朴素的唯物主义传统和实践品格。中国自古以来就是世俗国家，不注重纯概念出发的逻辑思辨，而是特别关注现实问题，《周易》说“穷则变，变则通，通则久”，这种强调发展变化的朴素唯物主义思想，具有注重实践的品格。这种品格决定了中国文化具有极强的包容性和适应性，相信人定胜天。马克思主义进入中国之后，中国传统文化的实践品格和马克思主义结合起来，成为认识世界、改造世界的科学依据。中国共产党人相信，意识对物质的反作用

① 毛泽东．毛泽东著作选读：下册［M］．北京：人民出版社，1986：845.

有时是十分巨大的，只要掌握了规律，就可以能动地利用规律、改造世界；相信“理论一经掌握群众，也会变成物质力量。理论只要说服人，就能掌握群众”①；相信中国可以在总结历史经验和教训的基础上，探索出一条代价较低、弯路较少的新路。

正是由于树立了“走新路”的历史自信和历史自觉，中国才能做到始终不信邪、不怕压，既不照搬别国模式，也不依附任何国家，力求超越兴亡更替的“历史周期律”。

近代以来，中国克服过三次比较严重的依附和迷信的倾向。第一次是国民党政府在政治和意识形态上高度迷信美国，而中国共产党独立自主地开展新民主主义革命，发动群众，夺取了新民主主义革命的胜利，避免了成为附庸的命运。第二次是新中国成立后一度存在的对苏联的依附和迷信，毛泽东从1956年开始探索突破苏联模式、避免依附苏联，走出了同苏联不同的社会主义道路，也避免了苏联和东欧剧变那样的悲剧。第三次是改革开放以来，邓小平坚决地反对全盘西化的思想，亲自领导了反对资产阶级自由化的斗争，坚持了改革开放的正确方向。

“走新路、走自己的路”的历史自信和历史自觉，成为中国摆脱依附地位、开辟现代化道路的强大精神力量。从历史上看，落后国家难以跳出陷阱，一个重要原因是在思想和文化上丧失了主体性和自信心，这是新中国成立之前遇到的情况。至今仍然有相当一些中国人缺乏这种主体性和自信心，如果一个社会广泛存在着对其他文化的迷信，是很难有自信心开展现代化建设的。进入21世纪，中国共产党提出要增强道路自信、理论自信、制度自信和文化自信，就是对中华民族实践理性和文化主体性的重申。

① ［德］马克思，恩格斯．马克思恩格斯选集（第1卷）［M］．北京：人民出版社，1995：9.

不断超越自身经验

中国不仅能够不断超越西方道路，还能够不断超越自身的成功经验，勇于自我否定、自我革命。这也得益于辩证唯物主义和历史唯物主义方法。

超越自己的历史经验，比超越外国的发展道路更难。苏联初期也超越了西方道路，然而，随着发展阶段的变化，斯大林时代形成的高度集中经济体制的弊端开始出现，斯大林去世（1953 年）之后到苏联解体（1991 年）近 40 年的时间里，苏联并没有成功地实现发展战略的调整。戈尔巴乔夫上台之后，在根本战略上发生错误，盲目地照搬西方模式，党的高级干部丧失了理想信念，导致了解体的悲剧。苏联做到了“超越西方”，但是没有做到“超越自己”，是自己把自己打倒了。

新中国成立 60 多年来，就是一个不断自我革命、超越自我的过程。在坚持社会主义方向的前提下，对具体的发展战略和路径进行过多次调整，既不为外国模式和书本理论所束缚，也不为自己过去的成功经验所束缚，而是保持着自主调整发展战略的能力，这就使得中国能够不断地解决发展道路上遇到的新问题。无论什么时期，中国的制度和道路都不是人为设计出来的。1949 年新中国成立时，人们并不知道社会主义工业化是什么样；1978 年改革开放时，人们也不知道社会主义市场经济是什么样，而是从实践到理论、从理论到实践，不断坚守方向、坚持真理、修正错误，探索出中国独特的道路和制度。

新中国 60 多年的发展道路，是不断面对新情况、解决新问题的过程。改革开放前后，我国的具体政策多次调整，而这些调整都是从当时的历史条件出发、发挥基层和群众的积极性和创造性探索出来的。正是因为坚持了辩证唯物主义的方法论，中国尽管在发展中走过弯路，但是在总体上并没有犯颠覆性的错误，并且在每个历史阶段和节点时刻都做出了符合当时需要的选择。

让哲学变成人民的武器

中国能够不断总结经验，超越旧道路，不断自我革新，是同中国共产党重视理论指导，特别是重视哲学思辨分不开的。

共产主义运动是人类有史以来最大的在理论指导下的社会改造运动，共产党的使命是走前人没有走过的新路，所以就必须吸取人类历史发展的经验教训，吸收人类一切文明的有益成分，这就是为什么共产党需要理论指导。中国这样一个大国，如果缺乏正确的理论指导，是不可能应对各种风险挑战的。

真正的哲学都是自己时代精神的精华。新中国成立后，毛泽东注重哲学的研究、普及和通俗化。他鼓励哲学家们用通俗的语言多写宣传辩证唯物论的文章，号召领导干部要培养学哲学的兴趣，养成学哲学的习惯，批评唯心论、形而上学、思想僵化，“要么这样，要么那样”，“从一个极端走到另一个极端”，强调用对立统一规律观察社会，提倡“照辩证法办事”①，“让哲学从哲学家的课堂上和书本里解放出来，变为群众手里的尖锐武器”②。德国的伟大诗人海涅曾说过：“德国被康德引入了哲学的道路，因此哲学变成一件民族的事业。”③ 同样地，在新中国成立之后，哲学已经不只是少数学者的研究领域，特别是辩证唯物主义和历史唯物主义的思维方式，已经渗透到当代中国人的思维习惯当中，成为中国人不断超越旧道路的思想基础。

---

① 毛泽东．毛泽东文集（第7卷）［M］．北京：人民出版社，1999：200.
② 毛泽东．毛泽东文集（第8卷）［M］．北京：人民出版社，1999：323.
③ ［德］海涅．论德国［M］．北京：商务印书馆，1980：307.

3. 支柱二： 让市场和资本为人民服务

如何对待市场、如何对待资本，是社会主义国家经济发展的一个难题。以市场为主要的资源配置手段、以资本追逐利润为主要动力的资本主义生产方式，是近代以来全球经济增长的主要方式。这种生产方式促进了生产力的解放，但也是周期性危机的根源。所以，自从资本主义生产方式出现开始，对它的批判就一直存在，其中影响最为深远的就是马克思主义。马克思主义认为，以资本追逐利润为主导的生产方式，最终将导致资产阶级和工人阶级之间的尖锐对立，从而使反对资本主义的力量扩大和集结，最终资本主义将培养自己的掘墓人。

然而，历史并没有按照马克思的设想前进，社会主义首先在苏联、中国等东方落后国家实现。这些东方社会主义国家的建立，基于两个逻辑：一个是马克思主义理论逻辑，在资本主义世界的薄弱环节首先进行革命，建立社会主义国家；另一个逻辑是各国自身社会发展的逻辑。对落后国家来说，选择社会主义是没有选择的选择，只有走社会主义道路，才能摆脱依附地位，冲破小农经济束缚，走上工业化的道路。

然而，由于这些国家并不是在资本主义充分发展、资本主义生产方式的矛盾充分暴露的情况下建立的，所以就面临着一个不可回避的问题：在社会主义制度建立之后，如何对待资本、如何对待市场？这是马克思没有回答的问题，也是西方国家没有条件回答的问题。

在这个问题上，中国经过改革开放前后两个时期的探索，走出了一条不同于苏联、不同于西方的道路，那就是既充分利用资本和市场，又利用社会主义的国家政权约束资本和市场，让资本和市场为社会主义服务、为人民服务。这种模式，既不同于苏联的消灭市场，也不同于西方国家让资本在经济和社会生活中占据支配地位。而是从人类历史在当前阶段的生产力水平出发，既充分发挥市场和资本的作用，又不允许市场的作用无限膨胀，不允许资本对社会的支配权力无限扩大。

既利用市场和资本，又约束市场和资本，这一思想在中国有着深厚的历史渊源。在古代中国，尽管商品经济没有占据主导地位，但国家通过直接的经营行为影响市场供求，达到特定目标的做法早已有之。春秋五霸之首的齐桓公任用管仲为相，通过国家干预重要物资的生产，与其他国家进行经济战，达到屈人之兵的效果。西汉时期汉武帝把盐、铁的经营全面收归国家，用于支持战争开支、提高国家财力、抑制地方割据。

实际上，这个问题的本质就是，如何处理国家和民间大资本的关系。近代以来，以孙中山为代表的有识之士也认识到，既要发展资本主义，又要节制资本。孙中山经济思想最重要的内容之一就是“节制资本”，他早年游历欧洲，目睹了资本主义社会大资本垄断导致的两极分化和社会危机，故而提出三民主义的主张，主张“大资本、大土地国有”“土地涨价归公”。实际上，孙中山晚年已经成为社会主义者，他认为三民主义中的民生主义就是社会主义。

新中国成立后，无论是改革开放前还是改革开放后，在既利用市场又约束市场这方面，做法是一致的，只不过因发展阶段不同，程度和表现形式有所差别。

人们往往更多注意到毛泽东强调中国要避免走资本主义道路的一面，但是往往忽略了毛泽东首先强调要承认和利用资本主义因素，同时又要利用社会主义国家政权，约束和限制其负面作用，让其为社会主义服务的另一面。

在实践中，毛泽东始终反对两种倾向。一方面，他反对超越历史阶段消灭商品交换、私营经济和价值规律。1958 年，一些地方过早消灭商品交换、消灭工资制、消灭货币，实行物资无偿调拨，毛泽东提出严厉批评和制止。在对待资产阶级的问题上，毛泽东认为“它有剥削工人阶级取得利润的一面，又有拥护宪法、愿意接受社会主义改造的一面……可以转变为非对抗性的矛盾，可以用和平的方法解决这个矛盾”①。另一方面，毛泽东又强调，不能无原则地全盘接受资本主义制度的体系和价值观，其中最典型的就是在新中国成立初期关于农村合作化的争论中，毛泽东允许在一定时期鼓励农村的小农经济发展，但同时又强调向社会主义的目标前进，而不能停留在“巩固新民主主义秩序”上，并且指出了其科学依据：组织起来也是一种生产力，能够促进农业增产。20世纪60年代初，毛泽东认为可以允许在集体经济内部探索各种各样的生产责任制和分配制度，但底线是不能改变农村的土地所有制。

改革开放的总设计师邓小平，既强调大胆引入市场机制，又强调要节制市场和资本的力量，坚持社会主义道路，他强调，“社会主义的目的就是要全国人民共同富裕，不是两极分化。如果我们的政策导致两极分化，我们就失败了；如果产生了什么新的资产阶级，那我们就真是走了邪路了”②。1990年4月在会见外宾时，邓小平说：“中国情况是非常特殊的，即使百分之五十一的人先富裕起来了，还有百分之四十九，也就是六亿多人仍处于贫困之中，也不会有稳定。中国搞资本主义行不通，只有搞社会主义，实现共同富裕，社会才能建立稳定，才能发展。”③

中国对待市场经济的态度，既有利于发挥市场的创造性，又可避免市场的盲目性，这是从中国历史经验中做出的选择。那些全盘模仿西方发展模式的国家，并没有走出一条成功的发展道路，反而陷入依附地位。特别

① 毛泽东．毛泽东文集（第7卷）[M]．北京：人民出版社，1999：170.
② 邓小平．邓小平文选（第三卷）[M]．北京：人民出版社，1993：110－111.
③ 邓小平．邓小平年谱（1975—1997）[M]．北京：人民出版社，2004：1312.

是苏联，东欧拉美一些国家，认为只要政府放松管制，经济就能很快发展起来，结果事与愿违。随着全球金融危机的爆发，资本主义矛盾充分暴露出来，人们对这个问题的认识还会更加深入。

公有制和市场经济的结合

中国实行公有制为主体、多种所有制共同发展的经济制度，这是既发挥市场作用又治理市场失灵的制度基础。公有制经济本身就是一种治理市场失灵和约束资本特权的综合性制度安排。坚持公有制的主体地位、把公有制和市场经济结合起来，是中国的制度优势，也是中国道路取得成功的重要因素。

无论是改革开放前还是改革开放后，公有制经济都是中国现代化进程的关键力量（见本书二、三、四章）。中国的实践丰富了公有制经济的理论。传统马克思主义主要从工人阶级掌握生产资料、实现联合的自由劳动、避免资本压迫的角度认识公有制。但是，目前的生产力水平，还没有发展到能够完全实现公有制、消灭私有制的阶段。那么，在这个历史阶段，公有制的作用体现在哪里呢？中国的实践证明，公有制经济的作用起码体现在对内和对外两个方面。

对内，公有制经济的作用主要是治理市场失灵、维护社会公平、提供公共产品，维护人民的共同利益。在自然垄断的领域，公有制能够有效避免垄断企业获取超额利润，让利于社会，从而使整个经济都受益。中国的土地公有制，降低了经济发展成本，国家不需要税收即可以通过国有土地划拨，发展工商业和基础设施。

中国坚持公有制为主体，使得中国发展具备一个重要特点，那就是优先发展基础性、公共性部门，不断为长远经济发展夯实基础。这些公共产品可以分为两大类：一类是硬件，包括资本设备、物质基础设施（能源、交通、通信等)、战略性产业(如尖端科技、军工等),能够增加长期经济增长的潜力,降低长期经济增长的成本;另一类是软件,包括对健康、教育、基础科研方面的投资。在这些公共服务领域,中国依托公有制为主体的公共服务机构,实现了公共服务的普及。

对外,公有制的作用是在国际上维护民族利益。当今世界,特别是20世纪80年代新自由主义全球化之后,跨国企业成为国际大型垄断企业的一种主要形态,它们往往有着可以和主权国家抗衡甚至超过主权国家的控制力,其垄断地位往往损害发展中国家的民族经济,对此,发展中国家只能靠国有企业的存在和竞争力才能加以抑制。拉美、非洲和亚洲一些依赖型经济体,由于缺乏有实力的民族企业,其实体经济实际上是在为跨国公司谋利,主要利润被转移到国外,而不能让老百姓共享。①

中国国有企业的作用和德国企业"占领制高点"的行为模式类似。"莱茵模式"是和新自由主义有所不同的一种资本主义经济模式,以德国的"社会市场经济"模式最为典型,这种模式不同于强调自由竞争、利润至上和福利最小化的英美模式(盎格鲁-撒克逊模式),而是强调以自由竞争为基础、国家适当调节并以社会安全为保障的资本主义市场经济。在这种模式下,企业在国家所制定的秩序框架下竞争;它强调社会公平性与集体利益,制定了一整套严格的劳工权利和福利制度,企业的投资更注重长期投资和创新,兼顾短期和长期利益。② 在现代化初级阶段,我国大量企业的主要行为模式仍然是追逐短期利润,在这种情况下,国有企业承担创新责任、重视长期性和基础性投资的行为模式就成为弥补经济发展短板的优势。

---

① 陈平. 假如中国国企真的被私有化[EB/OL]. http://www.guancha.cn/chen-ping/2013_04_17_139040.shtml.

② 丁纯. 盎格鲁-撒克逊模式与莱茵模式的比较——20世纪80年代以来德、法和英、美经济表现和成因分析[J]. 世界经济与政治论坛, 2007(4): 41-48.

可见，中国能够在战略性领域实现超越，保证基本民生和社会稳定，中国实现现代化付出的代价小于西方国家付出的代价，也规避了一些依附型发展中国家陷入贫困陷阱的风险。其中，公有制经济起到了至关重要的作用。

具有社会主义因素的私营部门

私营经济已经成为中国经济的重要组成部分。同资本主义国家相比，中国的私营经济有其独特之处。新中国成立前，中国的民族资本始终没有发展起来。一方面是因为封建势力和外部资本主义的挤压，私营经济没有自主发展能力；另一方面则是因为私营经济有自身的缺陷。新中国成立初期，周恩来曾指出，"中国民族资产阶级还有其黑暗腐朽的一面，那就是由于他们与帝国主义的、封建的、官僚买办的经济有着千丝万缕的联系，同时，中国资产阶级本身也同世界各国的资产阶级一样，具有唯利是图、损人利己、投机取巧的本质。因此，解放后，他们中间有很多人……常常以行贿、欺诈、谋取暴利、偷税漏税等犯法行为，盗窃国家财产，危害人民利益，腐蚀国家工作人员，以遂其少数人的私利。"[①] 这也是对资本主义工商业进行社会主义改造的原因之一。

新中国成立初期，民族资产阶级的脆弱性和依附性，决定了他们不可能承担起现代化和工业化的任务。改革开放之后发展私营经济，表面上看是"一夜回到解放前"，但实际上，这时的私营经济所面临的环境已经发生了根本变化。社会主义制度的建立、30 年基本建设和公有制经济的建立，为民营企业发展提供了新的历史条件。国家政治主权和经济体系的独立，可以使民营经济不再依附外国资本，一大批民族企业家获得了施展的空间。这个过程告诉我们，不能把社会主义制度和公有制与私营经济对立

① 周恩来．周恩来选集（下卷）［M］．北京：人民出版社：1984：81－82.

起来。今天中国的私营经济，已经同旧中国的私营经济、西方国家的私营经济有着显著的区别。

这种区别的核心就是，中国的私营经济具有一定的社会主义因素，成为中国特色社会主义制度的组成部分。这些社会主义因素包括：

第一，中国的私营经济在政治上必须接受中国共产党的领导，拥护社会主义制度，这是它与资本主义私营经济的根本不同。自 20 世纪 90 年代起，中国共产党就把党对私营经济的领导放到重要议事日程，在大型私营企业设立党组织，尽管私营企业党组织并不如国有企业党组织的政治领导核心作用那样突出，但是可以通过党的思想理论和路线影响企业。中国有一大批有着党政部门和国有企业从业经历的民营企业家，他们很重视党的建设，把党的政治和组织优势转化为规范企业管理、提高竞争力的因素。

第二，中国的一些民族企业家继承了传统文化的优秀成分，对国家、民族和社会有高度责任感，有利于避免市场的盲目性和过度逐利。例如，华为是一家民营企业，但是在内部分配上实行全员持股，重视创新，总裁任正非在企业管理中吸收了共产党的理想信念和组织文化，企业具有崇高的理想主义，也具有凝聚力，积极参加国际竞争，成为电信行业走出去的引领者。

第三，中国政府和私营资本之间是一种新型的关系，在资本和权力之间有一道防火墙。不同于西方国家，大型垄断资本可以直接影响和操纵政权，中国的制度不允许资本影响政权。尽管一段时间以来确实存在资本和权力进行交易的状况，但这是中国的法律和党的纪律所不允许的。2016 年 3 月，习近平同志以“亲”“清”二字来概括政府与私营企业之间的新型政商关系，[①]“亲”就是党政部门和民营企业之间的合作关系，帮助企

---

① 习近平在看望参加政协会的民建工商联委员时强调毫不动摇坚持我国基本经济制度推动各种有制经济健康发展［A］．新华每日电讯．2016－03－05（1）．

业发展，搞好服务；“清”就是划清资本和权力的界限，遵纪守法办企业，不能通过权钱交易介入政治权力。这是中国制度的优势，可以避免形成资本“赢者通吃”。

还有一种比较普遍的看法值得注意。有人认为，中国共产党作为执政党，这么强调共产主义理想、强调公有制为主体，是不是会让民营企业家们害怕，甚至导致资本出逃？他们认为现在经济下行、民营企业不敢投资，是因为怕被“搞共产”，内心忐忑不安。这种看法需要澄清。

中国共产党自成立以来，从来没有把民族企业作为革命的对象。新中国成立初期的社会主义改造，对于民族企业也是在自愿的基础上通过赎买的方式实现公私合营。改革开放以来，对民族资本的保护程度更是在不断加强，如出台了《物权法》等保护产权的法律。

强调公有制为主体，为私营资本划出红线，这恰恰不是为了限制其发展，而是为了让民族资本更好地发展。中国共产党奋斗的目标是实现共产主义，而坚持共产主义的理想，绝不意味着要立即消灭私有制，因为根据历史唯物主义的原理，在相当长的历史阶段，还要发挥商品生产、市场经济和私人资本的积极作用，同时要抑制其消极作用。只要把这个问题坦坦荡荡、大大方方说明白，给私人资本的发展划出红线和底线，既在有利于国计民生的范围内支持其发展，又防止其影响国计民生和损害民族利益，就完全能够为民族企业家所接受。

当然，上述这些优势要在制度上予以规范和定型，还有很长的路要走，既需要中国共产党坚持自己的宗旨，也需要民族资本坚持正确的发展方向，那就是拥护社会主义、维护民族利益、履行社会责任，不做为了追求经济利益而损害国家主权和人民利益的事情。如果能够始终坚持这些，那么中国的民营经济和社会主义就不是对立关系，而是中国特色社会主义制度的一部分。这是坚持“两个毫不动摇”的基础和前提。

能够驾驭市场经济的政权

正确处理政府和市场的关系，是经济体制改革的核心问题。中国在政府职能上，既没有像苏联那样完全包办代替，也没有变成不作为的“小政府”，而是在引入市场机制的同时，不断强化国家能力。中国共产党强调各级领导干部要加强“驾驭市场经济的能力”，政府在经济运行中，不仅是“守夜人”“裁判员”，而且更重要的是，中国的社会主义政权是人民利益的代表者，代表人民来治理和驾驭市场和资本，政府的经济职能不仅体现在制定规则和保持宏观经济稳定，而且也体现在发展公有制经济、提供公共服务、维护社会公平、促进共同富裕、参与国际竞争等重要方面。

中国引入市场经济的路径同西方不同。西方是先有市场经济、再逐步强化政府职能，但尽管如此，也没能避免市场盲目性带来的经济危机、贫富分化、全球经济失衡等严重的缺陷和弊病。而我国作为社会主义国家，是先根据马克思主义的国家学说建立人民民主专政的政权，再引入市场经济。社会主义市场经济是同社会主义基本制度结合在一起的，具有不同于传统市场经济的新特点和优势，一方面发挥了市场机制的优点，增强了经济发展的活力；另一方面发挥了社会主义制度中生产资料公有制、按劳分配、计划调节、统筹兼顾、独立自主、共同富裕等优势，能够更好地解决市场失灵。从中国经济的发展历史来看，无论是改革开放前还是改革开放后，一个积极有为的政府都是中国经济发展的优势。

积极有为的政府避免了发达国家和发展中国家在经济发展中的两类陷阱：一类是政府软弱涣散，缺乏必要的治理能力；另一类是政府为强势利益集团所俘获，代表少数人的利益。人们往往只看到亚当·斯密经济理论中那只“看不见的手”，却忽视了亚当·斯密提出这一理论的时代背景。亚当·斯密生活在资本主义原始积累的时代，他在《国富论》中痛斥资本家通过操纵和贿赂政客来剥削工人，呼吁结束这种官商勾结状况，让“看不见的手”发挥作用。[①] 可见，亚当·斯密不是抽象地反对政府干预，而是反对那种“同资产阶级勾结起来压迫工人的腐败政府”。这一点同马克思是高度一致的，《资本论》第24章以“所谓原始积累”为题，谴责资产阶级政府“欺骗性地出让国有土地，盗窃公有地”[②]，“把工人刚刚争夺到的结社权剥夺掉”，“使领工资的工人陷入……奴隶般的依赖状态”[③]。

所不同的是，马克思和亚当·斯密提出了不同的解决办法。亚当·斯密认为，既然政府会做坏事，那么就不要政府干预，把政府职能缩到最小为好。这在工业化初期、社会生活并不复杂的情况下是有一定道理的。但是随着工业化发展，社会生活日益复杂，市场失灵愈来愈凸显，政府作用逐渐重要起来。这时候，马克思的办法就慢慢占了上风，那就是，并不是消极地缩小政府规模，而是让政府正确地发挥作用。20世纪30年代的“大萧条”之后，正是在持续不断的工人运动和经济危机推动下，资产阶级政府在维护社会公平、提供医疗教育环保等公共服务、建立国有企业承担社会责任等方面的职能逐步增强。社会主义国家出现之后，通过制度竞争迫使资产阶级政府以更大力度强化政府作用、纠正市场失灵，形成了社会民主主义、福利资本主义等制度。20世纪80年代之后，以减少政府干预为主题的新自由主义席卷全球，带来了短期的经济增长，但也扩大了南北差距和各国内部的社会差距，特别是东欧、东亚、拉美的不少国家接受了“小政府”理念，实行私有化、削减社会保障、放松金融监管，导致了经济金融危机。

可见，问题的关键并不是政府大小，而是政府做什么。一方面，政府

---

① 郎咸平，杨辉瑞．资本主义精神和社会主义改革［M］．北京：东方出版社，2012：17－19.
② ［德］马克思，恩格斯．马克思恩格斯文集（第5卷）［M］．北京：人民出版社，2009：842.
③ ［德］马克思，恩格斯．马克思恩格斯文集（第5卷）［M］．北京：人民出版社，2009：851.

可能与利益集团勾结起来攫取社会利益；另一方面，政府能制定经济发展战略、遏制垄断资本、维护社会公正、提供公共服务，并对外维护国家利益。在现实中，有些人希望捆住政府“掠夺之手”，以惠及国家和人民大众；而另一些人则希望捆住政府“保护之手”，让政府不要遏制利益集团、不要调节收入分配、不要搞社会福利，以保护有产者利益。可见，同样是“限制政府权力”，其结果可能完全相反。

对于发展中国家，问题更加复杂。由于制度不健全，发展中国家政府同时具备“掠夺之手”和“保护之手”的特征。在这种情况下，鼓吹“小政府”很容易迷惑人，结果却让政府功能错位，放弃了本该承担的“保护之手”的责任。东欧和拉美的教训表明，一些国际说客之所以不遗余力地推动发展中国家国企私有化、金融自由化、福利最小化，其实就是以“约束政府权力”之名行涣散政府能力之实，以维护他们在国际经济秩序中的优势地位。所以要明确，“约束政府权力”不是要弱化国家能力，而是为了更有效、更有力地履行国家治理的职能。

自由放任的市场如果不受制约，就会在资本利益的裹挟下，冲破人类的一切社会关系，把一切都变成商品，使社会关系失去其自然和社会属性。一无所有的劳动者成为商品，只能接受资本的盘剥，从而导致尖锐的社会分化和对立；土地变成商品，会造成恶性兼并和大量流民、生态破坏；资源环境变为商品，会导致环境透支；自由放任的市场无法解决医疗、教育等服务的公平提供。所以，政府需要承担责任，约束资本不受限制的权力。

在风云变幻、国际竞争加剧和危机频发的时代，一个积极有为的政府正体现了其制度优势。与大多数被排除在现代化门槛之外和陷入中等收入陷阱的国家比较起来，中国的积极政府正说明了我们的制度优势。当前，面对政府存在的问题，我们需要深化改革，但是我们不能因此迷信“小政府”，更不能主动放弃制度优势。

4. 支柱三：以人民为中心

如何处理公平和效率、经济发展和人自身发展的关系，是经济发展道路上一个关键的问题。在这两个问题上，西方国家走的是先解决效率问题、再解决公平问题，先实现经济增长、再追求人自身发展的道路。这种发展之路有两个问题：第一，伴随着巨大的社会代价，欧美国家的工人阶级经过长期斗争，才获得了相对公平的社会地位和保障；第二，社会一旦形成两极分化，再反过来治理就会困难重重。特别是发展中国家，处在全球体系中的边缘地位，政治格局容易受到全球资本的影响和控制，很难形成一个代表中下层利益的政府。从实践来看，大部分发展中国家都没有很好地解决社会公平和人类自身发展的问题。

中国在这个问题上走出了一条新路，那就是坚持以人民为中心，社会革命先于经济革命、社会建设先于经济建设，让人自身的发展适当超前于经济发展，先解决社会公平的问题，再实现经济发展。正因如此，我国才能够在极低的经济发展水平下，有效而稳定地集中资源实现现代化；才能够为了长远的目标团结各阶层人民，共同奋斗；才能够避免西方国家发展早期巨大的社会代价，比较平稳而快速地实现经济起飞。

社会革命先于经济革命

在经济增长中，如何处理公平和效率的关系是一个古老的命题。从微观上看，公平和效率似乎是有矛盾的；但是从宏观的视角来看，公平和更长时间的增长是一致的。

中国能够突破现代化的瓶颈，得益于进行了历史上最深刻的社会革命。旧中国是一个等级分明、极不公平的社会。对广大民众来说，两极分化，阻碍着消费市场的扩大和人力资本的提升；对国家来说，利益集团成为国家和人民之间的梗阻层，他们攫取了大量社会财富，使得国家没有力量集中资源投入到最需要的重工业部门，甚至国家被利益集团所控制，成为利益集团牟取利益的工具。国民党里的有识之士尽管认识到要反对腐败（实际上就是遏制以四大家族为代表的寡头）、实施土地改革才能获得农民的民心，但是由于国民党自身是利益集团的一部分，所以这些政策都难以实施。而中国共产党扎根于基层，和当时的各种利益集团都没有关系，所以才能够通过土地改革获得人民的拥护。

新中国成立前后，进行了一场深刻的社会革命，主要的标志就是改造了原有的利益集团，在农村实现了比较公平的土地分配，在城市通过没收官僚资本主义和接收外国资产，建立了公有制的基础，从而实现了主要生产资料比较公平的分配，打破了各种不劳而获的“食利者阶层”，有限的剩余可以直接在国家和人民之间分配，既集中资源到关键部门发展重工业，又能够把有限的消费资源平均分配，保障基本民生的改善。国家还可以用有限的资源优先建立低成本、广覆盖、保公平的社会保障体系。这些条件都打破了旧中国社会结构对经济发展的阻力。

社会革命是启动中国现代化的动力。社会革命打破了等级森严的社会结构，普及了平等文化，使得国家和人民成为利益一致的共同体，荡涤了根深蒂固的等级制度，是一次大规模的平民化运动。新中国建立了一个公平、有保障、有组织力的扁平化社会，改变了旧中国一盘散沙、贫富悬殊、脆弱和充满风险的社会结构，让千百年来被侮辱、被损害的平民百姓有工作、有尊严、有安全感、有希望，使劳动者获得“为自己劳动”的主人翁心态，在经济资源不足的情况下起到了巨大的激励作用。

20 世纪 80 年代以来，“告别革命”的观点曾经时髦了一阵。这种观点认为革命打破了中国的现代化进程，认为如果不发生革命，中国早就实现现代化了。这种观点把革命和建设割裂来看，并不符合历史的事实。1840 年以后，历史给了中国发展资本主义的机会，但中国的民族资本主义在半殖民地背景下不能独立发展起来。今天，还有大量没有经过社会革命的发展中国家，这些国家长期动荡的一个根源就是两极分化的社会结构和利益集团的存在。印度至今种姓制度根深蒂固，土地由私人所有，大量农民流离失所，消费能力和人力资本水平都很低；菲律宾、巴西等发展中国家，土地由大地主、大资本所有，贫富两极分化成为社会持续动荡的根源。

新中国的实践证明，中国通过社会革命，在一个比较公平的基础上实现现代化，并通过维护社会公平正义，不断为发展增添新的动力。

中国坚持社会革命优先，还解决了困扰很多国家的一个敏感问题，那就是民族和宗教问题。新中国之所以能够比较好地处理民族关系，实现各民族和谐相处，一个重要的原因就是，中国共产党没有孤立地看待民族问题，而是把民族问题作为一个社会公平的问题，看到当时少数民族群众所受到的压迫，本质上是阶级压迫，从而团结新疆、西藏等民族地区广大劳苦大众，推翻了贵族、奴隶主统治，从而让各民族的劳动人民团结在一起，对“社会主义大家庭”的认同感超越了狭隘的民族感情。在任何一个民族，穷人都是多数，特别是没有经过民主改革、还停留在封建社会甚至奴隶社会的民族，只有团结了最大多数的基层人民，才能够具备稳定的社会基础。直到今天，这仍然有着重要的借鉴意义。

以共同富裕促进增长

公平是人类永恒的追求。传统的农业社会，在社会分工和交往不显著的条件下，社会形成差距的过程较为缓慢。而资本主义社会产生之后，虽很好地解决了生产力发展的问题，但是并没有解决公平和公正的问题，相反，以资本为主导的力量“日益把社会分成两个对立的阶级”。逐利性决定了资本总是流向利润率高的地方，因此，在资本主义社会，城乡、地区和劳资之间的差别远大于传统社会。从世界历史来看，现有的西方道路并未解决协调发展的问题。西方发达国家的发展程度很高，却是以南北差距的扩大为代价的。发展中国家大部分仍然走的是依附性发展道路，融入全球体系的部分和大多数农村之间形成两个世界。也就是说，目前还没有哪个大国主要依靠自身的资源实现协调发展。

新中国对缩小三大差别的探索至少从 1956 年就开始了。人民公社化和 20 世纪 70 年代鼓励农村社队企业发展，都是试图扭转片面以城市为中心的工业化发展道路，鼓励农村就地工业化。两次体制下放、三线建设和上山下乡都是中国有意识地缩小城乡差距、实现协调发展的行动。

协调发展不仅是发展本身的要求，也是“中国模式”特有的经验。中国之所以能够比其他发展中国家保持更快、更持久的经济增长，实行协调发展的战略是一个不可缺少的因素。中国缩小三大差别最显著的效果体现在 20 世纪 80 年代。改革开放初期，中国是世界大国中收入分配相对公平的国家之一，基尼系数只有 0.3 左右，正因为有这种公平的起点，所以 20 世纪 80 年代获得了市场的繁荣和强劲的内需，这是中国发展过程中的一个独特经验，也对今天凝聚新增长动力有直接启示。

教育和健康优先发展

在经济发展水平低的阶段能不能搞免费医疗、义务教育、社会保障，这在我国是长期存在争论的问题。从国际经验来看，大多数国家都是先实现现代化，再建立和完善公共服务和社会保障体系。而中国选择了一条不同的道路，那就是优先发展社会事业，在经济发展水平很低的情况下普及了基本医疗、基础教育和社会保障。这样做，对现代化有两方面的意义：

一方面，人力资本是生产力最核心的因素，新中国教育和健康服务的普及，使人力资本水平大幅度跃升，形成了一支有文化、守纪律的产业工人大军，为改革开放储备了丰富的劳动力资源；另一方面，住房、医疗和教育是人最基本的需求，新中国通过普及基本医疗、基础教育和社会保障，大大降低了人民生活的不确定性，降低了经济运行的成本，使得集中资源发展“高积累、低消费”的工业化战略成为可能。

从更长远来看，健康、教育的普及，是人全面自由发展的前提。资本主义社会自由的本质是“资本面前人人自由”，人虽然摆脱了封建制度的束缚，但是却受到资本的支配，是否掌握资本成为能否享受自由的先决条件。提供社会保障、普及公共服务，就是要避免人的异化，为人的全面自由发展创造条件。新中国实现人民健康、人民教育的优先发展，社会发展水平在很长时间内明显领先于经济发展水平在全球的排名，为国家稳定、经济发展、社会进步打下了基础。

5. 支柱四：以正确义利观为核心的国际战略

面对全球化,发展中国家应当如何自处？这又是关系到现代化道路的关键问题。在全球化时代，资本主义生产方式覆盖了全世界，特别是20世纪80年代之后，新自由主义经济理论占据了主流地位，不受限制的资本和商品流动，激发了经济发展的活力，但是也扩大了南北差距，导致一些国家陷入“中等收入陷阱”。

资本主义全球化对发展中国家可能产生两种影响：一种是经济全球化能在一定程度上促进经济发展，有利于技术的传播，可以缩小发展中国家和发达国家的差距；另一种是经济全球化也可能导致发展中国家丧失经济主权和国家安全，被锁定在产业链低端，扩大发达国家和发展中国家的差距。从实践看，资本主义的全球化导致第一种情形的少，导致第二种情形的多，能在资本主义全球化中获益的发展中国家，基本上都是在地理位置和自然资源方面具有特殊性的小国。

新中国国际战略的出发点，就是在全球化中，争取实现第一种情形，发展经济，缩小与发达国家的差距，避免第二种情形。要实现这一点，关键是要做到“穷则独善其身、达则兼济天下”。“穷则独善其身”，即独立自主地参与全球化，有序自主地对外开放，在开放中坚守国家安全和产业安全的底线；“达则兼济天下”，则是努力维护全球公平正义，支持第三世界国家发展，通过维护全球公平正义为自己争取发展的正当权益。独善其身和兼济天下是一致的，因为中国本身是发展中大国，维护全球公平正义就是为自己争取公平的发展权益。

独立自主：穷则独善其身

新中国成立以来，中国没有像一般的发展中国家那样，直接加入全球体系，成为世界体系的一环，而是独立自主地参与全球治理，通过改善全球公平，争得自己的发展空间。

从国内来看，独立自主的发展战略使中国具有了独立的工业体系，避免了经济和技术上的依附地位。中国是大国，资源丰富，市场广阔，不怕封锁；只要具备初始的资本和技术，不需要国际市场，同样能够实现国内经济的循环。因此，在新中国成立初期，虽然美国对中国进行了严格的禁运，但这恰恰给了中国独立自主发展技术的动力。如果我们不走独立自主之路，而是屈从于外部大国压力，固然能够换来一时的和平、一时的援助，但是从长期看，无论算经济账还是算政治账都是不划算的。算经济账，如果屈从大国，就只能加入由大国主导的国际分工体系，在尚不具备重工业基础的情况下，致使我国产业被锁定于低端，产业升级和实现完整工业体系的时间将大大延迟。算政治账，依附于大国的代价就是丧失一定的主权和战略空间，接受大国划定的国际格局，而且国内政治也将受到外部大国的影响甚至左右。1993 年，江泽民同志曾总结道：“从近几年来国际风云的变幻中可以更加清楚、更加深刻地看到，中国共产党在社会主义建设事业中坚持独立自主，不倦地探索适合自己情况的道路，以及由此培养起来的自强自立、不依附于人、不怕鬼、不信邪的精神，对于维护国家的主权和民族的尊严，巩固和发展社会主义制度，发挥着多么重大的作用！”① 20 世纪 70 年代之后，美国解除对中国的封锁禁运，除了当时国际战略的需要之外，还有一个原因是中国在封锁条件下已经形成了完整的工业体系。

对一个大国来说，把关键技术和战略部门控制在自己手里是必要的。正是由于中国具有了独立的工业和技术体系，改革开放之后，中国才能在对外合作和技术引进中保持相对平等的合作地位，比如，20 世纪 80 年代，美国麦道公司就与中国进行了深度合作，如果当时中国没有独立研制大型飞机的能力，这种合作是不可能实现的。独立的工业和经济体系，使中国在 20 世纪 70 年代初就具备了对核大国的战略威慑能力，从而实现了国防战略的调整，从消极防御转变为积极防御，能够御敌于国门之外，为改革开放营造了和平的建设环境。

正确义利观：　达则兼济天下

2013 年，习近平在周边外交工作座谈会上发表重要讲话，提出“坚持正确义利观”的理念。习近平秉承中华优秀文化和新中国外交传统，顺应和平、发展、合作、共赢的时代潮流，提出在外交工作中要坚持正确

① 江泽民在毛泽东同志诞辰一百周年纪念大会上的讲话［EB/OL］. http：//www. gov. cn/test/2009－11/27/content_1474648. htm.

义利观，并就其内涵做出了精辟论述。他指出：

> 义，反映的是我们的一个理念，共产党人、社会主义国家的理念。这个世界上一部分人过得很好，一部分人过得很不好，不是个好现象。真正的快乐幸福是大家共同快乐、共同幸福。我们希望全世界共同发展，特别是希望广大发展中国家加快发展。利，就是要恪守互利共赢原则，不搞我赢你输，要实现双赢。我们有义务对贫穷的国家给予力所能及的帮助，有时甚至要重义轻利、舍利取义，绝不能惟利是图、斤斤计较。①

新中国成立之后，中国坚持独立自主、坚持正确的义利观，支持第三世界民族解放运动和人民民主运动，获得了巨大的国际道义感召力，获得了第三世界国家的支持和帮助，最终也获得了包括美国、苏联在内的世界强国的承认和尊重。

中国的发展，不仅有利于改变全球不平衡的发展状况，与发展中国家一起争取更加平等的发展机会，而且中国以自身发展的成就，给其他发展中国家增添了信心和希望，帮助其打破对西方的迷信，让其相信，走出一条新路是可能的，建设一个不一样的新世界是可能的。美国哈佛大学教授约瑟夫·奈认为：“中国的经济增长不仅让发展中国家获益巨大，中国特殊的发展模式和道路也被一些国家视为可效仿的榜样……更重要的是将来，中国倡导的政治价值观、社会发展模式和对外政策做法，会进一步在世界公众中产生共鸣和影响力。”② 俄罗斯经济学院教授弗拉基米尔·波

---

① 王毅. 坚持正确义利观 积极发挥负责任大国作用——深刻领会习近平同志关于外交工作的重要讲话精神 [N]. 人民日报，2013-09-10.

② 赵哲. 国外热议“中国模式”及其启示 [EB/OL]. http://politics.people.com.cn/GB/143465/8669550.html.

波夫则认为："中国的发展模式，或者说东亚的发展模式，对所有发展中国家具有无法抗拒的诱惑力，因为这种模式引发了世界经济史上前所未有的一轮增长……这种模式与美国开出的新自由主义经济处方可谓背道而驰。"① 塞内加尔前总统阿卜杜拉耶·瓦德说："虽然西方国家抱怨中国推进民主改革方面步履缓慢，却无法掩盖中国人比批评者更具竞争力、更有效率、更能适应非洲商业环境的事实……不仅是非洲需要向中国学习，西方也有很多需要向中国学习的地方。"②

从发展中国家的现代化历程来看，中国和广大第三世界国家都属于后发外生型现代化国家，都面临着突破资本主义全球体系、超越西方发展道路的共同使命。因此毛泽东曾经满怀激情的展望："从现在起，五十年内外到一百年内外，是世界上社会制度彻底变化的伟大时代，是一个翻天覆地的时代，是过去任何一个历史时代都不能比拟的。"③ "进到二十一世纪的时候，中国的面目更要大变。中国将变为一个强大的社会主义工业国……中国应当对于人类有较大的贡献。"④ 邓小平曾经满怀信心地指出："我们的改革不仅在中国，而且在国际范围内也是一种实验，我们相信会成功。如果成功了，可以对世界上的社会主义事业和不发达国家的发展提供某些经验。"⑤

新中国的国际战略，是义和利的统一，是国家民族利益和国际道义的统一。中国结束了一百多年来在全球体系中被边缘化、被迫依附的局面，

---

① 赵哲．国外热议"中国模式"及其启示［EB/OL］．http：//politics.people.com.cn/GB/143465/8669550.html.

② 赵哲．国外热议"中国模式"及其启示［EB/OL］．http：//politics.people.com.cn/GB/143465/8669550.html.

③ 中共中央文献研究室．建国以来毛泽东文稿（第10册）［M］．北京：中央文献出版社，1996：32.

④ 毛泽东．毛泽东文集（第7卷）［M］．北京：人民出版社，1999：157.

⑤ 邓小平．邓小平文选（第三卷）［M］．北京：人民出版社，1993：135.

开始了独立自主融入全球化的进程。中国坚持独立自主，坚持正确义利观，不仅赢得了自己的发展进步，也越来越深刻地影响着世界，一个不依靠炮舰和暴力、讲求道义和责任、超越资本主义全球化道路的新型的国际秩序，将是发展起来的中国对世界的贡献。

6. 支柱五： 党的领导和群众路线

建设一个什么样的政权、执政党和人民之间是什么关系，这是关系到现代化进程的重大问题。中国在这个问题上也探索了新的模式，那就是在中国共产党领导下，把人民有序地组织起来，通过群众路线和协商民主的方式，保障国家和人民具有共同的目标和利益，在中央集中统一领导下发挥地方和基层的积极性，形成一种既有集中又有民主，既有纪律又有自由，既有统一意志又有个人心情舒畅、生动活泼的政治局面。

这种国家—社会关系，不同于西方“市民社会”国家与社会对立的关系，既避免了国家被特殊利益集团所影响，又避免了极端的民粹主义导致社会的对立和撕裂，凝聚了发展合力，增进了社会团结，有利于防止党和国家的变异，能够做出符合全社会整体利益和长远利益的决策。

作为先锋队的共产党

中国共产党是中国现代化的组织者、领导者，在中国现代化过程中起着核心作用。中国共产党的领导，是中国道路最本质的特征。

旧中国之所以无法启动现代化，重要原因之一是缺乏一个能够凝聚全国人民意志、形成共同目标的政权。无论是清政府还是国民党政府，都没能启动现代化。人们往往从政治、军事的角度来解释为什么中国共产党能够赢得革命战争的胜利，而忽视了中国共产党领导的革命战争，不仅是军事和政治上的斗争，也是经济发展模式的竞争。在关系中国命运的大决战——解放战争中，国民党政府的失败不仅是政治和军事上的失败，也是经济上的失败。这种失败，是由国民党政权的几个特点决定的。

第一，国民党政权的基本依靠力量是大财阀和外国资本，因此不可能在农村进行土地革命，实现耕者有其田。国民党上将卫立煌曾说过，“八路的打法好是好，咱们学不来。咱们的部队一撒出去，就收不拢来了”。[①]中国共产党之所以赢得大多数农民的支持，主要是通过土地革命。长期受压迫、受剥削的贫苦农民在土地改革之后，成为共产党的坚定支持者，踊跃参军打仗，保护劳动果实。

第二，国民党政权影响没有达到基层，政府治理能力弱小。国民党政权在形式上是一个现代政权，有政党、有国会、有总统，但是这个政权远远没有深入到中国的基层，而是如浮萍般飘在水面。基础不牢，地动山摇。当时县以下的广大地区，还保留着传统社会的组织形式。如黄仁宇所说，蒋介石虽然重建了中国的上层社会，但并未重建中国的基层社会，重建基层社会的任务是中国共产党完成的。这种只有上层、没有基层的行政体制，造成的最大问题就是国家能力的低下，政令不一，中央政府的意志到了基层就发生了很大偏差，突出表现在收税和征兵这两件战争时期的头等大事上。

第三，国民党政府的干部结构和执政文化严重脱离中国本土。在国民党统治时期，中国已经形成鲜明的二元结构：在沿海大城市特别是租界，现代化程度已经较高，生活方式和文化国际化程度也较高；在城镇和广大

① 周大江．党史商鉴［M］．北京：人民出版社，2006：40.

乡村，贫困阶层还广泛存在，广大农村更是停留在传统社会，远离现代化。而且，作为执政党的国民党，其高级干部在出身和生活经历上同中国的底层相距甚远，而且在知识结构和理念上食洋不化，脱离中国本土。从代表性和价值取向来说，国民党政府充其量只是一个代表少数富裕阶层、精英阶层的政府。尽管国民党政府中也不乏有良心、有抱负的贤能人才，但无法从根本上改变国民党对外妥协依附、对内依靠权贵的本质，从而避免不了失败的命运。

与国民党相比，中国共产党深深扎根于中国的基层，党员的结构从以知识分子为主，转变为以工人和农民为主体，同时又吸收了大量先进的知识分子。中国共产党扎根于基层，开展了土地革命，获得了农民的支持；建立了一支纪律严明的军队，具有强大的组织和社会动员能力，使党的理论深入人心。因此在 1949 年新中国成立后，才能利用强大的组织力量，迅速应对国民政府留下的经济危机，迅速统一财政经济，集中有限的物资和税收，避免了过度发行货币或者举债，避免了通货膨胀和财政破产的两难局面。

因为中国共产党具有组织优势，所以才能够在市场机制发育不健全的情况下，通过高效的组织体系，把人民组织起来，以较低的成本实现各种生产要素的组合，集中资源实现工业化。因为中国共产党具有密切联系群众的优势，所以才能打破各种利益集团，打破旧的利益格局对现代化的限制；所以才能保持官兵一致的传统，构建一个比较公平的社会，从而避免在现代化过程中的贫富分化现象。也正是因为党和人民同甘共苦，所以党和政府才有条件制定国家发展的长远规划，说服人民为了长远利益而实施“大仁政”；正是由于国内保持着稳定，所以才能在国际上坚持独立自主，维护国家主权。强有力的国家政权，是中国实现现代化的动力和制度优势，而不是缺点和问题。

组织起来的人民

中国共产党有强有力的组织能力，所以一些西方人把中国的体制称为“威权体制”，言下之意就是中国不民主，主张把国家权力还给社会。这种把国家和社会对立起来的看法过于片面。西方政治学理论认为群众是“群氓”，是没有行动能力、一盘散沙、缺乏理性的个体。而中国共产党成功地把人民组织起来，把“群氓”变成了“群众”，使人民具有共同的理想和价值观、理性地开展集体行动。中国共产党实施群众路线，党既是群众的领导，也是群众的学生，党和人民具有共同的长远目标，这是一种新型的党群关系，超越了西方国家的阶级对立和民粹主义。

人民如何组织起来，是一个很复杂的问题。被称为“利益集团鞭挞者”的美国政治学家奥尔森认为，行会、工会、卡特尔以及议会院外集团等“特殊利益集团”，只关心自身的福利，不关心社会总福利。一旦他们获得政策影响力，就可能阻碍技术进步和资源合理配置，典型的例子是美国的农业和军火集团。印度一直奉行自由贸易政策，但并未由此获得繁荣与发展，主要是由于种姓制度确立的分利集团在起抑制作用。二战后德国和日本迅速发展，则得益于战争彻底打碎了利益集团。奥尔森认为，中国改革之后经济之所以实现了快速发展，正是因为改革前的一系列政治运动打破了利益集团，使得改革初期具有十分公平的起点。①

既然利益集团可以组织起来，那么人数更多的人民大众为什么不能组织起来呢？奥尔森在《集体行动的逻辑》中指出，普通劳动者利益分散，人数越多，搭便车的冲动就越大，无产者是最难组织起来的。中国社会有

① 曼瑟·奥尔森. 国家的兴衰：经济增长、滞胀和社会僵化［M］. 李增刚，译. 上海：上海人民出版社，2007.

着乡村自治的传统，但这是一种消极的办法，虽然有利于保持乡村社会的稳定，但农村长期保持自给自足的生活方式，将无力集中资源实现技术进步，易导致社会的停滞。一旦进入工业化、城镇化的时代，在工商资本和金融资本的冲击下，这种制度就会迅速瓦解。

把基层组织起来，是中国不同于大多数发展中国家的一个特点，也是中国启动现代化的一个独特的动力。新中国成立后，基层社会被高度有效地组织起来，进行了大规模的工农业生产、群众性试验和创新活动，实现了关键技术领域的突破。这既解决了资本和技术的不足，也避免了大多数发展中国家普遍存在的剩余劳动力较多、就业不足等问题，实现了全民就业。从微观上看，全民就业可能会降低微观运行效率，但是从宏观上看，全民就业使得全部的劳动力都得到使用，这或许是新中国能够快速建立工业基础的一个原因。

群众路线和协商民主

在把基层组织起来的基础上，新中国构建了一种新型的国家—社会关系，这种关系的基石就是群众路线。中国共产党在革命战争中与人民形成了血肉联系，这是新中国成立的合法性基础，新中国成立之后，党的领袖也始终强调要保持这种联系。这种联系体现在国家和社会的关系上，可以叫作“人民社会”，不同于西方“市民社会”中国家和社会的对立关系，在“人民社会”，国家和人民有着共同的目标、共同的理想信念，是一种合作的关系。

西方国家和社会的博弈，往往关注短期利益，国家和社会是对抗关系，容易走到两个极端：一个极端就是强势集团控制了政权和社会，造成两极分化；另一个极端就是片面强调底层群众的短期利益、局部利益，从而形成极端的民粹主义，工会等本来旨在保护工人的组织也有可能形成利益集团，妨碍国家竞争力。

而新中国的国家—社会一体化格局，国家和人民具有共同利益和目标，国家的发展成果由人民共享，人民则主动响应国家号召，为长远利益而做出暂时牺牲，这超出了奥尔森的所谓“集体合作的困境”，是一种更高层次的合作。中国的“人民社会”超越了西方的“市民社会”。中国之所以能够在国家和社会之间形成高层次的合作关系，就在于党通过群众路线，注重保持与人民群众的血肉联系，避免社会主义的国家政权走到人民利益的对立面。

群众路线和协商民主，已经成为中国式民主的主要特点，超越了西方“一人一票”的民主制度。在“一人一票”的选举制度下，选民表面上有很多权利，但是选择范围很有限。在经济好的时候，民主作为资本主义制度的装点，是用来说明其政治合法性的点缀。而一旦经济不好，社会矛盾突出，民主就变成了碍事的东西，老百姓要运用民主制度来限制和约束资本的时候，资本主义政权就会露出真面目，宣扬“民主无用论”。对中国来说，既要反对照搬西方民主，又要反对“民主无用论”，因为这两种论调本质上是一致的，都是代表资本的利益，而忽视公众的利益。

德国埃森高级人文研究所的高级研究员斯拉沃热·齐泽克认为，今天的中国，权力固然不是一人一票选出来的，但也不是任命的，更不是世袭的。最高领导人的产生一是取决于是否经过长期的基层锻炼和检验，二是取决于党内上层的投票评议，三是元老推荐，因此，最高领导人的产生是个人能力、党内民主、元老经验和智慧三方的综合。更重要的是，中国还有权力退出机制。中国的制度模式是人类历史上的创新，它既不符合专制的定义，又不符合西方所谓的民主，它反映了中国共产党领导下形成的，以群众路线、协商民主为核心的民主政治制度的创新性。实践证明，这套体制符合中国国情、具有强大生命力，而且相对西方的选举式民主有着更大的优越性。如果中国的政治体制不是民主体制，那就无法解释新中国成立60多年经济社会的快速发展。

集中统一下的地方竞赛

正确处理中央和地方的关系，是大国经济发展中必须解决好的问题。中国的中央—地方关系，与世界其他国家相比，具有相当的独特性。

在中国，中央和地方的关系是政治上集中统一和经济上分权的结合，可以充分发挥中央对地方的约束和调控，防止地方形成特殊利益，更好地解决地方行为之间的外部性问题。正是有了这种“收放自如”的中央和地方关系，所以在不同的历史时期，可以随着形势的变化，不断调整中央和地方的权力划分。“一五”计划期间，为了集中资源启动重工业建设，实行了高度集中的计划经济体制，这是新中国成立以来中央经济权力最大的时候。20世纪50年代末和70年代初，中央进行了两次较大规模的权力下放，促进了地方工业发展和竞争。改革开放初期，中央进行了较大规模的放权让利，20世纪90年代初，当地方竞争加剧导致的“诸侯经济”状况产生时，中央又进行了权力集中，特别是财政权力的集中。进入21世纪以来，随着重化工业管理权限下放给地方，地方从事重化工业、房地产等的积极性高涨，在促进经济发展的同时也带来了泡沫经济、过度负债、产能过剩等问题。党的十八大以来，以习近平同志为核心的新一届党中央再一次强调要增强看齐意识，要纠正过度强调地方积极性而导致的无序竞争的行为。可见，中国的中央—地方关系并不是固化的，而是随着形势变化和需要，呈现一种收放自如的关系。

集中统一下的地方竞争是中国经济增长的动力。一些学者对此进行过研究，将其称为“锦标赛模式”。地方政府之间通过改善投资环境、优化公共服务来吸引优质的生产要素。尽管这种模式也带来了无序竞争、产能过剩、环境污染等问题，但是这并不是地方竞争必然带来的后果，因为中国的地方竞争并非没有边界的竞争，中央可以通过行政、经济、法律等调控手段，以及人事调动交流等制度安排，对地方行为实行强有力的调控，只要随着发展阶段的变化，不断调整设置合理的激励机制，地方竞争的模式仍然能够继续发挥作用。

更重要的是，这种中央—地方关系，不仅是经济增长动力，还是一种政策试验和科学决策的工具。由中央设置改革目标和方向，地方分头开展政策试验，成功的经验由中央推广，督促其他地方落实，而且这一过程可以反复多个回合。这种中央和地方之间“从实践到认识、从认识到实践”反复多次的过程，就是一种政策试验、试错的方法论。中国是一个大国，一项政策在个别省份试验，即使不成功，也能避免重大的政策风险。而中央和地方之间顺畅的信息沟通、干部交流的机制，保障了上下联动、反复多轮的政策试错过程能够比较顺畅地推进。进入信息时代之后，各地的群众也都可以通过公开的媒体了解其他地方的政策试验情况，这也反过来会给各地的政府带来压力，从而形成各地之间竞争的格局。因此，这种中央和地方关系也有利于督促地方政府回应民意，是群众路线在政府决策过程中的体现。

| 第七章 |

在中国读懂马克思

☆导读☆

马克思主义往往被误认为是一种“搞革命的理论”，而不是“搞建设的理论”。改革开放以来，许多人片面地认为，中国的成功是因为放弃了马克思主义。

国际金融危机之后，无论是西方还是中国，人们开始重新思考马克思主义。实际上，只要摈弃对马克思主义教条化、标签化的理解，从长时段、大历史的视角来看中国道路，就容易明白，今天中国道路的成功，正是得益于马克思主义在中国的运用与发展，是马克思主义中国化的成果。当代中国最重要的那些选择，都没有偏离马克思主义的轨道。中国将在马克思主义的指导下，跨越历史的“卡夫丁峡谷”，到达理想社会的彼岸。

理解中国道路，离不开理解马克思主义。坦率地说，在今天的中国，马克思主义的处境有些微妙：一方面，马克思主义是载入法律的指导思想；另一方面，在现实中马克思主义又面临一些质疑和挑战。在一些人眼里，马克思主义只是需要的时候口头上表个态，实际上早就不信、不用了。在经济学等学科，西方学派成为“主流”，马克思主义处于失声、失语的地位。指导思想和实际行动成为“两张皮”，是非常不利于国家长治久安的。前苏联后期一些领导人丧失了马克思主义信仰，甚至私下说“共产主义不过是哄哄老百姓的空话”,① 这是苏联解体的重要心理诱因，理想信念的混乱是社会主义国家的重大隐患。

出现这些现象，有其本身的社会土壤。马克思主义是建立在对资本主义分析和批判的基础上的，但中国长期没有建立典型的资本主义制度，人们对资本主义的弊端并没有全面深刻的认识，反而容易把社会主义探索中出现的一些问题归结为马克思主义的错误。改革开放后，中国主动吸收了资本主义的科技和文化成果，如果缺乏对历史规律的全面认识，仅仅看到改革开放以来 40 年的现象，确实会产生“马克思主义不管用了”的误解。

但是，正像马克思所说，理论在一个国家发展的程度，总是取决于理论满足这个国家需要的程度。改革开放以来，中国引入市场经济，不可避免地出现了发达资本主义国家曾经出现过的一些问题，人们也渐渐意识到马克思主义的现实意义。党的十八大以来，以习近平同志为核心的党中央多次强调学习马克思主义，忽视马克思主义的问题正在逐步解决。

为了让人们真正信服马克思主义，就必须在理论上科学地回答：马克思主义和当代中国的发展到底是什么关系。在这个问题上，首先要澄清几

① 庞卓恒．论历史周期律——兼说什么是民主［J］．红旗文稿，2013，(09)：4－11.

个观点：

第一，马克思主义是否还能解释今天的世界？马克思主义诞生于19世纪，当时欧洲刚刚启动工业革命，还处在资本主义原始积累阶段。而今天，世界已经发生了很大变化，社会福利、公共事业、社会公平都比19世纪有了很大改善，资本力量也受到一定的约束。表面看起来，马克思当年要解决的问题，当代资本主义国家已经解决了，一些人认为，今天的西方国家比社会主义国家更“社会主义”。所以，马克思主义已经过时了。

第二，中国经济发展的成功，是因为坚持了马克思主义，还是因为放弃了马克思主义？（或者说“打左灯向右转？”）这种观点认为，马克思主义本质上是一种革命理论，用来指导革命是可以的，但并不适用于搞建设。马克思不是“市场经济学”，发达国家学的是西方经济学，不是马克思主义，而且，马克思是反对市场经济的，那些信奉马克思主义的国家，一天到晚斗来斗去，哪有工夫发展经济。中国社会主义市场经济获得成功，就是因为放弃了马克思主义，现在还在口头上说马克思主义，无非是因为政治需要或者历史的惯性罢了，总有一天要把这个口号放弃的。

第三，即使承认马克思主义是科学的，中国也没有到搞社会主义的时候。这种观点可以叫作“超前论”或者“补课论”。他们认为，马克思说只有在资本主义高度发展的基础上才能进入社会主义，所以中国搞社会主义搞早了，现在应该补资本主义的课，至于社会主义是什么样，“谁也说不清楚”。

如何看待这些观点，不仅是理论问题，而且决定着中国下一步的方向。我们在解读中国模式的基础上，回顾工业革命以来的世界历史，就不难发现，人类依然生活在马克思所揭示的社会和经济规律中，中国的成功正是由于掌握和运用了这个规律，既充分利用和吸收又努力超越资本主义生产方式。中国把马克思对未来社会的设想，转化为实现社会主义的路径，这是中国道路成功的内核和根基。

1. 人类仍然生活在马克思揭示的规律中

中国是在资本主义全球体系已经形成的情况下，构建了社会主义体制，建设了现代化的中国。那么，为什么中国必须走一条新道路，为什么按照资本主义生产方式不能实现中国的现代化？这些问题的答案，正是由马克思揭示的。

利润率下降规律： 资本主义的命门

马克思主义能否解释今天的世界？我们可以从2008年全球金融危机说起。金融危机最显著的表现是企业利润率的下降，而“利润率下降规律”正是《资本论》第三卷第三篇论述的核心问题。马克思、恩格斯用“利润率下降趋势”这一规律，来解释资本主义为什么会发生周期性经济危机，并最终走向崩溃。

“利润率下降趋势”是指在剩余价值率不变或资本对劳动的剥削程度不变的情况下，一般利润率会（随着时间）逐渐下降。为什么生产力发展了，企业利润反而会下降？我们做一个粗略的解释。资本分为不变资本和可变资本，不变资本是指原料、机器、设备等生产资料，在生产过程中不改变原有价值，只是将价值转移到产品中，比如，汽车的价值就包括钢铁、橡胶等物质资本的价值。可变资本是指用于购买劳动力的资本，劳动力不仅能够创造出补偿劳动力价值的价值（工资），而且能创造出剩余价值，使资本增值。

不变资本和可变资本的根本区别在于，不变资本（物）并不创造新的价值，仅仅是把自身的价值转移到产品里；而可变资本（人）能够创造新的价值，这就是剩余价值。随着生产力的发展，一个工人将操作更多的机器、生产更多的产品。为什么产品多了、利润率反而下降了呢？因为企业的利润来自工人创造的剩余价值，在工作时间和工资不变的情况下，工人生产的剩余价值是确定的，但是生产规模和资本总量却在不断扩张。也就是说，企业的成本支出增加了，但是利润没有增加，所以长期来看表现为利润率下降。

从一般利润率下降规律出发，马克思和恩格斯提出了资本主义社会的经济周期理论：资本对利润的追逐，推动生产规模越来越大；同时，由于资本在分配中占有优势，而劳动者的购买力相对下降（无产阶级相对贫困化），产品卖不出去，资本周转中断，企业只能被迫闲置生产力，于是经济危机就发生了。

不过，“利润率下降规律”只是一个参照系。在现实生活中，利润率并非一路下降，而是起起伏伏，所以还存在着对抗利润率下降的趋势，利润率的实际变化取决于两种趋势的力量对比。《资本论》提出了五种“相反作用的趋势”，资本家在面临利润率下降时，会用这五种办法来拯救利润。第一，提高劳动剥削程度，包括降低工人工资、延长工作时间、加大劳动强度等，提高剩余价值率，这是资本主义早期使用的主要方法。第二，把工资压低到劳动力价值以下，显而易见这有利于挽救利润率。第三，不变资本各要素变得便宜，如机器设备变得便宜，也能够阻碍利润率下降。第四，制造相对过剩人口。马克思认为，一个国家的资本主义生产方式越发展，这个国家的相对过剩人口就表现得越明显，造成可供支配的或失业的雇佣工人价格低廉和数量众多。剩余劳动力的存在，使得企业可以在不增加工资的情况下雇佣到工人，所以企业没有增加工资的动力。对此，恩格斯在《英国工人阶级状况》一书中就做过研究，认为当时曼彻斯特工人的工资，被压低到仅仅能够维持生存的水平。第五，开展对外贸易，以获得更大的市场、更低成本的劳动力和原料，阻碍利润率的下降。

历史证明，马克思的分析是正确的。资本主义社会将周期性地出现生产过剩、消费不足、利润率下降的危机，一旦危机出现，资本家以及资本主义国家都会通过上述手段弥补利润率的下降，然而，这些手段并不能消除危机，而只能拖延危机，一旦这些措施作用发挥到极限，经济就会崩溃。经济危机通过一种“破坏性创造”的方式，消除过剩的资本，从而为新的增长开辟道路，这就是资本主义的“历史周期律”。

资本主义的“历史周期律”

资本主义国家周期性地发生经济危机，很多经济学流派都对经济危机做出了解释。马克思的经济危机理论与其他经济学派的理论最根本的区别是，马克思认为资本主义经济周期并不是偶然发生的“失常”现象，不是对市场均衡状态的暂时偏离，不是由于投机、政策失误、外部冲击等偶然因素导致的，而是资本主义生产方式必然导致的结果。

《资本论》发表一百多年来的历史，完全印证了马克思的经济危机理论。资本主义在创造繁荣的每时每刻，也都酝酿着危机。当资本主义社会自身不能解决这些危机的时候，危机就会以经济崩溃或战争的方式爆发出来，并引发新的社会革命，进入新的经济周期。这种“从繁荣到危机”的历史周期律，是通过五个步骤进行的（见图 7－1）。

第一阶段：社会革命和技术革命引起生产力增长，进入繁荣周期。这时市场还没有饱和，大量土地、劳动力、自然资源处在闲置状态，只要资本进入市场，就能够获得利润，此阶段是资本主义生机勃勃的春天。

第二阶段：随着资本不断积累，利润下降规律发挥作用，企业竞争加剧，出现产能和资本过剩。同时，无产阶级相对贫困化，有效需求不足，酝酿着经济危机，这阶段好比已度过夏天，进入秋天。

第三阶段：面对经济下行压力，资本主义国家采取种种措施，延缓和

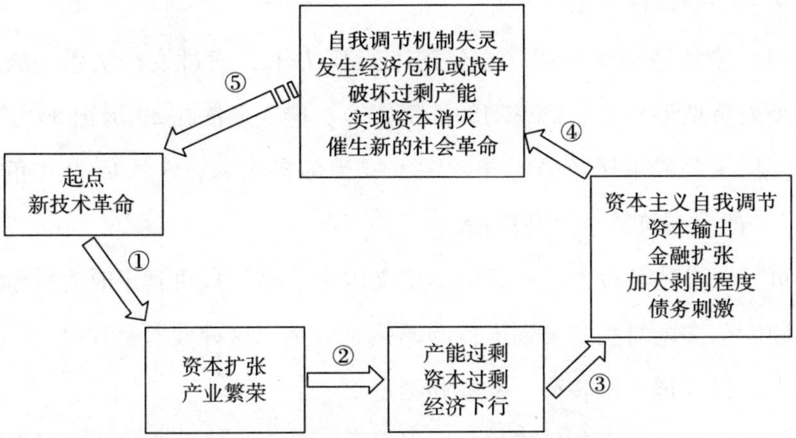

图 7－1　从繁荣到危机：资本主义历史周期律

对抗利润率下降趋势，包括以下几种办法：

（1）加大对工人的剥削。这是维持资本利润最直接的办法，包括打击工会、压低工资、削减社会保障和社会福利等。这些措施，从短期和单个企业看，有利于降低劳动力成本、让资本获得更大利润。但从全社会看，却会进一步加剧两极分化，让产能过剩和消费不足愈加严重。

（2）放松管制、鼓励“金融创新”。实体经济遇到困难，大量资金进入金融领域，靠攫取实体经济的利润而膨胀。1929 年全球金融危机和 2008 年金融危机之前，都发生过金融行业过度膨胀的现象。金融行业过度膨胀还给人造成一种错觉，认为以金融业为代表的服务业就是产业升级的象征。金融过度膨胀，形成脱离实体经济的体外循环，依靠虚假的信用来维持，一旦实体经济发生波动，就会带来雪崩式的崩溃。

（3）海外扩张。资本主义早期，欧洲国家通过奴隶贸易和对外殖民，克服欧洲本土资源、劳动力和市场的不足。20 世纪全球殖民地独立浪潮兴起，西方国家转而通过金融和军事手段，向第三世界输出资本和产品，廉价占有资源。这样虽然对西方国家暂时缓解危机有利，但后果是南北差距扩大、全球经济失衡。

（4）货币或债务扩张。在经济下行压力下，通过发行货币、鼓励政府和个人负债消费，制造虚幻的消费能力。这一办法在20世纪80年代之后欧美国家普遍采用，最终导致国家成为债务国家，个人成为“负资产阶级”，债台高筑甚至终身负债。

可见，上述几种办法，是资本主义国家在经济危机到来时为缓解危机在其制度范围内对生产关系进行的调整。但是，这种缓解是暂时的，治标不治本，仅仅把危机转移、稀释和延迟了。

第四阶段：全面危机或战争的爆发。一旦上述手段穷尽，经济危机就可能爆发，并引发社会危机，表现为经济不景气、泡沫破裂、需求萎缩、社会两极分化。资本主义为了挽救自身利润所采取的那些手段，无一不是给危机的总爆发火上浇油：压低工资和福利，扩大了社会两极分化，制约了劳动者的购买力；通过经济金融化（包括房地产化）消化过剩产能，做大了资产泡沫，大量资产的实际价格远远高于实际价值，仅仅是靠预期来维持虚高的价格，一旦其中一个环节出现资金链断裂，就会传导到整个系统，导致雪崩式的倒塌；通过发债和制造通货膨胀来救市，实际上拯救的是大资产阶级，反而扩大了利益集团的能量；通过对外扩张，加剧了国际上大国之间的矛盾和南北矛盾，也把发展中国家推向革命的边缘。这些手段都不是拯救危机，而是让濒临危机的资本主义战车越跑越疯狂，导致最终的危机爆发。

第五阶段：危机和战争引起社会改革或革命，为新的繁荣创造条件，实现“破坏性创造”。世界大战是资本主义经济危机爆发的最高形式，危机和战争导致泡沫的破灭、资本的贬值、利益集团的削弱；同时，战争往往需要建立强有力的政府来遏制利益集团、重新构建一个比较公平的社会，相当于进行新的社会革命。当然，这种革命伴随着巨大的代价。而在全球体系中的“边缘国家”，经济危机和战争往往导致列宁所说的“战争引起革命、革命制止战争”的情况，两次世界大战都引发了殖民地国家的民族独立运动，这正是一种历史辩证法的体现。

资本主义已经自我拯救了吗？

有人提出质疑，马克思主义理论在马克思那个时代是合适的，但最近几十年来，资本主义国家已经不存在尖锐的劳资矛盾了，两极分化已经缩小，社会非常和谐，马克思曾经预言的“资本主义必然灭亡”以及列宁在20世纪初提出的“垂死的资本主义”都没有出现，那马克思对资本主义的论述是否还有效？资本主义是否已经突破了马克思所揭示的历史周期律，实现了自我拯救？

的确，二战以来，资本主义发达国家，采取了一些措施限制资本特权、改善社会公平、提高劳动者的经济和社会地位。比如，发达国家普遍建立了社会保障制度，缓解了贫富两极分化，实行宏观调控和国家干预，使周期性经济危机的波动幅度大为减小。对此，20世纪50年代英国社会主义工党的理论家麦克莱伦认为，二战之后的资本主义同马克思、恩格斯所批判的资本主义已经有了显著差别，表现在：资本不再具有支配一切的特权、知识经济让资本家和工人阶级的界限模糊、政府职能扩大到社会生活的各个方面、基本建立了福利制度等，因此，他认为，马克思设想的社会主义已经在欧洲出现了。我国很多人也认为，马克思主义已经成为拯救资本主义的“良药”，不需要通过社会主义革命、公有制和共产党执政就能解决资本主义的基本矛盾。

那么，马克思对资本主义的批评是否不再有效？现代资本主义是否已经解决了其内在的矛盾？社会主义和资本主义是否已经“趋同”？当然没有这么简单。这是因为，资本主义社会能够“改良”，是建立在一系列特殊的历史条件下的。这些历史条件包括以下几个方面：

首先，二战使西方资本主义国家消耗了多年来积累的过剩资本，挤压了资产泡沫，也削弱了过去的垄断资本集团，从而让政府有条件采取措施约束资本、改善社会公平。

其次，以苏联为代表的社会主义国家制度竞争给资本主义社会带来了外部压力。苏联建立了人类历史上第一个全民就业、劳动者有保障的社会主义国家，工人阶级有很高的社会地位。西方国家为了应对苏联的竞争，防止社会主义思想的传播，不得不也发展社会福利事业。苏联和中国等社会主义国家支持资本主义国家内部的工人运动，支持殖民地国家的反帝、反殖、反霸斗争，也给资本主义国家形成了压力。但是，到 20 世纪 80 年代之后，这种外部压力逐步减弱和消失，西方国家的资本特权迅速膨胀，资本的力量大大超越制约资本的力量，资本主义生产方式的危机就再度出现了。这就证明，西方国家 20 世纪 50—70 年代短暂出现的资本和劳动处于均势的局面（被一些学者称为“凯恩斯妥协”），只是特定条件下出现的偶然现象，而不能说明资本主义社会自身能够解决其内在的矛盾。

最后，发达资本主义国家的高福利模式建立在剥夺发展中国家的基础上。资本主义制度解决了少数国家发达的问题，但是没有解决大多数国家如何实现发展的问题。资本主义并没有消灭危机，而仅仅是把危机转移到了广大发展中国家。少数发达国家通过掠夺全世界的资源，在国内建设“福利社会”，缓解社会矛盾，其代价是大多数发展中国家仍然处在贫困中，而发达国家和发展中国家之间的两极分化则从来没有解决。如果没有中国这样的“世界工厂”，西方的福利国家是不可能建成的。

综上所述，资本主义在 200 多年的发展中，并没有超出马克思的预料。马克思在《资本论》中揭示的资本主义生产方式将导致利润率周期性下降的规律，迄今为止并未改变。

20 世纪 80 年代以来，欧美国家继续向外扩张，形成了全球“三足鼎立”的格局：非洲和南美提供原料，东亚提供劳动力，欧美靠信贷扩张消费，这是一种典型的全球资本主义体系。这种全球分工的不平等，引爆了全球经济危机。这再一次证明，资本主义本身不能消除周期性的生产过剩、需求不足，以及由此带来的两极分化、经济泡沫，必须向边缘国家转嫁危机。这也决定了“边缘国家”要实现现代化，不仅要像西方发达国家当年那样突破本国传统社会结构（如封建土地制度）等的限制，而且还要突破帝国主义对现代化的抑制，也就是“反帝、反封建”，这是一个比少数发达国家实现现代化艰巨得多的课题。这就是中国革命的合法性来源，这就是革命和建设不可割裂的道理。

2. “中等收入陷阱”是资本主义陷阱

从 1825 年英国确立资本主义制度到 1914 年一战爆发，资本主义经历了“百年和平”，诞生了第一批资本主义强国，这些国家也就是今天发达国家的主体。但是，这些国家的人口只占全球人口的 1/6 不到，当占世界人口 5/6 的多数国家开始追求现代化时，难度要远远大于先行的那些国家。一方面，落后国家不再有遍布世界的殖民地，可以利用全球资源缓解资本主义发展带来的矛盾；另一方面，现有的强国总要用各种办法，维护不公平的国际政治经济秩序，从而维持自己在全球格局中的金字塔塔尖地位。

在这种背景下，包括中国在内的发展中国家如何在一个被资本主义生产方式所主导的全球体系中，突破中心国家对边缘国家的抑制，走出一条和西方不同的现代化道路？对这个问题的回答，有利于我们理解“中国道路”的世界意义。

资本主义全球化陷阱

2016年，是列宁发表《帝国主义论》100周年。《帝国主义论》是马克思主义第一次系统地提出全球化理论，其主要观点是：帝国主义是腐朽的、寄生的资本主义；资本输出是帝国主义解决国内矛盾的手段，在帝国主义时代，世界分成了少数高利贷债权国和多数债务国。在列宁的时代，英国是资本主义世界的中心，“英国逐渐由工业国变成债权国……利息、股息、投机方面的收入在整个国民经济中的相对意义越来越大了”，我们看到这句话就会想到，今天的美国和当年的英国多么相像。对外扩张不仅破坏了落后国家的经济，而且破坏了他们的政治、社会和文化。“帝国主义完成了极少数人对多数人的统治”，而由于殖民地是有限的，所以对外扩张必然引起战争，“帝国主义加强了民族压迫，输入的资本加深了各种矛盾，引起了……愈来愈强烈的反抗。这种反抗很容易发展成为反对外国资本的危险行动”。列宁还指出了无产阶级应对金融资本的策略：“无产阶级对金融资本的经济政策的回答，对帝国主义的回答，不可能是贸易自由，而只能是社会主义。”①

历史告诉我们，马克思发现的规律仍然顽强地起着作用，而且越是遇到危机、越是接近历史的重大转折点，马克思主义就越有说服力。二战之后，资本主义的剥削改变了形式，从直接的军事占领变成了依靠金融、跨国公司、意识形态输出以及仍然为数不少的军事侵略，这导致全球经济的失衡。欧美经济走向金融化、债务化，而主要依靠资源输出和劳动密集型产品输出的第三世界国家，要么丧失经济收益和经济主权，民族产业被摧毁，要么因为过度依赖劳动密集型产业，背负上了沉重的社会负担、透支

① ［俄］列宁．帝国主义是资本主义的最高阶段［M］．北京：人民出版社，1964.

了资源和环境，这是资本主义条件下进行全球分工的结果。

20世纪80年代，当中国决定打开国门、融入世界经济时，邓小平同志及时提醒，不要盲目乐观，他说："现在世界上真正大的问题，带全球性的战略问题，一个是和平问题，一个是经济问题或者说发展问题。和平问题是东西问题，发展问题是南北问题。概括起来，就是东西南北四个字。南北问题是核心问题。""总之，南方得不到适当的发展，北方的资本和商品出路就有限得很，如果南方继续贫困下去，北方可能就没有出路。"①

和平与经济发展是"世界上真正大的问题"。问题者，困难和挑战也，是尚未实现的、要为之追求和努力的目标，而绝对不是像一些人所理解的那样，今天的时代已经成为"和平与发展的世界"，可以刀枪入库、马放南山了。

前安哥拉总统多斯桑托斯表达过同样的意思，他说："要建立一种能够达到今天已是发达国家所达到的那种发展阶段的社会，这在现在的历史条件下是绝不可能的，"因为，"造成不发达状态的正是造成经济发达（资本主义本身的发展）的同一个历史进程。"② 这其中的逻辑，正是马克思早已揭示过的资本追逐利润的本性而导致的资本主义历史周期律，这才是大多数发展中大国陷入"中等收入陷阱"的真正谜底。

边缘国家试图突破全球体系的努力

有压迫就有反抗。20世纪以来，在发达资本主义国家，存在着工人阶级反抗资本家的斗争。而落后国家的情况则更加复杂，一方面要突破本国传统社会的约束发展经济、实现现代化，另一方面又要避免全球资本主

① 邓小平．邓小平文选（第三卷）[M]．北京：人民出版社，1993：105－106.
② 张琳力．巴西经济发展的历史分析（1930—1984）[D]．内蒙古：内蒙古民族大学，2012.

义体系的压迫、维护民族利益。如果不能发展经济，就不可能启动现代化，但如果在启动现代化的同时，不能在资本主义全球体系中坚持独立自主，那么经济发展又可能陷入“中等收入陷阱”。

20世纪以来，广大落后国家在现代化道路上，大致走出了依附式资本主义、民族主义的资本主义、苏联式社会主义和中国式社会主义四种道路。目前，前三种道路都已经被实践证明并不成功。

依附式资本主义和民族主义的资本主义的共同点是：在经济上建立以私有制为主的经济体制，发展市场经济；在政治制度上实行多党制民主。其不同点则在于，民族主义的资本主义往往采取一些维护民族利益的措施，包括实施贸易保护、建立一定范围的国有经济、优先发展基础工业、限制外国投资等。实行民族主义的资本主义国家，在20世纪50—70年代，经济增长取得一定的成效，建立了一定的工业基础，也使得南北差距略有缩小。

表7-1　世界各地区人均GDP及差距（1990年国际元）

	1000	1500	1820	1870	1913	1950	1973	1998
西欧	400	774	1232	1974	3473	4594	11534	17921
西方衍生国	400	400	1201	2431	5257	9288	16172	26246
亚洲（除日本）	450	572	575	543	640	635	1231	2936
拉丁美洲	400	416	665	698	1511	2554	4531	5795
东欧和苏联	400	483	667	917	1501	2601	5729	4354
非洲	416	400	418	444	585	853	1365	1368
世界	435	565	667	867	1510	2114	4104	5709
最大地区差距	1:1	2:1	3:1	5:1	9:1	15:1	13:1	19:1

资料来源：麦迪森《世界经济千年史》，北京大学出版社，2003年第一版，第16页。

依附式资本主义的典型是“亚洲四小龙”，但“亚洲四小龙”的崛起有着特殊的地缘环境，对大型发展中国家并没有适用性。到了20世纪70

年代之后，在新自由主义冲击下，原来采取民族主义资本主义政策的国家，也往往走向了依附式资本主义，纷纷遭遇“中等收入陷阱”，出现经济增长停滞、两极分化、民粹主义、社会动荡甚至国家分裂等问题。这些现象表明，迄今为止，无论是民族主义资本主义还是依附性资本主义，边缘国家都还没有走出一条成功的现代化道路。

首先，边缘国家的资本主义制度，往往不是自发演化出来的，而是在殖民地条件下由外部强加的。这些国家往往没有经过彻底的社会革命，封建制度的约束并没有完全打破，传统的经济结构、社会结构、宗族势力、等级文化等的影响还广泛存在。印度发展现代化的初始条件优于我国，耕地资源也比我国丰富，但是由于印度长期是殖民地国家，并未经过彻底的反帝反封建革命，封建土地制度和等级文化成为现代化的制约。即使启动了现代化，边缘国家也会在现代化的过程中产生裙带资本主义、官僚资本主义，从而在经济发展初期形成较大的分利集团，导致社会两极分化，中断现代化的进程。

其次，边缘国家既然实行资本主义制度，除非不对外开放，只要对外开放，就必然要加入全球资本主义体系。特别是20世纪70年代之后，这些国家普遍接受了新自由主义理念，取消了过去的贸易保护，实行私有化，吸引发达国家的资本大量进入。这种资本主义生产方式容易导致外部资本垄断和挤压本国产业，国民经济命脉被国际垄断资本所操纵，失去独立发展的能力。

最后，在政治上，这些国家往往在现代化还没有实现时就引进了西方的竞争性选举民主，这本质上是资本主导的民主。西方国家资产阶级主导的政权已经非常稳固，选举结果对政策影响不大，但对发展中国家则不同，竞争性选举带来的后果就是短期行为、社会割裂和民粹主义。政党的行为是短期的，难以产生强有力而稳定的执政党，从而不会对国家建设进行长远的规划和投入。再加上私有制条件下，很容易形成经济上的两极分化，竞争性选举制度还会加剧两极分化，形成社会割裂和对立。

可见，在资本主义强国主导的世界体系下，边缘国家走资本主义道路，可能对少数小经济体来说是有效果的，但是对大多数国家来说，没有特殊的资源和地缘条件，改变不了其对大国的依附地位，也无法从根本上扭转本国的经济、政治和社会结构。

边缘国家的失败，具体就表现为“中等收入陷阱”。2007 年，世界银行的一份报告认为，虽然不少国家能够打破最初的贫困陷阱、实现起飞并非常迅速地达到中等收入阶段，但其中只有很少的国家能够跨越这个阶段，大多数国家常常落入“中等收入陷阱”之中，最典型的就是拉美国家，它们大都有快速增长又长期处于停滞的经历。例如，阿根廷的人均收入从 20 世纪 50 年代初的 5000 美元左右一路上升到 70 年代初的 8000 美元左右，然而从 1974 年到 1996 年，其人均收入虽有起落，但在 20 多年的时间内一直处于 6000 ~ 8000 美元之间。巴西、墨西哥和智利都有类似的情况。

近年来，“中等收入陷阱”成为我国各界关注的问题。对于“中等收入陷阱”我们不能形而上学地看，并不是说经济发展到中等收入（人均 GDP 10000 美元左右）就必然会出现陷阱，今天的发达国家在当年并没有出现“中等收入陷阱”。“中等收入陷阱”的实质是资本主义经济危机在中等收入国家的表现。之所以出现这个陷阱，根本原因就在于这些国家在资本主义条件下，对外没有解决独立自主发展的问题，对内没有解决公平分享发展成果的问题。一些发展中大国在现代化过程中曾经取得过辉煌的成绩，但由于没有解决好上述两个问题，现代化道路遭遇挫折，其中最典型的就是拉美国家。“中等收入陷阱”的出现，说明今天的落后国家已经不可能再通过资本主义的道路实现现代化，占世界 5/6 的人口，需要一条新的现代化道路。

只有社会主义才能摆脱依附与危机

“中等收入陷阱”的存在，落后国家走资本主义现代化道路的失败，都说明了一个道理：只有社会主义才能摆脱依附与危机。建立社会主义制度，切断与资本主义的联系，才是一切落后国家摆脱剥削、实现自主发展的根本。

19世纪，资本主义进入成熟阶段，资本主义生产方式覆盖了全世界，同时也引起了“南方国家”的民族独立运动。1917年爆发的俄国十月革命，以及第二次世界大战之后中国等社会主义国家的成立，亚洲、非洲、拉丁美洲的民族解放运动，都是这一运动的组成部分。马克思主义学者萨米尔·阿明将其称为“南方的觉醒”，认为从20世纪起，边缘国家已经走上了历史舞台。他特别赞赏毛泽东提出的“国家要独立，民族要解放，人民要革命，已成为不可抗拒的历史潮流”，认为中国正是借助这一口号让社会主义运动和民族解放运动结合在一起，实现了人民解放和民族解放的统一。对全球体系中的发展中国家来说，争取社会主义和争取民族利益是统一的，只有走社会主义道路才能打破资本主义体系对落后国家的剥削，也正是因为如此，所以中国用“全世界无产阶级和被压迫人民联合起来”这个更包容的口号，取代了“全世界无产者联合起来”的口号，落后国家只有实现人民的团结、民族的解放以及国家的独立自主，才能在资本主义体系中维护自己的发展权利。①

在突破资本主义全球体系的过程中，首先出现的是苏联模式。苏联的成功在于，它是资本主义工业革命之后，第一个突破资本主义一统天下的

① 萨米尔·阿明的上述言论，见丁晔．只有社会主义道路才能摆脱依附与危机——访埃及著名经济学家萨米尔·阿明［J］．马克思主义研究，2016（3）：16－24.

局面、沿着一条完全不同于西方的道路实现现代化的国家，苏联模式使社会主义从理论变成了现实。苏联摆脱了对资本主义国家的依附性地位，甚至一度形成可以和资本主义世界分庭抗礼的贸易体系。在尖端科技、社会保障等方面，苏联也达到了西方国家几百年发展才达到的水平，成为和美国平起平坐的超级大国。在国际上，苏联通过制度竞争，促使资本主义改良，也支持了第三世界的反殖民地独立运动，为世界格局的再平衡做出了贡献。

尽管这样，苏联模式也不是一条成功的道路。在经济上，苏联虽然建立了形式上的公有制，但是并没有真正建立社会主义的生产关系，也就是没有建立合理的激励机制，从而窒息了地方和基层的积极性。在政治上，苏联没有解决如何真正实现社会主义民主，实现社会主义国家长治久安的问题。具体地说，就是没有解决社会主义政权如何防止异化的问题。

在吸取苏联的经验和教训的基础上，中国初步走出了一条有中国特色的社会主义道路，这是中国道路在世界历史上的突破，而这种突破，并没有脱离马克思主义的轨道。下面，我们将解读马克思三本最具代表性的著作《资本论》《法兰西内战》和《哥达纲领批判》，以此说明，中国在生产方式、国家理论和社会公平这几个最主要的问题上，都同马克思的思想有着穿越时空的呼应。

3. 把人和资本的关系颠倒过来

从经济层面看，中国道路同西方道路最大的不同在于，把人和资本的关系颠倒了过来，把“资本统治人”变成了“人统治资本”。

从表面上看，马克思是反对资本主义的，所以也反对资本，要消灭资本。这种看法不准确。马克思并没有抽象地反对资本主义，而是首先高度肯定资本主义的历史进步性，他说资产阶级在不到一百年的阶级统治中所创造的生产力，比过去一切世代创造的全部生产力还要多，还要大。然而，马克思不同于西方庸俗经济学家之处在于，他从历史唯物主义出发，没有把资本主义看作永恒不变的制度，而是认为一切社会制度都是历史的产物，要一分为二地看待资本主义。资本创造了巨大的生产力，但不受约束的资本扩张则将导致资本的集聚、生产的无政府主义、无产阶级的相对贫困，最终导致经济危机。资本享有不受约束的特权，把一切事物都变成了商品，把社会一切关系变成商品和交易的关系。随着这种生产方式的深化，社会生产将日益偏离其目的，生产目的不再是满足人的真实需要，而是满足资本增值的需要。

马克思也指出了解决问题的方向，那就是改变私有制，建立真正的社会所有制，由劳动者共同掌握生产资料，以避免资本的特权，进行有计划的生产。但是，如何具体实现“社会所有制”和“有计划的生产”，马克思并没有条件做出回答。

苏联依靠公有制迅速实现工业化，初步体现了公有制的优越性。苏联最后的失败，并不是公有制的失败，而是因为公有制发生了异化，掌握资本的苏共站到了人民利益的对立面。这可以借用柳宗元《封建论》中“秦之失，在于政，不在制”的逻辑：苏联的失败，是具体政策的失败，而不是社会主义制度的失败。新制度不可能一出生就很完善，在失败的教训中不断改进，是新制度生长的必经之路。

在吸取苏联教训的基础上，新中国更好地解决了人和资本的关系，建立了一种有利于人民掌握资本的制度。新中国通过没收官僚资本和买办资本，建立计划经济、人民公社、基本生活物资统购统销等制度，实现了主要依靠国内积累资本，资本来自人民并服务于人民，所以资本积累的成本由全体人民公平分担，而资本积累的成果由全体人民共同分享。这就是社会主义的资本积累方式，这种积累方式不同于西方早期依靠剥夺本国和殖民地国家的资本积累方式。

在资本运行过程中，中国通过以公有制为主体和国家积极履行经济职能实现了对资本的节制，让人民成为资本的主人、让资本为人民服务，而不是让资本凌驾于社会之上，让人民为资本服务、成为资本的附庸。正是由于人民驾驭了资本，所以中国能够集中有限的剩余转化为资本，来建设具有长远性和公共性、满足人民迫切需求的产业或部门。也正是由于坚持以人民为中心，所以在资本和技术缺乏的情况下，中国共产党才能发挥组织力量，把人民组织起来，弥补资本的不足。这是“人来组织资本”，而不是“资本组织人”，避免了因资本稀缺而导致的失业、流民现象，从而让全体人民都能参与社会主义建设，并分享成果。

更重要的是，中国共产党认识到，人民管理国家是最大的权利。为了避免像苏联那样的公有制异化，中国通过扩大经济民主、提高普通工人和农民的政治地位，在国有企业和农村基层实行了民主管理试点，在走向真正的公有制的道路上比苏联前进了一大步。当然，这方面的探索还远远没有结束，还会出现反复，需要持之以恒的努力。

在国际上，中国和广大亚非拉国家一起，通过壮大民族资本的力量，并在现代化早期实行一定的贸易保护，为国内产业的发展赢得时间。在具备了比较完整的工业基础之后，再循序渐进地对外开放，而在开放过程中，又不是无原则地全面开放，对那些关系国家安全的领域，谨慎地实施开放。

从这个意义上说，中国道路的胜利是马克思主义的胜利，因为马克思帮助中国人认识了资本主义，既认识到资本主义的力量，也认识到资本主义的弊病，从而可以让我们主动地既利用资本主义，又限制和超越资本主义。马克思指出了将来消除资本主义弊端的方向，但是没有给出具体的路径，中国共产党却探索出来了。

4. 从《法兰西内战》到国家治理现代化

中国道路成功的另一个要素是，建立了一个代表大多数人利益而不是代表少数利益集团的政权，从而避免了大部分发展中国家出现的利益集团攫取发展成果或者一盘散沙等问题。这也是符合马克思对未来国家设想的。

有人认为，马克思主义就是“大政府”“国家主义”“专制”，实际上马克思的著作同样充满对国家的批判。在这一点上，马克思与主张“看不见的手”的亚当·斯密是一样的。亚当·斯密生活在资本主义原始积累时代，他在《国富论》中痛斥资本家通过操纵和贿赂政客来剥削工人，呼吁结束这种官商勾结，让“看不见的手”发挥作用。[①] 可见，亚当·斯密不是抽象地反对政府干预，而是反对那种“同资产阶级勾结起来压迫工人的腐败政府”，这一点同马克思是高度一致的。

马克思在《资本论》中，对资产阶级的政府是如何同资本家一起剥削工人有着生动描述，他们“欺骗性地出让国有土地，盗窃公有地”[②]，“把工人刚刚争得的结社权剥夺掉”，“使领工资的人陷入……奴隶般的依赖状态”[③]。在讲到劳动时间时，马克思指出“资本在它的萌芽时期，由于刚刚出世，不能单纯依靠经济关系的力量，还要依靠国家政权的帮助才能确保自己吮吸足够数量的剩余劳动的权利”。[④]

可见，马克思和亚当·斯密对资本主义国家压迫性的认识是一致的。

---

① 郎咸平，杨辉瑞．资本主义精神和社会主义改革［M］．北京：东方出版社，2012：17－19.
② ［德］马克思，恩格斯．马克思恩格斯文集（第5卷）［M］．北京：人民出版社，2009：842.
③ ［德］马克思，恩格斯．马克思恩格斯文集（第5卷）［M］．北京：人民出版社，2009：851.
④ ［德］马克思，恩格斯．马克思恩格斯文集（第5卷）［M］．北京：人民出版社，2009：312－313.

不过，他们提出解决问题的办法完全不一样。亚当·斯密认为，既然国家有压迫性，那么就不要国家了，让“看不见的手”发挥作用。而马克思比亚当·斯密看得更深刻，他认为，在私有制条件下，即使取消国家，劳动者还是要受资本的压迫。只有到将来实现了共产主义，不存在阶级和阶级压迫的时候，国家才能消亡，整个社会由全体社会成员进行自治。但是，在此之前，必须努力建立劳动者自己的国家，才能够纠正国家的压迫性。也就是说，不同于亚当·斯密“不要国家”的主张，马克思主张对国家进行改造，让国家成为劳动者的国家。

如何建立这样的国家？马克思只是在理论上做出了预测。而1871年的巴黎公社运动，让马克思的设想变成了现实。1871年的法国巴黎公社，是历史上第一次由工人阶级建立的政权。3月28日，巴黎的工人阶级在巴黎市政厅广场宣告巴黎公社成立。公社经过3月26日、4月16日两次选举，到4月下旬，有80位公社委员到任就职，其中工人34名、职员12名、知识分子34名，工人和职员占委员的多数。

虽然马克思事先认为欧洲建立工人政权的条件还没有成熟，但巴黎公社出现之后，他立即给予了热情支持。巴黎公社失败之后，马克思立即写了《法兰西内战》，总结巴黎公社失败的教训，指出“公社的真正秘密就在于：它实质上是工人阶级的政府”，“工人阶级不能简单地掌握现成的国家机器，并运用它来达到自己的目的”①，“公社是帝国的直接对立物”②，其全部目的就是防止国家和国家的权力机关由“社会的公仆变为社会的主宰”③。在具体形式上，马克思提出公社是议行合一的工作机构，公社委员由选举产生，公社任命的公职人员随时可以撤换，和公社委员一

① ［德］马克思，恩格斯．马克思恩格斯选集（第二卷）［M］．北京：人民出版社，1966：460.
② ［德］马克思，恩格斯．马克思恩格斯选集（第二卷）［M］．北京：人民出版社，1966：522.
③ ［德］马克思，恩格斯．马克思恩格斯选集（第二卷）［M］．北京：人民出版社，1966：460.

样只领相当于工人工资的薪金。全民皆兵，废除雇佣军。

1917 年十月革命后，俄国建立了第一个社会主义国家，但并没有解决长治久安的问题。20 世纪 50 年代末，中苏两国开展了理论大论战，论战的一个重要原因就是，中国共产党发现并提出了苏联并未注意到的一个问题，那就是共产党执政之后，如何防止执政党和国家的异化、走到人民的对立面、“由社会的公仆变为社会的主宰”。20 世纪 50 年代之后，苏联各级官员和企业负责人的特权逐步扩大和固化，形成一个新的特权阶层，企业内部等级森严，与资本主义的企业没什么两样。最后，也正是这个特权阶层，在苏联全民公决同意保留苏联的情况下，违背民意瓦解了苏联，把庞大的国有资产据为己有，他们变成了新的寡头。“后人哀之而不鉴之，亦使后人而复哀后人也”。

毛泽东注意到苏联国家政权的异化，并且设法让中国避免犯同样的错误。在这个过程中，《法兰西内战》对他影响很大。人们都知道毛泽东熟悉中国历史，殊不知毛泽东对西方历史也很熟悉，特别是法国近代史。对法国，他最感兴趣的又是法国大革命和巴黎公社。1968 年法国发生“五月运动”，毛泽东在当年 6 月 3 日的一次谈话中表示法国有巴黎公社的传统，建议大家搞点参考资料看看。① 巴黎公社一直是毛泽东反对官僚主义、扩大人民民主的重要思想来源。在当时的报刊上，就有许多按照巴黎公社的原则反对官僚主义和特权的论述，如“防止国家和国家机关由社会公仆变为社会主人”②，无产阶级国家政权要把“特权制、长官制的残余铲除干净”。干部要当好“社会公仆”，自觉限制资产阶级法权，把自己置于人民群众的监督之下，不要高居于群众之上、做官当老爷，等等。

① 陈晋. 毛泽东为什么喜欢读谈法国近代史？[J]. 党的文献，2011 (1)：117 – 120.

② 陆淦华. 永远保持工人阶级的本色 [N]. 人民日报，1973 – 10 – 16.

毛泽东的探索，是要找到一条公有制和经济民主相结合的道路，防止本是代表广大劳动大众的党和政府异化为特殊利益集团。他的办法就是实行广泛的政治参与，坚持群众路线——从群众中来，到群众中去。“人民自己必须管理上层建筑”，而不是“国家只由一部分人管理，人民在这些人的管理下享受劳动、教育、社会保险等权利”，否则“无产阶级专政就会变成资产阶级专政”①。毛泽东的上述思想，体现于1973年创作的诗作《七律·读封建论呈郭老》之中：“劝君少骂秦始皇，焚坑事业要商量。祖龙魂死秦犹在，孔学名高实秕糠。百代都行秦政法，十批不是好文章。熟读唐人封建论，莫从子厚返文王。”②

秦始皇力排众议改分封制为郡县制，使中央政权深入地方，强化了国家能力，减少了对地方豪强大族的依靠。毛泽东赞扬秦始皇，并非就事论事，而是要表达他对中国社会主义发展方向的思考。两千多年来，凡是郡县制实行得比较好、豪强和贵族集团受到抑制的时代，就是历史上政治清明、经济发展的时代。汉初为了安抚支持刘邦的贵族集团，实行“郡国并行”（郡县制和分封制并行），最终导致“七国之乱”，平乱之后恢复了郡县制。东汉后期实行察举制，逐步形成了著名的大家族，地方官员和豪强大族形成了共同利益的集团，导致东汉衰弱和灭亡。唐朝也出现过藩镇割据的现象。柳宗元所写的《封建论》，就是讨论分封制和郡县制的优劣，认为在分封制下，“诸侯之盛强，末大不掉”，“大凡乱国多，理国寡”，郡县制优于分封制。毛泽东在晚年赞扬秦始皇和柳宗元的《封建论》，就是表明共产党不允许官僚机构形成新的“藩镇割据”。既要避免出现中国历史上那样的地方势力，又要借鉴苏联教训，避免共产党变质，

① 毛泽东1959年12月至1960年2月读苏联《政治经济学（教科书）》谈话记录［J］. 党的文献，1992（5）：3－6.

② 陈晋. 毛泽东阅读史［M］. 北京：三联书店，2013：258.

坚决防止形成利益集团。尽管上述探索也出现过严重失误，但是和苏联对比就可以发现，中国在社会主义国家建设中坚持人民主权原则，对长治久安起到了重要作用。

述往事，思来者。尽管我国发展阶段性特征已经发生了巨大变化，但是如何实现国家的长治久安，仍然是党执政的一个核心课题。1992 年邓小平在南方谈话中说："恐怕再有三十年的时间，我们才会在各方面形成一整套更加成熟、更加定型的制度。"① 党的十八届三中全会提出，全面深化改革的总目标就是要完善和发展中国特色社会主义制度，推进国家治理体系和治理能力现代化，就是要在新时期回答"如何治理社会主义国家"的历史课题。

5. "破除资产阶级法权"和共同富裕

公平是人类永恒的追求，也是社会主义最具感召力的一个发展目标。但是，什么是公平，怎样实现公平，是一个很复杂的问题。马克思主义和其他学派平等观的最大区别在于，马克思主义不仅关注形式上的公平，更关注实质上的公平。

相对封建社会，资本主义在社会公平方面有进步性，例如，劳动者摆脱了封建社会的人身依附关系，在等价交换的价值规律面前，看起来是人人平等的，这就是形式上的平等。

然而，这种形式上的平等，掩盖着实质上的不平等。虽然资本家和劳动者表面上平等，但他们享用这种"平等"的机会是不一样的。随着资本的积累，由先天禀赋、自然条件和偶然因素而导致的不平等将会不断扩

① 邓小平．邓小平文选（第三卷）[M]．北京：人民出版社，1993：372.

大，后来的学者将其概括为“贫者愈贫，富者愈富”的马太效应。资本之所以有这种魔力，就是因为剩余价值的存在，资本的所有者可以无偿占有他人的劳动，而且资本越集中，占有的能力就越强。因而，由资本占有的不平等而带来的不平等，是一切不平等的根源。马克思举了这样一个例子：“在社会条件的逼迫下，按照自己的日常生活资料的价格，出卖自己一生的全部能动时间，出卖自己的劳动能力本身，为了一碗红豆汤出卖自己的长子继承权。”① 工人和资本家之间的“公平交易”，看起来是双方自愿，但是由于一方掌握资本，另一方只能出卖劳动，实际上双方是不平等的。一句话“私有制＋等价交换”是资本主义能够达到的最公平的分配方式，但是这种形式上的公平掩盖着实质上的不公平。

那么，靠什么手段来实现公平呢？马克思认为，分配方式由生产方式决定，不能脱离生产方式讲分配，特别是不能脱离生产资料所有制讲分配。在国际共产主义运动中，包括在我国，不断有观点把分配和所有制分开，认为实现公平的分配不一定需要通过公有制，而是通过税收、社会福利等办法就能够实现。马克思对这个问题的回答是，不能脱离生产谈分配，只有生产资料的平等占有才能实现人和人真正的平等。在社会主义条件下，生产资料公有制的建立，使得谁也不能凭借生产资料参与分配，这就消除了资本的占有者依靠资本剥夺他人劳动成果的可能性，为真正的平等开辟了道路。

马克思在《哥达纲领批判》中认为，哥达纲领把生产和分配这两个问题割裂开了。马克思批评了这种观点，即不能简单认为，只要争取到普选权，让工人代表进入议会就可以实现社会主义了。马克思指出：“资本

① ［德］马克思，恩格斯．马克思恩格斯文集（第5卷）［M］．北京：人民出版社，2009：312－313.

主义生产方式的基础是：生产的物质条件以资本和地产的形式掌握在非劳动者手中，而人民大众所有的只是生产的人身条件，即劳动力。既然生产的要素是这样分配的，那么自然就产生现在这样的消费资料的分配。如果生产的物质条件是劳动者自己的集体财产，那么同样要产生一种和现在不同的消费资料的分配。”① 不改变私有制就实现不了真正的公平分配，这在今天世界各国的实践中已经清晰地表现出来了。20 世纪 50—70 年代是西方各国分配差距缩小的时代，但同时也是资本力量受到约束、公有制比重提高特别是在国际上受到社会主义制度竞争的时代。80 年代之后，资本的力量重新占据优势，欧美国家和拉美等实施新自由主义的国家收入分配状况进一步恶化，并且成为 2008 年全球金融危机的原因之一。

不过，社会主义为消除不平等开辟了道路，因为社会主义实行按劳分配，避免了资本和劳动者之间的不平等，所有劳动成果（除了必要的公共事业的扣除等）都由劳动者享有，这比资本主义前进了一大步。但是，社会主义还没有实现真正的平等，因为每个人的劳动能力有强有弱，赡养的人口不一样，因而形式上的平等（按劳分配）掩盖了事实上的不平等，马克思将这种不平等叫作“资产阶级法权”。认为在社会主义社会，还不能实现真正的平等，还要承认并接受“资产阶级法权”。用通俗的话说，就是在社会主义初级阶段，生产力不够发达，还不能搞“平均主义”和“按需分配”，否则就会导致人们积极性的丧失。

毛泽东深受马克思“资产阶级法权”思想的影响，把建设一个平等社会作为毕生的追求。新中国建立了中国有史以来最平等的社会，以公有制和按劳分配为主体，避免了恶性的两极分化。同时毛泽东也认识到，公平是受到时代条件约束的，“资产阶级法权”只能“在社会主义的条件下

---

① ［德］马克思，恩格斯．马克思恩格斯文集（第 3 卷）［M］．北京：人民出版社，2009：436.

加以限制”，而不能够完全消灭。这也是为什么在1958年面对取消商品交换、取消货币、实行完全的供给制的观点时，毛泽东给予制止，强调“价值规律是一个大学校”。

邓小平提出“社会主义本质论”，也是对马克思平等观的继承。邓小平说的“黑猫白猫”，是指具体的方法和手段，但是在原则层面，邓小平丝毫没有动摇过，他把社会主义本质概括为“解放生产力、发展生产力、消灭剥削、消灭两极分化、最终实现共同富裕”[①]。其中，解放生产力、发展生产力，虽然这两句话中出现两个“生产力”，但这句话说的恰恰不是生产力，而是生产关系，因为生产力自己不能解放自己，能够解放和发展生产力的恰恰是生产关系，而生产力最核心的因素是人。解放生产力，根本就是发挥人的积极性。人的积极性如何发挥，那就要反过来回答是什么制约了人的积极性；在资本主义条件下，是资本制约了人的积极性；在苏联式社会主义条件下，是官僚主义制约了人的积极性。所以，“解放生产力、发展生产力”，实现人的全面自由发展，既反对资本对人的奴役，也反对官僚主义对人积极性的压制。消灭剥削、消除两极分化、最终实现共同富裕，作为社会主义的本质，正是社会主义优越于资本主义的地方。

前几年，是否坚持“共同富裕”，居然在一些人那里成了争论不休的问题，这种现象令人深思。实际上，坚持共同富裕，是从毛泽东、邓小平到习近平几代领导人一以贯之的目标。中国致力于建设一个平等的社会，不仅是社会制度的要求，本身也是经济增长的动力。新中国成立初期，正是由于进行了社会革命，才为经济现代化的启动和低成本积累资源创造了条件。在社会主义建设时期，正是形成了人和人之间的平等关系，才在物质条件匮乏的情况下调动了人们的积极性。正是由于改革前奠定了比较公

① 邓小平．邓小平文选（第三卷）［M］．北京：人民出版社，1993：373.

平的社会基础以及基础教育、基本医疗的普及，改革开放之后经济才产生了强劲动力。中国并没有违背马克思主义对平等的追求，而是在马克思主义指导下，既不超越阶段，又不是无所作为，在历史条件允许的情况下，努力缩小社会差距，一步步划向共同富裕的彼岸。

6. 为什么中国能够跨越“卡夫丁峡谷”

最后，我们来讨论一个马克思晚年付诸了极大精力，也是影响有关中国道路评价的一个理论问题——“卡夫丁峡谷”问题，即落后国家能否不经过资本主义阶段，直接进入社会主义社会？显而易见，从理论上说清楚这个问题，关系到中国走社会主义道路的理论合法性和现实合理性。

“超前论”和“补课论”

在中国，一直有各种“超前论”和“补课论”，认为中国搞社会主义是过早了，因而要反过头来补资本主义的课。今天关于改革方向和道路的讨论，根源也是对“卡夫丁峡谷”问题的认识。

“超前论”认为，苏联、中国这些国家搞社会主义，本身就违反了马克思的本意。马克思说资本主义高度发达之后才能进入社会主义，穷国搞社会主义本身就是一种错误，是“人为超越历史阶段”“违背经济规律”，所以苏联解体了。既然缺了资本主义这一课，那么就要把资本主义这一课补上，苏联就是失败在“没补课”上；而中国改革开放就是“补资本主义的课”，这个课现在还没补完，下一步还要继续学西方，包括引进西方的政治体制，引进多党竞争，国企私有化，才算“补课”完成了。

这个问题的现实意义在于，资本主义是不是社会发展的必经阶段。世界上很多国家还没有实现工业化，这些国家要实现现代化、工业化是否只能走资本主义道路、融入资本主义世界，还是存在另一种可能。如果存在另一种可能，那么中国模式就是有可能成功的。如果从理论上证明这种可能不存在，那么中国模式恐怕就没有了说服力。

落后国家能否逾越资本主义阶段直接进入社会主义，这就是“卡夫丁峡谷”之问。缘起是1881年俄国人维·伊·查苏利奇致信马克思，请他谈谈对俄国历史发展的前景特别是对俄国农村公社的看法。因为俄国具有土地公有制的传统，所以信中特别希望马克思谈谈对农村公社的看法：“假如你能说明你对我国农村公社可能的命运的看法和对世界各国由于历史的必然性都应经过资本主义生产各阶段的理论的看法，给我们的帮助会是多么大。”①

查苏利奇之所以提出这个问题，是因为包括她在内的俄国民粹派思想认为俄国具有原始农村公社的公有制传统，因此可以通过独特的道路，绕过资本主义社会，“直接过渡”到社会主义社会，这是民粹主义社会政治纲领的核心。而俄国民粹派的反对者，正是以马克思《资本论》为依据，认为资本主义是不可逾越的阶段。因此，查苏利奇致信马克思，想问个清楚。

马克思四易其稿的信

马克思、恩格斯曾经设想社会主义革命将首先同时在西欧北美少数发达资本主义国家发生，后来，通过对东方国家和民族发展道路的研究，他们又补充认为，在一定条件下，经济文化比较落后的国家可以不经过资本主义的充分发展阶段进行社会主义革命，走上社会主义道路。

为了给查苏利奇回信，马克思用了一个多月的时间，四易其稿。在复信的初稿中，马克思确定地指出，俄国农村公社“可以不通过资本主义

① ［德］马克思，恩格斯．马克思恩格斯文集（第3卷）［M］．北京：人民出版社，2009：703.

制度的卡夫丁峡谷”，就是特指不经历资本主义制度的灾难和耻辱而直接跨入社会主义。

但是，马克思后来对回信稿进行了三次修改，前三稿都很长，而最后寄给查苏利奇的正式回信，只有一页多一点，而且马克思的这封信显得有些语焉不详。这是否表明，马克思本人对这个问题的认识还不是那么确定呢？1881 年 3 月，马克思在给查苏利奇复信中的原话是：

> 在《资本论》中所作的分析，既没有提供肯定俄国农村公社有生命力的论据，也没有提供否定农村公社有生命力的论据。但是，我根据自己找到的原始材料对此进行的专门研究使我深信：这种农村公社是俄国社会新生的支点；可是要使它能发挥这种作用，首先必须排除从各方面向它袭来的破坏性影响，然后保证它具备自然发展的正常条件。①

马克思不愧为伟大的思想家，他这段话中的要点，后来一一被证实。这段话的中心思想就是，“卡夫丁峡谷”是能够跨过去的，世界各国不一定都像西欧国家那样，一定要经过资本主义社会才能进入社会主义。但是，要跨越“卡夫丁峡谷”，是要有条件的，必须排除从各方面向它袭来的破坏性影响，然后保证它具备自然发展的正常条件。

是什么阻碍了“跨越峡谷”

从马克思给查苏利奇回信开始，“卡夫丁峡谷”问题就成为马克思主义历史上的“哥德巴赫猜想”，众多理论家对此做出了回答。然而，更重要的是历史自身的回答。不过，考察一下那些不赞成“卡夫丁峡谷”能够跨越的观点，是有助于理解历史的。

① ［德］马克思，恩格斯．马克思恩格斯全集（第 35 卷）［M］．北京：人民出版社，1971：160.

第一种观点认为，马克思和恩格斯自己就没搞清楚这个问题。对马克思来说，马克思虽然在前三稿复信草稿中认为“卡夫丁峡谷”有跨越的可能性，但是在正式的回信中并没有充分阐释，反而说了那些模棱两可的话，是否说明马克思对自己的观点也并不那么有信心。再如，有学者引用恩格斯 1874 年在《流亡者文献》中的观点，认为资产阶级是社会主义革命的必然先决条件，也证明晚年的恩格斯和马克思对这个问题有不同的观点，恩格斯不认为能够跨越资本主义而直接进入社会主义。

第二种观点认为，社会主义是建立在资本主义基础上的，如果没有经过资本主义社会，那么进入社会主义的依据是什么呢？这种观点引用恩格斯 1894 年写的《论俄国的社会问题（跋）》，认为：“要处在较低的经济发展阶段的社会来解决只是处在高得多的发展阶段的社会才产生了的和才能产生的问题和冲突，这在历史上是不可能的。”[①] 确实，资本主义的高度物质文明和民主、自由，比封建社会是巨大的进步，社会主义并不是另起炉灶，而是应该继承资本主义一切优点，并纠正它的弊端。如果没有经过资本主义阶段，那么社会主义建立在什么基础上呢？

具体地说，这种观点认为资本主义阶段不可跨越，有两个理由。第一，不经过资本主义充分发展，就实现不了生产的社会化、商品化、现代化，从而不具备建立社会主义的物质条件。第二，不经过资本主义社会，就不可能充分认识和暴露资本主义社会的弊端，也就无法形成一个强大的无产阶级，不具备进行社会主义革命的动力。这种观点以农村的合作社为例，合作制在资本主义国家也存在，但资本主义国家的合作社，是经过资本主义充分发展，在私有制的基础上联合起来的；而中国的合作社是少数

---

① ［德］马克思，恩格斯．马克思恩格斯全集（第 22 卷）［M］．北京，人民出版社，1965：502.

先进分子示范和引导的，有些农民确实理解不了为什么要搞合作社，为什么单干就不行。

第三种观点认为，苏联和中国的实践表明，“卡夫丁峡谷”是跨不过去的，要“补课”。因为苏联解体一个很重要的原因就是苏联开放之后，西方思想文化冲击了苏联人的头脑，很快使得苏联人丧失了对社会主义的信心，这起码说明，苏联虽然建设了强大的物质文明，但是并没有建立起能够和资本主义抗衡的精神文明。中国在改革开放之后引进了资本主义的一些做法，看上去确实是在“补课”。这似乎都说明了“卡夫丁峡谷”是跨不过去的。

为什么中国能够跨越“卡夫丁峡谷”？

中国要想跨越“卡夫丁峡谷”，就要分析上述三种观点，说清楚中国为什么能够在没有充分发展资本主义的条件下，既达到高度的物质文明，又能够实现对资本主义的超越，治理资本主义发展过程中出现的弊端。

这个问题，在新中国成立时是没有条件回答的，因为那时候中国的生产力发展水平很落后，还没有能力谈跨越资本主义的问题；这个问题，在改革开放初期也是没有条件回答的，因为那时候中国还没向市场经济转型，也就谈不上跨越资本主义的问题。

但是，改革开放40年后，在21世纪的今天，中国已经有条件、也有必要重新谈谈“卡夫丁峡谷”问题了。今天的时代，既给了中国跨越“卡夫丁峡谷”的必要性，也产生了跨越的可能性。

第一，资本主义全球体系形成之后，落后国家已经不可能沿着西欧道路走向现代化，跨越“卡夫丁峡谷”成为必然的选择。

马克思的时代，资本主义制度只在少数国家建立并成熟。而20世纪初，资本主义全球体系已经形成。在资本主义强国的剥夺下，落后国家依靠资本主义制度，已经实现不了现代化，所以，跨越“卡夫丁峡谷”成为唯一有可能成功的选择。对此，中国共产党一向有着明确的认识，1937年毛泽东在和尼姆·韦尔斯（Nym Wales）谈话时说：“因为中国过去和现在都是一个半殖民地国家”，“所以像西欧那样发展资本主义的前途是没有的”；“中国的资产阶级梦想发展资本主义，但是中国的情况和现实不允许这样”；在中国，有无产阶级的领导“这个条件使中国在将来能跳过资本主义而进入社会主义”，“从整个世界的形势来看，中国具有不经过资本主义而直接过渡到社会主义的可能性”①。今天，中国的成功与许多国家陷入“中等收入陷阱”形成了鲜明的对比，证明了跨越“卡夫丁峡谷”是现代化道路上的必然选择。

第二，中国证明了，社会主义和市场经济是可以兼容的，不经过资本主义社会，同样能够实现商品经济的充分发展，这就为跨越“卡夫丁峡谷”提供了理论依据。

在当前生产力水平、信息技术和人的思想觉悟等条件的约束下，市场仍是配置资源的主要方式。落后国家要跨越“卡夫丁峡谷”，从逻辑上说，有两种可能：一是除了市场经济之外另找一种资源配置方式，二是在社会主义条件下发展市场经济。对于前一种可能性，苏联和我国的实践证明，计划经济在发展重工业等基础工业时具有优势，但是在现有技术条件下，还不能够解决大部分经济领域的资源配置问题。当然，随着信息技术的进步，计划经济能否实现，是一个可以继续探讨的问题。

而另一种可能性就是在社会主义条件下发展市场经济。只要能够从理论和实践证明，社会主义和市场经济是可以兼容的，那么就完全可以在社

① 尼姆·韦尔斯，熊建华．毛泽东和尼姆·韦尔斯的谈话［J］．毛泽东思想研究，1985（1）：145－150.

会主义社会发展市场经济。也就是说，商品经济充分发展的阶段不可逾越，但是落后国家不一定要把资本主义的道路再重新走一遍，而是可以在社会主义市场经济的条件下，完成资本主义国家经济增长阶段的任务，从而达到发达的物质生产水平。"补课"是需要的，但这个"补课"是补市场经济和生产力发展的课，而不是补资本主义制度的课。

经过20多年发展，社会主义市场经济在中国已经基本建立，并且为社会主义和市场经济的兼容提供了理论和实践依据。我国国有企业改革的历程说明，公有制是可以和市场经济融合的。实际上，即使在西方资本主义国家，大型股份制企业已经实现了所有权和经营权的分离，在运行机制上，国有企业和资本主义市场经济下的企业已经没有本质区别，说明社会主义制度和市场经济是能够实现兼容的。

第三，在全球化时代，资本主义生产方式已经影响了世界每一个角落，落后国家并不需要经历资本主义发展的完整阶段，也能够深刻地感受到资本主义的影响，从而产生超越资本主义制度的历史自觉。

反对跨越"卡夫丁峡谷"的一个重要理由是，落后国家并没有经历过资本主义阶段，从而不可能对资本主义的弊端有深刻认识，也就不可能产生反对资本主义的可能性。这种批评，孤立地看一个国家是成立的。但是，自20世纪初世界进入资本主义全球化时代以来，落后国家已经不需要自己进入资本主义阶段，就可以充分感受到资本主义的弊端，因为它们是最直接、最深刻地承受着资本主义周期性危机的国家，这些国家还没有享受到资本主义带来的物质文明，反而首先感受到资本主义带来的剥削和破坏。因此，更容易在内部产生反对资本主义的力量。

中国革命的独特道路，就在于把民族主义诉求、反对帝国主义的诉求结合在一起，首先建立了工农联盟、夺取了政权，同时又没有因为反对资本主义而陷入民粹主义或小农社会主义，而是在国家领导下进行资本积累，“既消灭资本主义、又发展资本主义”，从而把“反帝、反殖”的历史自觉，转化成为走中国特色社会主义道路的全民共识。

第四，在全球化条件下，资本主义国家内部的社会主义因素也在不断增长，落后国家不仅可以直接利用资本主义现成的生产力水平（这是马克思已经提到的），同时也可以借鉴资本主义国家治理市场失灵、约束资本的经验。

西方资本主义的发展，资本主义国家对外围国家的掠夺、资本主义国家内部产生的节制资本的运动，本身就在为东方国家的“跨越”创造条件。实际上，无论是西方国家，还是东方国家，社会主义因素都在增长，马克思时代还没有充分出现这种趋势。

中国的实践已经证明，可以跨越“卡夫丁峡谷”来避免经历资本主义这样一个痛苦的过程。先建立社会主义政权和生产关系，再发展经济，就等于打了“预防针”，一旦出现资本主义生产的弊端，就可以用社会主义的国家政权来纠正。资本主义国家是经过长期探索、付出巨大代价、经历了包括战争在内的激烈的阶级斗争，才在其基本制度允许的范围内实现了资本和劳动的均势，这是一个痛苦而付出了巨大代价的过程，落后国家跨越“卡夫丁峡谷”，就是要减轻甚至避免这个代价巨大的过程。

中国的实践还证明，发展社会主义市场经济，不可能完全避免资本主义市场经济出现过的宏观经济失衡、两极分化、生态破坏等问题，但社会主义本身有更强的力量来纠正这些问题。特别是中国这样的社会主义大国，有集中统一的政治体制，完全可以通过地方的试点试错进行改革试验，来降低整个国家发展犯错误的可能性。

第五，中国跨越“卡夫丁峡谷”的实践，是符合辩证唯物主义哲学的。马克思说，“哲学家只是用不同的方式认识世界，但问题在于改变世界”。发展中国家在认识社会发展规律的基础上，完全可以主动运用规律来改变世界，改变世界历史的进程，这就是马克思主义的实践品格。那种认为“卡夫丁峡谷”无法跨越的观点，实际上是只看到了生产力对生产关系、经济基础对上层建筑的决定作用，而没有看到上层建筑对经济基础、生产关系对生产力的反作用。这就是为什么中国共产党自成立以来，就一向重视思想建党、把党员的理想信念视为党的生命，在向市场经济转型过程中，也一定要掌握意识形态领导权、保持意识形态的纯洁性。从经济发展的角度来说，只有这样，才能够做到像马克思说的那样：“要使它能发挥这种作用，首先必须排除从各方面向它袭来的破坏性影响，然后保证它具备自然发展的正常条件。”① 可见，加强党的意识形态工作，保障党对意识形态和文化的领导权，是社会主义国家跨越“卡夫丁峡谷”所必备的前提条件，是生死攸关的大问题。

说到这里，我们就可以理解，马克思为什么对“卡夫丁峡谷”问题一再犹豫，是因为他同时看到了，与从发达资本主义制度进入社会主义相比，落后国家要实现“跨越式发展”，直接进入社会主义，必然会面临更大的挑战。从经济上，由于起点低，长期在经济、科技和资本力量上处于弱势；在意识形态上，要坚持意识形态和文化领导权，也会受到来自资本主义世界的竞争和挑战，如果人们没有深刻的辩证思维能力，思想上就很容易受资本主义发展道路的影响。

跨越“卡夫丁峡谷”不是一劳永逸的，目前中国还没有完全跨越“卡夫丁峡谷”。邓小平晚年一再强调，中国不能走资本主义道路，这是有其远见的。因为在新中国成立初期，刚刚经过旧中国的教训，资本主义道路走不通，比较容易形成共识。但改革开放之后，尤其是实行市场经济后，人们容易从表面现象出发，误认为中国是“学习资本主义”才走向的富强，

---

① ［德］马克思，恩格斯．马克思恩格斯全集（第 22 卷）［M］．北京：人民出版社，1965：502.

这就会产生对前进方向的错误判断。因此，在整个社会主义阶段，都存在着理论、制度、道路的选择问题，正确和错误还要经过长期的斗争。

中国对马克思“卡夫丁之谜”的回答，已经远远超越了马克思的视野。马克思曾明确指出，“资本主义制度的基础是生产者同生产资料的彻底分离……这整个发展的基础就是对农民的剥夺……这一运动的‘历史必然性’明确地限于西欧各国”。[①]

马克思终身生活在欧洲，他十分审慎地把自己的理论局限在欧洲范围内，知道不能用欧洲的经验指导一切国家的发展，这是他作为一名伟大思想家的清醒。同时马克思又谨慎地指出，东方国家可能会走出一条不同的社会主义道路，他对当时俄国“农村公社是俄国社会新生的支点”寄予殷切期望。

马克思对中国也同样寄予厚望。马克思对中国的关注，不仅是对中国自身，而是将中国放在资本主义全球发展的大背景中，把中国问题放在人类解放的宏大目标下加以分析。马克思和恩格斯从他们的国际主义视野出发，正确地指出中国贫弱不振的根源，在内部是制度的腐朽，在外部则是帝国主义的侵略扩张。在中国人民争取民族独立的漫漫长路中，马克思和恩格斯公开发表了一系列对中国人民充满真诚理解、热情支持和殷切期望的文章。他们对中国问题的关注不是出于狭隘的同情心，而是出于对历史规律的正确认识。

马克思和恩格斯预言，中华民族通过艰辛探索和不懈努力，必将以崭新的面貌屹立于东方，“过不了多少年，我们就会亲眼看到世界上最古老的帝国的垂死挣扎，看到整个亚洲新纪元的曙光”。[②] 鉴于这个伟大民族

---

① ［德］马克思，恩格斯．马克思恩格斯全集（第19卷）［M］．北京：人民出版社，1963：430.
② ［德］马克思，恩格斯．马克思恩格斯选集（第1卷）［M］．北京：人民出版社，2012：800.

具有悠久的文化传统和独特的基本国情，马克思和恩格斯确信未来中国的社会主义肯定会独具特色。早在1850年，他们就曾预言："中国社会主义之于欧洲社会主义，也许就像中国哲学与黑格尔哲学一样。"①

只有民族的，才是世界的，马克思曾指出："凡是民族作为民族所做的事情，都是他们为人类社会而做的事情。"中国用了60多年的时间，不仅极大地发展了自己，而且为人类初步探索出了一条有说服力的新发展道路。

在马克思、恩格斯之后的100多年，世界历史的变化已经远远超过了他们的想象，尤其是以东方国家为代表的发展中国家的群体性崛起，已经成为改造资本主义世界秩序、影响世界格局的重要力量。要解决当今世界存在的不平衡、不协调、不可持续的问题，社会主义的方案越来越不可缺席。今天中国和世界遇到的问题，已经远远比"跨越卡夫丁峡谷"复杂得多，需要人类全面审视20世纪以来资本主义制度和社会主义制度的发展实践，找到一条能够解决人类面临的新问题的新道路。

① 韦建桦. 马克思和恩格斯怎样看待中国——答青年朋友问［J］. 马克思主义与现实，2015(1)：1－13.

| 第八章 |

大历史视角的新常态

☆导读☆

2008年国际金融危机爆发后，世界陷入金融危机时代，中国经济进入新常态。从“大历史”的视角看，国际金融危机是资本主义基本矛盾的周期性爆发，标志着二战以来的经济长周期走到了尽头，也再次证明西方发展模式有根本缺陷。历史没有终结，历史也不会终结。

而中国的新常态，标志着改革开放四十年来所形成的增长动力已经变化，改革开放以来的思想认识、习惯做法和“主流经济学”理论，已经不足以支撑中国下一阶段的快速增长。只有全面总结经验，开展新的思想解放，坚持真理，修正错误，才能开创新的时代。

2008 年全球爆发金融危机，中国经济增速也逐年放缓。为什么发生金融危机？危机何时能见底？如何寻找新的发展动力？这些问题摆在了中国面前。

以史为鉴可以知兴替。把世界和中国经济放到二战以来的历史视野中考察，就会发现：全球金融危机是资本主义自身基本矛盾所导致的，在资本主义制度框架下还不可能解决。改革开放以来的习惯做法、思想认识和“主流经济学”理论，也已经不足以支撑中国下一阶段的快速增长。需要全面总结经验，开展新的思想解放，才能适应新常态、引领新常态。

1. 西方衰退的根源： 资本扩张

2017 年，全球金融危机已经进入第十个年头，全球经济依然低迷。这次危机历时日久，为二战以来所仅见。1980 年至 2011 年，全球 GDP 年均增长 2.9%，贸易增长 7.3%。但到了 2012 年以后，全球贸易连续 4 年跌到 GDP 增长之下，2015 年全球贸易降幅达 13.6%。金融危机把全球带入又一个大动荡、大分化、大变革的时代。

历史告诉我们，这次金融危机是自第二次世界大战以来 60 多年所积累的矛盾的总爆发，这种矛盾的根源是资本主义社会的基本矛盾。随着资本扩张，在剩余价值率不变的情况下，社会的平均利润率存在持续下降的内生趋势。这种趋势使得资本主义经济存在着“产业革命→资本扩张→利润率下降→经济危机→资本消灭→新的产业革命和社会革命”这一周期性循环。资本的扩张带来产能过剩、有效需求不足、两极分化等问题，导致利润率下降。为了获取利润，资本又通过向金融部门扩张、向海外扩张、削减工人福利等办法寻找出路，但这些手段只能治标，不能治本。一旦这些手段穷尽，就会爆发经济危机。经济危机及其引发的战争，消灭过剩资本，经济进入新的发展周期。这次金融危机，本质上仍是这种资本运动的产物。

危机的根源：资本力量过度扩张

这次金融危机的根源，起码可以追溯到20世纪中叶。1929年开始的经济“大萧条”和后来的二战，削弱了资本主义国家垄断资本的力量，加强了政府限制资本的权力。20世纪50—70年代，西方国家出现了劳资之间力量相对均衡的状况，称为“凯恩斯妥协”。这一时期，西方国家科技和经济发展较快，社会比较公平稳定，社会保障不断健全，是资本主义发展历史上的“黄金时代”。

然而，资本运动的周期性规律仍然发挥着作用。经过战后20多年的和平发展，随着资本重新积累，到20世纪70年代出现产能过剩、资本过剩、利润率下降等现象，国家通过扩张性财政政策和货币政策刺激经济，导致通货膨胀和经济停滞并存，即“滞胀”。

面对滞胀，代表垄断资本的政治力量被推上历史舞台，以过去是政府管制过多、政府支出过大为借口，采取了一系列旨在缩小政府管制、扩大资本权力、削减劳动者利益的措施。这些措施的理论基础是新自由主义，即主张政府减少干预，发挥自由市场的作用以实现资源的优化配置。新自由主义的代表性人物是美国的里根总统和英国的撒切尔首相，主要措施包括：国有部门私有化、鼓励资本在全球自由流动、减少政府对资本的干预、鼓励金融创新、降低所得税、削减社会福利。这些措施的实质是劫贫济富、劫公济私，在短期内是有利于资本获取更大利益的，但长期来看却加剧了资本主义的基本矛盾。其结果是，新自由主义并没有带来西方经济的恢复，反而出现了金融泡沫、贫富分化、民生危机、生态恶化等问题，最终引发金融危机。

第一个表现是经济停滞。20 世纪 70 年代的滞胀本来就是资本积累导致的结果，新自由主义通过进一步扩大资本权力来维持增长，结果只能南辕北辙。1980—2007 年，美国经济增长速度仅为 2.62%，低于 1951—1973 年的 3.6%，而 2008—2013 年仅有 1.42%。[①]

第二个表现是金融泡沫。随着资本的扩张，实体经济领域已经满足不了资本增值的需要，于是资本推动政府缩小权力、放松管制、鼓励金融创新，实际上掩盖了欺诈和投机的本来面目，使得金融从为实体经济服务异化为脱离实体经济的“空转”，即由 M－C－M′（货币－商品－货币′）的循环，变成了 M－M′（货币－货币′）的循环，越来越多金融交易的标的变成虚拟金融产品。国际市场上金融交易的日流通总量，从 1983 年的 23000 亿美元上升到 2001 年的 130 万亿美元。[②] 在这个过程中产生了大量欺诈、投机和泡沫，把低信用等级金融产品包装成高等级产品，通过制造一个又一个的泡沫来圈钱，制造预期来刺激投资和购买，这种“击鼓传花”的游戏缺乏实体经济支撑，总有一天会崩溃。金融化实质上是垄断资本攫取实体经济的工具。

第三个表现是两极分化。20 世纪 50—70 年代，西方国家收入差距比较稳定。20 世纪 70 年代后，随着新自由主义的实施，通过削减收入税、减少社会福利、削弱工会等办法，劳动者的地位下降，两极分化迅速扩大。美国的基尼系数从 1980 年的 0.372 增加到 2008 年的 0.451，回到 1927 年大萧条前的水平，占总人口 1% 的最富裕的人所占国家财富的总和从 1980 年的 10% 扩大到 2008 年的 23.5%，2009—2011 年，最富裕的 7% 的人的财富增加了 28%，但剩余 93% 的人却经历了净资产总额的下降。2012 年，最富裕

---

① ［日］山村耕造，童晋．过剩：资本主义的系统性危机［M］．社会科学文献出版社，2016：10.

② 易申波．阶级力量的重建：大卫·哈维新自由主义观述评［J］．南昌航空大学学报（社会科学版），2012（3）：74－79.

的 1% 的人收入增加了 19.6%，而其余 99% 的人收入只增加了 1%。拉丁美洲等受到新自由主义冲击严重的发展中国家，收入差距更加触目惊心。美国社会学家萨斯基娅·萨森（Saskia Sassen）认为，贫穷和不公平这些词汇已经不足以描述今天的现实，他提出“大驱离”的概念，即中产阶层可以一夜间沦为赤贫，每个人都可能被逐出社会生态圈之外。

1981 年上台的美国总统里根是新自由主义的代表人物。他以“减税”的承诺赢得选票，他的名言“政府不能解决我们的问题，政府本身才是问题”至今仍是我国一些信奉“市场万能论”者的“金句”。然而，事实表明，里根所宣传的“小政府”主要是为了放松对资本的监督，同时减少对底层人民的保护，这恰恰扩大了社会的两极分化。在里根任内（1981—1988 年），美国收入最低的 20% 的人群收入所占比重从 4.8% 降到了 4.2%，而收入最高的 20% 的人群收入所占份额则从 42.7% 涨到了 45.1%。全美收入最上层 10% 的人的纳税额在 1984 年至 1988 年之间减少了 8.6%，次层 10% 的人的纳税额减少了 2.4%，而收入处于最底层 10% 以及次层的贫困民众在同期内税负却增加了 3.8% ~3.9%，[①] 可见，这是以“减税”口号进行的劫贫济富，并没有缓解贫富分化反而是加剧了矛盾。

不仅在一国内部，资本扩张也让全球范围内的两极分化更加严重。发达国家通过资本输出和金融货币霸权实现了对边缘国家的掠夺，1996 年世界最富裕的 358 人的资本净值相当于世界最贫穷的 45%（23 亿人）的收入之和，1998 年最富裕的 3 位顶级富豪的资产超过了全部最不发达国家及其 6 亿人口国民生产总值之和。[②]

---

① 李珍．“华盛顿共识”与发展中国家“新自由主义”改革［J］．世界经济与政治，2002（5）：69 – 74.

② 文扬：G20 当看清，世界经济还在新自由主义废墟上挣扎［EB/OL］．http：//www.guancha.cn/WenYang/2016_08_30_372836.shtml.

第四个表现是公共服务商业化、市场化。20 世纪 80 年代之后，由于实体经济的投资已经饱和，为了满足资本逐利的需求，西方国家不同程度地实施了公共服务私有化、商业化，让资本进入公共服务领域，为其逐利大开方便之门。这样迅速提高了医疗、教育等公共服务的成本，大量财政投入被医药企业、保险公司等特殊利益集团赚取了，这是一些国家出现“福利陷阱”的原因之一。公共服务的商业化，增加了居民的负担和经济运行的成本，使得实体经济发展更加困难，反过来刺激更多资本进入金融和公共服务领域，形成恶性循环。

可见，这次全球金融危机的实质仍然是资本主义经济危机。由于资本追求增值导致利润率下降，资本为了寻找出路，便和政治权力勾结，扩大资本的特权和自由，导致资本主义生产的无计划性进一步突出，生产偏离了社会实际需要，大量资本制造了金融泡沫。金融、房地产成为剥夺中低收入者的工具，减税、削减社会福利等劫贫济富措施又进一步扩大了社会差距，消费能力下降，只能靠借债鼓励消费，从而造成全球范围内的资本过剩和有效需求不足。这就是这次全球危机爆发的总根源。

在危机面前，西方国家的民粹主义开始抬头，值得我们注意的是，西方国家的民粹主义本质上是底层民众对社会两极分化的反抗。《纽约时报》2016 年 6 月 24 日的专栏文章《民粹主义者的愤怒正在颠覆大西洋两岸的政治》指出，当收入不平等程度达到了一定限度后，社会不满达到临界点，冲突会随之爆发。[①] 民粹主义是民众反抗新自由主义而出现的一种极端现象，消除民粹主义，最根本的是消除民粹主义产生的土壤。对中国而言，避免民粹主义最根本的办法是坚持中国共产党的领导，落实以人

① 文扬：G20 当看清，世界经济还在新自由主义废墟上挣扎［EB/OL］. http：//www. guancha. cn/WenYang/2016_08_30_372836. shtml.

民为中心的发展理念，坚定不移地走共同富裕的道路。

全球走出危机的条件还不具备

这次全球金融危机爆发的根源决定了西方国家不可能在短期内走出危机，原因在于：

第一，从危机的成因来看，冰冻三尺非一日之寒，这次危机是二战以来长期积累矛盾的总爆发，新自由主义经济政策导致的两极分化、经济金融化、生态破坏和全球经济失衡等问题都不可能通过短期政策调整来恢复；难民问题、民族问题等社会危机尚未见底，都可能让经济雪上加霜。

第二，西方国家的政治制度不能从根本上应对危机。在资本主义世界，上一次比较成功地应对全球危机是20世纪30年代之后，以罗斯福新政和欧洲战后重建为代表，当时之所以能够产生强有力的政府，遏制垄断资本，进行利益调整，是由于大萧条和战争已经付出了巨大代价，资本基本得到抑制。而这次危机之后，"资本"没有被"抑制"，垄断资本还有很大的影响力，从欧美国家2008年以来应对危机的实践来看，当前主要的措施仍然是向发展中国家转移危机，比如把国外投资向国内转移、实行更严格的贸易保护等，这种办法短期内会有一定效果，但是属于"拆东墙补西墙"，对改善全球经济并没有作用。在欧美国家内部，垄断资本集团对政治仍然有很大的影响力，虽然底层民众对改善社会公平、遏制资本特权有很大呼声，但是实际上实施起来很难。奥巴马大力推动的美国医疗改革，还只是在资本主义框架下进行的温和改良，但是由于实施公共医保会触动商业保险和医药公司的利益，所以受到资本集团的强力打压。另外，在信息时代，民意容易走向另一个极端，导致民粹主义和国家治理的碎片化，更难就重大改革措施达成一致。

第三，西方国家历史上拯救危机的有效做法，也已经没有实施的条件。欧美国家内部的收入差距、公共负债、私人负债已经到了历史以来的较高水平，既没有空间再通过扩张性的财政货币政策来实施凯恩斯主义，也没有空间再实行新自由主义，否则危机还会加重。

全球要走出危机，起码要具备三个前提条件：

第一，全球范围要有一个资本抑制的过程。过去的资本主义国家是通过战争和对外殖民实现过剩资本的输出，当前西方国家还没有完成这个过程。在新兴经济体崛起的情况下，新兴经济体联合自强，改变国际政治经济秩序的失衡，可能是成为过剩资本寻找出路的一条途径。发达国家需要扭转资本过度扩张的倾向，强化收入分配、遏制金融等利益集团，才能为新的发展奠定基础。

第二，全球公平正义要有所改善。资本主义经济危机表现为收入分配的危机，而且这种危机已经不限于一国内部，而是表现为全球性收入分配的失衡。全球分工呈现“三足鼎立”的局面：欧美国家，占领金融、科技、货币和军事制高点，通过垄断定价在全球产业链中获取高附加值；以东亚国家为代表的制造业国家，处在全球产业链的中低端，依靠代工、原材料和初级加工产品出口获得附加值，这些产业的大量剩余价值转移到发达国家；以南美国家为代表的资源性国家，政治上比较软弱，20 世纪 90 年代之后接受新自由主义理念，放弃经济主权，成为廉价资源输出地。所以，要恢复全球经济再平衡，首先要恢复全球政治经济关系的平衡，让发展中国家和发达国家有平等的发展机会，支持落后国家在基础设施、健康、教育等领域增强发展能力，提高落后国家在全球治理中的话语权，这样才有可能解决全球经济失衡，发达国家过剩的资本才能找到新的市场。

第三，全球发展观念和政治体制的创新。国际金融危机以来，新自由主义虽然日渐式微，但仍然有很大影响力，特别是在一些发展中国家。东西方都认识到了过去发展方式存在的问题，也提出了包括社会和谐、平等、尊严、健康、绿色等在内的新的发展目标，这相对于过去过分追求经济利益、让资本不受限制地盈利来说，是一种进步。但是，“破旧”的同时，“立新”还任重而道远。当前西方的主流文化和理论，并不能为走出危机提供支撑。西方的政治体制，呈现出碎片化、民粹化的倾向，社会撕裂和对立严重，基本价值观受到挑战，这种情况下，还很难凝聚起新的克服危机的动力和共识。

2. 西方经济学的困境

金融危机不仅给资本主义制度带来了挑战，也给西方主流的经济理论带来了挑战。当前西方主要的两种经济学流派——凯恩斯主义和新自由主义，都是在西方发达国家应对资本主义经济危机中产生的。表面上看，凯恩斯主义强调政府干预，新自由主义强调市场作用，但是两者都是建立在资本主义经济制度基础上的。尽管两者在短期内有一定成效，但是由于并没有改变危机发生的基础，所以只是延缓或转移了危机，并没有从根本上解决危机。

凯恩斯主义：只触及总量，不触及分配

20 世纪 30 年代“大萧条”之后，西方国家希望采取一定措施减少危机带来的震荡，凯恩斯主义因此登上了历史舞台。凯恩斯主义认为社会总需求不足是经济衰退的主要原因，解决的对策是政府“放水”，即通过建设公共设施、提高社会福利、加强二次分配来扩大总需求，实现充分就业。和马克思主义不同之处在于，凯恩斯主义认为可以不触动经济所有制和生产方式，仅仅通过再分配就可以消除危机，这属于马克思在《哥达纲领批判》中批判的拉萨尔主义。

凯恩斯主义为二战后资本主义的黄金时代创造了条件，20 世纪 40 年代到 70 年代，西方国家收入差距缩小、社会公平稳定、经济增长率较高，

这在西方历史上是罕见的。但是，凯恩斯主义并没有消除导致资本主义周期性危机的根源，仅仅是推迟了危机的到来。它只刺激总需求，而没有改变分配关系，虽然起到了缓和劳资矛盾、扩大总需求的作用，但其扩大总需求的措施通过政府举债和剥夺第三世界等途径而维持，不具备可持续性。“利润率下降规律”不可违抗。1973 年开始，西方国家又陷入“滞胀”困境，这表明凯恩斯主义的作用空间已经不大了。

新自由主义：加剧危机而不是缓解危机

20 世纪 70 年代末，面对滞胀困境，经过几十年和平发展又一次壮大的垄断资本力量，推动着新自由主义走上历史舞台。新自由主义把滞胀归结于凯恩斯主义的需求扩张政策，认为是需求扩张导致了政府债务缠身、福利负担过重、企业缺乏竞争力，转而采取降低税收、提高劳动力市场流动性、削减社会福利、鼓励资本不受限制地流动等措施。由于这些措施都是着眼于生产领域，故而又称为“供给学派”。

供给侧管理并未取得预期效果，从总体绩效来看，西方发达国家 20 世纪 80 年代以来 GDP 增长率显著低于 80 年代之前。放松管制加剧了经济金融化；削减税收和福利，打破了 20 世纪 40 年代之后形成的资本和劳工力量的平衡，导致两极分化扩大；通过发行货币和扩大公私债务刺激经济，形成高杠杆率；在难以调整一次分配的情况下，主要依靠二次分配维持高福利，导致福利陷阱，这些都是金融危机爆发的根源。

可见，西方的凯恩斯主义和新自由主义、“需求侧管理”和“供给侧管理”，都是在资本主义框架下应对经济危机的不同政策主张。由于基本政治经济制度的限制，这两种理论都是仅仅从供给和需求这个表象出发，而没有触及资本主义经济运行机制，在理论上是不彻底的。它们使用的主要手段是财政、货币、税收等间接调控手段，并没有触及生产关系，也没有触及所有制、分配方式、生产过程中人与人的关系。这两种办法在短期内有一定效果，但治标不治本。而且在表面上缓解症状的同时还可能造成“药物依赖”埋下更严重的隐患。

金融危机之后，全世界从东到西、从南到北，都掀起了对西方经济学特别是新自由主义的反思。日本经济学家中谷岩曾经笃信新自由主义经济学，但是在小泉的新自由主义改革危害日本经济之后，他进行了自我反省，认为“过于天真地相信资本主义全球化和市场至上主义的价值”，“国家”应该尽可能回避介入“市场”的想法太“天真”，认为仅仅依靠美国经济学的合理逻辑来决定日本的国策，是错误的。他进而指出，资本主义全球化能够给世界经济带来活力，同时也存在“本质性缺陷”，其表现为：一是造成世界经济的不稳定；二是因生产和消费的断裂而导致贫富差距扩大；三是因以追求利润为第一命题而破坏环境。①

有“香江第一健笔”之称的香港《信报》创办人、香港特区著名专栏作家林行止于2008年公开宣布，由原来的自由资本主义倡导者转向赞成社会主义，对自己年轻时作为一个“盲目的自由市场信徒”表示忏悔，宣布放弃其过去认可的“企业的唯一功能在替股东谋取最大利润”的主张，认为“社会主义的确能够维系社会公平”；并认为，如果中国能制定一套在“向钱看”与社会公平间平衡发展的政策，那么中国的崛起对提高人类福祉有积极意义。②

3. 中国经济下行的根源

对世界经济危机的考察，为理解中国的经济下行提供了历史背景。

---

① ［日］中谷岩．日本新自由主义急先锋的忏悔录［M］//世界社会主义跟踪研究报告（2009—2010）．北京：社会科学文献出版社，2010：251－255.

② 舒时．林行止“转向”：作别“盲目自由市场信徒”［N］．第一财经日报，2008－06－25.

2010 年以来，中国经济进入下行区间，不少人希望借鉴改革开放初期或者 20 世纪 90 年代末应对亚洲金融危机的经验，通过进一步扩大市场化、私有化、自由化，来解决问题。我们认为，总的来说，那时的经验已经不适用于今天的问题。因为中国经济增长的阶段性特征已经发生了改变，不能将改革开放以来的经验固定化、教条化，过去一些有利于经济增长的条件，现在已经改变，甚至成为增长的阻力。要找到经济增长的新引擎，首先要分析经济增长动力的历史演变。

改革开放前期的三大增长动力

经济增长的要素，在生产方主要是劳动、资本、技术。商品生产出来之后，还要有需求，需求方包括投资、消费、出口，其中投资和消费又包括公共部门（政府）和私人部门。一旦这些因素之中有哪些出现了显著的高增长，就会带动整体经济较快增长，从而成为这一时期经济增长的主要动力。改革开放前期（1980—1998 年）的经济增长，得益于下面三大因素。

一是改革开放前积累资产的市场化。改革开放前，国有经济主要集中在基础性、战略性领域，消费品行业发育不足；改革开放后，大量资本进入民用消费领域，过去积累的大量非商品资产开始进入市场，成为改革开放前期供给迅速扩张的物质基础。改革开放之初之所以能够“一放就灵”“一包就灵”，根本原因是由于之前积累了大量国有资产。

二是西方滞胀带来的国际需求和产业转移需求。我国改革开放恰逢西方国家开始出现产能过剩、资本过剩、需求不足，需要向海外转移过剩资本和产能之时，这正迎合了中国引进技术和外资的需要。同时，西方劳动力成本上升，中国出口产品具备价格优势，从而为中国提供了巨大的出口市场。

三是公平的收入分配所带来的旺盛国内需求。由于改革开放之前具有公平的社会基础，这一时期改革措施能够惠及绝大部分社会成员，收入增长又快、又比较公平，20 世纪 80 年代初期的基尼系数只有 0. 3 左右，这些条件有利于消费迅速增长。消费在国民收入中的比重由 1978 年的 63. 5% 上升到 1981 年的 70%，20 世纪 80 年代居民消费年均增长 15. 3%，与 GDP 增长保持同步，一直保持着强劲内需。

可见，20 世纪 80 年代到 90 年代初的经济增长，是改革开放之前积累和改革开放后发展共同作用的结果，这一时期的改革实现了公平和效率的较好平衡，但这是建立在特定的历史条件上的，即大量尚未市场化的资产、较为公平的初始收入分配、较为旺盛的国际需求和产业转移空间。到 20 世纪末 21 世纪初，这种动力就已经释放得比较充分了，其标志就是 20 世纪 90 年代中期企业的普遍困难。在这种情况下，我国经济出现了新的增长动力。

21 世纪初的四大增长动力

20 世纪 90 年代中期之后，企业利润率普遍下降（见图 8 – 1），特别是 1998 年亚洲金融危机前后，经济增长率和企业利润率都达到改革开放以来的最低水平。

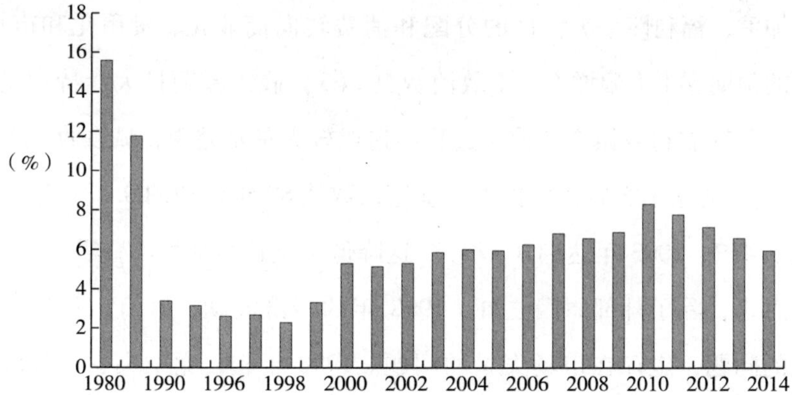

图 8 – 1　1980—2014 年我国企业的资金利润率

资料来源：国家统计局编《新中国六十年统计资料汇编》，中国统计出版社，2010 年，表 1 – 35。

这种情况固然有经济体制的原因，但主要是由宏观经济周期造成的，是市场经济的周期性表现。为什么这样说呢？

一方面，市场竞争导致利润率下降。经过20世纪80年代的放权让利，企业的竞争力已经有所增强，1992年之后，各地政府和企业积极性高涨，出现了投资热、房地产热、股票热、开发区热，到90年代中期已经表现出明显的总供给超过总需求，这是我国进入市场经济以来首次集中出现总供给超过总需求的局面，如1996年电视机、冰箱、汽车生产能力闲置1/3～1/2，生产能力过剩致使企业利润率下降。

另一方面，20世纪80年代旺盛的国内需求已经结束，出现需求不足。居民消费占国民收入的比例从80年代的50%以上下降到90年代末的45%。消费需求不足的原因包括：（1）劳动者收入相对下降，1980—1989年全国职工工资总额占国民总收入的比例保持在15.6%～17.5%，平均为16.3%，1997—1999年下降到11%～12%，是改革开放以来的最低水平（见图8－2）。（2）社会保障不健全。大量企业破产重组，原有劳动保障制度解体。政府减少了对医疗、教育等公共事业投入，农村基层组织弱化，农民负担加重，福利性、实物性的分配和消费转向商业化、货币化和市场化，居民的预期支出大幅增加，不敢消费。[①]（3）收入差距扩大，特别是国有企业改革和农村乡镇企业改革过程中造成较大贫富差距，城乡收入差距在80年代一度缩小之后重新扩大。基尼系数从80年代初的0.3上升到2000年的0.412，2003年达到0.479，[②] 这降低了全社会平均消费需求。

总之，除了外部原因之外，1998年的经济波动，既有市场发育不足造成的问题，也存在市场失灵的问题。1998年起，党中央、国务院采取

---

① 刘国光，刘树成．略论通货紧缩趋势问题［J］．理论导报，2000（3）：2－4.

② 国家统计局局长马建堂2013年1月18日在国务院新闻办新闻发布会上的讲话。

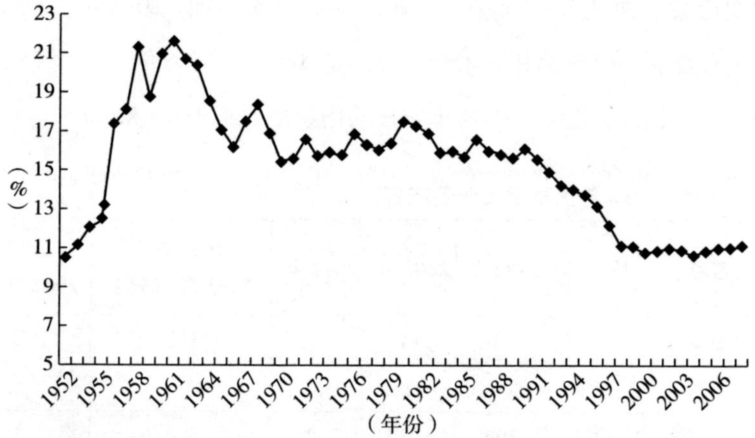

图 8－2　1952—2008 年全国职工工资总额占国民总收入比例

资料来源：国家统计局编《新中国六十年统计资料汇编》，中国统计出版社，2010年，表 1－5。

了一系列措施，结束了经济下行的局面，开始了新的经济增长周期。这些措施可以分为两类：一类是继续挖掘市场机制的潜力，开辟新的市场领域，为过剩的资本和产能寻找出路，包括撤销八大工业部，把重化工业下放到地方，将大量中小国有企业改制，扩大教育、医疗、住房的市场化程度，在国际上，加入世界贸易组织，继续扩大开放；另一类就是加大公共支出，大规模增加政府对基础设施的投资，建设一批重大基础设施。经过这些改革，21 世纪最初 10 年我国经济增长的主要动力可以概括为："双竞争、双需求、低工资"。

动力一："地方锦标赛"，企业＋政府双重竞争。我国改革开放之后逐步形成的地方政府之间竞相推动经济增长、招商引资的"地方锦标赛"模式，在这一时期得到强化。分税制之后"分灶吃饭"的财政体制，让地方竞争有了动力；大多数中小型国有企业改制，煤炭、钢铁、冶金、有色金属等基础行业的管理权限下放，让地方竞争有了充足的资源；房改之后，通过土地出让获得财政收入成为地方的重要财政来源。这些因素一交织，提高了地方和企业的积极性，使地方发展重化工业的动力大大增加。2012 年，我国原煤、钢材、有色金属、电解铝和汽车产量分别是2002 年的2.6 倍、5.0 倍、3.7 倍、5.7 倍和5.9 倍，均比上一个10 年增长的倍数多（见表8 -1）。

表8 -1　1978—2012 年主要重工业品产量

产品名称	1978 年	1992 年	2002 年	2012 年	2002 年/1992 年（倍）	2012 年/2002 年（倍）
原煤（亿吨）	6	11	14	37	1.2	2.6
钢材（万吨）	2208	8094	19252	95578	2.4	5.0
有色金属（万吨）	100	299	1012	3697	3.4	3.7
电解铝（万吨）	21	96	358	2021	3.7	5.7
汽车（万辆）	15	107	325	1928	3.0	5.9

资料来源：有关年份《中国统计年鉴》。

动力二：基础设施和房地产带来的巨额投资需求。实行住房改革，鼓励居民购买商品房，基础设施和房地产成为投资需求的主要来源，房地产和土地财政结合以及基础设施建设扩张带来的巨额投资需求，拉动了重化工业、装备制造业、原材料工业的高速扩张。

动力三：西方实行扩张性财政和货币政策带来的巨额外部需求。21 世纪初，西方国家经济纷纷采用扩张性的财政政策和货币政策，通过政府负债以及鼓励个人信贷消费，产生了巨大的外部需求。这种需求格局刺激了沿海地区的出口导向型产业。出口高速增长弥补了内需不足，1998 年到金融危机前的2006 年，出口占 GDP 的比例从17.9%提高到35.7%，进出口总额占 GDP 的比例从31.6%提高到64.8%（见图8 -3）。

动力四：劳动力市场化带来的所谓“低工资优势”。1998 年前后的国有企业改革，使我国产业工人从以国有企业正式职工为主体转变为以劳动关系比较松散的农民工为主体，劳动力流动性和市场化程度提高。这一方

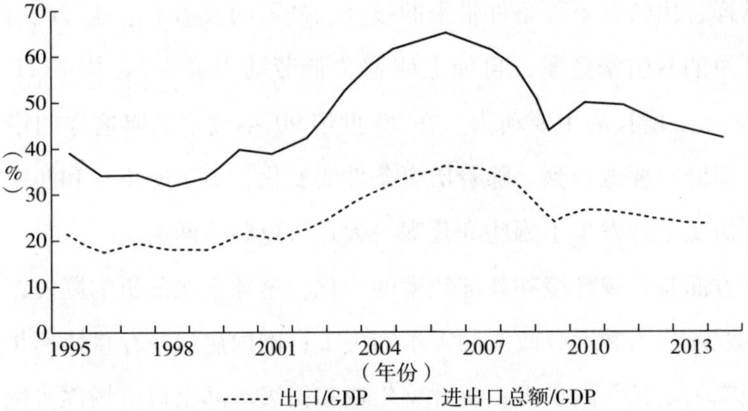

图 8－3　1995—2013 年进出口占 GDP 的比例

资料来源：国家统计局编《新中国六十年统计资料汇编》，中国统计出版社，2010 年，表 1－6；有关年份《中国统计年鉴》。

面使得企业获得更强的议价能力，可以尽量压低劳动者的工资和福利，以支持企业利润的增长；另一方面，工资和福利保障相对下降，影响了内需的扩大，增强了企业对低成本劳动力的依赖，削弱了创新的动力，成为延续粗放式经济发展方式的一个症结（见图 8－4）。

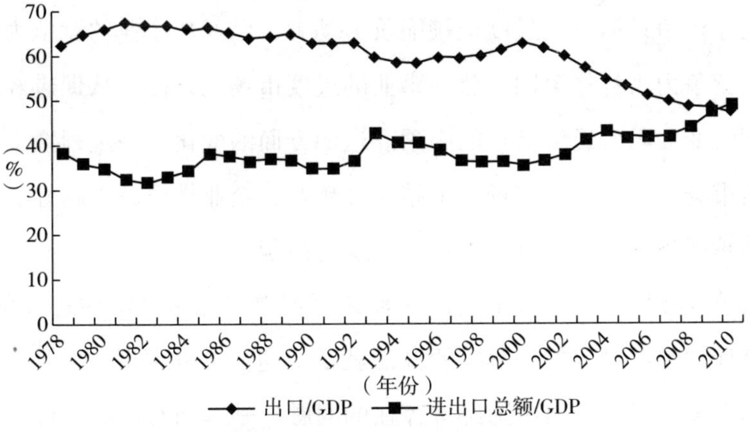

图 8－4　1978—2010 年投资和消费的比例变化

资料来源：国家统计局编《新中国六十年统计资料汇编》，中国统计出版社，2010 年，表 1－6；有关年份《中国统计年鉴》。

这样，由特殊外部条件带来的投资、外需两大需求，地方政府竞争与企业竞争的双引擎竞争，再加上所谓“低劳动力成本”，构成21世纪最初10年经济增长的主要动力。在20世纪90年代，采取这样的措施是必要的，但同时要意识到，随着历史条件的变化，不可能重复和照搬当时的做法。历史条件发生了哪些变化呢？大致可以归为两类。

一方面是客观环境和外部约束的变化。全球金融危机的爆发，使得西方依靠宽松货币和财政政策的需求消失了；国内房地产存量快速扩张，使得房地产的增长空间受限；资源型工业和初级产品出口市场逐步饱和，国内的资源环境约束收紧；农村剩余劳动力转移完毕，劳动力的人口红利峰值已经过去，劳动年龄人口开始下降，剩余劳动力无限供给的状况已经结束。也就是说，21世纪初期促进经济增长的很多有利因素已经消失了。

另一方面，过去一些促进经济增长的体制机制，其作用已经削弱，甚至从动力变为阻力。第一，地方政府之间竞争性推动投资，已经从促进经济增长的因素变成加剧市场盲目性、导致产能过剩的因素；第二，企业之间的产业结构碎片化、集中度过低，不利于企业转型升级和增强活力，加剧了无序竞争；第三，过度依赖廉价劳动力，已经从企业的竞争力优势变成企业竞争力劣势；第四，公共事业的过度市场化，已经从促进经济增长的因素转变为阻碍经济增长的因素。这四方面的变化，一定程度上都与过分迷信市场有关，认为市场竞争越充分越好、企业规模越小越好、劳动力流动性越强越好、社会事业市场化程度越高越好。

改革开放以来，形成了这样一种话语习惯：凡是经济中存在的问题，一定是计划经济导致的，解决的办法就是“进一步市场化”。但问题可能没有那么简单了。目前中国经济存在的问题，一方面有市场发挥作用不到位带来的问题，比如，行政审批范围过大、权力过分集中，一些重要资源和生产要素的价格还未理顺，国有企事业单位经营管理中行政化倾向严重，市场秩序不规范、规则不统一，部门和地方保护主义大量存在，城乡体制分割等。① 目前，对这些问题的认识已经比较到位了。但另一方面还有由市场本身的弊端带来的问题，这些问题包括产能过剩、贫富差距、需求不足、环境污染、公共品供给不足等。这些问题显然并不是所谓“计划经济残余”造成的，而是市场机制的缺陷导致的，在很大程度上属于市场经济固有的弊端，即使在发达资本主义市场经济中也不可避免，因此寄希望于用进一步市场化的办法解决市场化固有的缺陷，无异于缘木求鱼。鉴于这几个问题是关系经济发展方向的大是大非问题，这里将进一步详细展开。

4. 地方竞争和生产过剩危机

2008 年以来，我国不少行业开始出现利润率下降、产能过剩，规模以上工业企业的销售利润率从 2010 年连续下降。为什么会出现产能过剩？从表面上看，是由于地方政府具有投资冲动，往往通过招商引资、优惠政策吸引企业投资，因此要解决产能过剩，就要减少政府对经济的干预。

这种说法看上去有一定道理，但并未触及产能过剩的实质。原因在于：第一，自工业革命以来，资本主义社会也曾发生周期性产能过剩，这种产能过剩不可能是政府干预导致的。第二，中国那些由政府介入程度更高的行业，比如电信、石油、电力、铁路、航天，并没有发生产能过剩，而产能过剩比较突出的行业，如国务院确定的五大产能过剩行业——钢铁、水泥、电解铝、平板玻璃、船舶——都是市场化程度高、产业集中度低的行业。所以，究竟如何看产能过剩，需要考察 20 世纪 90 年代以来逐步形成的“政府锦标赛”的竞争格局。

---

① 张宇．更多市场，更多社会主义［N］．人民日报，2014－03－10（005）．

地方政府锦标赛

1994 年实行分税制之后，地方政府之间竞相追求 GDP 和财政收入的增长，这成为我国经济增长特有的动力。市、县政府具有高度的经济自主权，地方政府之间相互竞争，目标是尽可能提高本地的经济增长率，竞争对象则包括企业的投资、上级优惠政策（如国家级新区）、基础设施（如高铁路线）等，地方政府通过为企业降低税收、土地费用、环保以及安全等政策方面的成本，争取企业到本地落户，所谓“不怕吃亏”“亲商爱商”“你发财我发展”。在这种模式下，地方政府具有类似于企业的行为特征，首要目标是做大做强 GDP。招商引资成为基层政府的工作重点：主要领导亲自带队，召开各种招商会、推介会，把招商任务分解到所有政府部门，用招商成绩来评价干部，等等。那么，应该如何评价这种地方政府竞赛的模式呢？

应该肯定，这种地方竞争的格局，极大地激发了地方政府和企业的双重积极性，使我国在短短几十年时间里，达到了西方工业化国家发展几百年才达到的生产能力。广大干部为发展地方经济废寝忘食、孜孜不倦，做出了历史性贡献，对这一点应该给予充分肯定。但同时也要看到，以 GDP 为导向的地方竞争能够发挥作用是需要一定的历史条件的，带来了不少负面效应，面临着调整转型。

首先，地方竞争加剧了市场的盲目性，导致生产过剩。在资本主义国家，生产过剩是由自由市场的缺陷导致的，由于市场调节的滞后性，每个企业只能根据自己的信息做出决策，所以会周期性发生产能过剩和危机。在我国，除企业竞争导致过剩外，还有两个新的因素加剧了过剩：第一，中国是发展中国家，在经济追赶的阶段，能够直接向发达国家引进和学习技术，从而导致一哄而上，快速形成产能，进而过剩。第二，中国特有的地方竞争格局，加剧了市场的盲目性。具体表现在，即使是在市场经济条件下已经过剩的产业，政府也会通过补贴、减税、降低经营成本等方式，让企业继续投资经营，这就加剧了产能的过剩。

其次，政府竞争导致了少数地方政府行为模式发生变化，产生了过度“亲资本”的倾向，从而可能破坏资本和劳动者之间的平衡，甚至导致资本和权力的结合，诱发腐败和利益输送。即使在西方资本主义国家，劳动者和资本力量的相对平衡也是经济持续健康发展的条件。我国少数地方政府出于招商引资目的，把资本利益放在优先位置，忽视了劳动者权益、自然资源、公共利益等的保护和投入，虽然促进了企业的发展，但是从长期来看，却扩大了劳资收入的差距，压抑了内需，导致大量企业长期依赖廉价劳动力，加剧不理性投资行为。同时，过度“亲资疏民”的倾向，容易让地方干部和资本形成利益共同体，打破政治权力和资本权力之间的防火墙，让人民群众失去信任感。2014 年 7 月 27 日，时任中共中央政治局常委、中央纪委书记王岐山表示，在腐败问题上，要紧盯矿产资源、土地出让、房地产开发、工程项目等领域，[①] 这几个领域正是个别地方资本和权力交易最为突出的领域。

最后，地方之间 GDP 的竞争，往往只注重短期目标，而忽视了公共产品的提供，造成局部利益和全局利益的冲突。各地都竞争性地开发本地的资源，以便尽快形成现金流，但却不承担全国资源保护的责任，不少地方以牺牲资源环境招商引资，加剧了环境和生态破坏，加快了资源约束。温铁军教授将其概括为：“承担无限责任的中央政府和有限责任的地方政府，导致地方把外部性上交中央。”[②] 可见，这种地方竞争的模式，适应于产业

---

① 新华社：王岐山出席 2014 年中央第二轮巡视工作动员部署会并讲话［EB/OL］. http：//news. xinhuanet. com/video/2014 －07/16/c_126761830. html.

② 温铁军：中西体制最根本差别在于负无限责任的中央政府［EB/OL］. http：//www. guancha. cn/wen －tie －jun/2013_11_11_184851. shtml.

快速扩张的阶段，成为重化工业、原材料产业、加工业快速扩张的动力机制，但并不利于实现长期持续的全面发展。

产能过剩是由以追求 GDP 为中心的地方政府推动企业竞争所造成的，其本质就是市场失灵，是市场经济自发的规律。这是对“产能过剩”的基本诊断，只有明确这个诊断，才能开出正确的药方。一些新自由主义的观点，把产能过剩归因于政府的管制，事实上恰恰相反，产能过剩并非因为政府管制，而是因为政府之间的过度竞争，而这种竞争又是出于追求短期经济利益而导致了不理性的投资。从实践来看，能够有效化解产能的措施，都是加强生产的协调性、治理市场盲目性的措施。比如，2016 年上半年，“去产能”取得明显成效，就是通过政府制定严格准入标准、政府和行业协会组织行业自律等统一行动完成的，而不是靠“政府退出”完成的。

产业结构：分散和集中的辩证法

目前，影响我国经济增长的另一个原因是产业结构的碎片化。碎片化有两个层次的含义，第一是产业集中度低，第二是企业横向和纵向之间的协作不够。这种格局已经到了改变的时候。

这里，有必要回顾一下历史。新中国成立初期是工业部门产业集中度很高的时期，表现为高度集中的计划经济和大型企业为主。这种模式对于迅速实现基础行业的战略投资，集中力量办工业起到了积极作用。两次体制下放期间，中小企业得到发展，产业集中度有所降低。改革开放之后，随着放权让利，特别是 20 世纪 90 年代末之后撤销八大工业部（局）之后，中央企业下放到地方，这些行业的产业集中度又一次出现下降。

当前我国实体企业利润率下降，同产业结构分散化、碎片化有很大关系。总的来看，我国主要产业的集中度都低于世界主要大国。我国煤炭行业的集中度是世界五大产煤国中最低的，产量最大的 4 家企业占全国产量的17.6%，而美国为67%、澳大利亚为57%、俄罗斯为96%、印度为82%。其他行业的产业集中度均低于美国。

产业集中度低，固然有利于鼓励竞争，但同时也将产生很高的交易成本和监管成本。企业之间的竞争是经济增长的动力，但是从新型工业化发展的趋势来看，骨干龙头企业的引领、企业的横向和纵向协作、生产性公共产品的提供，对于现代工业发展的作用日益重要。改革开放初期，我国产业发展的主要问题是企业规模过大、市场发育不足、竞争不充分，那时企业改革的总体趋势是放权让利、鼓励拆分和竞争。但目前部分行业产业结构分散和碎片化，阻碍了协作和创新。如电解铝、钢铁等行业，都是下放和竞争程度较高的行业，企业在海外采购、出口方面不能有效协作，搞“窝里斗”，损害整个行业利益；在质量标准方面不能有效协作，导致缺乏统一标准，不利于在一些新领域扩大应用；在科技创新方面不能有效协作，产学研环节协作不足，导致基础科研、共性关键技术研发不足，大量企业和科研院所把主要精力放在短平快的项目上。比如，我国两家工程承包企业在“走出去”过程中互相挖墙脚，结果被外方各个击破，自己损失。这些问题在经济学上叫作“反公地悲剧”，也就是说，产权划分得过于细碎，导致交易成本过大，即使是有效率的交易也难以完成。

相比，发达国家形成了较高的产业集中度，到了今天，大型跨国企业可以利用其规模优势和资金、金融方面的优势，在不违反世界贸易规则的情况下，操纵全球价格，而包括我国在内的许多发展中国家，由于产业集中度较低，只能面对大型跨国企业垄断国际市场而发展中国家的企业被分而治之、各个击破的局面。在经济崛起过程中，世界主要大国都经历过产业集中的过程。19世纪70年代中期美国出现产能过剩、恶性竞争后，开始了第一轮产业重组，形成了钢铁大王、石油大王、铁路大王。1961年前日本六大公司所产的铁占全日本的86.7%，1970年，八幡制铁与富士制铁合并成立新日铁，雄踞世界钢铁头号霸主近30年。韩国于1970年初浦项投产后即颁布《钢铁工业育成法》，规定只允许浦项一家建设高炉，其他各厂只允许发展电炉。金融危机之后，这些大型企业的抗风险能力凸显，在全球大企业纷纷限产的情况下，新日铁、美国钢铁公司产量仍然保持上升。这无不警示我们，中国的产业集中已不是在一个相对封闭的国内市场中进行，如果中国自身不加快产业集中的步伐，就会给国际资本的整合创造时间和机会。①

迄今为止，我国的原初性、突破性的创新主要是由国有企业承担的。世界上具有突破性的创新，也往往是由国有企业或者政府支持的企业进行的，这些企业具有较大的规模、雄厚的资本和优秀的人才队伍，能承担起规模大、关系国计民生的创新。美国的微软、苹果等公司的核心技术，是由美国军方研究机构研发的。我国的国家电网公司研发的特高压交流输电技术将有望解决全球范围内电力资源的超长距离输送问题。要增强我国经济发展新动能，关键是要走创新型国家道路，在国际上同世界一流企业开展竞争。要加强创新，关键是补上基础性理论和共性技术这个短板，发挥大型企业集中资本、集中力量办大事的优势，扭转目前科技创新力量分散、内耗严重的局面。要在国际上增强资源控制力和抗风险能力，提高话语权、定价权、标准制定权，也要求继续打造一批特大型企业集团。这些都说明，要辩证看待产业结构的分散和集中，而不要受自由竞争教条的影响。

5. 低劳动力成本是优势吗

中国经济30多年的高速增长，从某种意义上说，是得益于一支低成本、高素质的劳动力队伍。但是，2010年以来，所谓“劳动力成本上升”成为

① 杜立辉，徐熙淼．美、日、韩三国钢铁产业集中度的演变及启示［J］．冶金经济与管理，2010（1）：35－39.

很多企业的难题。同时，关于劳动者福利过低、收入下降影响基本民生的呼声也很高。企业要降低成本与工人要改善生活之间，构成了巨大的张力。究竟如何看待中国的“低劳动力成本”和目前劳动力成本上升的压力。这要求我们回答两个问题：一个是事实问题，低成本优势还能不能继续存在；另一个是价值判断问题，即使能够依靠“低成本劳动力”，这种发展模式好不好?

中国改革开放30多年的高速增长，确实得益于一支“低成本劳动力”的比较优势。但是，考虑到人口结构的变化、国际市场的饱和以及国内收入差距已经较大，依靠低成本劳动力支撑的低端制造业数量扩张的发展方式已经走到了尽头，不能再依靠把发展成本转嫁给劳动者来维持增长。

“低成本劳动力” 优势是如何形成的

长期以来，我国之所以形成了“低成本劳动力”优势，有这样几个原因。

首先，农村存在着大量尚未转移的剩余劳动力。马克思曾经使用“产业后备军”的说法，2010年之前，中国大量农村劳动力为“低成本劳动力”做了支撑。但到了2012年左右，随着劳动年龄人口开始减少，“产业后备军”就开始下降和减少。根据国家统计局发布的《全国农民工监测调查报告》，2010年以来农民工总量增速持续回落，2011年、2012年、2013年和2014年农民工总量增速分别比上年回落1.0、0.5、1.5和0.5个百分点，2014年增速仅为1.9%。根据联合国2012年的最新人口预测，无论未来生育率采取高中低哪个方案，劳动力规模都将从2015年左右开始出现全面下降，到2030年开始快速下降。①

① 童玉芬. 人口老龄化过程中我国劳动力供给变化特点及面临的挑战［J］. 人口研究，2014（2）：52－60.

其次，我国农村的集体所有制使得劳动力可以进行“候鸟式”迁移，成为我国能够长期保持低工资的重要条件，家庭仍然留在农村，而人在城市工作。这样做的好处是，农民工能够接受较低的工资，因为农村的土地本身即可以作为基本生活保障。

最后，一些地方默许甚至鼓励企业在工资、社会保障方面规避法律的要求，大量企业没有按照法律规定为农民工缴纳社会保险，这实际上相当于为了追求当前的利润而牺牲劳动者的工资和福利。企业普遍存在超时劳动的问题，国家统计局2009—2014年《全国农民工监测调查报告》显示，截至2014年，日工作超过8小时的农民工比重占40.8%，周工作超过44小时的比重占85.4%，签订劳动合同的农民工比重仅为38%，农民工按规定享受职工医疗保险、养老保险的待遇只有17.6%、16.7%，覆盖率还不到1/5。

“低成本劳动力”依赖症

可见，我国企业特别是民营企业，往往通过克扣工资、延长工作时间、逃避社会保险缴费责任等办法，维持“低成本劳动力”优势，我们将这种情况称为“低成本劳动力依赖症”。“低成本劳动力”的优势已经从提高竞争力的推动因素变成阻碍因素。

首先，延长工时是对劳动者本身人力资本的损害。工人超时劳动，必然影响正常休息、学习的时间，影响劳动力再生产。超时劳动对产业工人健康造成严重影响，2005年底，湖北省劳动和社会保障厅发现，40%左右的农民工带病上岗。新型农村合作医疗（新农合）异地就医报销难，是健康较差的农村外出务工人员更容易返乡的另一个影响因素。[①] 除了产

① 陆铭．中国农民工的健康损耗问题［EB/OL］．http：//www.spicezee.com/guandian/78748.html，2015-01-05.

业工人，脑力劳动者的身体健康、心理健康状况也受到超时劳动的影响。

其次，工资和福利的欠账，导致工人阶级消费能力下降，国内有效需求不足。李钟瑾等发现，中国私有企业劳动力再生产的成本在相当程度上由劳动者自身承担。工资过低和超时劳动，既导致企业赢利能力虚高，又限制了整体经济内需的扩大和经济增长方式的转变。2000—2008 年，居民消费占国民收入的比例从 46.4% 下降到 35.3%，最终消费（包括居民消费和政府消费）占国民收入的比例从 62.3% 下降到 48.6%。据估算，2014 年农民工工资和城镇生存工资（用五等分人群的最低消费衡量）差距达 2.6 万亿元，占当年 GDP 的 4%，严重压抑了内需。而如果能够把农民工的工资欠账补上，就能够增加相当于一年 GDP5.19% 的百分点。粗略地说，这相当于，如果用 5 年时间把农民工工资提高到城镇生存工资的水平，就可以每年提高 GDP 增速 1 个百分点。在国内市场无法消化本国商品的情况下，企业越来越依靠全球市场来获取利润，但是全球市场需求增长有限且容易波动，无法支持现在中国经济的高速增长。①

压低工资表面有利于企业，但实际上不然。人为压低劳动力成本，给企业形成了强势的谈判地位，但也给企业产生了“利润幻觉”，即一个行业在利润已经下降的时候，通过继续压低劳动力成本来维持利润，从而增加无效率的投资，引起产能过剩。我们根据李钟瑾（2011）的方法估计，2013 年我国私营工业企业的利润率为 4.75%，但是如果考虑到对劳动力工资的欠账，补足农民工的工资之后，实际的利润率只有 2.32%（见表 8-2）。过分依赖“低劳动力成本”，导致了“贫困化增长”。也就是说，低端产品在市场饱和的情况下，因为价格因素的影响，出口越多，国民收入越是下降。

① 李钟瑾，陈瀛，齐昊，许准．生存工资、超时劳动与中国经济的可持续发展［J］．政治经济学评论，2012（3）：35-57.

表 8－2　工业企业主营业务利润率

年份	私营工业企业利润率（%）	扣除工资欠账之后的私营工业企业利润率（%）	国有工业企业利润率（%）
2005 年	3.47	－0.76	5.71
2006 年	3.69	0.16	6.28
2007 年	4.20	1.04	6.60
2008 年	4.73	1.27	4.61
2009 年	4.63	1.36	4.59
2010 年	5.45	2.66	5.69
2011 年	5.51	3.20	5.39
2012 年	5.30	2.46	4.64
2013 年	4.75	2.32	4.41

资料来源：李钟瑾，陈瀛，齐昊，许准．《生存工资、超时劳动与中国经济的可持续发展》，载《政治经济学评论》，2012（3）：35－57。2011 年之后的数据为本书作者用上述文献的方法自行计算。

重新强调　“全心全意依靠工人阶级”

当前我国劳动力成本问题的主要矛盾是，在分配中工资所占比例太低，这已经影响了经济转型升级和扩大消费，造成了较大的收入差距。总体上，我们并不赞成当前工资上涨过快的观点。控制企业成本过快上涨应该主要从降低金融、土地、税收等成本方面想办法，而不是主要从降低劳动者收入方面想办法。即使是控制劳动力成本过快上升，也应该主要从降低劳动者所必须付出的住房、医疗、教育等成本想办法，而不是在维持高生活成本的同时压低劳动者的收入。

首先，从理论和实践看，“劳动力市场灵活性”并不是越高越好。认为劳动力市场越灵活越好、就业关系越不稳定越好，这是一种市场万能论的观点。纯粹的“劳动力市场灵活性”，就是完全的雇佣劳动关系，这是自由资本主义初期的劳动力市场形态，必定会带来社会的两极分化，欧洲国家自20世纪初开始，已经通过最低工资制、社会保障、收入再分配等办法，减少了雇佣劳动的程度，即劳动者的收入不仅仅来源于工资，还来源于社会保障等其他收入。实践证明，对劳动力市场进行保护，让工人具有和资本平等的谈判地位，有利于制约资本的特权，防止资本过度逐利导致的宏观经济不稳定，更有利于维护劳动者的主体地位，催生改进人力资本和创新的动力。世界上以创新领先的国家如德国、日本和北欧国家等，都是劳动关系稳定、水平高的国家。

其次，从总体上看，我国目前的问题并非是劳动力的流动性不足，而是流动性太大、稳定性不足。2009年以来，我国劳动力成本确实快速上升。但是总的来看，这仍然是恢复性、补偿性的上升。今天的劳动力工资水平还没有恢复到能够有效促进内需、实现经济再平衡、促进劳动者素质稳定提高的水平。北京师范大学中国收入分配研究院课题组认为，近几年来劳动报酬的较快增长是相对的、短期的和补偿性的，且远未达到足以改变劳动报酬长期偏低的程度，过去37年间，人均GDP增长了约20倍，而城市和农村居民收入只增加了约13和14倍，城市和农村居民收入增长分别有30年和26年低于GDP增速。另外，2000年后我国劳动报酬占国民总收入的比重总体呈下降趋势，由2000年的53.0%下降至2010年的48.5%；近两年虽然有所增长，但远未达到2000年的水平，而且距离21世纪高点还有较大差距。

有的观点认为，《劳动合同法》对企业的保护严重不足……降低了我国劳动力市场的灵活性，这种看法不符合事实。实际上，我国劳动合同签订率只有50%左右，农民工尚未实现社会保障全覆盖，这种情况还远远谈不上对劳动者的“过度保护”。实际上，那种认为“提高劳动力成本损害竞争力”的观点，正是建立在过度依赖低成本劳动力支持出口的发展模式基础上的。按照这种观点，一旦经济增长乏力，就通过降低工资来降低成本，增强出口的竞争力。但是，国内工人工资过低，将不利于拉动国内需求，而导致更加依赖出口，也将制约国内工人人力资本的提高，导致更加依赖低成本简单劳动支撑的出口，于是就需要继续降低工资来增强出口竞争力，因此易形成恶性循环。

通过过度压低劳动力成本来支撑企业利润，从单个企业的角度看是理性的，但是从全社会宏观经济的角度看是不理性的，因为它会加剧企业过度依赖低成本的竞争。在劳动力成本问题上，通过降低劳动力成本来维护企业利润的做法，不仅道德上不成立，而且也会对国家和企业长期的竞争力造成损害。

要重视住房、医疗等基本需要的费用上升对劳动力成本上升的影响。改革开放初期，我国经济能够迅速增长，一个重要原因是住房、医疗、教育等基本需要的成本很低，从而可以释放出大量消费需求潜力。2009 年以来劳动力成本上升，正是伴随着住房费用以及医疗、教育等费用的快速上涨。对一个城市劳动者来说，能够负担得起房贷或房租，是工资的底线。所以劳动力成本的上升很大的原因是房地产价格的上升，本质上是房地产价格的虚高，转嫁给了实体经济的企业，是住房的食利者阶层侵蚀了实体经济的利润和劳动者的福利。这个问题不能靠压低劳动者福利来解决，而是要靠降低房地产业的超额利润来解决，要为普通劳动者提供足够的保障性住房和平价房，让人人住得起基本住房。

面对这种情况，要求我们更加全面地认识劳动力成本，认识到过于依赖“低成本劳动力”是过去发展方式的症结，“全心全意依靠工人阶级”不仅是政治上的要求，也是经济增长的动力。

6. 公共服务市场化： 动力还是阻力

住房、医疗和教育都有公共服务和产业发展双重属性。计划经济时期以公共服务属性为主，20 世纪八九十年代，市场化改革促进了这几个行业的发展，特别是房地产业成为经济增长的主要动力。但是，当前这几个领域过度商业化，增加了居民消费的不确定性，刺激了预防性储蓄，挤压了一般消费，已经从拉动内需的因素变成阻碍内需的因素。

公共服务市场化曾经是增长动力

21 世纪最初 10 年，社会事业的市场化，曾经是拉动经济增长的重要动力。20 世纪 90 年代末，为了应对亚洲金融危机和经济下行，医疗、教育和住房的市场化程度都有所提高，表现在城市住房由过去的福利分房，逐步调整为商品房为主、保障性住房为辅；政府减少对公立医院的投入，默许甚至在一段时间内鼓励公立医院逐利创收，鼓励私人办医，鼓励医药产业成为支柱产业；教育领域，虽然明确提出“教育产业化”的时间不长，但是由于长期以来教育投入未能达到《教育法》规定的幅度，学校之间实际上存在着激烈的围绕升学率的竞争，学校之间差距的增大使得优质教育资源也成为盈利的工具。1998 年以来，教育、医疗、住房的费用增速都远高于 GDP 和人民收入的增加，这里当然有随着经济发展带来的需求增加，但是同时也有社会事业市场化带来的费用增加。在这些措施推动下，教育、医疗和住房消费高速增长，居民文教支出、卫生总费用、商品房竣工价值增长均显著高于 GDP 增速。2002—2012 年，卫生总费用、全社会住宅投资、商品房住宅竣工价值分别以每年 17.1%、21.2%、19.6% 的幅度增加（见表 8－3）。特别是房地产投资和消费增长，成为拉动经济的重要因素。

表8-3　1997—2012年医疗、教育、住房消费增长情况

	1997年	2002年	2012年	年均增长率1997—2002年（%）	年均增长率2002—2012年（%）
城镇居民医疗消费支出（元）	179.7	430.1	1063.7	19.1	9.5
农村居民医疗消费支出（元）	62.5	103.9	513.8	10.7	17.3
卫生总费用（亿元）	3196.7	5790.0	28119.0	12.6	17.1
城镇居民文教消费支出（元）	448.4	902.3	2033.5	15.0	8.5
农村居民文教消费支出（元）	148.2	210.3	445.5	7.3	7.8
全社会住宅投资（亿元）	5370.7	9407.1	64412.8	11.9	21.2
商品房住宅竣工价值（亿元）	1269.9	3191.0	19147.5	20.2	19.6

资料来源：历年《中国统计年鉴》。

社会事业过度市场化阻碍经济增长

医疗、教育、住房都是极其特殊的商品，因为它们是人类生存发展不可或缺的基本需求，而不是一般的消费品。从短期和局部来看，社会事业市场化有利于创造更高的利润和GDP，拉动更多投资，促进经济增长。但是从长远和全局来看，社会事业是保障人民权益、改善人民生活质量的基础，是促进社会公平正义的基础，是提高人力资本、提升创新能力、促进经济长期稳定增长的重要手段，是促进社会流动、防范阶层固化的基础。社会事业过度市场化，必然出现基本公共服务成本上涨、服务享受不均等问题。成本上涨则导致基本民生受到影响，虽然有关机构短期可以盈利，但长期来看增加了人民基本生活和劳动力再生产的成本。而且，基本公共服务费用过高会让居民增加预防性储蓄，从而减少在其他方面的消费，影响生产和消费的再循环。社会事业的盈利性增加、费用快速上升，不仅影响了基本民生，而且提高了经济运行的成本。基本公共服务的不均

等将导致人们发展权利的不均等，特别是教育不公平将固化和扩大阶层差距，导致阶层分化加剧，社会流动性减弱，既不利于社会公平正义，也不利于劳动者素质的普遍提高。

住房费用的上涨虽然对GDP增长做出了贡献，但也成为人民生活费用上升的重要原因，给企业和家庭都带来了负担，影响了企业的投资和居民的消费。房价过高，不仅对购房者具有严重的消费挤出效应，对于租房者也具有严重的消费挤出效应。因为，房价过高，住房的租金价格同样会快速上涨，租房者所要支付的费用也就越来越高，挤出日常生活消费。房价过高，也会导致企业营运成本全面上升，或迫使不少企业迁出这些高房价的城市，使就业机会减少；或是压低企业工人的工资水平等。无论哪一种情况出现，都会从总体上降低整个社会的收入水平，影响居民的支付能力，削弱居民的消费。要解决劳动力成本升高的问题，关键是恢复房地产的实体经济属性，遏制投资需求和虚高价格。

在我国各种社会事业中，教育是政府责任比较到位、保障程度较高的领域。但是，由于城乡之间、地区之间以及同一地区内部教育不均衡现象十分突出，也影响了教育的质量。在教育资源分布不均衡的情况下，导致了严重的“择校”问题，择校的需求导致了教育费用的上升以及教育模式的改变，应试教育、中小学生课业负担过重以及腐败行为。公共资金尤其是项目资金通常更多地流向办学条件好的学校。通过“择校”收费等，好学校会有更多的收入，且事实上能够与教师待遇直接或间接挂钩。虽然国家禁止举办重点学校、重点班，但是在缺乏有力调控措施的情况下，重点学校、重点班实际上广泛存在，一些名校可以借助学生家长的利益输送，掌握远远超出一般学校的社会资源，从而形成了教育差距扩大的恶性循环。应试教育导致学生负担过重，而现有的素质教育往往有较高门槛，只有具备较好的经济基础或社会关系才能完成以各种社会实践、评比为主要内容的素质教育要求，实际上进一步扩大了教育差距。应试教育模式加上大学的产业化，追求短期规模扩张，教育质量下降，部分大学生就业难、部分大学生即使就业也难以适应相关工作需求等问题都很突出。

医疗市场化、商业化的倾向导致医疗费用快速上升。2009 年实施医药卫生体制改革以来，建成了覆盖全民的医疗保障制度，基层医疗卫生机构实现了公益性，这是巨大的成就。但是大型公立医院仍在逐利性机制下运行，而私立医院的逐利性就更强，导致医疗费用快速上升，超过医疗保障标准的上升速度，实际上群众的医疗负担还是年年加重。近几年来，个人承担医疗费用的绝对额和比例都在逐年上升，这些家庭不可能放心消费、投资和创业。据一些学者的研究，2000—2010 年，为应对住房、医疗、教育支出，农村居民人均预防性储蓄约 3000 元，占人均金融财产的 34% 左右；城市居民人均预防性储蓄约 9000 元，占人均金融财产的 20% 左右，这是导致城乡居民消费不足的重要原因之一。而居民花在住房、医疗上的高额费用，实际上相当一部分进入了房地产企业和药品流通等具有超额利润的环节，等于是多数人补贴少数人，加剧了两极分化，从而抑制了国内需求。这些现象都说明，基本公共服务的市场化、商业化，已经从促进经济增长的因素变成阻碍经济增长、加重居民负担、加剧社会不公平的因素。

靠社会事业市场化拉动经济增长是南辕北辙

在经济下行压力之下，目前还有相当强烈的声音要把经济改革的思路照搬到社会领域，进一步提高社会事业的市场化程度，并希望以此来促进经济增长。理论和实践都表明，这是一条南辕北辙之路。以医疗领域为例，有一种典型的看法是：中国的医疗支出占到 GDP 的比重只有 6%，而美国为 18%，欧洲也有 10% 以上，我国还有很大的发展空间，可以通过发展医疗产业拉动经济增长。

一段时间以来，这种思路在资本市场上有很大影响。有学者建议通过扩大医疗投资、发展医疗产业、鼓励竞争来促进经济增长、减轻政府负担，这种方法在改革实践中遇到很多问题，表明它的方向不可取。这样不仅不能保增长，而且会增加经济下行压力，让经济形势雪上加霜，可谓南辕北辙。

本书已多次分析，2008 年全球金融危机的根本原因是总供给过剩和有效需求不足。资本一方面不断扩大投资规模，导致平均利润率下降；另一方面压低劳动者报酬，导致内需不足。在经济下行压力面前，医疗卫生事业如果继续走市场化、私有化之路，把医疗作为过剩资本寻找投资的新出路，不仅不能缓解经济下行压力，反而将进一步恶化内需不足的问题，导致更大的供需失衡。因为资本进入医疗领域之后，必然追求利润，追求比原始投资更多的医疗收入，从而带来医疗服务成本更快上升，这将进一步压抑内需，增加老百姓看病的不确定性和风险，从而加剧我国由投资过剩和内需不足导致的经济困难。直白地说，让医改市场化，就好比让一个高血压的人继续吃升压药，越吃问题越严重，甚至出现生命危险。

面对关于医疗卫生事业发展方向的分歧，习近平总书记鲜明地指出："要毫不动摇把公益性写在医疗卫生事业的旗帜上，不能走全盘市场化、商业化的路子。"[①] 强调医疗卫生等社会事业的公益性，是从中国共产党的性质和宗旨出发的，也是经济社会健康发展的要求所决定的。计划经济时期，我国建立了覆盖全民的基本医疗卫生制度，使人力资源水平大幅度跃升，保障了社会公平和经济发展。到 20 世纪 90 年代，医疗保障覆盖面减小，医疗费用快速上升，成为国有企业遇到困难的一个重要原因，也导致了国内需求不足。这些历史经验充分表明，公平性、公益性的医疗卫生

① 中共中央党史和文献研究院．十八大以来重要文献选编（下）［C］．北京：中央文献出版社，2018：367－368.

制度能够促进经济增长，特别是突破长期经济增长之后遇到的瓶颈，缓解市场化带来的贫富差距、内需不足问题。

美国的医疗成本快速上升，成为制约企业竞争力、影响民生的重要因素，这背后是医药产业、商业保险的巨大资本利益作祟。如果中国进一步放任医疗卫生行业的市场化，让资本介入医疗体系，那么不仅公立医院的逐利性无法扭转，私立医院的逐利性也会进一步变本加厉，医疗服务的公平性将更加下降，一批贵族医院将吸取大部分优秀医疗资源，那时候医疗不仅将成为经济运行和家庭的巨大成本，而且将加剧社会矛盾。

中国之所以在全球经济危机之后不至于像某些国家那样出现经济崩溃，这与社会事业的私有化程度有限有很大关系。也就是说，资本的力量并没有充分进入社会领域，特别是战略性国有企业、农村土地、公立医院、公立学校等涉及基本民生保障的领域没有被商业化、资本化，因此能够在经济大幅波动的情况下提供稳定剂，也能够减缓经济领域周期性的波动。这也就是为什么国内外始终有一股力量在推动战略性国有企业私有化、农村土地私有化、公立医院私有化等所谓“改革攻坚”。国内外的教训都说明，如果这几个领域也被完全私有化，经济和社会的稳定就会失去最后的屏障，一旦发生经济危机，危机就会从经济领域扩大到社会领域，让大多数中低收入者失去最后的基本生活保障，那时候不要说经济保持稳定增长，连社会稳定都要受到冲击。

因此，国企、土地、医疗、教育这几个领域不能走私有化之路，这是任何时候、任何情况下都不能动摇的改革底线。

7. 反思新自由主义

中国的改革是有方向、有立场、有原则的。在经济领域，坚持正确的改革方向，就一定要防止新自由主义理念的误导。

误区之一： 对绝对市场化的迷信

这种观点认为，改革开放以来中国经济增长完全是市场化的功劳，因此现在要进一步扩大市场作用，让更多没有市场化的领域进入市场，就能产生新的增长动力，这夸大了市场的作用。

改革开放以来，中国建立的社会主义市场经济体制确实极大调动了亿万人民的积极性，促进了资源的优化配置，但是市场经济的这种作用是有条件、有限度的，市场机制既有积极的作用，也有消极的作用，如果不考虑历史条件的变化，把市场当作不可动摇的天条，就不能够找到管控市场的正确办法。

首先，在理论上，市场化的程度并非越高越好。“完全竞争的市场能够达到资源优化配置”，是西方经济学当中的一条定理，但这条定理成立的前提条件是极为苛刻的，在现实经济运行中很难达到。这些前提条件包括：（1）完全理性假设，即经济生活中每个人都是理性的、能够掌握并清晰辨别他所需要的一切信息；（2）完备市场假设，即所有商品、服务、资产和金融契约的市场是存在且完备的，而且任何交易都是允许的；（3）完全竞争假设，市场上有无限多个相同的生产者、无限多个相同的消费者，处于完全竞争状态；（4）不存在外部性，即除了商品等价交换之外，每个人的行为都不可能对社会、对环境造成其他影响；（5）无规模效应假设，即效用函数、生产函数和市场结构的“非凸性”，这样才能保障均衡的存在。可见，这些条件在现实中是无法达到的，只是西方经济学（即使认为西方经济学具有完全的科学性）讨论问题的一个起点和参照系，相当于物理学中的真空状态，是不能直接用来指导现实工作的。

退一步说，即使市场是完全有效的，也只能达到经济效率的最大化，[①] 但是，难道人类社会只有经济效率一个目标吗？社会公平、人类自身的教育和健康、环境安全、文化昌明，这些目标与经济效率同样重要；如果片面追求经济效益，还会同其他目标发生矛盾。

其次，从中国历史来看，把改革开放以来中国经济增长单纯归结为市场化的作用，并不符合历史事实。20 世纪 80 年代初，市场经济确实促进了中国经济的快速发展，但是这也离不开改革开放前积累的大量国有资产的市场化，离不开公平的收入分配和社会保障，离不开独特的国际形势带来的外部需求增长。恰恰是依靠前 30 年积累下来的巨大国内需求潜力和资本存量，为市场发挥作用提供了前提，如果忽视这个前提，市场化是不能发挥作用的，所以并非在任何情况下通过“市场化改革”都能够推动增长。

最后，当前中国既有市场不足的问题，又有市场过度发挥作用的问题，甚至市场本身存在缺陷。例如，上面讨论过的，基本公共服务的市场化，不仅提高了经济运行成本，而且压抑了内需，还使得公共服务机构的行为发生了异化，损害了服务的效率和质量；劳动力的市场化，虽然促进了劳动力流动和成本降低，但是压抑了需求、造成了收入分化、影响人力资源水平的提高，从宏观和长远来看对经济增长是不利的；产能过剩、生态破坏等问题也与市场缺乏监管有直接关系。

政府和市场都有其自身产生、发展和消亡的规律。当前人类的生产力水平，还没有达到取消商品交换的阶段，也没有达到国家消亡的阶段。工业革命后，西方的市场经济促进了生产力发展，但从它诞生的那一天起就出现了负面效应。政府维护经济稳定、提供公共物品、提高人力资本等职

① 准确说是帕累托最优，仍然不能算是经济效率最大化。

能正是在纠正市场失灵中产生的，而随着政府职能的加强，又为市场经济发展创造了条件、增添活力，从而进入更高层次的市场经济，这是一个在不断“否定之否定”中前进的过程。

今天世界上经济发展成功的国家，既有比较强的政府职能，又有比较发达的市场。而一些政府治理无力的国家，则没有完善的市场经济。我国改革开放初期，政府管得过多是主要矛盾。今天面对新的发展格局，既要看到政府越位的问题，又要看到市场失灵所导致的收入差距过大、国内需求不足、产业结构碎片化、无政府状态恶性竞争、人力资源建设滞后等问题，它们已经成为我国经济转型升级的瓶颈。作为社会主义国家，我国有条件更好地发挥政府作用，治理市场失灵。如果仍然用过去那种一切迷信市场的办法不仅于事无补甚至可能进一步使这些问题恶化，主观上想保增长，实际上窒息了经济增长的动力。

法国马克思主义学者萨米尔·阿明曾经说过：“我担心的是，在毛泽东时代之后的中国，一些人有一种错觉或者幻觉，认为中国实行改革开放，推行完全的市场化，就可以追赶上来，很快成为一个发达的资本主义的主权国家。那只是个梦，是孙中山和国民党的梦。然而，蒋介石、国民党证明了这个梦不可能实现。我相信如果他们意识到这不可能的话，他们就会懂得除了社会主义，别无他途。”① 他的提醒值得我们注意。

误区之二： 对私有化的迷信

有人认为，改革开放以来的经济增长缘于国退民进，而且私营企业的效率往往高于国有企业，因此只要将现有的国企进行私有化改革，就能缓

① 丁晔．只有社会主义道路才能摆脱依附与危机——访埃及著名经济学家萨米尔·阿明［J］．马克思主义研究，2016（3）：16－24.

解经济困难。这种观点也不正确。

首先，私营企业的效率天然高于国有企业并没有理论依据。从实证上看，无论是国内还是国外，无论是国有企业还是私营企业，既有经营绩效较高的又有绩效较差的，现有的研究文献并不支持私营企业效益一定高于国有企业的观点。从我国的历史来看，20 世纪 80 年代绝大部分企业仍然是国有企业，但是利润率、效率都有很快的增长；而 2008 年金融危机以来，私营企业的效率也在快速下降，因此不能说私营企业效率一定高于国有企业。而且，微观的效率并不是衡量企业好坏的唯一标准，私营企业可能在微观经营、成本控制、适应市场需求等方面比国企有优势，但是也容易造成市场的盲目性、造成资源浪费。从西方的历史来看，20 世纪 80 年代之后，西方国家推行新自由主义改革的一个流行思维就是将国企私有化，但是私有化之后并没有促进国家经济的增长。

要破除国有经济一定是低效的论断。无论是什么所有制，当代企业达到一定规模之后，都存在委托代理问题，所有者和经营者都是分离的。亚当·斯密那种小作坊的生产方式早已成为历史。在这种情况下，国企和民企在内部行为上已经没有差别。现在有些所谓的“民企决策灵活”，主要是因为民营企业大多数还处在家族企业和不规范的人治阶段，这种“灵活决策”有很大的风险，在经济快速增长的时候，固然有利于迅速成长起来，包括利用一些规则的不完善发展起来，这种决策不规范的企业反倒有优势，但是并不具有可持续性。

其次，改革开放以来中国经济的快速增长离不开民营经济的贡献，但是首先要看到，民营企业最初的发展来自国有企业提供的资源和支持。在新中国成立之前，没有强大的国有经济，私营企业力量也弱小，而且集中在纺织等轻工业领域。改革开放以来民营企业的发展，固然有民营企业自身的努力，但是也离不开宏观经济周期的变化，否则就无法解释，为什么广大发展中国家都采用私有制，却没有获得与中国一样的增长速度。另外，国有企业在基础性创新中起了巨大作用，这些创新的特征是周期长、投入大、带动性强，国有企业在这方面有优势。

最后，改革开放初期，之所以发展民营经济能够有效促进经济增长，是因为国有企业比重过大，产业结构以重工业为主，在这种情况下引入私营经济，发挥其在贴近市场方面的优势，能够改善产业供给结构。但是，当前的产业结构已经发生了变化，民营企业能够发挥作用的竞争性领域，已经出现了普遍的产能过剩和利润率下降，在这种情况下，把国有企业私有化，如果是一般竞争性领域的国企，并不会解决产能过剩和利润率下降的问题；如果把具有自然垄断性质以及公益性的国企私有化，那么短期内可能会促进经济增长，但是将损害公共服务的公益性，提高公共服务的成本，而且可能影响国计民生。

近年来中国有两个例子可以说明这种情况：一是山西煤炭资源的整合，一度成为攻击“国进民退”的口实。当时民营小煤矿出了很多问题，后来进行整合，由国企收购部分民营煤矿。实际上，山西省煤炭资源整合主要是为了解决煤矿安全、环境和资源保护等问题，长期以来国有煤矿企业在安全生产投入、遵守资源保护的规定方面比民营企业要好得多，这是国有企业成本较高的原因。民营企业在山西的比例比较高的时候，是资源掠夺性开采和安全生产事故频发的时候，也加剧了贫富分化等社会矛盾。大型国有企业整合煤矿资源之后，实现了煤炭资源合理地开采和收益分配，加强了安全生产。

另一个例子是东北。近几年来，关于东北特别是辽宁省经济增速过快下降的问题也引起了人们的讨论，一些观点把东北的经济困难归结于国有企业比例过高，这是不正确的。

从横向来看，国企比例高并非东北经济困难的原因。我国国有企业比例高于辽宁的上海、重庆的经济增速都在全国领先，而且都是区域经济的领头羊。上海市属国企的资产总额、营业收入、利润总额，就分别占据了全国地方国资系统的1/10、1/8和1/5，而且为上海创造了超过20%的GDP；如果把在上海的央企也算上，那么国有经济在上海GDP中的比例已达50%，辽宁的国有经济占比仅30%，可是在2016年上半年，国有经济占比超过辽宁的重庆和上海，经济增长率分别达到了10.7%和6.7%，远远超过辽宁。

从纵向来看，东北地区发展最快的时候，是计划经济以及改革开放初期，这都是国有企业占绝对多数的时期；而东北的困境发生在国有企业的比重已经大大降低的21世纪。仅从这个角度看，也不能把东北的衰落归结于国有经济。新中国成立以后，东北实际上多年为全国承担着社会责任，这才是造成今天出现困难的一个重要原因。自新中国成立以来，东北地区的能源产品主要是以无偿调拨或者政府定价的方式供应东北以外省份，资源红利没有留在本地，造成其产业结构单一，这才是东北困境的主要原因，过去以重工业和资源性产业为主的产业结构，遇到资源枯竭和重工业产品过剩之后，自然会遇到困难。国企的资源枯竭了，换成民企就不枯竭了吗？美国五大湖区和德国的鲁尔区都是重工业区，它们的转型没有国有企业和政府因素，为什么照样困难重重？

东北困难还有一个原因是老工业区的养老负担过重，这也不是国有企业导致的。黑龙江的抚养比达到1:1.16，大量年轻人离开东北工作，但是老工业基地的老工人留在东北养老，养老负担较重，广东等沿海地区的抚养比低，所以还可以降低劳动力成本。因此，这也是东北为其他地区分担社会成本的表现。这些问题只有通过加强在全国的转移支付，共同分担社会负担才能解决。东北一些地区对低水平服务业和房地产过度依赖，也是造成经济危机的原因，这同样也不是靠私有化能够解决的。当前更重要的是充分发挥东北地区制造业和科研院所体系比较完整的优势，进行长远的战略性投入，弥补历史欠账，从而形成新的增长动能。

通过国有企业私有化来促进经济增长，是在特定的历史条件下发生的，并不说明私营企业在促进经济增长方面比国有企业更有优势。恰恰相反，目前在经济发展中出现的一些问题是国有企业发挥的作用不足、公共品供给不足所致，例如产业结构的碎片化、对劳动者的保护不够、安全生产的欠账、公益性和战略性的科技研发等，都需要更加发挥国有企业在提供长远性、战略性、公共性产品方面的作用才能够解决。

2016 年初以来，我国的民间投资增速大幅度下滑，对此有人认为，改革开放以来主要增长动力是民间投资，目前民间投资下降主要原因是政府管制过多，应当放松管制，经济就能恢复增长。这种观点并不确切。民间投资是对市场信号反映比较灵敏的，也是存在周期性的，即使是在实行私有制的西方资本主义国家，私有企业的投资也有周期性变化，这是市场经济自身规律的反映，而不是政府管制造成的。当前民间投资下降，主要原因是过去十多年投资快速增长已经造成了产能快速扩张，而需求遇到瓶颈，产能过剩，利润率下降。在这种情况下，放松对民间投资的监管并不能起到鼓励投资的效果，即使有效果，也会同时加剧产能过剩，给未来的经济增长带来更大困难。例如，目前民间投资迫切希望扩大的领域，要么是收购国有企业的优质资产，要么是对于医疗、教育等公共服务事业进行投资，事实上，这样做都有很大副作用。目前绝大部分资金要进入医疗、教育行业，但并不愿意付出长期的投入来培养教师和医生，而是从公立医院或公立学校中挑选其中的优质人才，举办高端的医院或学校，这固然在一时能够为投资者带来经济利益，但是却将加剧整个公共服务体系的不公平性，提高成本。

误区之三：对“小政府”的迷信

这种观点认为，改革开放以来的经济增长源于“小政府”，政府对经济干预越少，经济增长就越快。因此只要继续减少政府的经济职能，就能够激发市场活力，让经济保持增长。

这种“政府越小越好”“政府管得越少越好”的理念，是典型的新自由主义理念。这种起源于西方的观点甚至不是经济学教科书上的观点，而是带有宗教信仰色彩的一种话语迷信，是20世纪80年代西方新自由主义改革之后出现的。垄断资本宣扬这些话语，在国内，其目的是要突破政府对资本特权的限制，以便有利于垄断资本获得更大的超额利润；在国际上，则是将其作为对发展中国家意识形态输出的工具，让发展中国家放弃民族经济政策，以便巩固和加强发达国家在全球经济中的优势地位。

抛开其意识形态因素，不管在理论上还是实践中，“小政府”的观念都不成立。从西方国家的情况来看，其在现代化初期就离不开政府的强力推动，英国、美国等早期资本主义国家，在建立初期就实施了严格的国内贸易保护政策，并且是通过政府开辟海外航道、圈地运动等为工业化准备了条件。德国、日本等后起的资本主义国家，在现代化初期是以政府主导的国家资本主义方式优先发展重工业。发展中国家在经济发展初期，如果没有强有力的政府，就更难以启动。相反，目前广大陷入贫困陷阱的发展中国家，则是受制于政府治理能力不足。在现代化初期，政府起着维持安全和秩序、构建国内统一市场、提供公共服务、实施产业政策等办法，而这些国家的政府没有能力履行基本的职责，以至于现代化久久不能启动。

西方国家进入现代化之后，政府的职能并没有削弱，今天，发达国家的政府职能明显强于发展中国家。那种把一切政府监管虚无化，认为市场自身能够做到优胜劣汰的观点，并不符合事实，市场上广泛地存在信息不对称，买家没有卖家精，政府进行监管、制定标准、进行认证、披露信息，有助于市场主体以较低的成本获得信息，做出正确的选择。

有人认为，改革开放以来我国的经济增长是缘于“减少监管”，这种观点并不正确。支持这种观点一个主要的理由是，20 世纪 80 年代改革开放之初，政府放松了对农村多种经营和城市民营经济的监管，结果出现迅速的经济增长。这确实是历史事实，但是经济增长的原因并不是因为去监管，而是由于发展农村多种经营的条件已经具备了，放松监管仅仅是把这种可能性变成了现实性。今天，尽管行政审批仍然有些阻碍发展的成分，但是同样有一些领域存在着监管不足和政府缺位。比如食品安全、消防安全、环境保护、民营医院等，审批不是过于严格，而且恰恰相反，该管的没有管到位。

“精兵简政”是我们的优良传统，从方便群众办事的角度，“简政放权”是完全必要的。但是，如果盲目地迷信“去监管化”，不加分析地缩小政府职能，不仅不能带来经济增长，还可能增加新的风险，增加无效供给。比如，在涉及环境、安全、规划的行业简单地放松监管，就会导致企业为了追逐利润对社会造成危害（负外部性）；对金融机构放松监管，就可能导致欺诈投机等金融风险的增加；一些地方为了招商引资、刺激经济，放松了对私营医院的审批，结果导致以片面追求短期经济利益的大量资金进入医疗领域，给后续的监管带来更大的难度，也给患者增加了痛苦。提供公共产品是政府职责，如果放弃了这些职责，短期内可能会有助于经济增长，但是长期并不可持续，而且有巨大的副作用。

从思想方法上说，对绝对市场化的迷信、对私有制的迷信、对小政府的迷信，归根到底是犯了“刻舟求剑”的错误，把改革开放初期成功的经验绝对化、教条化了。确实，改革开放积累了许多好经验，是宝贵的精神财富。同时，改革开放永无止境，当前我国的基本国情同改革开放初期已经有很大变化，一些过去行之有效的办法现在已经行不通了，经济体制改革的成功经验不一定符合其他领域的实际。这就要求我们不断赋予改革新的内涵，而不能把过去的做法绝对化、教条化，不能把改革这一博大精深的事业简化为某种固定的做法。

历史表明，破除对他人经验的迷信容易，破除对自己经验的迷信难。改革开放的成功经验是宝贵财富，但是也不能躺在现有经验上睡大觉。邓小平同志说改革是“摸着石头过河”，本身就包含不能把改革开放的经验教条化、绝对化的意思，而是要“不断总结经验，对的就坚持，不对的赶快改，不足的加点劲，新问题出来抓紧解决”。只有继续解放思想，坚持一切从实际出发，才能避免改革开放历史经验的教条化，做到始终坚持真理、修正错误，不断使改革适应新的实践。

| 第九章 |

新的伟大斗争

☆导读☆

党的十八大以来，中国特色社会主义进入了新时代，中国社会发展进程、世界社会主义发展进程、人类社会发展进程都到了一个新的历史节点。从国内来看，社会主要矛盾发生了变化，人民对美好生活的需要全面升级，新出现的矛盾和问题需要解决。从国际来看，国际金融危机标志着西方发展道路出现困境，需要超越现有发展模式，走一条新的发展道路。

对历史的回顾告诉我们，坚持以人民为中心，回归社会主义生产目的，坚定不移走共同富裕道路，满足人民群众对美好生活的需要，就是中国未来最大的经济增长动力。这也将推动中国不断思考转型，为人类现代化探索出新的道路。

2012 年，中国共产党第十八次全国代表大会召开。面对国内外复杂形势，以习近平同志为核心的党中央，特别关注中国发展道路和方向的问题，一场崭新而意义深远的思想解放运动在中国大地上展开。这场思想解放运动的主题是，打破对西方道路的迷信，树立对中国道路、中国理论、中国制度和中国文化的自信，更加强调坚持中国共产党的领导、坚持社会主义的改革方向，不忘初心，继续前进。中国共产党以充分的自信，开辟了中国的新时代。

中国进入新时代，并不是偶然的，而是因为中国社会发展进程、世界社会主义发展进程、人类社会发展进程都到了一个重要节点。今天，新中国已经走过近 70 年历程，成为世界第二大经济体，我们曾经瞩目的苏联模式、欧美模式和其他各种外国模式，世界上现有的任何理论和实践，都不足以应对当代中国面临的挑战。人类社会仍然在寻求新的发展道路，特别是众多发展中国家，更需要一种能够超越资本主义生产方式的现代化道路。中国已经进入了制度创新的“无人区”，无人领航，无人参照，我们比任何时候都更加需要树立历史自信和历史自觉，独立自主地前进。

当前，中国各界都很关心，下一步经济增长的动力在哪里、前景如何？在对历史和现实分析的基础上，我们提出，中国要实现持续快速的经济增长，关键是坚持以人民为中心的发展模式，坚持社会主义的生产目的，满足人民对美好生活的需要。要做到这些，首先就要在思想上进行新的解放，不能简单地模仿西方经济理论和实践，也不能把改革开放以来的成功经验教条化、迷信化，要反对各种本本主义和经验主义，从历史中吸取智慧和启示，才能找到通向彼岸的正确道路。

1. 新时代的历史大逻辑

21 世纪的中国进入新时代，并不是偶然的，而是因为中国社会发展进程、世界社会主义发展进程、人类社会发展进程都到了一个重要节点。要理解新时代，首先就要理解新时代的历史大逻辑。

中国社会发展的逻辑

新中国成立后，先后回答了在一个东方大国如何建立社会主义制度、启动现代化建设的问题；回答了在全球资本主义体系中实现社会主义国家的生存、发展和壮大的问题。实现了社会主义和市场经济的融合、社会主义中国和资本主义全球体系的融合，创造了经济奇迹，避免了苏联等社会主义国家所走的或封闭僵化或改旗易帜的错误道路。

从党的十八大开始，中国特色社会主义逐步进入新时代，这个时代要回答的问题是，如何在国内外资源、环境、市场的有限条件下，在一个人口大国建成更高水平的社会主义，更广泛地体现社会主义优越性，更平衡更充分地满足人民对美好生活的需要，全面建成社会主义现代化强国，为人类做出更大贡献。

新时代标志着中国社会发展历史条件的变化，原有的发展模式、思想理论已经无法完全解决新时代的问题。

从国内来看，人民对美好生活的期待全面升级，但经济供给侧还不适应人民的新需要，过去一度依赖劳动力、资本、资源和外部市场扩张支撑的增长方式面临拐点。改革开放和经济快速发展的过程也积累了许多新的矛盾。如区域发展不平衡、收入差距扩大、生态环境破坏、公共服务不足、国家安全威胁、一些干部和特殊利益集团形成利益同盟等。从金融危机之后的形势来看，西方国家自身也难以完全解决上述问题，需要中国更好地坚持党的领导和发挥社会主义制度的优势，探索如何更好地弥补市场失灵、改善社会公平，在赶上时代的同时，创造超越资本主义国家的发展成就。

从外部环境来看，资本主义全球化从上升周期进入逆转阶段。改革开放初期，资本主义全球化处于上升周期，我国顺势对外开放，成为我国经济增长的重要动力。但2008年的全球金融危机标志着二战以来资本主义世界经济增长周期的逆转。我国需要科学判断当代世界的发展趋势，在大变动的国际局势中寻找自己的新定位，从改革开放以来被动融入、接轨全球化，逐渐转变为和其他国家一起，参与新型全球化秩序的塑造。

这些新条件、新问题、新任务，都是中国在以前的时代没有遇到过的，也标志着我国已经进入改革开放40年后的新阶段，发展的目标、方法和战略都需要进行深刻调整。新时代不是对改革开放前后任何一个时期的否定，而是对两个时期共同的继承、发展和超越。通过哲学上“正—反—合”的过程，实现新的上升和飞跃。

马克思主义和社会主义运动的逻辑

理解新时代的第二重逻辑，是世界社会主义运动的逻辑。中国进入新时代，既是中国特色社会主义的新时代，又可能成为世界社会主义运动的一个新的转折点。

2008年全球金融危机爆发表明，资本主义固有的生产社会化和生产资料私人占有之间的矛盾依然存在，西方国家存在的金融泡沫、两极分化、生态危机、全球失衡等问题，是由资本主义自身矛盾产生的，在资本主义体制下无法彻底解决。所以，世界上信仰马克思主义、支持社会主义、拥护中国道路的人开始多了起来，这就有可能迎来一个社会主义从低谷中复苏的时代。当然，21世纪的社会主义运动应当有自身的新特点。

党的十八大以来，中国共产党在探索新发展道路的过程中，形成了习近平新时代中国特色社会主义思想，回应了当代马克思主义最基本的问题。

——关于社会主要矛盾和生产目的的思想，体现了马克思主义政治经济学的原理。供给侧结构性改革的根本，是要满足人民群众日益增长的物质文化和生态需要，实现社会主义生产目的。这里就体现了社会主义和资本主义的生产目的不同，不是以资本增值为中心，而是以人民需要为中心。国内外存在的生产过剩、环境污染、分配失衡、金融泡沫等问题，就是因为生产方式偏离了生产目的。关于社会主要矛盾和生产目的的思想，就是要纠正这些偏差，回答社会主义应该怎样生产、生产什么的问题。

——关于国家治理体系和治理能力现代化的思想，回答了马克思关于怎样建设社会主义国家的问题。马克思在《法兰西内战》等著作中提出自由劳动者的联合体的目标，列宁提出无产阶级专政理论，但苏联没有回答好怎样建立成熟稳定的社会主义国家的问题，出现了特权、腐败和国家的异化。习近平关于国家治理体系和治理能力现代化的思想，回答了怎样建立一套成熟完整的制度，建设社会主义国家的问题，在社会主义运动史上具有开创性意义。

——关于以人民为中心和人全面发展的思想，是对马克思关于人的异化和自由全面发展思想的呼应。马克思认为，在资本主义条件下普遍存在异化现象，人和劳动产品、人和人、人和自身的类本质相异化，提出未来的共产主义社会“每个人的自由发展是一切人自由发展的条件”。“以人民为中心”的发展思想，就是要调整人和资本、人和物质的关系，让人回到发展的中心。这是对马克思主义关于人的自由全面发展思想的呼应。

——关于人类命运共同体的思想，是对马克思主义全球体系思想的发展。资本主义把全球分为中心和边缘两极，中心地带有过剩的资本和商品，但由于剥夺了边缘国家的发展能力，资本和产品没有出路，导致全球经济失衡。中国提出的建设人类命运共同体、“一带一路”等重大倡议，就是要通过维护全球公平正义，扭转资本主义全球体系存在的不公平、不平衡发展，共同构建不同于过去的全球秩序，这将是全球化的新模式、新时代。

——新时代中国特色社会主义思想，是对马克思主义关于跨越“卡夫丁峡谷”思想的实现。马克思认为，东方国家有可能跨越资本主义的“卡夫丁峡谷”，但是实践还没有对马克思的这个预言做出证实。而中国的实践表明，后发的落后国家，既可以借鉴西方国家的物质财富，又能够通过制度创新，避免西方国家资本主义发展道路上的根本缺陷，不必经过资本主义发展的巨大代价，这为发展中国家开辟了一条通向现代化的新道路。

人类社会发展的逻辑

理解新时代的第三重逻辑，是人类社会发展的逻辑。自 15 世纪的地理大发现以来，追求现代化成为绝大多数民族的目标。但迄今为止，真正跨越重重陷阱，实现高水平现代化的国家只有几十个。金融危机之后，世界发展又面临新的变局，无论是发达国家还是发展中国家，都面临着发展困境。

——贫困陷阱。按世界银行标准，目前世界上仍有约 30 个低收入国家，这些国家经济发展、人力资源水平低、国家治理能力弱，难以形成有效投资和消费。

——中等收入陷阱。资本主义工业革命解决了全球 1/6 人口的发展问题，但剩余 5/6 的人口，不再有条件可以利用全球资源缓解资本主义发展带来的矛盾，强国也总要维护不公平的政治经济秩序，从而维持自己在全球格局中的金字塔地位，从而使一部分国家陷入“中等收入陷阱”。

——高收入陷阱。二战以来，西方资本主义国家繁荣稳定的景象是靠透支资源、高成本的福利国家等支撑的，一旦资本主义经济周期律发挥作用，各种矛盾就会爆发出来。当前欧美的阶层矛盾尖锐、国家治理失灵、社会对立就是其表现，可以将其称为“高收入陷阱”。

新中国成立以来，发挥了社会主义集中力量办大事的优势，避免了一般发展中国家陷入“贫困陷阱”的命运；改革开放以来，避免了如其他一些社会主义国家封闭僵化或改旗易帜的命运。当前，中国的人均 GDP 达到 8800 美元，离跨越“中等收入陷阱”（10000 美元）已经指日可待。而中国在新时代的探索，将继续跨越“中等收入陷阱”、避免高收入陷阱，努力破解人类社会面临的发展困境，探索一条更具普适性的现代化道路。

2. 经济增长新动力：以人民为中心

要实现中华民族伟大复兴，首先要保持一定的经济增长速度。要找到新的增长动力，关键要树立对中国道路的信心。今天单纯学习西方已经解决不了中国面临的问题，西方国家自身也遇到了难以克服的危机。对历史的回顾告诉我们，坚持以人民为中心，回归社会主义生产目的，坚定不移走共同富裕道路，满足人民群众对美好生活的需要，就是中国未来最大的经济增长动力。

从“以资本为中心”到“以人民为中心”

资本主义生产目的和社会主义生产目的是不同的。前者是“为了资本的利润而生产”，资本（及其人格化代表即资本家）在社会生产中居于主导地位；后者是“为了人民的需要而生产”，人民在社会生产中居于主导地位。在马克思生活的时代，自由资本主义导致劳资矛盾、贫富分化、生产过剩和需求不足，就是“为了利润而生产”偏离社会需要的现实反映。一方面，为了追逐利润，资本家不断扩大投资和生产；另一方面，无产阶级陷入相对贫困化，基本的生活需要无法得到满足，这是由资本主义私有制和社会化大生产的矛盾所导致的社会资源不合理配置的结果。

今天，生产目的偏离社会真实需要的现象仍然普遍存在。除了上面说的生产过剩之外，至少还表现为以下几个方面。

第一，公共服务的异化。以医疗为例，当今西方国家面临医疗费用上涨过快的危机，其背后正是在资本主义生产方式下，追逐利润的动机违背医疗本是维护健康的真实目的：商业医疗保险公司要追逐利润，就会优先选择收入高、身体好的“优质客户”参保，把真正需要医疗保险的老弱病残穷排除在外；医疗机构追逐利润，把资源优先配置到利润率高但社会效益低的晚期治疗、专科治疗等环节，而且还通过欺诈等行为提供过度医疗，损害患者健康。

第二，房地产和金融泡沫。房地产的投机需求，本质上是“为卖而买”，而不是“为住而买”，住房和土地成为金融工具。一方面，空置住房被资本不断炒高价格，造成资源闲置；另一方面，大量需要改善住房条件的人买不起房子。金融资本为了逐利，脱离了为实体经济服务的轨道，导致泡沫并诱发金融危机。

第三，消费主义。消费本身是人们满足自身需要的一种手段，但是在资本主义社会，消费也发生了异化。特别是当生产过剩的危机出现之后，资本以及资本主义国家通常会制造消费主义的文化，许多消费的目的不是为了满足实际需要，而是为了满足被社会氛围刺激起的欲望。消费不仅没有增加人的幸福感，反而加剧了人的异化，让人成为金钱和消费的奴隶。

第四，生态环境破坏。近年来，生态环境破坏已经成为全人类共同面临的挑战。马克思、恩格斯曾经阐述过，资本主义生产方式是导致生态破坏的原因。全球性的生态破坏，根源于资本的无限扩张冲动和全球性生产体系，因此，资本主义的侵略不仅是资本的全球侵略，也是生态环境的全球侵略。①

那么，如何解决资本主义生产目的与社会真实需要的矛盾呢？在当前的生产力条件下，还不可能消灭商品生产，也不可能完全消除商品生产带来的弊端。但是历史证明，社会主义国家通过调节收入分配、扩大公共产品的生产、节制资本特权、实施宏观调控和产业政策等办法，是能够在一定程度上限制资本主义生产方式的弊端，让生产更加符合社会的实际需要。

重提 “社会主义生产目的”

2016 年初，习近平在省部级主要领导干部学习贯彻十八届五中全会精神专题研讨班上第一次提出，供给侧结构性改革的根本目的是“使我国供给能力更好满足广大人民日益增长、不断升级和个性化的物质文化和生态环境需要，从而实现社会主义生产目的”。② 在中国共产党第十九次全国代表大会上，对社会主要矛盾的表述进行了修改：“我国社会主要矛盾已经转化为人民日益增长的美好生活需要和不平衡不充分的发展之间的矛盾。”③

提出“社会主义生产目的”的概念，并在党的十九大上对社会主要矛盾的表述进行了修改，这是自改革开放初期开展关于社会主义生产目的的大讨论、确立关于我国社会主要矛盾的提法以来，再次就这一重大问题进行讨论。

上一次对社会主义生产目的的讨论，是在改革开放初期，是和“真

---

① 潘岳．马克思主义生态观与生态文明［N］．学习日报，2015－07－14.

② 习近平在省部级主要领导干部学习贯彻十八届五中全会精神专题研讨班上的讲话．http：//cpc. people. com. cn/n1/2016/0510/c64094－28337020－2. html.

③ 习近平在中国共产党第十九次全国代表大会上的报告，来源于新华社，2017 年 10 月 28 日。

理标准大讨论”同时进行的。当时那场讨论主要针对的是，计划经济条件下优先发展重工业的战略违背了人民群众的消费需要。

经过40年的改革开放，今天的中国再一次面临着社会生产偏离社会真实需要的情况。但不同于计划经济时期，当前中国出现这种偏离的原因是片面追求GDP、追求资本利润的生产方式。我们在本书前面所讨论的部分产品产能过剩、公共服务供给不足、区域差距扩大、生态环境破坏、房地产和金融泡沫等问题，实质就是片面追求GDP和资本利润的结果，这种模式偏离了社会和人民的真实需要。这种偏离到了一定程度，就会导致供给和需求的失衡，从而让经济增长丧失动力。在这种情况下，要保持经济发展的动力和活力，就要实现社会主义生产目的，让社会生产回归到满足大多数人民真实需要的轨道上。

我国社会生产和人民真实需要的偏离，表现在许多方面。例如，当前人民对一般竞争领域的消费品需要已经在总体上得到了比较充分的满足，而对医疗、教育、养老、社会公平、生态环境等市场难以提供的公共产品，其需求却日益增加，供需缺口还很大；高收入群体有超强购买能力，但无法在国内得到充分满足；中低收入群体还有大量的基本需求、公共消费需求尚未满足，但购买力有限；我国经济也出现了典型的金融化趋势，2015年中国企业500强中，制造业企业达261家，但净利润仅占总净利润的17.1%，而33家金融机构的净利润则占总净利润的56.8%。国家统计局公布的2015年全国19个重点行业非私营单位职工的平均年收入显示，年收入最高的是金融业，最低的是农林牧副渔业，制造业排第14位，实体经济的员工收入普遍低下，导致在人才流向、职业选择上，实体经济处于绝对劣势。①

① 李毅中．要高度警觉实体经济“脱实向虚”［EB/OL］．http：//jjckb. xinhuanet. com/2017－03/ 04/c_ 136101916. htm.

解决上述问题，最根本的就是要共同发挥国家、社会和市场的作用，回归社会主义的生产目的，特别是要补上战略性投资、公共消费品、人力资本、实体经济等方面的短板。要补上这些短板，就需要在生产关系方面进行调整，以使生产行为更加适应社会的真实需要。

新发展理念：“社会主义生产目的”的具体化

那么，“社会主义生产目的”究竟如何实现呢？创新、协调、绿色、开放、共享的发展理念，就是对社会主义生产目的的具体化。

创新、协调、绿色、开放、共享是人类社会长久的追求，但是直到今天，人类社会还没有解决这些问题。工业革命以来，资本主义创造了丰富的物质财富和精神文明，但是并没有从根本上解决协调、绿色、共享的问题。西方文化和资本主义生产方式，造成对自然的过度索取。发达国家实现了较高程度的创新、协调、绿色、共享发展，但这是以全球范围内的不公平、不协调为代价的。如果中国能够真正实现五大理念，将是对人类的重大贡献。

创新是社会主义的题中应有之义，社会主义制度就是人类历史迄今为止最大、最成功的制度创新。当代中国面临的创新形势发生了两个变化：首先，现代科学越来越需要大规模协作、大兵团作战，分散的、碎片化的创新方式，是一种投入高、效率低的方式，而社会主义国家在科研大协作上具有优势。其次，中国作为发展中国家，在西方国家已经占据科技前沿和科技话语权的条件下，要打破技术领域的垄断，树立强烈的创新自信。在社会主义生产方式下，创新的目的是满足最广大人民的真实需要，这就能有效聚焦创新资源，让创新获得最大的社会效益。

协调包括城乡、地区、经济和社会、物质文明和精神文明之间的协调。以资本为主导的发展方式不可能实现协调发展，因为协调发展本质上是在强势和弱势群体之间分配资源，资本主导必然导致劳资对立，并转化为城乡、地区、群体之间的差距和经济社会发展的不协调。中国之所以能够比其他发展中国家保持更快、更持久的增长，实行协调发展的战略是一个不可缺少的因素。

绿色发展的实质，是要改变人和自然的对抗关系。西方发达国家在历史上是最主要的污染排放者，现在也消耗着世界上最多的能源资源，但是它们却要求尚未完成工业化的发展中国家与它们一样进行减排，甚至对发展中国家制定更加苛刻的排放标准，这就是利用其先发的地位遏制后来国家的竞争。解决环境问题，关键是找到新的生产方式和生活方式，扭转生产和生活的异化，实质是限制当代人的投资和消费，为未来的人类留下更多财富，这就需要发挥社会主义制度的优势，从全体人民的长远利益出发，避免资本过度追逐利润而导致对自然界的无限索取和破坏。

中国的开放发展，是要平等地参加国际体系。资本主义全球危机，本质上是全球范围内的资本主义周期性危机，要应对危机，离不开社会主义国家和第三世界国家的联合自强，提高基础设施、人力资本等发展能力，争取比较公平的国际贸易规则，中国也只有在这个过程中才能发展自己。所以，只有社会主义才能够实现平等的开放发展。

共享发展是社会主义的基本理念，这次全球危机的发生以及我国国内的需求不足，根本原因就是共享发展程度不高，国际上的南北差距、国内的阶层差距都很突出。在这种情况下，实现共享发展首要的任务是在资本和劳动之间实现共享，提高劳动者的地位。

基于上述分析，我们认为，新时期经济增长的新动力来源于更好地遵循“以人民为中心”的发展思想，更好地坚持社会主义的生产目的，满足人民群众对美好生活的真实需要。本章以下几节，还将具体阐述如何实现这些动力。

3. 占领制高点，夺取话语权

虽然我国经济总量已经居世界第二位，但是还有相当多的经济活动是依靠规模和数量扩张来驱动的，不少产业在全球分工中处于中低端。随着国内外市场环境的变化，这种片面依靠低成本劳动力优势和规模扩张的发展道路已经越来越走不通，所以必须增强忧患意识，紧紧抓住新一轮科技革命和产业变革的机遇，走创新驱动的道路。占领产业的制高点，扩大在国际贸易和技术领域的话语权。

做强基础产业

新中国成立以来经济发展的一个经验是，重视加强基础产业、战略产业发展。1958 年经济波动的诱因是下放权力过快导致地方非理性竞争，这种非理性竞争无论在计划经济还是市场经济条件下都会发生，改革开放以来的几次经济波动也都有类似的原因。地方和企业竞争固然有利于加强经济活力，但是也会导致基础产业和全国性公共产品供给不足，还会影响企业之间的协作。因此，在几次治理经济下行中，都把加强基础产业作为重要手段。基础产业一般是指建设周期长、投资规模大、外部性和外溢效应强的产业。基础产业发展不足，就会制约国民经济全局发展。当前，尽管能源、原材料、交通等建设仍有待加强，但重复建设也相当严重；而基础研究、通用技术、信息互联互通、社会征信体系、质量标准统一等基础产业和设施缺乏，已经严重制约经济的转型升级。从国际上看，美国在实行"再工业化"过程中把构建"产业公地"作为一个关键措施，[①] 德国推

① 侯永志．提升产业发展质量与竞争力是关键［N］．中国经济时报，2015－03－07.

行的“工业4.0”实质是要发挥信息系统互联互通的优势，促进设计、研发、生产、销售环节有机融合协作，实现个性化发展。要辩证看待产业结构集中和分散的关系，既要发挥市场机制作用，促进企业竞争；也要推进必要的产业整合和集中，进一步发挥大型企业、行业协会的作用，促进产业集中度提高和协作。

扭转“造不如买、买不如租”的传统思路

从全球范围看，创新驱动是大势所趋。谁能在创新上下先手棋，谁就能掌握主动。工业革命以来的几次科技革命，使全球经济社会发展水平大幅度跃升，人类在近几百年创造了比传统社会多得多的物质和精神财富，新兴大国的崛起也都得益于科技革命。2008年国际金融危机以来，各国正在进行抢占科技制高点的竞赛，全球将进入空前的创新密集和产业振兴时代。美国、欧盟、日本等国家和地区都大幅提高了科研投入，力图保持在技术领域的世界领先地位。

实施创新驱动战略，就是要敢于“弯道超车”，改变那种模仿和追随的习惯和做法，树立强烈的创新自信，坚持自力更生、自主创新。科学技术的演进并不是线性的、匀速的，虽然我国科技水平在总体上同发达国家有差距，但是只要在关键理论和技术上取得重大突破，就能够实现跨越式发展，迅速赶上甚至超过发达国家。作为一个大国，中国在科技创新上要有自己的东西。如果只是跟在别人后面模仿，那么就永远不可能缩小差距。我们要引进和学习世界先进科技成果，更要走前人没有走过的路，敢于质疑现有理论，勇于开拓新的方向，不断在攻坚克难中追求卓越。

锻造新型工人阶级

全心全意依靠工人阶级，既是中国的国情和社会性质决定的，也是当

前占领产业制高点的必然选择。

中国是工人阶级领导的、以工农联盟为基础的、人民民主专政的社会主义国家，这一国家性质不仅是国家长治久安的保障，也是启动现代化、占领产业制高点的动力。从国际上来看，中国之所以能够比其他发展中国家更好地实现现代化，并保持了30多年的较快经济增长，其中一个原因是在现代化初期赋予了工人阶级等劳动者较高的社会地位和比较稳定的社会保障。其他发达国家进入到以创新为动力的阶段之后，往往也把提高劳动者地位、稳定劳动关系作为创新的重要动力，例如，二战之后，日本能够迅速恢复经济并崛起，得益于采取了与以往资本主义不同的"日式资本主义"，其主要特点是政府通过扶持民族工业、保护国内市场、实施产业政策等办法推动经济发展。同时，创造了以"终身雇佣""年功序列"和"企业内工会"等为特点的劳资协调机制，为工人提供了稳定而丰厚的福利，培养了企业的凝聚力、团队意识和共同体意识。新中国成立之后，在国有企业中实行干部参加劳动、工人参加管理、建立民主制度等办法，实践证明，这些对于提高企业的凝聚力、激励工人的劳动热情起到了积极作用。

人是生产力最活跃的因素。产业升级固然要靠资本投入和科技进步，但是提高劳动者素质是更为重要和紧迫的，现在许多企业有资金、有技术，但是缺乏掌握并运用技术的劳动力队伍。改革开放40年来，不少行业片面依靠低成本劳动力支撑的数量扩张发展模式，导致职业教育欠账、职工收入欠账、社会保障欠账、劳动安全欠账，这些问题已经使得过去的"低成本劳动力优势"变成了劣势。全心全意依靠工人阶级，首先表现在要严格按照法律和法规，真正落实《劳动法》和《劳动合同法》，严格执行最低工资制度和各种安全保障、社会保障制度，让工人有稳定的工作和收入，解决目前在一些行业仍然普遍存在的超时劳动、拖欠工资问题，让工人有钱消费、有能力消费。同时要大规模增加职业教育的投入，利用经济波动的时期，把农民工组织起来，举办“农民工大学”，集中一段时间补上职业教育和文化教育的欠账。这样，才能够拉动内需、提高人力资源效率，让经济恢复再平衡，进入依靠内需和劳动者素质提高的轨道。

要全心全意依靠工人阶级，更重要的是在新经济、新技术的条件下，发展社会主义经济民主，让工人阶级在企业管理和国家经济生活中有真正的发言权，体现工人阶级的主人翁地位。这也不仅仅是政治的要求，同样是产业转型升级的要求。当前，我国要进入依靠科技创新和劳动者素质提高的发展阶段，企业要通过发扬内部民主促进企业管理的扁平化、提高技术性岗位的稳定性，让职工有比较稳定的预期，对企业和职业产生自豪感和荣誉感，从而形成提高技术、长期奋斗的动力。新中国成立初期，国家对原有的私有企业进行了民主改造，提高了工人的积极性，国有企业建立的职工代表大会、党小组会、工前会、民主生活会，就是把中国共产党的政治优势和企业的民主管理融为一体的制度。当前，我国大部分企业特别是民营企业，内部的经济民主程度很低，这对增强长期竞争力、提高劳动者积极性都是不利的。提高企业内部的经济民主，是增强企业竞争力的重要手段，应帮助企业提升管理，以党委为核心，工会为依托，建立职工代表大会以及各种民主制度，真正提高产业工人的积极性和创造性，再造一支庞大的产业工人队伍。

4. 扩大公共品投资和消费

21 世纪以来，中国经济增长得益于房地产和基础设施带来的超大投资、西方扩张性政策带来的超大外部需求。目前这两个需求都已经萎缩，怎么办？要把实现社会主义生产目的和凝聚新增长动力结合起来，结论是扩大公共领域的投资和消费。

改革开放前的 30 年里，为了快速实现工业化，无论投资还是消费，都是以公共产品为主，投资主要集中在重工业等基础产业，消费也是以统一配给的公共消费为主。改革开放之后，生产的格局逐步转向私人消费品为主。现在到了一个新的阶段，公共产品的短缺已经成为制约经济发展的瓶颈。因此，下一阶段要在公共产品的供给上下大力气，包括公共投资和公共消费。

扩大国家战略性投资

目前，投资下降的主要原因并不是管制过多，而是因为一般竞争性领域的利润率已经进入下行周期，大部分实体经济已经处于产能过剩状态。私营经济投资是顺周期的，利润率高就投资，反之就减少投资。也就是说，投资下降并不是因为政府管得太多，而是因为资本对投资前景的预期降低了。在这种情况下，如果仅仅通过降低门槛、放松管制来鼓励投资，有可能导致过剩产能和泡沫进一步膨胀。还有一种观点是，把国有企业私有化，让私企来收购，以便扩大民间投资，这也不可行。因为，国有企业经营的行业，既有营利性的部分又有战略性、公益性的部分。如果把营利性的部分开放给民企，这只会造成“撇奶油”效应，比如营利性的铁路等，民营资本投资增加，国企投资下降，在总体上并没有提高投资，而且还会破坏网络经济部门之间的协作。如果是非营利性的部分，比如中西部的路网建设，民营资本也没有动力。

经济周期是不可避免的，经济发展经过一段繁荣之后，总是会有产能过剩的问题出现，也需要一个“去产能”的过程。但是，这并不意味着投资应当大幅度减少。相反，要尽快实现转型升级，开辟新的投资领域，帮助一些仍然具有国际竞争力的企业渡过难关，避免“去产能”导致失业过度增加和资本的不必要损失。要遏制经济的持续下滑，就必须让投资保持足够的力度。

在现有投资利润率已经降低的同时，还要保持投资力度，面对这个两难问题，怎么办？一方面，从社会主义生产目的出发，是要加强公共性、战略性领域的投资。目前还有大量的固定资产投资领域，是社会所需要的，但是由于具有公益性、规模过大或投资回收周期过长，当前的资本没有动力和能力去投资。解决的办法是，发挥国有资本的作用，将投资投向具有社会效益、长远效益的公共性、战略性投资领域。史正富教授建议，在生态资产、环保建设、国土整治、人力资源、科学技术、城镇基本建设、国防能力等诸多方面都需要进行长时期、大规模的投资和资产积累，因此，完全可以靠内需拉动经济超常增长，有必要设立综合性的国家发展战略性投资基金，实施对生态资产与战略性资源的长期投资，为常规市场运行注入超常购买力，建设并运营国家发展战略性基础资产。

另一方面，是要加大生产性公共物品供给。工业转型升级，离不开基础科研、共性技术研发平台、职业教育等生产性公共物品。过去一些年，我国工业发展受新自由主义的影响，认为靠放权让利、放松管制就能够让工业自身产生升级的动力，其中最典型的就是科研院所的下放和市场化，导致基础研究和共性技术研究的脱节，大大地增加了产学研之间的交易成本。当前我国工业化有了很大进步，但是还有大量关键材料、部件、装备不能自己生产，要突破这些问题，就必须在基础科研和共性技术上加大投入，一个领域一个领域地突破，各个击破，逐步实现高精尖产品的国产化。

总之，当前一般竞争性领域的投资过剩，基础产业、战略性基础设施、生产性公共产品的短缺，成为制约产业升级的短板。因此，只有通过国家实施战略性投资项目，改善基础领域的条件，才可能发挥其龙头作用，带动中下游产业的发展，让整体利润率得到恢复。

扩大公共消费、实现共同富裕

消费有个人消费与公共消费之分，公共消费是为满足社会成员共同需要的消费需求，如公共交通、医疗卫生、文化教育、健康健身、环保事业等公共消费品的需求，是城乡居民消费的一个重要组成部分。从满足需求程度的先后顺序看，一般都从个人消费需求的满足开始，然后再根据消费者的客观需要及社会生产力发展水平，逐步扩大对公共消费的需求。

公共消费和个人消费应协调发展，互相促进。如果公共消费发育不足，也会制约个人消费。据研究，1984—1993 年，因为美国联邦政府对中低收入阶层医疗补助开支方面的增加，使得美国低收入人群的储蓄率下降了 17.7%，消费增加了 5.2%。美国失业保险每增加 10%，美国家庭的金融资产会相应减少 1.4%～5.6%，当人们对失业造成收入下降的担心降低时，会增加消费和减少存款。我国台湾学者的研究表明，台湾省全民健康保险的实施使岛内居民的预防性储蓄下降了 8.6%～13.7%，家庭消费显著增加。我国大陆学者研究也表明，1980—2005 年，我国社会保障开支每增加 1%，人均居民消费就增加 1199 元；在其他条件相同的情况下，参加城镇居民基本医疗保险的家庭总消费比没有参加的家庭增加约 10.2%。

改革开放 40 年来，我国个人消费品发展水平同发达国家相比，差距已经明显缩小，但公共消费的质量、绩效和公平性还不高，成为制约经济社会全面发展的一个瓶颈，主要表现在公共消费方面存在两个不平衡的现象。一是公共消费和个人消费不平衡。我国财政结构问题较为突出，财政政策性投入主要集中在生产性领域，对消费性公共品投入不足。对物质资本投入较为重视，对人力资本投入不足。如表 9－1 所示，我国除了教育支出较高之外，在一般公共服务、医疗卫生、社会保障方面支出占财政总支出的比例同发达国家和俄罗斯等发展中大国相比都还有一定差距。支持消费的政策也主要集中在支持个人消费，或者民生领域消费的个人支出部分。二是公共投资和公共消费不平衡。政府投资的方向依然集中于传统基建领域，边际收益率已经显著降低，很难直接转化为公共消费。在医疗等民生领域，政府投入的主要方向仍然是硬件建设、设备购置等投资领域，而不是直接增加人员费用、事业费等，这就导致居民在享受服务时个人支出比例仍然较高，政府对硬件的投入反而成为公共服务机构盈利创收的工具，加重了居民负担，导致公共投资对消费形成挤压。一些旨在发展多元化公共服务的措施，也变相鼓励了投资，如医疗、养老服务业已经出现泡沫倾向，相当多的投资者变相通过服务业跑马圈地，发展商业地产，并不能真正起到分担政府责任、发展公共消费的效果。公共消费领域的问题引发的社会矛盾还比较突出，比如，2016 年发生的民营医院不规范诊疗使患者死亡（魏则西事件）、教育部调整高招名额引发的群体性事件，都影响了民众对未来的信心。

表 9-1　部分国家按功能财政支出占财政总支出的比例（2014 年）

	法国	德国	日本	韩国	英国	俄罗斯	中国
年份	2013 年	2013 年	2013 年	2010 年	2013 年	2013 年	2012 年
一般公共服务	11.9%	14.2%	7.8%	14.8%	12.5%	22.6%	9.8%
国防	3.1%	2.4%	1.6%	9.6%	5.0%	5.9%	4.4%
公共安全	2.9%	3.5%	2.3%	3.7%	4.8%	7.1%	4.7%
经济事务	8.7%	7.5%	7.7%	21.6%	6.8%	9.4%	28.3%
环境	1.8%	1.3%	2.0%	1.7%	1.8%	0.2%	1.9%
住房和社区建设	2.4%	0.9%	1.4%	6.3%	1.5%	3.2%	6.7%
医疗卫生	14.2%	15.8%	13.0%	1.5%	16.7%	8.1%	3.1%
文化	2.6%	1.9%	0.6%	2.7%	1.7%	2.9%	1.6%
教育	9.6%	9.7%	6.3%	14.8%	12.0%	10.0%	14.4%
社会保障	42.9%	42.7%	31.6%	21.9%	37.2%	30.7%	25.1%

资料来源：IMF 数据库，http：//data. imf. org/。

从国内外的经验教训来看，我国要跨越中等收入陷阱，一个重要因素是下一阶段能否像过去发展个人消费品一样，成功地提供足够优良的公共消费品。首先，要从思想上认识公共物品和私人物品的不同规律，公共物品的需求不像私人物品那样明显，仅仅靠价格机制不可能实现资源的优化配置，而是要发挥政府在资源配置、布局规划以及运营监管方面的主导作用。要认识到通过完善社会保障，降低医疗、教育、养老的费用，让群众放心消费和创业，不是政府的负担，而是经济增长的动力，有利于提高人力资本水平，实现转型升级。其次，要深化财政体制改革，在经济下行的情况下，要进一步保障对公共部门的投入，不宜过度依赖压缩社会保障支出来刺激经济增长，否则就可能进一步加剧居民消费的不确定性。降低医疗、教育、住房三座大山给人民带来的负担和心理压力，就能释放经济发展的巨大动力，也将有助于全体人民的团结和全面发展。

5. 做强做优做大国有企业

党的十八大以来，中央对国有企业改革的态度已经十分明确，那就是“做强做优做大”，然而，这一要求在具体实践中还面临不少困难，甚至仍有些基层一线干部感到彷徨和迷茫。之所以出现这种情绪，根本的问题还是在思想上对中国为什么要办国企、办什么样的国企不理解，认为只有私有化、市场化是现代潮流，不理解国企如何在市场经济条件下发挥作用。

公有制经济是社会主义经济制度的基础，是维护人民共同利益的保障。当前全球经济处于下行周期，实际上是资本过于膨胀造成的，中国要走出危机，就要充分利用公有制经济的优势，发挥资本的积极作用，节制资本的消极作用，发挥公有制在治理市场盲目性、占据产业制高点方面的引领作用。同时，在坚持公有制经济主体地位的前提下，构建不同所有制资本的协作关系。为了发挥公有制经济的引领作用：一方面，要做强做优做大国有企业；另一方面，当前国有企业的运行机制还不能充分满足引领的要求，要深化国有企业改革。

做强做优做大国有企业是供给侧改革的“棋眼”

“棋眼”者，一招落子，满盘皆活。我们强调做强做优做大国企，不仅仅是国民经济发展需要，也是新常态下经济结构调整开放的战略性选择，应将其作为供给侧结构性改革的“棋眼”。

当前我国实体经济利润率下降，主要是市场失灵，是产业结构分散化、碎片化形成的无序竞争造成的。1998 年我国实行工业管理体制改革以来，一部分行业下放地方，在有色、稀土、煤炭等行业的集中度降低，促进了产量快速增长，但是也增加了对低成本竞争发展方式的依赖，导致产能过剩和无序竞争。近年来，煤炭、钢铁、有色等行业通过行政手段联合限产取得了一定成效，利润率有所提高，但在产业结构分散的情况下，这些措施效果有限，只有提高产业集中度才能从根本上解决。

要增强我国经济发展新动能，关键是要走创新型国家道路，在国际上同世界一流企业竞争。要加强创新，关键是补上基础性理论和共性技术这个短板，发挥大型国有企业集中资本、集中力量办大事的优势，扭转目前科技创新力量分散、内耗严重的局面。要在国际上增强资源控制力和抗风险能力，提高话语权、定价权、标准制定权，也要继续打造一批特大型企业集团。同时，也只有加强具有基础性、战略性和带动性的先导产业，才能够带动民间投资发展。

做强做优做大国企也是维护人民根本利益，保障党和国家长治久安的必然选择。公益性国有企业（包括公共服务机构）不以利润为唯一目标，有利于补充我国当前公共消费不足的短板，降低居民在住房、医疗、教育方面的费用负担，加强互联网管理、坚守互联网阵地，维护人民利益和国家长治久安。

做强国企的路径选择

当前，党中央支持国有企业做强做优做大的政治决心已经充分表达。面对改革的不同主张，一方面要继续警惕私有化的观点，另一方面要把做强做优做大国企落到实处。

以产业重组为突破口推进供给侧结构性改革。20 世纪 70 年代中期美国出现产能过剩、恶性竞争，最后导致了第一轮产业重组，形成了钢铁大王、石油大王、铁路大王。当前产业集中度过低是导致我国实体经济困难的基础性原因。在世界五大产煤国中，我国煤炭行业的集中度是最低的，产量最大的 4 家煤炭企业占全国煤炭产量的 17.6%，而美国为 67%、澳大利亚为 57%、俄罗斯为 96%、印度前两家为 82%，其他行业的产业集中度几乎均低于美国。产业重组由外资主导对国家安全不利，民营资本没有足够实力，应鼓励国企承担这一责任。

发挥国企作用打造战略性先导产业。瞄准未来几十年可能成为高科技先导产业的部门和技术，依托现有国有企业或新建企业，集中资源组织协作进行科技攻关。以行业内龙头企业为主，搭建协同创新公共平台。

在民生短板领域加强国有企业作用，以增强群众对国企的认同感，尤其是在医疗、住房等矛盾较突出的领域发挥国企作用，比如，设立中国基本药物集团总公司，把公立医院使用的基本药物和非专利医保药物实行定点生产、直接统一配送到医疗机构，按成本价保本微利销售，以调控全国药价，这样做可以使全国药品价格大幅降低。在房地产泡沫存在的地方，在紧缩房地产信贷的条件下，由国企收购空置住房，作为廉租房或公共租赁房，解决进城务工人员和青年职工等的住房问题。

在边疆等特殊地区发挥国企作用，实施更为积极的就业政策。当前我国一些地区社会管理压力巨大，缺乏抓手，因为大部分居民处在流动状态。可以在基层大量创办福利性的社会企业，不以盈利而是以解决就业为主要目标，政府给予一定补贴，打造成为社会管理和稳定的有利平台。

6. 建设社会主义福利国家

曾几何时，“福利”成了一个贬义词，成为“大锅饭、养懒汉”的代名词。有一种观点认为，福利过高是西方金融危机的原因。西方国家的“福利陷阱”确实值得我们警醒，但是西方“福利陷阱”的出现，根源恰恰是私有制的社会基础使得资本和劳动者之间处于对立关系，政府没有足够能力对社会福利体制进行顶层设计、合理控制成本和保障公平，从而使得费用不断攀升。20 世纪 80 年代以来，在新自由主义政策的作用下，西方国家的两极分化日益扩大，所谓“福利陷阱”并不是福利的错。中国的历史表明，建立公平、适宜的基本社会福利制度，是经济发展的动力，也是中国作为社会主义国家的发展目标。

只有社会主义才能避免 “福利病”

有人担心，我们还是发展中国家，搞社会福利会不会导致“福利病”和加重政府负担。这种担心是有道理的。但是，要避免“福利陷阱”，办法并不是在现有基础上取消或降低社会福利的标准，而恰恰是要发挥社会主义制度的优越性，对社会福利进行总体设计，建设成本适宜而又公平的社会福利制度。金融危机以来，西方一些国家出现了“福利陷阱”，我国固然应该警惕这种福利陷阱。但是，如果以此为理由认为中国不该完善社会福利，那么就错了。

西方出现“福利陷阱”，原因并不是因为社会福利过高，而是私有制造成的。第一，在私有制基础上，政府没足够能力通过税收为社会事业筹资，因此就只能靠发行货币或贷款来保障社会事业，从而形成政府负债。而在社会主义国家，以公有制为基础，政府也有较强的征税能力，所以可以通过税收、国有资产收益等办法直接为社会福利筹资。第二，在西方国家，20 世纪 80 年代之后进行了社会事业的私有化、市场化改革，社会福利的成本上升了。所以，“福利陷阱”是因为资本从社会事业中赚取了太多的超额利润，而不是因为老百姓得到太多了。所以，解决的办法应该是扭转社会事业的商业化、市场化格局，而不是去降低老百姓的福利。以医疗为例，美国医改之前，医疗费用过高是导致其经济丧失竞争力的原因，美国的医疗保险和医院以私有制为主，卫生总费用占 GDP 的 18%，却还有 4000 多万人没有医保；而以公立医院为主的英国、法国、德国等国家，卫生总费用仅占 GDP 的 10% ~12%，却实现了全面覆盖，并且健康产出和公平性均高于美国。因此，福利陷阱绝不意味着不需要发展社会福利，而是因为在资本主义的政治经济体制下，只能通过这种成本较高、广种薄收的办法，才能让公众获得福利，来维护社会的稳定。

为什么说社会主义可以建立真正的福利国家呢？首先，从福利的供给来看，生产资料是由国家代表全社会占有，国家掌握着巨额的由公有制企业所得的利润。完全可以拿出一部分公有制经济的收益，让国民享受较高的医疗、教育等服务，从而迅速提高科学文化素质，进而促进生产力，形成良性的循环。其次，社会主义国家的政府和人民有着共同的长期利益，可以避免竞争性选举条件下形成的不切实际的高福利承诺，以及由此导致的民粹主义。最后，社会主义国家的公共服务系统、社会福利事业主要由公益性的公立机构承担，国家可以通过规划和引导，让其面向全民提供基本而公平的普遍服务，避免公共服务机构因逐利性导致的服务成本过高，最后通过税收转嫁到公众身上的问题。

以社会建设凝聚改革新动力

市场经济和社会事业的关系，犹如人和空气、鱼和水。人生活在空气中，感觉不到空气存在，可一旦失去就会感到痛苦。当前，由于种种原因，社会建设相对滞后于经济发展，已经成为经济转型升级的瓶颈。

收入分配差距大，强化了对粗放发展方式的依赖。一些地方政府和企业依靠延长工时、压低工资维持利润率，表面上降低了成本，却压抑了消费需求，更难以让工人投资于教育培训、提高人力资源水平。在收入差距过大的情况下，为了保障基本民生，地方政府不得不通过扩大投资、加剧产能过剩来确保就业和稳定，致使经济日益依赖低水平重复投资和出口。

公共服务市场化，提高了公共服务成本，压抑了内需。20 世纪 80 年代以来，政府卫生投入减少，医疗机构逐利行为增强，至今政府医疗卫生支出占财政支出的比例仅有中低收入国家的 2/3（2015 年我国政府医疗卫生支出占财政支出比例为 6.8%，根据世界银行的数据，高收入国家、中高收入国家、中低收入国家和低收入国家平均分别为 13.3%、11.5%、9.8% 和 10.0%）。教育的不公平和以应试为目标的竞争愈演愈烈，也间接增加了家庭支出。投机性住房需求导致房价上升，这些因素增加了家庭负担和不确定性，导致大量预防性储蓄，提高了劳动力成本，压抑了国内需求。

社会领域欠账，制约建设创新型国家。一方面，社会保障的瓦解不利于激励企业和个人创新。只有在一个基本保障完善的社会，企业和个人才会去创业创新；在不确定性较大的社会，则倾向于“挣快钱”。北欧国家是收入分配和社会保障最完善的国家，同时也是最具有创新活力的地区之一。另一方面，创新型国家还需要一支高技能的工人队伍。目前我国工人队伍的教育基础薄弱，由于收入分配和社会保障制度不完善，企业过于依赖低成本劳动力，也窒息了创新活力。

社会建设是经济结构战略性调整的基础。稳定的社会保障，公平的收入分配，有利于稳定居民预期，增加消费，化解产能过剩。教育、医疗卫生等社会事业的发展，有利于提高人力资本水平，为建设创新型国家提供人才储备。当前，我国社会建设滞后于经济建设的局面尚未根本扭转，应加强顶层设计，从人民关心的领域入手，深化社会建设。

目前，应当进一步加快社会建设。社会领域的投入，不仅是保障性支出，也是生产性支出，最终能够转化为经济增长的动力。建议把社会建设纳入全面深化改革的整体布局中，每年不仅召开中央经济工作会议，还应召开“中央社会建设工作会议”，从领导配置、部门设置等方面，进一步提高对社会建设的重视程度。

在教育领域，目前各级教育的覆盖面已经不小，但主要解决的是教育公平和教育方式问题。促进教育公平是促进社会流动最直接、最根本的手段。教育公平又受到其他社会公平的影响，必须采取有力手段，扭转由收入、地区、家庭背景、社会关系、住房等其他方面不公平所导致的教育资源不均衡配置。一是教师实行更加特殊的工资制度。突破事业单位工资制度限制，基础教育教师实行特殊工资制度，大幅提高农村和中西部地区教师工资标准，直至接近或高于东部发达地区，促进优秀人才逆向流动、扎根基层从教。二是缩小各类学校差距。严格实施教师定期轮岗和学生就近入学措施。取消实际上存在的重点学校现象，实现优质教育人才在同一地区学校的均衡分配。建立教育公平评估机制，将各学校之间在升学率、重点大学生上线率等指标之间的差距纳入教育部门的考核指标，既要对学校形成激励，又要避免学校之间差距过大。三是提升各级教育招生公平性。

提高高校招生的公平性和客观性，扩大在不发达地区的招生规模，全面看待和慎重采用自主招生等主观性较强的招生渠道，缩小直至消除经济、地区、家庭因素对招生结果的影响。

在医疗领域，关键是扭转医疗领域市场化、商业化倾向。近年来，政府虽然对医疗部门增加了财政投入，但其运行机制仍然是市场化、商业化的，医疗机构仍然以逐利为目标，过度诊疗、药品回扣愈演愈烈。要彻底解决这些问题，可以在不增加（甚至减少）财政投入的情况下，大幅提高人民受益水平。同时，可以开展药品购销领域商业贿赂整治活动，取消以药补医机制，加快公立医院改革，实现较高水平的全民医保，真正让群众感受到负担下降。

7. 建设强有力的社会主义国家

一个代表广大人民根本利益、对经济发展进行强有力治理的国家政权，是社会主义国家发展的制度优势，也是中国经济凝聚新动力的保障。从世界历史看，在发达国家崛起的过程中，政府都起到了强有力的组织和引领作用。特别是在经济转型的关键阶段，这种作用就更加突出。

中国面临着完善国家治理体系的任务，在新的历史时期，政府角色既不同于计划经济时期的全能政府，也不同于改革开放以来形成的以 GDP 为导向的发展主义政府，更不能走向新自由主义倡导的“小政府”。当前，政府要体现社会主义国家政权代表全体人民共同利益的本质，从社会主义生产目的出发，在占领产业制高点、提供公共物品、治理市场失灵、促进共同富裕方面发挥主导作用。要承担起这些责任，除了在思想上消除对“小政府”的迷信之外，最重要的是提高政府自身的经济治理能力，促进政府自身的转型，重构中央—地方关系，既加强中央的集中统一，又要继续发挥地方的积极性，转变地方竞争的目标和行为模式，同时要扩大人民对经济治理的有序参与，构建稳固而有活力的城乡基层组织。

加强中央集中统一

新中国成立以来，中央和地方的经济关系几经演变。“一五”期间形成了高度集中的计划经济格局，20 世纪 50 年代末和 70 年代初中央两次向地方放权，促进了地方工业和农村的发展。改革开放初期，通过再次向地方放权让利，促进了地方竞争和发展活力。20 世纪 90 年代的分税制改革，加强了中央的财权，但经济工作仍然是高度分权的，形成了地方政府之间以追求 GDP 和财政收入为主要目标的竞争格局。实践证明，中央集中统一下的地方竞争，有利于调动地方积极性，也有利于进行政策对比和实验。

党的十八大以来，面对中国经济的新形势，中央和地方关系面临着新的调整，要求要增强看齐意识，在经济工作上强化全国一盘棋的观念。这不仅是政治上的要求，而且也和经济发展历史条件的变化有关。如果说，地方政府追求 GDP 的竞争是 21 世纪初以来 10 多年经济增长的动力机制，那么现在这一动力机制已经削弱，甚至在一定程度上成为固化旧有增长方式的阻力，带来了产能过剩、环境污染等问题。

我国还是一个发展中大国，必须保持一定的发展速度。但我们要的速度，是尊重经济增长规律、有质量、有效益、可持续的速度。我们要的增长，是更有效率、更加公平、更可持续的增长。一些地方过度重视 GDP 的增长，强调效率优先，忽视社会公平，造成社会上大量有违公平正义的现象。这样的发展，虽然换来了短期经济增长和财政收入增加，却损害了可持续发展的基础。

解决这些问题，首先要加强中央的集中统一。在化解产能、宏观生产力布局、基础科研、产业政策、基本公共服务供给和深化改革方面，加强全国一盘棋。全国一盘棋有利于发挥制度优势，化解过剩的产能和资本。改革开放以来，前几次化解过剩的努力是比较成功的，这得益于当时的企业主要是国有企业，资产和就业都是由国家兜底，因此一旦一个行业出现过剩和过热，就可以通过指令性的方式暂停投资和生产，将资产和职工转移到新的部门。当前，随着混合所有制的推进，化解过剩产能的难度更大。其中的手段之一就需要政府严格环保、规划、安全、劳动保护等标准，强制旧产能退出。旧的产能退出，必然涉及债务、就业等问题，要防止这些问题影响社会稳定和基本民生，政府首先应监督企业严格履行劳动法、补偿在社会责任方面的欠账，如果还不能够弥补职工损失的，要通过完善社会保障、开辟新的就业渠道，保障职工就业。这些，都需要政府强力推进。

同时，产生新动力也离不开加强中央集中统一。当前，产业升级的许多重要基础是全国性的公共品，包括对重大战略性技术的攻关，普及基本公共服务均等化以及相应的财税政策，对重大生产力进行地区布局以避免新的过剩等。例如，我国稀土行业由于过度分散，各地都强调地方利益，疏于保护，产业政策缺乏协调，导致开采过快过滥，在国际上竞相压价，造成宝贵资源的低价流失。国家曾经努力进行产业整合，但是由于局部利益难以协调，至今该产业的集中度仍然较低。又比如，在医药领域，尽管全国面临着医药费用过快上升的负担，但是一些省份还在为追求经济增长，把药品产业扩大规模，这将对未来的发展带来更大风险。解决这些问题，只能靠发挥中央集中统一的优势，要局部利益服从总体利益，短期利益服从长远利益，从而减小无效供给，增加有效供给。

重构地方活力

当然，强调中央集中统一，并不意味着不要发挥地方的积极性。中央集中统一和发挥地方积极性是辩证的，是相互联系的两个方面。无序竞争、一盘散沙不是积极性，只有在集中统一的前提下，设置正确的规则和导向，才能更好地发挥地方的积极性。

我国的地方竞争积极性是一个制度优势，这个优势必须保持。过去之所以出问题在于地方竞争单纯以 GDP 和财政收入为指标，从而催生了生产过剩、生态破坏等问题，解决的办法应该是政府扭转和调整竞争的目标。

实际上，我国医疗、教育、生态、创新等领域的改革都表明，“地方试点、中央推广，地方竞争、中央监督”的模式，不仅对经济建设适用，对其他领域的工作也适用。下一步要做的就是，调整地方竞争的导向。首先是调整财税制度，确保对基本公共服务的提供。在当前的财政分权制度下，社会事业大量事权在地方、财权在中央，导致地方政府不得不通过追求 GDP 来维持必要的支出，并且为了继续把 GDP 做大，财政支出总是倾向于经济建设领域的支出，忽视其他领域的支出，从而强化了 GDP 导向和利润导向的发展方式。要调整这一动力，要通过调整财税制度，实现基本公共服务的财权和事权一致，明确中央和地方在公共服务领域的投入责任，对属于基本公共服务的财权，完全由中央承担。其次是调整考核制度，如把人均寿命增长、发病率、医疗费用、教育水平、社会公平性、生态环境等指标纳入对地方的考核。同时要看到，由于公共服务主要是由当地居民享受，而且大量公共服务和民生指标难以通过简单的指标来衡量，所以还要扩大居民意见在考核中的比重，从而构建地方竞争的新格局。

将群众路线制度化

要实现“以人民为中心”的发展，就是要始终坚持发展为了人民、发展依靠人民、发展成果由人民共享。这里说的“人民”，应当是以工农联盟为基础的人民群众，而不是少数特殊利益群体。

新中国成立以来，基于党和人民的血肉联系、国家和人民利益的一致性，建立了在党领导下由人民自己组织起来的“人民社会”，并且组成了依托国有和集体企业、人民公社的各种城乡组织，这种组织成为上情下达的渠道，成为基层群众参与公共管理的平台，也是联合起来开展各种公共事务的组织，从而在经济发展水平很低的情况下，保证了基本公共服务的提供和社会的安全、稳定、公平。

改革开放以来，我国经济快速发展，资本力量越来越取代传统的组织力量发挥着整合各种社会资源的作用，传统的社会组织结构受到冲击，以至于削弱和瓦解。当然，同大多数发展中国家相比，我国仍然保留着城乡基层群众自治制度的框架，这是我国的制度优势。

这表明，坚持走党的群众路线，依靠党的政治优势重新把基层群众联系起来、组织起来，让城乡基层群众有正规的渠道参与国家经济和社会事务的管理，既充分表达合理诉求，又避免把个别人极端的诉求无限放大，让政策符合最广大人民的根本利益。比如，在农村征地拆迁中，大部分拆迁户是理性的、守法的，只要政府站在人民的角度，能够通过基层组织进行理性的协商，给予合理的补偿，拆迁就能够顺利推进。但是，当前之所以会出现严重对立的情况，一方面是因为一些地方政府过度照顾开发商的利益，给拆迁户补偿的水平过低；另一方面则是因为农村基层组织的弱化，导致缺乏一个理性平等协商的平台。因此，建设一个有序有活力的人民社会，才能够继续发挥群众路线和协商民主的作用，让国家、集体和个人的利益达到最大程度的一致。

要建立真正的人民社会，首先从思想上要打破那种把一切交给市场的做法，市场不可能把人民组织起来，只会让人民一盘散沙，缺乏依靠和力量。把人民组织起来，需要依托党组织的资源和号召力，赋予基层更多的组织资源和力量。在新形势下依靠新媒体等手段，建立各种渠道的群众意见的表达和协商机制，涉及一个地方群众利益的事情，要和这个地方的群众充分商量。因此，一方面要确保改革沿着正确方向进行，确保决策代表广大人民群众的根本利益；另一方面也要避免政策被少数极端的、民粹的意见所绑架，解决的办法只能是让大多数人参与协商。

具体的办法，可以以党员为基础，建立党员联系群众的机制，每个党员都联系一定数量的群众。在一切公共部门，如公立医院、公立学校等，要建立由服务对象组成的委员会进行监督。在各级人大和政协，除了做好现有的日常工作之外，还可以建立由群众代表组成的专门委员会，定期就某一方面的民生工作进行协商。同时要调整党代表、人大代表、政协委员的结构，让其中的职业、收入等结构真正反映全社会人群的真实比例。

践行协商民主和群众路线，让经济发展真正反映人民的意愿，就会产生不竭动力。

新型农村集体化

坚持土地集体所有制，把农村组织起来，是中国革命和现代化建设胜利的重要经验，也是解决“三农”问题、实现城乡协调发展的必然选择。

从经济上说，我国农业发展已经到了从单纯追求产量到追求质量、效益和品牌影响力的阶段，发展阶段和目标不同，对农业组织形式的要求必然不同。一方面，一家一户式的小农耕作方式，不利于追求质量、效益和品牌影响力，必须走规模化大农业的道路；另一方面，我国的人口和土地禀赋决定了在相当长一个历史时期内，还将有至少 5 亿以上的劳动力留在农村，因此不可能走美国那样地广人稀的家庭农场式的道路，而必须让农村有限的土地容纳庞大的农村人口。能同时实现这两个目标的，只能是集体所有制基础上的大农业。在集体所有制基础上的大农业，既可以充分容纳就业，又可以在集体经济内部充分发挥我国传统农业形成的精耕细作优势，充分利用土地资源，让大部分农民能享受发展成果。同时发挥集体经济的规模效益，搞多种经营、发展二、三产业，在销售、品牌、技术等方面发挥规模效益。

从社会和政治角度看，当前农村的去组织化，已经对农村的治理和社会可持续发展产生了很大隐患。由去组织化导致的农村社会治理凋敝混乱，使农村的社会生态受到破坏，传统家庭文化受到挑战，农村生活缺乏吸引力。基础教育、基本医疗、环境卫生、科技文化等公共事业缺乏内生的发展动力，仅仅靠城市的支援，以“走读式”的干部、专家、医生、教师为主，难以形成良性循环。以留守儿童、老人、妇女为主的人口结构，不利于家庭建设和家庭稳定，更不利于下一代的身心健康与未来农村的发展。农村优秀人才的外流，使得一些地方的地痞、恶霸死灰复燃，反动会道门、腐朽文化和非法宗教以及邪教等也在影响农村的文化传承。出现这些问题的一个重要原因是，农村正规的村民自治组织没有起到作用。如果农民自己没有组织起来，缺乏有影响力的乡村治理机构，这些现象就不可能真正得到治理。

重新把农村组织起来，是农村发展、繁荣和稳定的战略选择。从我国革命的胜利经验以及新中国成立以来正反两方面的经验来看，把农村组织起来，起码要解决两个问题：

一是加强农村的组织资源，组织是一种能力，需要一定的资源和人才来实施。我国传统的农村组织资源主要是依靠宗族关系，而中国共产党领导的土地革命，使得党的组织资源深入农村和传统的宗族资源中的有益成分结合起来，成为新中国成立初期人民公社的主要组织成分。改革开放之后，资本进入农村，也成为一种组织力量。当前，要把农村重新组织起来，只能是以党和政府的组织为主，辅以农村内部宗族以及资本的组织力量，否则都会导致组织目的的偏差。应当鼓励更多的城市人才进入农村，鼓励农村的精英回到农村，成为农村组织的骨干。

二是要解决组织起来获得好处的问题，解决这个问题的关键是，在市场经济条件下做实做强土地集体所有制。当时的人民公社之所以对部分农民没有产生吸引力，与当时工业化条件下大量剩余被转移到城市有关。而当前政府对农村投入了很多组织资源，希望重新把农村组织起来，但是效果并不明显，最关键的原因是，这些组织对农村经济没有显著影响力，农村的经济运行和分配方式仍然是外部资本主导的，不少基层组织甚至地方政府也要依赖外部资本才能开展工作，这个经济基础的问题不解决，农村就不可能真正组织起来。解决这个问题就要继续坚持农村集体所有制，真正保护农民的利益，真正把农村组织起来，让基层组织在开展公共管理和提供社会服务时真正有“抓手”。

8. 社会主义 + 互联网

信息技术是当代最突出的生产力。信息技术的进步、范围的扩大，将有助于实现更加有计划的生产和消费，有利于广大人民群众直接参与社会和政治生活，让社会分工更为灵活，让“人民共建共享”有了实现的渠道，从而为社会主义理想的实现开辟新的道路。建设社会主义信息文明，实现信息化的跨越式发展，是中国特色社会主义的历史机遇。

2015 年 7 月 17 日，英国《卫报》发表文章《资本主义的终结开始了》，文章说：“我们没有注意到，我们正在进入后资本主义社会时代。在进一步变革的核心是信息技术、新的工作方式和共享经济。旧的方式将需要很长的时间消失，但现在已经到了乌托邦实现的时候。”文章提到，信息化从三个方面让“后资本主义时代”成为可能。首先，它减少了工作的需要，模糊了工作和空闲时间的边缘，放松了工作和工资之间的关系。其次，信息化将削弱市场价格机制的作用，在基本生存资料的生产已经能满足人类需要的情况下，可以利用大数据和信息技术，实现一些基本生活资料的免费提供，也就是“共享经济”。最后，信息化将导致“协同生产”的自发兴起，商品、服务和组织都不再单纯响应市场的决定或者科层化的管理，而是由人们在信息平台上共同生产和消费，比如“维基百科”是由志愿者免费提供的最大的信息平台，它就是一个共同协作生产的好例子。

借助信息手段，传统社会主义者设想但是没有手段实现的按需要分配产品、按计划进行生产、普遍的政治参与、全社会协作的生产都将有实现的可能。我国作为后发国家和人口大国，发展信息技术具有独特优势。信息技术的发展，使得许多我们过去想做而做不到的事情成为现实，使得各方面的体制机制有了创新的空间。

市场经济 + 互联网

首先，信息化大大扩展了市场的内涵和外延，市场机制的核心是公平竞争，公平竞争的基础是信息的充分披露。信息技术降低了交易成本，把市场的范围扩展到了全世界，有利于在更大范围、更高层次配置资源，消费者和作为监管者的政府可以以很低的成本比较、筛选、评价企业等各类市场主体。目前，很多行业、企业都在自发地进行电子商务和网络市场平台的建设。由于网络市场平台具有公共产品的性质，因此下一步需要政府或者行业协会等组织对于企业自发建设的网络市场平台进行整合，制定标准，扩大覆盖范围。

其次，信息化减少了政府部门和市场主体之间的信息壁垒，为加强和改善宏观调控提供了有力的新手段。信息技术使得政府更容易收集信息，对被监管者的行为进行评价、比较，提高了政府监管的效率，是新型的宏观调控和市场监管机制。

目前，我国社会主义市场经济还不够完善，而信息技术的发展使我们可以超越西方国家走过的道路，甚至超越传统的资本主义和社会主义经济模式，使市场之手和政府之手更好结合。自由市场机制有利于提高资源的配置效率，但是调整过程有盲目性和滞后性；而计划经济制度能够实现国民经济的综合平衡。在当时的技术条件下，计划制定者没有条件收集所有微观个体的信息并及时进行处理，必然无法制订科学的计划。但是，信息技术的发展使得在全社会范围内以较低成本收集微观主体的信息成为可能，信息技术越发达，就越有可能把市场经济和政府计划的长处结合起来，信息技术的发展，已经使得市场的形态丰富多彩，市场和政府的边界愈加模糊，传统的计划—市场二分法已经不太适用。我们需要利用信息技术，深化对市场机制和政府职能的认识，创造社会主义市场经济的新模式。

协商民主 + 互联网

民主政治建设已经成为我国现实而紧迫的任务，当今世界没有一成不变的民主模式，各国的民主模式也都互有短长。我国在借鉴人类先进文明的基础上，要探索适合我国国情的模式，而信息化的实现，为这种探索提供了新手段。同市场经济建设类似，我国的民主政治建设也有可能超越西方发展的传统模式，走出跨越式发展的新路。

信息技术缩小了政府和群众之间的信息鸿沟，降低了公民参与社会组织和管理的成本，扩大了公民有序参与政治的渠道。信息化形成了以网络为基础的新型社区，群众通过网络，可以更加容易获取政府的信息，对政府绩效进行评价，政府更容易通过网络收集不经过滤的社情民意。

信息系统有利于推动行政管理体制的改革。不同政府部门之间的信息连通和信息公开，有利于破除部门利益，促进部门间的协调配合，提高行政效率；政府部门和事业单位的信息公开，有利于对于政府各部门的绩效和政府工作人员进行考核；各级政府之间的信息联通和公开，有利于建立新型的政绩考核指标体系。

目前，我国政府的信息化发展很快，但很大程度上只是把信息化看作是传统信息传递手段的替代品，政府网站的作用主要体现在信息的传播和收集，而没有充分重视在此基础上的信息使用和体制机制的改革。

利用信息技术改造传统产业，有助于提高企业的竞争力，实现产业升级，改变我国在国际贸易分工中的不利地位。信息化使得信息流替代了人流、物流、资源流，这有利于缓解我国的资源、环境、交通压力，走资源集约和环境友好道路，这对于作为人口大国的我国来说具有战略性意义。信息化有助于推动行政管理体制改革和社会事业改革发展。

根据目前的需要和其他国家的经验，可以把公立医疗卫生机构改革作为切入点，建立覆盖全国公立医院系统的信息网络，并且和医疗保险、人口计划生育、健康教育等信息结合起来，建立对公立医院以及个人的绩效考核体系，在此基础上完善对公立医院的财务管理制度、偿付制度、人员管理制度等。然后，可以在社会保障、教育等其他公共部门相继实施类似的改革。

关键是顶层设计

信息系统能发挥作用，最关键的就是互联互通，标准一致。互联互通的范围越大，信息包含的内容越丰富，信息系统的作用就越大。我国信息化从 20 世纪 80 年代开始起步，各部门的信息化都有不同程度的进展，但是目前存在一个严重问题，很多部门、地区都相对独立地建设信息系统，这些子系统的标准、内容都不统一，这就制约了信息系统的扩大范围，制约了不同系统、地区之间的互联互通。例如，各省的政府网站、同一省内各地市的政府网站，无论从形式还是内容上都很不一致，不仅不便于互联互通，也大大增加了成本；其他信息系统也有类似问题。目前信息化的建设规模已经越来越大，如果不尽快对各部门、各地区的信息系统按统一标准进行整合，将来整合的困难会越来越大。

在信息系统建设中，要避免只重硬件、不重软件，只把信息技术当作传统书写手段替代的做法，而忽视体制机制的建设。信息系统的建设要着眼于解决信息社会发展中问题的需要，要和其他的制度建设结合起来，不应片面追求形式。应当采取适应信息系统建设需要的政策措施。目前，我国信息系统的开发主要是由 IT 企业根据客户的需要进行开发，这样研发的力量较小，同时还存在标准不统一和重复开发的问题。政府应当在统筹规划的基础上，集中动员科研力量，开发在全国范围内具有普遍适用性的信息系统软件，并采取政府招标采购等方式鼓励企业进行开发。总之，信息系统是一种公共产品，具有巨大的外部性，政府要充分重视统筹规划和整体设计，制定标准，严格避免各自为政，这是信息化建设成功的重中之重。

9. 建设公平正义的新世界

随着国际经济进入衰退周期和中国进入新常态，中国如何处理与世界的关系也到了一个历史的节点。中国历史上就有兼济天下的文化传统，形成了海纳百川、兼容并蓄的文化格局，在人类早期的各大文明中，中华文明是包容性最强的，中华文明之所以能够延续至今，与其强大的吸收和包容能力有很大关系。

当前，全球主要矛盾是少数西方国家和广大发展中国家在发展阶段、发展权利等方面的不平等，这种不平等，不仅让广大发展中国家迟迟难以享受到全球化的成果，也导致了全球经济失衡，发达国家占有过度的资本和资源，导致金融泡沫、产业空心化、社会矛盾加剧等问题，最终产生全球性问题。因此，要建立一个更美好的世界，关键是要缩小这种不平等，建立一个更加公平、正义、包容的国际政治经济新秩序。

中国作为发展中国家和社会主义国家，同时作为世界第二大经济体，在新的世界经济格局中的地位更加复杂。在今天全球发展面临严峻挑战的情况下，让各国人民团结起来，为人类找到一条新的发展道路，这是所有国家的共同使命，也将是中华民族对人类的巨大贡献。

对中国来说，建设一个新世界，短期的使命是为世界经济再平衡做出自己的贡献。这既是世界经济恢复发展活力的需要，又是中国自身发展的需要。

当前国际经济失衡，仍然是资本主义全球化造成的失衡。西方发达国家占有主要的超额利润和经济技术的制高点，通过扩张型财政货币政策刺激过度消费，广大发展中国家作为劳动和资源的输出地，在国际竞争中处于不利地位。发达国家利用技术垄断、贸易保护、军事和文化输出等方式，强化自己的优势地位。发达国家积累了大量资本，但是缺乏足够的投资需求和消费需求。广大尚未进入现代化的发展中国家，有巨大发展需要，有潜在的巨大市场、资源和人口，但是由于缺乏启动现代化所必需的稳定的政治环境、基础设施、人力资源等必要条件而陷入贫困陷阱或者中等收入陷阱。要恢复全球经济再平衡，就是要改变这种不公平的状况，让发展中国家具备发展的能力，改变不公平的国际经济秩序。

党的十八大以来，中国政府提出以“一带一路”等为代表的区域经济合作倡议，提出和美国等世界强国构建新型大国关系，就是中国贡献于世界经济再平衡的具体步骤。

在处理同发展中国家的关系方面，中国的主要方针是同发展中国家一起，互相帮助、联合自强，帮助发展中国家提升发展能力，努力创造一个对发展中国家更加公平的国际政治经济新秩序。中国清楚地认识到，中国的发展利益是同世界上最广大的发展中国家一致的，只有维护发展中国家共同的发展权益和利益，中国的发展权才能获得保障。

“一带一路”是中国贡献于世界经济再平衡的切入点，也是中华民族兼济天下的传统文化在新形势下的表现，它有利于解决中国自身发展的不平衡、不协调问题。从地缘上看，改革开放以来，中国大踏步融入世界经济，主要的方式是通过海上交通通道面向西方发达国家出口，这种格局为中国的腾飞做出了贡献，但随着国际市场的饱和，中国也面临着增长动力的削弱，使得中国的产业过度集中于东部沿海，造成区域发展的不平衡。“一带一路”倡议，就是要把中国贸易合作的视野更广地延伸到“一带一路”沿线国家，通过基础设施、工业产能等方面的合作，帮助这些国家提高发展能力，改变在资本主义全球化条件下，这些国家仅仅是作为能源和原材料的产地而不是巨大的消费市场的状况，激发这些国家的真实需求，从而增加全世界的总需求。

天下大同，是一切善良人们的共同愿望。自从人类诞生以来，世界各民族从未像今天一样保持如此紧密的联系。但是，今天的世界，又是一个很不公平、很不和平的世界。实践证明，资本主义主导的历史，并没有实现天下大同，反而制造和扩大了不公平，中国在历史上也曾是这种世界秩序的受害者。这种不公平的国际秩序，不仅让发展中国家深受其害，而且最终也会损害发达国家的利益。如果能够实现世界经济的再平衡，那么就说明人类找到了一条超越资本主义的全球化道路。“构建人类命运共同体”的实质，就是找到一条实现人类命运共同体、让各民族共同发展的道路，也只有找到这条道路，才能实现中国自身的发展。

10. 新社会主义

进入21世纪，有必要对“什么是社会主义、怎样建设社会主义、社会主义对中国和世界意味着什么”做出新的回答。

人类重新瞩目社会主义

《礼记·礼运》中曾经描述过这样一个理想的社会：“大道之行也，天下为公。选贤与能，讲信修睦，故人不独亲其亲，不独子其子，使老有所终，壮有所用，幼有所长，矜寡孤独废疾者，皆有所养。男有分，女有归，货恶其弃于地也，不必藏于已，力恶其不出于身也，不必为已，是故谋闭而不兴，盗窃乱贼而不作，故外户而不闭，是谓大同。”无论是中国还是西方，早期的思想家的社会理想都带有强烈的社会主义色彩。然而，他们都没有指出，通过什么样的途径才能够实现这样的目标。

科学社会主义的诞生，为实现社会主义找到了途径。科学社会主义是在对资本主义的批判中提出来的，资本主义创造了巨大的物质财富，为进入社会主义打下了物质基础。同时，资本主义也激化了人类社会中存在的两极分化、生态破坏、道德危机等问题，促使一切追求社会进步的人们寻找解决问题的办法。从广义上说，一切旨在批判资本主义、纠正资本主义弊端的努力，都是社会主义运动。

2008年国际金融危机之后，全世界从北到南、从东到西都掀起了对社会主义再认识的浪潮，这是对资本主义金融危机必然的反思。金融危机表明，历史没有终结，历史也永远不会终结。历史的辩证法告诉我们，只有资本主义矛盾充分暴露并激化到不可调和的时候，才有可能开辟社会主义的道路，因此，社会主义是一个漫长的历史过程。但是只要资本主义社会的矛盾还存在，社会主义运动就不可能消失，全人类继续寻找更好社会制度的努力就不会停止。

民族复兴和社会主义发展的一致性

进入21世纪，中国面临着两方面的任务：一方面，是实现中华民族的伟大复兴；另一方面，则是巩固和完善中国特色社会主义制度。长期以来，一直有一种误解，认为中国走社会主义发展道路，仅仅是由于信仰书本上的共产主义或者照搬苏联，而不是为了追求现代化和民族复兴。这种把共产主义理想与现代化目标对立起来的观点是错误的。

中国的历史说明，中国共产党对共产主义理想的追求和对民族复兴目标的追求是一致的，两者是相辅相成的。2016年，习近平在“七一讲话”中重申了这个观点，他说：“历史告诉我们，没有先进理论的指导，没有用先进理论武装起来的先进政党的领导，没有先进政党顺应历史潮流、勇担历史重任、敢于作出巨大牺牲，中国人民就无法打败压在自己头上的各种反动派，中华民族就无法改变被压迫、被奴役的命运，我们的国家就无法团结统一、在社会主义道路上走向繁荣富强。”①

共产主义理想和民族复兴理想的一致性，具体体现在新中国选择的发展道路上。新中国成立初期选择社会主义，本身就是救亡图存的一种必然选择。旧中国之所以几经努力也没有走上现代化的道路，就是因为内部不能打破封建土地制度和小农经济的约束，外部无法突破资本主义强国主导的全球体系。只有中国共产党领导下进行的土地改革和社会主义革命，坚

---

① 习近平在庆祝中国共产党成立95周年大会上的讲话［EB/OL］. http://www.xinhuanet.com/politics/2016-07/01/c_1119150660.htm.

持独立自主，实行重工业优先发展等战略，才打破了这些约束，在一个工业落后的国家迅速集中分散的资金、资源和经济力量，在国际市场上对抗经济势力强大、技术先进的国际垄断资本。

改革开放以来，中国大胆引进了市场经济和民营经济，但是在基本经济制度上又超越了资本主义的生产方式，坚持了中国共产党的领导和公有制的主体地位，利用社会主义的制度优势弥补市场失灵，参与国际竞争，没有丢掉社会主义“集中力量办大事”的优越性，实现了工业化、现代化事业的突飞猛进和综合国力的强势崛起。相反，轻率地追随了所谓“历史潮流”的苏联、东欧，却危机不断、江河日下，迄今为止，世界上还没有一个发展中大国依靠资本主义制度实现现代化。两相对比，说明社会主义和中华民族复兴的一致性。对于一个发展中大国来说，只有走社会主义道路，才能在资本主义全球体系已经形成的情况下，对内集中资源和民心，对外争取独立自主的发展权益。

历史证明，中华民族的伟大复兴和社会主义的伟大复兴是一致的，只有社会主义制度得到巩固和发展，中华民族才有可能实现复兴。中华民族的伟大复兴，将给社会主义制度赋予强大的生命力和说服力。

社会主义 3.0 的中国方案

1956 年，毛泽东在《纪念孙中山先生》一文中说：“中国是一个具有 960 万平方公里土地和 6 万万人口的国家，中国应当对于人类有较大的贡献。而这种贡献，在过去一个长时期内，则是太少了。这使我们感到惭愧。”① 1977 年 5 月，邓小平在一次谈话中指出：“明治维新是新兴资产阶

---

① 毛泽东．纪念孙中山先生［M/OL］．毛泽东文集：第七卷．http：//cpc. people. com. cn/GB/64184/64185/189967/11568211. html

级干的现代化，我们是无产阶级，应该也可能干得比他们好。”① 1985年4月，邓小平在会见外国友人的谈话中指出：“现在我们干的是中国几千年来从未干过的事。这场改革不仅影响中国，而且会影响世界。”② 历史告诉我们，中国的复兴，不是为了超英赶美，不是为了争霸，而是自身发展的需要，也是让中国对人类做出较大贡献的自觉追求。

站在后金融危机时代的起点，中国人民、中华民族和中国共产党充满前所未有的自信。这种自信来源于社会主义改革发展实践和高度的历史自觉。

社会主义的基本原理并没有改变，但是随着生产力的发展，社会主义将不断获得新的时代内涵。在21世纪的今天，中国有更强的基础、更大的可能实现社会主义的理想。德国学者夏尔·布里认为，社会主义诞生以来，有过三次浪潮：

> 社会主义第一次浪潮发生在1789—1917年之间，1848—1849年的欧洲革命是社会主义者与共产主义者发挥政治作用的第一次革命，在1871年的巴黎公社中，工人们第一次短期建立了自己的政权，这一时期，社会主义运动是在资本主义国家改善工人待遇、促进社会公正方面的一面旗帜。
>
> 社会主义第二次浪潮是在1917年至1991年期间。将苏联引领上工业现代化的道路，新中国成立，结束了中国受帝国主义统治及内战时代，随后逐渐走上了一条不同于苏联社会主义的中国道路，北欧和西欧实现了社会民主改革，建立了社会福利国家，限制并减弱了资本

① 邓小平．邓小平文选（第二卷）［M/OL］．http：//cpc.people.com.cn/GB/64184/64185/66611/4488675.html.

② 邓小平．邓小平文选（第三卷）［M/OL］http：//cpc.people.com.cn/GB/64184/64185/66612/4488769.html.

> 主义。
>
> 金融危机之后，当代资本主义文明的深刻危机清楚表明社会主义问题绝没有从当今世界消失，而是重新变得更加现实。苏联的解体是社会主义第三次浪潮的开始，即“社会主义3.0”的开端，中国作为“社会主义3.0”最重要的诞生地，将对世界社会主义运动产生重要作用。①

为什么说中国可能成为社会主义3.0最重要的诞生地呢？我们认为，起码有这样三个原因。

首先，中国传统的文化具有社会主义的因素。进入21世纪以来，随着中国综合国力的增强，中国传统文化在国内外得到复兴。如何对待传统文化？如何继承和发展传统文化？仍然是那句老话：古为今用，推陈出新。中国传统文化有精华也有糟粕。中国传统文化的精华是和社会主义相通的，其中关于天下大同、社会公正、天人和谐、人本主义的思想，都可以为社会主义所用，这也是为什么社会主义制度能够在中国落地生根，并且和中国国情相结合的原因。但是中国传统文化中也有糟粕，只有经过社会主义的改造，传统文化才能焕发出更强大的生命力。中国传统的宗族文化、等级文化，成为制约中国现代化的障碍，只是经过彻底的社会革命之后，这些文化中的积极成分才能为社会主义服务。

其次，中国经过60多年的社会主义革命和建设，已经具备了一定的物质基础，更重要的是对于社会主义建设的主要模式都有过探索。苏联的失败证明，在一个全球资本主义体系中建设社会主义，社会主义国家处在一种类似物理学上所说的“不稳定平衡”当中，这个体系自身的运行是

---

① 张文红．德国左翼党认为中国是“社会主义3.0”最重要的诞生地［J］．红旗文稿，2016（16）：34－35.

自洽的，但是一旦有强大的外力打破平衡，就会不断产生偏离平衡的趋势。也就是说，20 世纪解决了“社会主义可以和资本主义同台竞争”的问题，但是并没有解决如何长期坚持社会主义制度的问题。而中国的实践表明，社会主义国家稳定平衡的力量只能是自身，只能是党，只能是人民，而不能来自任何外部。这就是毛泽东反复强调的“我们应当相信群众，我们应当相信党，这是两条根本的原理。如果怀疑这两条原理，那就什么事情也做不成了”①。党领导人民团结起来，实现社会主义的生产目的，让一切经济社会活动的目标满足人的真实需要，实现共同富裕，最终实现人的全面自由发展。

最后，这一轮全球化经过 60 多年的发展，已经到了一个矛盾集聚的关口，人类探索新社会制度的探索未有穷期。历史没有终结，历史也不可能终结。在这种情况下，中国坚持社会主义道路，不仅天时地利人和，而且对全世界来说，也是为人类寻找新发展道路的探索和贡献。今天的世界，社会主义已经不再是意识形态，而是解决眼下我们面临挑战的正确选择。中国在刚刚开始建设社会主义时，由于起点太低，国力有限，社会主义的优越性虽然体现在快速增长上，但是由于绝对发展水平低，难以让社会主义优越性得到直观的体现。现在随着中国国力的增强，社会主义的优越性已经有条件得到更加充分的发挥，只要胸怀理想、坚定信念、坚持方向、探索道路，中国的社会主义道路就会越走越宽广。中国的新社会主义道路，不仅将造福中国人民，也将为人类寻找更美好社会的事业做出更大贡献。

---

① 毛泽东．毛泽东文集（第 6 卷）[M]．北京：人民出版社，1999：423.

后记

我为什么写中国道路

经过五年的写作和修改，《大国新路——中国道路的历史和未来》终于同读者见面了。研究和写作中国道路是我长期的心愿，在改革开放四十周年和新中国成立七十周年的庄严历史时刻，我愿把这本书献给亲爱的祖国和人民。

写历史特别是现代史，是非常严肃也非常有挑战性的工作。我并非历史专业研究人员，之所以要写这样一本书，首先出于对现实问题的思考。我是学习西方经济学出身，读书时也曾信奉纯粹的自由市场经济，迷信西方的发展道路。然而，随着对党史国史和基层实践的了解，我逐步体会到，西方理论解决不了中国的问题，这是我写作这本书最早的动因。

这种体会最初来自对医疗改革的研究。2004 年起，我在北京大学读研究生，我导师李玲教授是我国最早倡导公益性医改的专家，她为中国医改做出了巨大的贡献和付出，是我的榜样和楷模。我在最初学习西方经济学时，也相信在医疗领域可以让市场起主导作用。然而，对基层的调研扭转了我的观点。我在调研中发现，一些实施全盘私有化医改的地方，我亲眼看到破败的农村卫生体系，看到医院为盈利不择手段，侵害患者利益。同时令我深受启发的是，我调研中见到了全国各地的乡村医生，他们都不约而同地提到1965年毛泽东主席的“六二六指示”（即“把医疗卫生工作的重点放到农村去”）以及由此带来的赤脚医生和合作医疗的普及。由此挖掘史料，我又了解到改革开放之前中国创造了人民健康大幅度跃升的世界奇迹，而这同西方经济学认为计划经济效率低下的结论是不同的。以这些思考为起点，加上对国内外理论和实践的研究，我逐步形成了关于医疗卫生改革的思路，主张医疗卫生要以人民健康为中心，走公益性的道路，不能搞市场化、商业化的医改。

形成这样的观点之后，我却遇到了更大的难题。我发现要纠正在医疗领域已经形成的对西方经济学和自由市场的迷信，非常困难。一方面，西方经济学（特别是新自由主义）已经在我国经济学界占据绝对统治地位。虽然西方经济学在对于消费、投资、价格、金融、货币等具体经济问题的研究上有许多体现市场经济一般规律的内容，值得我们借鉴，但是从根本上说，西方经济学是建立在私有制基础上的，这就决定了其只能在私有制和资本主义制度的约束下发现问题、提出问题、解决问题。例如，西方的卫生经济学就没有完整地解读公立医院的理论，美国的医改只能在私有制的环境下做一些有限的微观调整，而不可能像我国这样在党的领导下对改革进行全盘的顶层设计。推而广之，西方也不可能提出发展中国家、社会主义国家如何走向现代化的问题，因为西方并没有经历过类似的实践。但由于种种原因，我国大部分经济学者仍然是市场万能主义的信奉者，这就对中国的事业造成很大的困扰。我国医疗改革之所以遇到很多复杂情况，在理论上的混乱是一个重要原因。

另一方面，在全面深化改革中，很多具体问题的分歧，背后的认识根源都离不开对历史的总体认识。例如，一旦我们提出坚持公立医院公益性的建议，就会有“专家”反驳道：“你们年轻人不懂历史，当年为什么要改革？就是因为人民公社吃不饱饭，而包产到户之后，一放开，马上就吃饱饭了。”这种观点十分普遍。为了验证这种观点，我就去研究新中国的农业史，结果发现“一放开搞活就吃饱饭了”的观点失之片面。改革开放之后的粮食丰收，不仅得益于“分地”，也离不开改革开放前奠定的水利、土壤、化肥、良种等方面的基础。因此，农业改革远远不是“一私就灵”，就更不用说更加复杂的医疗改革了。

以对医改的研究为基础，我又把对中国道路的研究扩展到了其他领域。读书期间，我曾经协助国务院参事、原国有重点大型企业监事会主席陈全训同志进行调查研究工作。陈主席是工业经济领域的老领导，曾参与浦东开发、国企改革攻坚等重大决策，他的言传身教让我终身受益。在调研中，我到过一些新中国成立初期成立的国有企业，深切体会到在“一穷二白”的条件下，只有集中力量办大事，迅速突破重工业和战略性产业的短板，才能让中国跃出贫困陷阱。这和我在课堂上学到的理论也是不一样的。在课堂上的理论认为，新中国成立初期实行重工业优先发展违反了“比较优势”，导致经济发展效率低下。“比较优势论”套用西方经济学分析框架，但是却脱离了中国的历史环境。相应地，实行计划经济、重工业优先发展、生活资料配给制等特殊政策，在微观激励机制上有不足，但却是为实现工业化必要的制度安排，有其自身的历史逻辑，不能简单地用改革开放之后的做法否定改革开放前的历史。而改革开放以来的成功，也不能简单地说成私有化、自由化的成功，最近在中美贸易摩擦、中兴芯片之争等事件，让越来越多的人认同这样的观点了。

上述零散的观点，逐步汇聚成系统的思考。我带着问题阅读了大量新中国成立以来的文件、文稿、回忆录等，并强烈地感受到，“一切历史都是当代史”，关于当代中国历史的争论，从来就不是单纯的学术问题，而是关系到下一步中国向何处去的重大政治和现实问题。从西方教条出发，改革开放下一步就是要继续弱化党的领导、国企私有化、土地私有化、放松监管、取消产业政策、放弃独立自主的方向，很多国家的教训都证明这是一条错误的道路。如果用西方的标准来套，那么中国革命和建设的历史就是说不通的，改革开放前后两个时期的历史就是割裂的，中国特色社会主义新时代就是缺乏依据的。因此，为了更好地走向未来，就必须正确地解读历史，这使我萌发写一本中国道路方面的书籍的想法。

吸引我研究中国道路的另一个重要原因是舆论界特别是网络上的各种观点争论。在一个时期，主张中国改旗易帜、放弃共产党领导和社会主义道路的观点，有很大影响；对改革开放前后两个时期，有的用前者否定后者，有的用后者否定前者；中国共产党领导革命、建设和改革的历史，中国道路的巨大成功，却被一些舆论抹得一片漆黑，极力否定“中国模式”，或者认为“中国模式就是美国模式的山寨版”；中国的高铁建设取得巨大成功，但就是因为不符合“私有化、小政府”的理念，就遭受到不公正的批判和否定；在十八大之前，有些宣扬历史虚无主义、民族虚无主义的观点，反而很流行，导致今天的人们也对未来缺乏信心……这些讨论让我感到，是中国道路还是西方道路，是创造中国学派还是迷信西方学派，这不是一个学术问题，而是大是大非、生死攸关、十分关键、十分紧迫的问题。

要解决这些问题，增强人们的“四个自信”，首先要靠意识形态领域的治理整顿，同时也要用科学的观点解读中国道路，通过对历史的阐述，让人们心悦诚服地相信和坚持中国道路。西方社会科学理论是经过几百年才形成的，而中国的社会主义建设才搞了几十年。毛泽东同志说过，将来要写一本社会主义的政治经济学。相比那个时候，现在我们家底更厚了，经验和教训更多了，更有条件认识和探索中国道路。因此，系统地解读中国道路，是时代向全中国知识界提出的问题。

对中国道路的思考，我的最大收获是，我重新“发现”了马克思主义，重新确立了信仰。作为一个中国学生，马克思是一个既十分熟悉、又十分陌生的名字。在思考金融危机和新常态等问题的过程中，我才真正从思想上确立了对马克思主义科学的信仰。从 2008 年到现在，世界上各方面的人们对金融危机给出了形形色色的解释，沧海横流方见英雄本色。马克思虽然没有专门阐述经济危机理论，但是关于资本原始积累、长期利润率下降和商品两重性的分析框架，给认识今天的全球经济危机提供了最有力的工具。今天的经济金融化、两极分化、全球经济失衡、生态破坏等问题，说到底就是资本主导的生产方式和社会的实际需要产生了背离。只有掌握马克思主义的分析工具，才能从根本上认识危机、走出危机。

在初步产生这些认识之后，我开始系统地补课，每天夜间静下心来阅读五十卷本的《马克思恩格斯全集》，这些以前让我望而生畏的大部头，现在突然有了生命，让我从中感到，那些思维缜密而又充满热情的文字，把理论和实践、历史与未来贯通了起来，许多长期思考而难以破解的问题都在里面找到了答案。而今天以习近平同志为核心的党中央着力推动的许多措施，都是对马克思恩格斯当年提出的问题的回应、继承和发展，跨越百年的两个时代，因为共同的理想和信念，存在着深沉的联系。这些体会，让我感到激动和喜悦，也让我对中国社会主义事业的未来充满信心。

我是 2000 年 18 岁时入党的，但坦率地讲，当时对党的使命并没有很深刻的认识。我的班主任姚德勇老师对我说过一句话，他说，虽然现在我们的党有不少问题，有腐化变质的人，但是不要对理想失去信心，只要每个人都努力工作，党就会变得更好。这句话我一直记在心里。在大学读书时，我也曾迷茫和失去信心。对中国道路的研究，让我找到了信仰的依据，让我懂得，我们共产党人追求的理想，不是宗教一样的天国和来世，而是建立在对现实社会的科学认识上的，因此虽然艰难曲折，“历史的道路不是涅瓦大街上的人行道，它完全是在田野中行进的，有时穿过尘埃，有时穿过泥泞，有时横渡沼泽，有时行经丛林”，但是却能始终吸引亿万仁人志士矢志不渝，流血牺牲，因为我们坚持的理想既有科学的依据，又符合最大多数人的利益。今天我们研究中国道路，坚持共产主义理想，固然也遇到了一些困难，但这难道比马克思创立马克思主义的时候还困难吗？中国的社会主义制度已经坚固稳定，中国共产党风华正茂、朝气蓬勃，这是每一个致力于中华民族伟大复兴和社会主义事业的知识分子最好的环境，我们不应该辜负这样的新时代。

系统写作这本书，是从 2011 年开始的。我在北大做博士后，按要求需要开一门课，我就自告奋勇开设了两个学期的《中华人民共和国经济史》的课程，共有约 500 多名同学选课，他们给了我极大的支持和信心。虽然这门课是选修课，而且时间安排在周末晚上，但这门课程一直保持了很高的“上座率”，这充分体现了今天“90 后”的年轻学生对了解和探索中国道路充满着热情，让我非常欣慰感动并产生共鸣。同学们在课堂上提出了很多问题，也启发我进一步思考。这本书是我答应全班同学的一项任务，借此机会要感谢选课的全体同学，也感谢为我做过助教的杨春雨、罗媛、付虹桥、刘贵振同学。在讲课的基础上，我又结合自己对党的历史和当前改革发展中具体问题的研究，逐步形成了这本书的主要内容。

党的十八大以来，以习近平同志为核心的党中央在世界上高高举起了中国特色社会主义旗帜，校正了党和国家的航向，这让一切拥护党的领导、拥护社会主义、热爱中华民族的人们备受鼓舞。在这种形势下，我研究中国道路，就感到更加有了信心。习近平新时代中国特色社会主义思想，有着深厚的理论渊源和历史依据，理解新时代，首先离不开对于中国历史规律和历史逻辑的正确把握和认识。我希望这本书能够在这方面起到一些作用。

最后，感谢中信改革发展研究基金会将本书纳入“中国道路”丛书，并给予了大力的支持。孔丹理事长亲自审阅了书稿，给予了充分肯定并做序。我的导师李玲教授在医改和中国道路研究方面都给了我巨大的支持和充分的关心。韩毓海、潘维、王绍光、汪晖等专家都对本书的创作给予了宝贵指导。我在研究医疗改革和经济的过程中，结识了大量爱国为民、充满责任担当的领导、师长和同仁，同他们的交流和讨论丰富了我的认识，增强了我的信心。当代西方马克思主义专家萨米尔·阿明教授曾阅读过本书的英文摘要，并慨然应允担任本书的推荐人，可惜他已在本书出版之前驾鹤西去，阿明教授一直关心中国的社会主义事业，谨以此对他表示深切的怀念。感谢中信出版社季红、张海元、谭惠芳、熊文芳、罗卫平老师为本书的出版做了大量细致的具体工作，还要感谢我的家人在写作过程中给予我的关心支持。

本书封面书名由曾任国务院参事、国有重点大型企业监事会主席陈全训同志题写，在此特别致以感谢。

历史是最好的教科书，也是深奥的知识宝库。本书一定有许多缺点错误。我愿意接受读者的批评，敬请把批评意见发送到 daguoxinlu@163.com，谢谢!

江宇

2018 年 8 月